/REINICKE/GAUNERWIRTSCHAFT/
/COPYRIGHT/1983/BY/:TRANSIT/
/BUCHVERLAG/GNEISENAUSTRASSE/2/
/1000/BERLIN/61/
/UMSCHLAG/URSULA/VON/RISTOK/
/LAYOUT/R/R/R/
/BILDQUELLEN/
/AVÉ-LALLEMENT/157/175/203/
/ARCHIV/FÜR/KUNST/UND/GESCHICHTE/102/
/BAYERISCHES/NATIONALMUSEUM/MÜNCHEN/217/
/BUNDESPOSTMUSEUM/FRANKFURT/161/
/GIERLICH/108/109/179 RECHTS/
/HAMPE/199/201/207/209/
/HOCHSCHULBIBLIOTHEK/KASSEL/179 LINKS/
/JOSEPH/HOPPE/123/125/127/128/
/HOSMANN/35/37/104/105/
/CARSTEN/KÜTHER/133/
/PFISTER/100/
/REINICKE/8/9/10/11/17/19/21/43/44/46/48/51/53/61/
/70/71/72/73/74/77/87/89/104/105/107/110/111/112/
/113/114/115/121/139/140/146/147/149/219/221/223/
/SCHEDELSCHE/WELTCHRONIK/85/95/
/STADTARCHIV/MAINZ/171/
/SÜDDEUTSCHER/RUNDFUNK/STUTTGART/181/
/GESETZT/IN/ENGLISH/TIMES/
/REPROGRAPHIE/RINK/
/DRUCK/UND/BINDUNG/FULDAER/VA/
/ISBN/3/88747/013/3/

/ H E L M U T / R E I N I C K E /

/ G A U N E R W I R T S C H A F T /

/ D I E / E R S T A U N L I C H E N /
/ A B E N T E U E R /
/ H E B R Ä I S C H E R / S P I T Z B U B E N /
/ I N / D E U T S C H L A N D /

/ : T R A N S I T /

/ INHALT /

1 / P O P U L Ä R K U L T U R / U N D / S P R A C H E / / G E G E N G E S E L L S C H A F T /

Es ist noch gar nicht so lange her, einige Jahrzehnte, als es noch Landstreicher gab, die "Kunden", oder weiter zurück, als organisierte Gaunerbanden sich durch die Lande schlugen und deren Mitglieder sich in den Herbergen trafen, Karten spielten und vielleicht einen Unkundigen auszunehmen gedachten, — da signalisierten sie ein Handzeichen, um Mitstreiter zu finden. Dieses Handzeichen des Kundenzinkens bildete das C, von hebräisch Chessen, Genossen.
Eigentümlich, ein Signalement aus dem Hebräischen im Verkehr der unteren Klassen; denn die jüdische Geschichte hing doch — wie es die offizielle Überlieferung will — mit dem bürgerlichen Warenverkehr zusammen. Merkwürdiger noch lesen sich ältere Quellen aus dem Lande der "Bocksreuter", dem niederländischen Mersen. Dort hatte diese Räuberbande mehr als hundert Jahre lang ihre Operationsbasis; von dort durchzogen Räuber die mittelrheinischen Distrikte, exekutierten geheimnisvoll geschwinde Diebeszüge — ein mitternächtliches Gesindel, das mit dem Teufel im Bunde stand. Die Justiz richtete schließlich ein schauriges Blutbad an, und das Schaffot ließ das volkreiche Mersen schier veröden. Doch bald lebte Mersen wieder als logistischer Rückhalt für ein weitverzweigtes und ungleich mächtigeres Bandensystem auf. Der Räuber Franz Bosbeck machte den Namen Mersen wieder furchtbar. Er kam, wie alle Hauptleute niederländischer Banden, aus der Räuberakademie des greisen Jakob Moyses, des intellektuellen Patriarchen und Stammvaters vielfältiger Geschlechter und der Gaunerprofession jenseits und diesseits des Rheins.
Er war der Vater des "berüchtigten Abraham Jakob, durch seine Tochter Dina der Schwiegervater des furchtbaren Picard, der wechselnd an der Spitze aller niederländischen Banden stand, und ferner durch seine Tochter Helena oder vielmehr Rebekka, die mit dem verrufenen Daniel Jakob verheiratet war, später aber die Konkubine des entsetzlichen Franz Bosbeck wurde, mit den Koryphäen jener Bande aufs innigste verbunden." Diese Räuberbande konnte mit solch außerordentlicher Gewalt und einer so starken Werbekraft auftreten, so berichtet der Kriminalhistoriker Avé-Lallement (1858), daß "Picard im Jahre 1790 an der Spitze der Brabantischen Bande hervorbrach und mit Abraham Jakob, Moses Ocker, Aron Levi aus Hamburg, Jakob Keffel, Jan den Brüsseler, Abraham Langnase, Moses Mainzer, Lion Levi, Süßkind, Simon Gas, dann Franz und Jan Bosbeck, den damaligen Führern der Holländischen Bande, verbunden, bald in dieser bald in jener größeren oder kleineren Gruppe, bald in der dritten großen Gruppe, der Merser Bande, mit jenen in Gemeinschaft dem Räubertum offene Bahn brach und dessen Herrschaft weithin proklamierte."
Schon in den dreißiger Jahren des 18. Jahrhunderts war einer Coburger jüdischen Gaunerbande, deren Mitglieder über ganz Deutschland verbreitet waren, der Prozeß

"Bettlervolk", Holzschnitt aus: Petrarca, Trostspiegel. Augsburg, 1539

gemacht worden, — hundert Jahre später einer großen Gang von Hebräern in Berlin. Von diesen jüdischen Räuberbanden ist nicht mehr viel im gesellschaftlichen Gedächtnis geblieben. Der ideologische Gewaltapparat hat ungeheure Erfolge gezeitigt im Austreiben von Erinnerung. Die Subgeschichte der unteren Klassen — nicht nur der jüdischen — ihr Alltag, seine sittlichen Formen, der gewaltmäßige Widerstand gegen die Gewalt von oben —, diese Überlebensformen sind dem Gedächtnis geraubt worden. Die kontrebande, unhygienische — weil nicht herrschaftsmäßig durchexerzierte — Vergangenheit als materielle Kultur des Überlebens ist verdrängt: die Populärkultur der Welt der Gauner und fahrenden Leute, die nahezu tausend Jahre lang den Alltag der unteren Klassen wesentlich bestimmte.
Mit der Völkerwanderung waren einige Verwirrungen in die Bärenhäuterei der Alten gekommen. Die geruhsamen Zustände des gegenseitigen Raubes des Mehrproduktes im Herbst, das nachfolgende Herumschwänzeln auf der Haut beim Met bis ins späte Frühjahr — diese goldnen Zeiten der deutschen Freiheit mußten immer neuen Kümmernissen weichen. Die dauernden Feldzüge, das römische Privatrecht, die Landaufteilung, die Verselbständigung der Herrschaft, all dies untergrub die alten Stammesverbände und die überkommene Sittlichkeit. Die karolingische Gesetzgebung sanktionierte schließlich die neuen Herrschaftsverhältnisse. Damit setzten sich deren Verheerungen gesamtgesellschaftlich durch: die Freiheit der germanischen Markgenossenschaft war aufgelöst, die Hörigkeit wurde etabliert. Eine Zeit der Verzweiflung brach an. Armut, Unterdrückung, willkürliche Gewalt und Vergewaltigung be-

"Musikanten und Gaukler", Holzschnitt aus: Petrarca, Trostspiegel. Augsburg 1539

stimmten den Alltag. Die Ausgestoßenen und Entflohenen vagierten durch die Länder des Heiligen Römischen Reiches. Die Jahrhunderte der Völkerwanderung der Armut setzten ein, des fahrenden Bettels.
Die mittelalterliche Gesellschaft schied sich in oben und unten, reich und arm, Patrizier und Plebejer. Ein dichotomisches Weltbild entsteht; die feudale und später zivilisierte Welt hebt sich ab von der Kultur der Armut. Der Macht, der Ausbeutung und ihrer sich raffinierenden ökonomischen und physischen Techniken entspricht auf der anderen Seite die Notdurft des puren Überlebens. Eine soziale Bewegung der Unterdrückten organisiert sich, ein Alltag der Armut mit der materiellen Kultur einer Gegengesellschaft.
Diese Gegengesellschaft durchlief verschiedene Formen; wie die offizielle Geschichte veränderte sie sich mit neuen ökonomischen und technischen Herrschaftspraktiken. Sie reagierte auf Gewalt und stillere Erfindungen zur Einübung der Knechtschaft. Zugleich produzierte sie aber eigene Formen des Alltags; die Menschen nahmen ihre Kultur selber in die Hand. Innerhalb der Knechtschaft macht sich die Gegengesellschaft autonom — sie versucht es jedenfalls. Sie ist von oben hergestellt, aber auch von unten hervorgebracht. In dieser Doppelschlächtigkeit bewegt sich die Kultur der unteren Klassen.
Das fing recht harmlos an. Die Landlosen, Enterbten, Entflohenen, Verkrüppelten, auch Missetäter aller Fraktionen machten sich auf in die Vagabondage. Bei den einen reichte die Bettelei zum Überleben; bei andern wiederum, zumal in schlechten

"Leben auf der Landstraße im 15. Jahrhundert", M. Schongauer, Kupferstichkabinett Berlin

Zeiten, wurden Künste ausgebildet im Possenreißen, Singen, Gaukeln oder Tanzen. Wenn bei Festen die Schauspieler eintraten, gingen die Geistlichen von dannen; Ludwig der Fromme verzog selbst bei tollsten Späßen keine Miene, um seine höfische Ehre zu demonstrieren. Denn Karl der Große hatte bereits ein Capitulare erlassen gegen betrügliche Landstreicher. Die Unehrlichkeit kam auf, und Schritt um Schritt verhielten sich die fahrenden Leute auch danach. Es dauerte bis zur bürgerlichen Emanzipation, um wieder "ehrlich" erklärt zu werden; viele wollten aber gar nicht mehr und setzten die Unehrlichkeit in der Gaunerprofession fort.
Die Verhältnisse für Arme und Fahrende verschlimmerten sich beständig; die Wormser ließen sie erst gar nicht herein, die Kölner zwangen die "Lediggänger" zu öffentlichen Arbeiten, eine Erfindung, die später im Absolutismus zur Kasernierung der Armen führte: sie mußten Soldat werden oder im Arbeitshaus das Zeug für Soldatenröcke zusammenspinnen. Wir werden sehen, was man dagegen machen kann. Innerhalb dieser Gegengesellschaft bildeten sich immer wieder soziale Bewegungen, um die Gesellschaft zu verändern oder gar zu kippen. So gab es — trotz Erlasse gegen sie — immer wieder Extremisten: Hexen, welche die Nacht zum Fest machten, Plebejer, welche die Stadtherrschaft revolutionieren wollten, oder Bauern, die dasselbe mit den Landherrschaften vorhatten. Darunter, lautlos vorerst und wenig beachtet, das ausgestoßene Völkchen der Juden, dem es ebenfalls immer miserabler erging und dessen erzwungene Wanderung von der Stadt aufs Land ihm eine merk-

"Kaiser Heinrich VII. bestätigt die Privilegien der Juden", 14. Jhdt., Miniatur aus dem Cod. Bald. Trevir.

würdige Avantgarderolle in der Extremistenbevölkerung zuschanzte.
Die Juden waren als Handelsherren schon in den Deutschen Landen gewesen, so lange es Städte gab. Sie waren also in Regensburg, Köln oder Trier früher ansässig als Germanenvölker, die ihren Weg noch durch die östlichen Wälder herüber finden mußten. Als Händler waren die Juden hoch angesehen, besorgten zuweilen diplomatische Missionen ins Morgenland und hatten feste Positionen im damaligen Welthandel. Während die karolingische Ökonomie in einer gewissen Behäbigkeit der Konsumtionssphäre bestand, waren die Juden in den klassisch-römischen Wirtschaftsdisziplinen geschult; sie waren schneller mit ihren Waren als der Kaiser, der sich durch seine Pfalzen hindurchfraß. Er muß verwundert gewesen sein über diese Wissenschaften der Juden; er versorgte sie mit verschiedenen Privilegien. Mit den Friesen teilten sich diese urbanen Kaufleute zudem das bedeutende Monopol über den Sklavenhandel und übernahmen dies schließlich in eigene Regie, denn der Ost-West-Handel überrundete rasch das friesische Herumschiffen auf dem Rhein und die Lieferungen von Weibern an die Angelsachsen.
Der bedeutendste Handelsweg führte von Böhmen ins arabische Spanien. Im Mohrenland wurden die Sklaven verkauft, in Toulouse zur Eignung für spätere Wächterdienste kastriert und in Böhmen für billiges Geld eingehandelt. In Böhmen waren die Leute so arm, daß sie ihre Kinder verkaufen mußten und manchmal sich selber.
Die Mohren waren in Spanien nach ihrem Eroberungsritt durch Nordafrika einiger-

maßen zur Ruhe gekommen. Im Norden kamen sie nicht weiter; so entwickelten sie die Sinnlichkeit und die Wissenschaften. Deshalb ist für die Araber Andalusien ein verlorenes Paradies — Paradies heißt "Andalusien" — und die Palästinensische Befreiungsfront erinnert an diese Liberalität des Völkergemischs und die Buntheit der Sinnesfreuden, indem "Andalusien" für die Utopie eines künftigen Staatsgebildes steht. Was für die Araber Andalusien, war für die jüdischen Handelsleute Böhmen; Benjamin von Tuleda berichtet im 12. Jahrhundert, die Juden nennten Böhmen das Land Kanaan, weil die Leute ihre Kinder verkauften — ein sprichwörtliches Paradies über Jahrhunderte, bis der Sklavenhandel seine Bedeutung verlor.

Mit den Kreuzzügen und den hierdurch inszenierten Raub- und Vernichtungszügen gegen die Juden zogen viele nach Osten. Das Los der zurückgebliebenen verschlimmerte sich, aus den Privilegien wurden Hörigkeitszölle, und die aufkommende christliche Kapitalwirtschaft drängte die Juden aus der Stadt. Wer sich im ländlichen Hausierergewerbe und im Viehhandel nicht seßhaft machen konnte, wurde ins Vagabundieren getrieben. Also in die Gegengesellschaft, — in der die Hebräer außerordentliche Praktiker und Theoretiker des Überlebens hervorbrachten.

Gerade diese Geschichte ist aus dem kollektiven Gedächtnis vertrieben worden: die Juden hatten mit ihrer eigenen bürgerlichen Emanzipation so viel zu tun, daß sie ihre Subgeschichte lieber brav zudeckten.

Deshalb wissen auch jüdische Quellen über die Gegengesellschaft wenig zu berichten. Vaganten, die hier erwähnt werden, sind lustige Gesellen, die den sonst braven jüdischen Bürgern mit Musik und Narretei die Feste zieren. Als "Fahrende Leute bei den Juden" (Albert Wolf, Leipzig 1909) treten einige jüdische Hofnarren auf, Tänzer, jüdische Luftspringer oder die Marschaliks, Allerweltspossenreißer. Inbegriff der fahrenden Leute bilden Musikbands, die von Hochzeit zu Hochzeit zogen, namentlich die Kempner Klesmorin, berühmt in ihrer Zunft und mit langer Tradition. Aber nicht nur deshalb führt der Autor sie an. Wichtiger noch ist, daß diese jüdischen Musikanten bei "unserem Hofe", nämlich angelegentlich eines Jagdbesuches Kaiser Wilhelms I. beim Fürsten Pleß, aufspielen durften. Es war natürlich das höchste Glück für diese Burschen, unserem Kaiser patriotisch vorsingen zu dürfen. Das also sind die fahrenden Juden — ein liebenswertes Häuflein von Künstlern, die in das lustige Leben patriotisch jüdischer Ehrbarkeit den ziemlichen Frohsinn hineintragen. Der geneigte Leser merkt: hier wird Geschichte malträtiert.

So ist es also eine Subgeschichte, innerhalb derer sich die verschiedenen Formen der Gegengesellschaft hervorbringen. Selbst die Nazis hatten damit Schwierigkeiten. Als aufrechte Deutsche nach der bürgerlichen Gesetzschreibung die Juden nicht mehr umstandslos vom Trottoir schmeißen konnten, wurden Forschungen angestellt zur Aufdeckung jüdischer Hostienschändungen, Kinderritualmorde und aller Verästelungen der Unzucht. Aber erst ganz spät, als die Gewalt schon wieder offen ausgeübt werden konnte, stößt ein anständiger Deutscher namens Zimmermann im Nazi-Blatt "Weltkampf" (Februar 1934) auf hundert Jahre und älteres Material über jüdische Banden. Vielleicht ist es die Dummheit der Antisemiten — darin waren sich Engels und Nietzsche immerhin einig — die sie so lange hat suchen lassen; jedenfalls entdeckt jener Kämpfer eine "verschollene Literatur". Er hätte gar nicht so lange zu recherchieren brauchen; denn damals war jenes angeblich Verschollene noch in Resten der alten Gegengesellschaft am Leben — in der Welt der Kunden, der jüdischen Hausierer, im Stettl der östlichen jüdischen Ghettos und Lehmsiedlungen — und auch in der Literatur. Wir gehen vorerst einer Fährte nach, die offen liegt, es aber in sich hat. Der Chronist des "Rheinischen Hausfreunds", Johann Peter Hebel, verfolgt, wie der Zundelfrieder eines Tages aus dem Zuchthaus entwich und glücklich über die Grenzen kam:

Eines Tages, als der Frieder den Weg aus dem Zuchthaus allein gefunden hatte, und dachte: "Ich will so früh den Zuchtmeister nicht wecken", und als schon auf allen Straßen Steckbriefe voranflogen, gelangte er abends noch unbeschrieen an ein Städtlein an der Grenze. Als ihn hier die Schildwache anhalten wollte, wer er sei, und wie er hieße, und was er im Schilde führe; "könnt Ihr Polnisch?" fragte herzhaft der Frieder die Schildwache. Die Schildwache sagte: "Ausländisch kann ich ein wenig, ja! Aber Polnisches bin ich noch nicht darunter gewahr worden." "Wenn das ist", sagte der Frieder, "so werden wir uns schlecht gegeneinander explizieren können." Ob kein Offizier oder Wachtmeister am Tor sei? Die Schildwache holt den Torwächter, es sei ein Polak an dem Schlagbaum, gegen den sie sich schlecht explizieren könne. Der Torwächter kam zwar, entschuldigte sich aber zum voraus, viel Polnisch verstehe er auch nicht. "Es geht hiezuland nicht stark ab", sagte er, "und es wird im ganzen Städtel schwerlich jemand sein, der kapabel wäre, es zu dolmetschen." "Wenn ich das wüßte", sagte der Frieder, und schaute auf die Uhr, die er unterwegs noch an einem Nagel gefunden hatte, "so wollte ich ja lieber noch ein paar Stunden zustrecken bis in die nächste Stadt. Um neun Uhr kömmt der Mond." Der Torhüter sagte: "Es wäre unter diesen Umständen fast am besten, wenn Ihr gerade durchpassiertet, ohne Euch aufzuhalten, das Städtel ist ja nicht groß", und war froh, daß er seiner los ward. Also kam der Frieder glücklich durch das Tor hinein. Im Städtlein hielt er sich nicht länger auf, als nötig war, einer Gans, die sich auf der Gasse verspätet hatte, ein paar gute Lehren zu geben. "In euch Gänse", sagte er, "ist keine Zucht zu bringen. Ihr gehört, wenn's Abend ist, ins Haus oder unter gute Aufsicht." Und so packte er sie mit sicherm Griff am Hals, und mir nichts dir nichts unter den Mantel, den er ebenfalls unterwegs von einem Unbekannten geliehen hatte. Als er aber an das andere Tor gelangte, und auch hier dem Landfrieden nicht traute, drei Schritte von dem Schilderhaus, als sich inwendig der Zöllner rührte, schrie der Frieder mit herzhafter Stimme: "Wer da!" der Söldner antwortete in aller Gutmütigkeit: "Gut Freund!" Also kam der Frieder glücklich wieder zum Städtlein heinaus, und über die Grenzen. (1811)

Hier schlägt sich einer gut durch. An der waghalsigen Selbstverständlichkeit dieser Grenzpassage haben Generationen gearbeitet. Die materielle Kultur der Gegengesellschaft weist stets diese Ambivalenz des Hindurchlavierens aus, das die Form schaffen mußte für zweierlei Reproduktionsstrategien: sowohl das ökonomische Überleben zu garantieren, wie die Gewalt von oben auszuhalten. Bis zur Herausforderung des Kapitals durch die organisierte Lohnarbeit haben diese einfachsten Erfordernisse den Alltag der unteren Klassen bestimmt. Die Witzigkeit des Zundelfrie-

der macht einige Porositäten der Gesellschaft kenntlich; das reicht freilich nicht aus. Er muß eingreifen, den Gang der Handlung zurechtrücken, Keile in das Gefüge hineintreiben, die Ritzen vergrößern. Darin liegt die Subjektivität des Frieder, wie auch die jener vielfältigen Weisen des Überlebensalltags, die sich in einer Populärkultur autonome Form geben wollen — durch Tanz, Bettel- und Gaunerpraktiken, Sittlichkeits- oder Sprachformen. Mit der Sprache kommt der Zundelfrieder besonders gut hin, er benutzt sie als umgekehrter Ethnolog, überzwerch und kreuzweise. Überhaupt gibt es ja in der Gegengesellschaft kein Ja/ja / Nein/nein (Matth. 5, 37). Sondern: umgekehrt, umgekehrt. Die Sache klumpt zusammen — sich hindurchzuquirlen zu einiger Autonomie, das ist das Meisterstück.
Woher aber dieses virtuose sprachphilosophische Vermögen des Frieder? Ein kleiner Umweg durch eine Mördergrube führt uns geradewegs hin.
Herr Schotten aus Mainz, so erzählt Ernst Blochs Geschichte "Die Glückliche Hand", Herr Schotten aus Mainz besuchte wie immer auf seiner Reise zum Einkauf von Seide in St. Gallen den Wunderrabbi in Michelstadt. Er habe einen bösen Traum gehabt. Der Rabbi schweigt und gibt ihm eine gelöschte Kerze mit auf den Weg. Statt seinen Geschäftsfreund, Herrn Bacharach, im Halben Mond zu treffen, gerät er dort in eine Leichengruft. Der Hausknecht hatte die Tür des Zimmers verschlossen; ein Geruch war wie im Traum und der Kerzenstummel fast heruntergebrannt. Da erinnert er sich der Kerze des Rabbi, zündet sie am flackernden Docht an, schaut unter die Bettstatt und findet seinen erschlagenen Freund. Die Kerze des Rabbi gibt Licht, und nach dem Gebet versteht er — nimmt seinen toten Freund nach oben, deckt ihn zu und legt sich zu den anderen Leichen in die Grube. Leute kommen herein, zerhauen der Leiche den Schädel und schließen wieder zu. Herr Schotten klettert ans vergitterte Fenster, löst eine Scheibe und wartet den Morgen ab. Den Marktleuten will er zurufen, doch die Mörder könnten ihn hören. Da kommt Herr Goldstikker aus Frankfurt um die Ecke.

Herr Schotten rief nur wenige Worte hinunter, in der heiligen Sprache, damit ihn kein andrer verstehe, und der Freund kehrt um, Minuten vergehen, die Stube wird hell, Polizei trabt an, die Treppen herauf, die Türen gesprengt und Herr Schotten trat vor, daß Wirt und Hausknecht das Leugnen verging. Nur noch solange blieb er in der Stadt als seine Zeugenschaft nötig war; fünf Wochen danach stand er wieder im Zimmer des Baalschem. "Ihr seid erstaunt, Baalschem, mich wiederzusehen, mit weißen Haaren!" — und erzählte seine Rettung. "Aber wozu brauche ich euch das alles zu berichten? Ihr wußtet doch genau, was ihr tatet, als ihr mir die Kerze gabt. Sonst läge ich jetzt neben dem armen Bacharach und ihr sprächt mir das Totengebet." — Der Rabbi nahm die Kerze, stellte sie ohne alle Umstände wieder in ihren Halter auf den Tisch und sagte: "Ich weiß nur, daß der Herr erretten kann, wen er will. Die Kerze half euch wie die heilige Sprache und bleibt doch bloß eine Kerze; die heilige Sprache half euch wie die Kerze und bleibt immer ein Wunder. Gott macht es nicht einfach, wofür wir ihm danken sollen." (Ernst Bloch)

Die Worte des Rabbi, der nicht so recht weiß wohin mit seiner Wundertätigkeit, geben der Sprache ein der Kerze gleichrangiges Gewicht. Mehr noch. Er legt das Wunder in die Sprache. Sie ist die Instanz der Rettung, subjektive Erkenntnisform, die jene erst ermöglicht.

In der heiligen Sprache schieben sich geschichtliche Erfahrungen zusammen, Verdichtungen von Prozessen der Unterdrückung, des anderen Lebens — kurz: die Erfahrung einer bestimmten materiellen Kultur, die das Überleben soweit ermöglicht hatte. In der Sprache expliziert sich die Alltagstheorie dieser materiellen Kultur. Die Reflexion auf das gesprochene Wort als Alltagstheorie ist Gegenstand einer materiellen Kultur der Sprache. Das alles haben unsere Randgruppenpraktiker, der Zundelfrieder, der Herr Schotten und vieles Spitzbubenvolk ganz alleine ohne Philosophen und Soziologen miteinander angestellt. Zundelfrieder behandelt die Sprache philosophisch, indem er die materielle Kultur der Sprache, die gegengesellschaftlichen Erkenntnisprozesse, die in ihr stecken, benutzt. Deshalb hat er Glück und kommt durch; wie auch Herr Schotten. Nur, der Herr Schotten changiert sich in seine Rettung hinein durch ein naives Verhältnis zur heiligen Sprache; damit niemand ihn verstehe. Der Zundelfrieder hat in dieser Wissenschaft schon solche Fortschritte gemacht, daß er gar nicht mehr ausländisch sich explizieren muß, und trotzdem versteht ihn niemand. Zu dieser Kunstfertigkeit bedurfte es jahrhundertelanger Lernprozesse und Aktionsformen.

Was aber hat die Friedersche Alltagslinguistik mit dem Hebräischen des Herrn Schotten gemein? Der Zundelfrieder ist zwar ebensowenig Hebräer, wie er Polack ist; und doch hat er seine Wissenschaft aus der heiligen Sprache herübergeholt. Der Luther hat ja auch die deutsche Sprache schön hebräisiert; beim Frieder haben die kollektiven Übersetzer der Gegengesellschaft sich ans Hebräische gemacht, weil die Kommunikationstheorie, die hinter dem Wortwechsel von Herrn Schotten und Herrn Goldstikker steckt, einem gegengesellschaftlichen Erfordernis nach autonomer Kultur entsprach. Die Sprache der Gegengesellschaft — und sie ist für die Subgeschichte der Zivilisation noch kaum genutzt — hat damit eine eigene Signatur. Sie ist nicht nur Teil der materiellen Kultur; sie hat zudem den Vorzug, daß sie die sozialen Vorkommnisse klassisch verdichtet.

Die Gegengesellschaft in Deutschland sedimentierte ihre Kultur in einer eigentümlichen Sprache: dem Rotwelsch. Dies war die Verkehrssprache der Extremisten des Überlebensalltags, der Vaganten, Bettler und Gauner. Verfolgt man den Verlauf dieser "arglistigen" und "betrüglichen" Sprache, so expliziert sich eine verdrängte, aus der Erinnerung getriebene Subgeschichte.

In der Bedeutung von Arglist und Geheimsprache läßt sich "rotwalsch" bis um 1250 zurückführen. Es scheint sehr bald mit der Sprache betrüglicher Landfahrer identifiziert worden zu sein, wie das Augsburger Achtbuch (1342-1343) oder das Konstanzer Ratsbuch (1381) belegen. In einer Handschrift aus Basel über die Betrügnisse der Gyler (zwischen 1430 und 1444) finden sich unter "Dis ist ir rottwelsche" einige Ausdrücke, verbunden mit dem hebräischen "boß", Haus: "Arßposse ist ein schisßhus; es heiset ein arsblis oder ein sevelboß. sunnenboß ist ein frowenhus." Ferner folgender Passus: "Item es sint ouch ein teil, besunder allermeist frowen, die sprechent, sy sient Christen worden, und sagent den luten, ob ir vatter und mütter in der helle sient oder nit, gelte inen glich, und gilent den luten röcke und cleider damitte abe und ander dinge."
Hier werden also Jüdinnen mit dem betrüglichen Bettel zusammengebracht aufgrund überirdischer Kräfte, die man ihrer Religion beimaß. Freilich müssen diese sich als getauft ausgebenden Frauen nicht tatsächlich Jüdinnen gewesen sein, doch legt dies das Liber Vagatorum (1510) nahe. Dieses Aufklärungsbüchlein über "Der Betler orden" will "underwysung und lere" geben; mit ihm beginnen die Polizeiberichte und obrigkeitlichen Dictionärs über die Gaunersprache. Auch hier heißt es: "die off keimen gond, das sind frawen die sprechen sy syen getaufft iudin und syen christin worden, und sagen den lüten ob ir vatter und muter in der hell syen oder nit, und gylen den lüten röck und cleider unnd ander ding ab, unnd hond auch des falschen brieff und sigel." Die "off keimen gond", die als Juden herumgehen, fällt ins Auge; noch in der späten Spitzbubensprache — nach dem Diebs-Wörterbuch von Rochlitz 1846 — heißt "Chaim-Jaske" Judenschule.
Der jüdische Name "Chaim" muß in der Zeit des Liber Vagatorum sich bereits so verallgemeinert haben, daß er fürs Jüdische schlechthin gelten konnte. Bereits Ende des 14. Jahrhunderts scheint das Hebräische sich im Rotwelsch ausgedehnt zu haben. Mathias von Kemnat (1475) berichtet von den Landfahrenden, die er Abenteurer nennt — "von art und natur fule, dreg, schnode, lugenhafftig, betrogen spiler, geuckler, gotschwerer, diebe, rewber, morder" — die "nennen ire sprach rottwelsch oder keimisch".
Diese merkwürdige Sprachentwicklung geht so übel nicht mit der sozialgeschichtlichen Entwicklung einher. Denn nach den Kreuzzügen und den Stadtvertreibungen zogen viele Juden nach Polen, zumindest schlugen sie sich als Vaganten durch. Bis dahin war ihre Sprache deutsch, vermischt mit hebräischen Ausdrücken, vor allem Basisbegriffen für Ritus und Alltag. Die deutsche Sprache brachten die Juden nach Polen mit und konservierten sie; ebenso in Italien, wo sie eine Weile einheimisch blieb. Selbst in Jerusalem verkehrten die Juden bis zum Ende des 15. Jahrhunderts auf deutsch miteinander, im Osten wurde diese alte deutsche Sprache, das Jiddische, erst durch die Deutschen in großem Maßstab exterminiert. Aber schon in der alten Zeit hatten die Juden — wenn es die Verhältnisse gerade zuließen — in den Schüben

"Liber Vagatorum", 1510

der Wanderungen ihre Sprache wieder zurückgebracht, als diese im ehemaligen Mutterland sich bereits verändert hatte. Zumal die verbliebenen jüdischen Kleinkrämer und Fahrenden sprachen in ihrer eigenen Welt dieses deutsche Idiom.

Der synonyme Gebrauch von "keimisch" für "Rotwelsch", der geheimen Sprache des fahrenden und betrüglichen Volkes, bezeugt somit eine gegenkulturelle Affinität der deutschen unteren Klassen zu der jüdischen Vaganterei. Er kündigt zugleich soziale Bewegungen im Judentum selber an und deren Vermischung mit der christlichen Subkultur.

Das Hebräische und Jiddische — also die im 11. Jahrhundert in den jüdischen Stadtgemeinden sich entwickelnde deutsche Verkehrssprache der Juden — dringt zu einer Zeit ins verwandelte Deutsche zurück, als die großen Bettelzüge bereits durch Ächtung und Verbote eingedämmt sind. Diese Gewaltmaßnahmen gegen das Fahren und Vagieren bedeuten die Morgendämmerung bürgerlicher Jahrhunderte, der ordentlichen Lohnarbeit. Gleichwohl sind es immer noch Ausdrücke aus der jüdischen Bettlersprache, die entlehnt werden; sie bestimmen die Sprache der unteren Klassen, namentlich die ihrer Extremisten, der betrüglichen und unehrlichen Leute. Diese Ungleichzeitigkeit von sozialhistorischer Bewegung und sprachlicher Aneignung macht stutzen. Schon Herr Schotten hat die materielle Kultur der jüdischen Bevölkerung mit ihren sprachlichen Rettungsmöglichkeiten — über diesen praktischen Idealismus ging es bei den unwirschen Verhältnissen selten hinaus — in nachahmenswertes Licht gesetzt. Ein Völkchen, das sich noch selber weiterzuhelfen weiß, sei's nur mit dem Wort. Es kommt aber hinzu: Die jüdische Gemeinde hatte es weitaus länger als die christliche vermocht, sich ihrer Armen anzunehmen und sie zu versorgen. Deshalb sind die jüdischen Armen noch Bettler, als die deutschen Fahrenden zur Gaunerei übergehen mußten. Die jüdischen Armenordnungen resultieren aus der Zerstörung der jüdischen Gemeinden zur Zeit der ersten Kreuzzüge. Das Wort für Gast und Bettler, "Gascht", war identisch; es wurde auch für die Insassen der Armenherbergen gebraucht. Über Jahrhunderte verstanden es die jüdischen Gemeinden, die Bettler zu integrieren. Die jüdische Bettlerkultur überdauerte so die christliche. Sie war zugleich kulturelles Vorbild für die christlichen Gauner.

Zwar konnte die Versorgung der jüdischen Armen von den Gemeinden über lange Zeit aufrecht erhalten werden, doch vermochten es die durch Pogrome verarmten Gemeinden nicht, die herumziehenden Armen sich ansiedeln zu lassen. Einige konnten zeitweilig niedere Funktionen als Diener oder Vorsinger ausüben, die Mehrzahl war zum Vagieren gezwungen. Ihnen war auch das Recht auf Familiengründung untersagt. So entstehen die "Schalantjuden", die schalenzenden, faulenzenden Juden. Namentlich umfaßt dieser Begriff die wandernden jüdischen Scholaren. Da die Schriftgelehrsamkeit zum jüdischen Alltag gehörte, verwundert nicht, daß viele Fahrende sich einmal als Knecht verdingten, wenn es anders nicht ging, dann als Schullehrer oder wiederum als Handelsmann oder Zahnbrecher umherzogen. Schullehrer war eine verbreitete arbeitslose Profession; die Stellen wurden knapp gehalten und die Berufsverbote zwangen die wandernden Gelehrten, sich anderen Künsten — vornehmlich den betrüglichen — zuzuwenden. Die zahlenmäßige und kulturelle Bedeutung der Scholaren erklärt, warum die jüdische spätere Gaunersprache vagantisch geblieben ist, während die deutsche Gaunersprache — neben dem dominierenden Einfluß vorerst des Hebräischen und später des Jiddischen — wiederum Ausdrücke aus der Soldaten- und Zigeunersprache aufgenommen hat.

Die Sprache der jüdischen Vaganten repräsentierte somit Alltagsgelehrsamkeit — eine wichtige Vorbedingung für eine Geheimsprache, die ja zugleich "Wissenschaft" vom Alltag sein muß — und eine integrative Alltagskultur. Die christlichen Vagantenscholare dagegen hatten diese Vereinigung von Wissenschaft und Überlebenskunst in ein enges Gebilde von Universitätsjargon hineinlatinisiert. Pantagruel, von seinem Vater Gargantua zur Gelehrtenausbildung expediert, trifft auf dem Wege nach Paris einen Limousiner, der die französische Sprache scholarisch verschandelt:

Eines Tags, wann, weiß ich nicht genau zu sagen, ging Pantagruel nach dem Abendessen mit einigen seiner Genossen vor dem Tor auf dem Weg, der nach Paris führt, spazieren. Ein zierliches Studentlein, das des Wegs daherkam, begegnete ihnen, und nachdem sie sich gegrüßt hatten, fragte ihn Pantagruel: "Mein Freund, woher kommst du jetzt?" Worauf der Student antwortete: "Von der inkliten, zelebern Akademie, der Alma mater, so man Lutetia nennt." — "Was will er damit sagen?"fragte Pantagruel einen seiner Leute. "Er meint, von Paris", antwortete jener. — "Du kommst also von Paris?" sagte Pantagruel, "und wie verbringt ihr Herren Studenten dort in Paris eure Zeit?" — Worauf der Student erwiderte: "Wir transfre-

Liber Vagatorum
Der Betler orden.

Hie nach volgt ein hubsch buchlin genant Liber vagatorum / dictirt von eim Hochwirdigen meisler nomie expertus in trufis[…]em Adone zu lob und etc / sibi in refrigeriu et solaciu / allen menschen zu einer underweisung und lere / und den jhenen die diese stuck brauchen zu einer besserung und bekerung: Und wirt diß buchlin geteilt jn drej teil. Das erst teil sagt von allen narungen die / die Betler oder Landtfarer brauchen / und wirt geteilt jn .xx. Capitel et paulo plus / dann es sind .xx. narungen et ultra do durch der mensch betrogen und uberfurt wirt / Das ander teil sagt etlich notabilia die zu den vorgenanten narungen gehoren Das drit sagt von eim vocabularj rotwelsch zu teutsch genant.

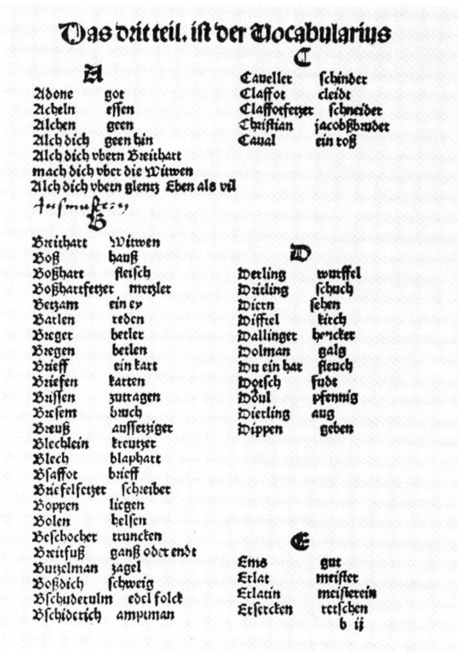

Das drit teil. ist der Vocabularius

A

Adone	got
Acheln	essen
Alchen	geen
Alch dich	geen hin
Alch dich ubern Breithart	
mach dich uber die Witwen	
Alch dich ubern glentz	Eben als vil

B

Breithart	Witwen
Boß	hauß
Boßhart	fleisch
Boßhartfetzer	metzler
Betzam	ein ey
Barlen	reden
Breger	betler
Bregen	betlen
Brieff	ein kart
Briefen	karten
Brissen	zutragen
Bresem	brüch
Breuß	aussetziger
Blechlein	kreutzer
Blech	blaphart
Bsaffot	brieff
Briefelsetzer	schreiber
Boppen	liegen
Bolen	helsen
Beschocher	truncken
Breitfuß	ganß oder endt
Butzelman	zagel
Boßdich	schweig
Bschuderulm	edel folck
Bschiderich	ampuman

C

Caveller	schinder
Claffot	cleidt
Claffotfetzer	schneider
Christian	jacobsbruder
Caval	ein roß

D

Wetling	wurffel
Wrierling	schuch
Wiern	sehen
Swiftel	kirch
Wallinger	henker
Wolman	galg
Wu ein har	fleuch
Wutsch	fude
Woul	pfennig
Wierling	aug
Wippen	geben

E

Ems	gut
Erlat	meister
Erlatin	meisterein
Erserckеn	retschen

b ii

"Liber Vagatorum", 1510

tieren die Sequana diluculo und crepusculo, deambulieren in den Kompiten und Quadrivien besagter urbis, des pumieren die latialische Verbokination und kaptivieren als wahrhaftige Amorabundi die benevolentiam des omnijugen, omniformen und omnigenen weiblichen Geschlechts. An gewissen Diekulen visitieren wir die Lupanaren vom Buhlfeld oder aus der Vogel-, Sack-, Bourbon- und Huslieugasse und inkulkieren in venerischer Ekstase unsere Veretra in die penitalen Rezesse dieser amikabilissimen Meretrizen. Hierauf kauponisieren wir in den meritorischen Tabernen zum Tannenzapfen, Kastell oder Magdaleine spatulas vervecinas, perforamlniert mit Petersilie. Sollte gerade Knappheit oder penuria pecuniae in unseren Marsupien herrschen und es ihnen an ferruginischem Metall gebrechen, so bezahlen wir die Zeche oppignerisch mit unseren codicibus und Vestimenten, in Erwartung der Tabellarien, so da kommen sollen von unseren Penaten und heimischen Laren." — Dem entgegen sagte Pantagruel: "Was zum Teufel ist das für eine Sprache? Ich glaube, du bist ein Ketzer." — "Nein, Signore", erwiderte der Student; "sobald Aurora digito aurifero den coelum attigniert, begebe ich mich libentissime in irgendeins der schön ädifizierten Münster, irroriere mich daselbst mit der schönen lustralischen Aqua und nehme mein Teil von den missalischen Prekationen unserer Sakrifikulen. Und indem ich meine präkulischen Horen murmle, abluiere und purifiziere ich meine animam von den nokturnen inquinamento. Ich reveriere die Olympikolen; ich veneriere latrialiter den supernalischen Astripotenten. Ich diligiere und redamiere meinen Nächsten. Ich befolge die dekalogischen Präskripte und diszediere von ihnen nach der Fakul-

tät meiner Kraft nicht um eines Unguikuls Breite. Doch da Mammon um keinen Tropfen in meinen Lokuli supergurgitiert, so bin ich allerdings in der Supererogation der Eleemosynen an die Egenten, welche hostiatim ihre Stipes begehren, etwas karg und träge." — "Bah, bah", rief Pantagruel, "was schwatzt der Narr? Ich glaube, er denkt sich solche Teufelssprache aus, um uns damit zu verhexen." — Worauf einer von den Seinigen sagte: "Gnädiger Herr, ohne Zweifel will dieser junge Fant die Sprache der Pariser nachahmen; aber indem er so geschwollen redet, schindet er nur das arme Latein. Er hält sich für einen großen Redner und Sprachkünstler, weil er es verschmäht, so zu sprechen, wie es allgemein Brauch ist." — Darauf sagte Pantagruel: "Ist dem so?" — Und der Student entgegnete: "Signor Domine, mein Ingenium ist nicht fähig, die Kutikel unserer vernakulen Sprache zu schinden, wie dieser flagitiose Nebulone sagt, sondern operam do und enitiere per vela et remos, sie durch latinikome Redundanz zu lokupletieren." — "Bei Gott", sagte Pantagruel, "ich werde dich sprechen lehren; aber erst antworte mir: Woher stammst du?" — Worauf der Student erwiderte: "Der primäre Ursprung meiner Aven und Ataven weist hin auf die limovizinischen Regionen, wo der Korpus des hagiotaten Sankt Martial requiesziert." — "Aha", sagte Pantagruel, "du bist also, schüttet man die Brühe zusammen, ein Limousiner und willst hier den Pariser spielen. Wart, das werd' ich dir heimzahlen." Damit faßte er ihn bei der Gurgel und rief: "Du schindest das Latein; beim heiligen Johann, den Fuchs sollst du schinden, dich selbst will ich lebendig schinden." — Der arme Limousiner aber schrie dagegen: "Hoalt, hoalt! Hailiger Markus, zu Hülf! Oh, oh, loaßt's los, ums Himmels will' rührt's mi nit an!" — Worauf Pantagruel: "Siehst du, jetzt sprichst du, wie dir der Schnabel gewachsen ist", und damit ließ er ihn los; denn der arme Limousiner hatte seine Hosen, die hinten geschlitzt und also mit keinem festen Boden versehen waren, über und über beschissen. — "Blas' mit Sankt Alipentin von unten her", rief Pantagruel, "was ist das für ein Duft? Der Rübenfresser stinkt ja wie der Teufel!" So ließ er ihn laufen. Aber auf diesen machte die Szene solchen Eindruck, daß er sich nie wieder recht davon erholen kannte und später gar oft meinte, Pantagruel halte ihn noch immer an der Kehle fest. Starb auch nach einigen Jahren den Rolandstod, daran man die göttliche Gerechtigkeit erkennen soll und was ein Beweis dafür ist, wie Recht Aulus Gellius hat, wenn er sagt, daß man stets reden müsse, wie es der Brauch ist, und daß man, wie Oktavianus Augustus meint, die verzwickten Ausdrücke so sorgfältig zu vermeiden habe wie der Schiffer die Klippen. (Rabelais, 1537)

Jüdische Vaganten benutzten zu jener Zeit nur vorübergehend die verschiedenen Formen des betrüglichen Bettels, die das Liber Vagatorum schildert. Als dieses Aufklärungsbüchlein über die Gegengesellschaft abgefaßt wurde, 1510, hatte sich der deutsche betrügliche Bettel als Populärkultur bereits herausgebildet; darüber will das Dictionär berichten. Die hebräischen Vokabeln bezeichnen neben religiösen Gegenständen vor allem das Essen, Trinken und die Unterkunft. "Haus" wird grundsetzlich hebräisch, "Boß", wiedergegeben, so in Galchenboß (Pfaffenhaus), Glydenboß, Schrefenboß oder Sonnenboß (Hurenhaus), Rotboß (Bettlerherberge) oder Sefelboß (Scheißhaus). Auch der Terminus für Dorf und Stadt ist aus dem Hebräischen, Gfar und Mackum. Die Orte der physischen Reproduktion sind dergestalt mit der jüdischen Kultur identifiziert. Dies impliziert auch die Übersetzung von

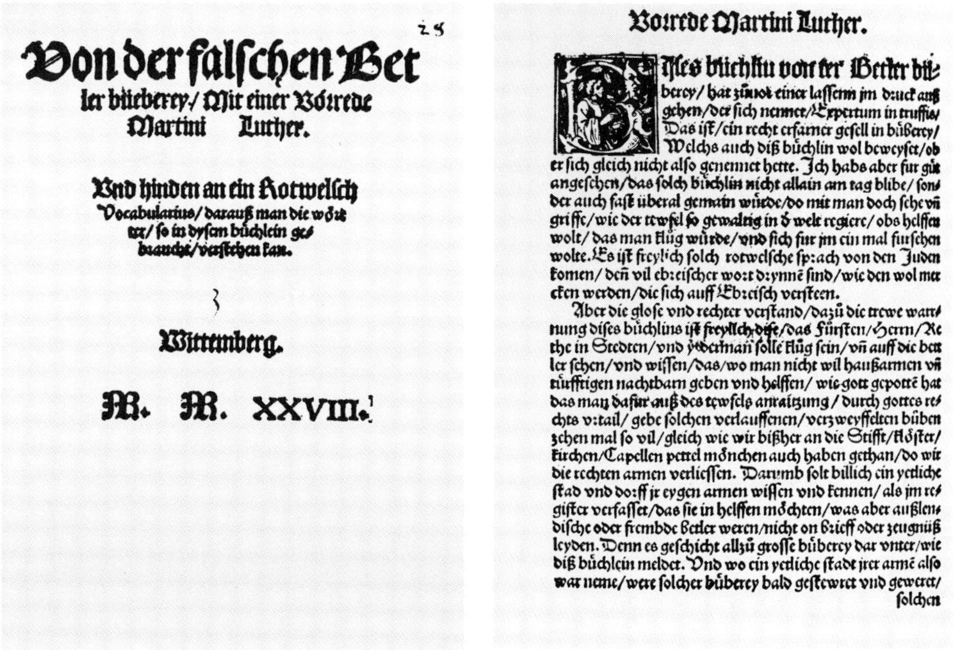
25

Von der falschen Bet
ler büeberey / Mit einer Vorrede
Martini Luther.

Und hinden an ein Rotwelsch
Vocabularius / darauß man die wör
ter / so in dysem büchlein ge
braucht / verstehen kan.

Wittemberg.

M. D. XXVIII.

Vorrede Martini Luther.

Dises büchlin von der Betler bü
berey / hat zuvor einer lassen im druck auß
gehen / der sich nennet / Expertum in truffis /
Das ist / ein recht erfarner gesell in büberey /
Welchs auch diß büchlin wol beweyset / ob
er sich gleich nicht also genennet hette. Ich habs aber fur gut
angesehen / das solch büchlin nicht allain am tag blibe / son
der auch fast überal gemain würde / do mit man doch sehe vñ
griffe / wie der teüfel so gewaltig in d welt regiere / obs helffen
wolt / das man klug würde / vnd sich fur jm ein mal fursehen
wolte. Es ist freylich solch rotwelsche sprach von den Juden
komen / denn vil ebreischer wort drynne sind / wie den wol mer
cken werden / die sich auff Ebreisch versteen.

Aber die glose vnd rechter verstand / dazu die trewe warn
nung dises büchlins ist freylich dise / das Fürsten / Herrn / Re
the in Stedten / vnd yederman solle klug sein / vñ auff die bet
ler sehen / vnd wissen / das / wo man nicht wil haußarmen vñ
dürfftigen nachbarn geben vnd helffen / wie gott gepotte hat
das man dafür auß des teüfels anraitzung / durch gottes re
chts vrtail / gebe solchen verlauffenen / verzweyffelten büben
zehen mal so vil / gleich wie wir bißher an die Stifft / klöster /
kirchen / Capellen pettel mönchen auch haben gethan / do wir
die rechten armen verliessen. Darumb solt billich ein yetliche
stad vnd dorff jr eygen armen wissen vnd kennen / als im re
gister verfasset / das sie in helffen möchten / was aber außlen
dische oder frembde Betler weren / nicht on brieff oder zeugnüß
leyden. Denn es geschicht allzu grosse büberey dar vnter / wie
diß büchlein meldet. Vnd wo ein yetliche stadt jrer armé also
war neme / were solcher büberey bald gesteüret vnd geweret /
solchen

“Von der falschen Betler büeberey / Mit einer Vorrede Martini Luther”, 1528

“Terich” mit “land”. Terech (von hebräisch derech) bedeutet aber Weg oder Wegrichtung; es ist der “Strich” des Bettlerzuges. Der jüdische Bettlerstrich wird mithin zum Land. Nationalitäten, Fürstentümer und Grenzen interessieren die unteren Klassen wenig. Ein weiterer Terminus gibt Auskunft über die merkwürdige Vorherrschaft jüdischen Alltags für die Identitätsfindung der Gegenkultur: “Molsamer”, der “verreter”. Als “malsamer” findet sich dieser wichtige Begriff im niederdeutschen Liber Vagatorum, ebenso im niederrheinischen. Mit dem hebräischen “Molsamer” grenzt sich das fahrende Volk von der Moralität der herrschenden Kultur ab. Dieser Name für Verräter wurde von der gesamten Gaunersprache übernommen.

Kein Wunder. Es wäre ja ein schönes Kreuz gewesen für die Judengemeinden, wenn sie die durch Versprechungen gedungenen Verpfeifer von Gemeindeangelegenheiten, gar die falschen Zeugen für angebliche Greueltaten, nicht hätten in die moralische Acht hineintreiben können. Verräter dieser Art konnten die goldenen Fäden des Judenschutzes durch Stories über Kriminalgreuel zerreißbar machen. Ein Pogrom war dann gleich die Folge. Was also war schlimmer für die Judengemeinde als ein Verräter, der ihre waghalsige Rechtsexistenz unterminierte?

Vor der Austreibung der Juden aus den großen Städten hatten ein Moses Wolf und der Rabbinersohn Anton Margaritha Geheimnisse der Judengemeinde an die christlichen Behörden verraten. Der Molsamer Margaritha schreibt selbst: “Wenn ein Jude den andern vor einer christlichen Obrigkeit verklagt, auch vor einer christlichen Obrigkeit angezeigt ihre Büberei und Händel und dergleichen, wird er 'Moser' (Verräter) bei ihnen genannt." (in Grau, 1934) Da das Judenvolk in der Avantgarde der Verfolgten und extremen Überlebensstrategen sich befand, seine Denunzianten deshalb auch eine extreme Spezies an Niedertracht darstellten, war es notwendig, solche Gesellen hinauszuwerfen und Zeitung darüber den jüdischen Gemeinden weithin kund zu tun. Der Name des Denunzianten der Judengemeinde wurde zum Symbol des Verräters an der Gegengesellschaft überhaupt. Die sprachliche Dominanz der Hebräer in der gesamten Außenseitergesellschaft erweist sich in der Übernahme des Begriffs "Molsamer" für den Denunzianten.

Vorerst belegen die hebräischen Wörter für Mitglieder der Gegengesellschaft eine Außenseiteridentität. Aber nicht nur das Hebräische rutscht auf diesem Wege in die Sprache der Fahrenden und unehrlichen Leute; das Jiddische als die eigene Verkehrssprache der Juden nimmt schließlich die Insider- und Kassiberfunktion der alten heiligen Sprache selbst ein. Dabei springt nun eine Eigentümlichkeit ins Auge: die Bedeutung der Populärkultur der Armut in diesem Produktionsprozeß einer gegengesellschaftlichen Sprache. Wie die sittlich-ökonomischen Begriffe der Hebräer, und nicht etwa Lehnwörter aus dem Kaufmannsjüdischen, zu Schlüsselbegriffen der Gegengesellschaft schlechthin werden, läßt sich aus dem Liber Vagatorum entnehmen. Den Leser wundert inzwischen keineswegs, wie den Polizeikommissär Wilhelm Polzer aus Wien in seinem "Gauner-Wörterbuch für den Kriminalpraktiker" (1922), daß auf das Jüdische "ungeahnt viele Ausdrücke zurückgehen". Der Doktor Luther hatte schon in seiner Vorrede zum Liber Vagatorum verkündet, daß sie "sind von den Juden kommen". Aber aus dem Jüdischen der unteren Klassen, darin liegt die Würze! Die hebräischen Vokabeln repräsentieren einen Internationalismus der Populärkultur mit ihren bestimmten sittlich-ökonomischen Verkehrsweisen. Diese sind noch gekennzeichnet vom Bettel; deshalb geht es auch bei den übernommenen Wörtern rein ums Überleben — noch über die Jahrhunderte hielten sich diese Basisbegriffe in der Gaunersprache, wie Boß für Haus, Breitfüß für Gans, Galch für Pfaffe, acheln für essen, alchen für gehen oder Boßhart für Fleisch. Zugleich kündigt dieses Einsickern der Vokabeln vom hebräischen Bettelvölkchen in die christliche Vaganten- und Spitzbubenwelt eine materielle soziale Bewegung an. Die Wörter schmiegen sich als Vorboten ein in den Alltag der Armut, geben der Gegengesellschaft eine geheimwissenschaftliche Identität, und "Bautz, Baradautz" (Goethe) holen die jüdischen Bettler die christlichen Gauner mit ihren hebräischen Identitätsfindungen ein und geben dem Felde der Populärkultur eine neue materielle Kultur der Gaunerwirtschaft. Die Demütigungen und Erniedrigungen werden abgeworfen, "der Götze liegt am Boden" (Diderot). Dieser Formwandel in der Ökonomie der Gegengesellschaft wird die frugalen Vokabeln der Überlebens mit ungeahnter kontrebander Gegenwehr füllen.

So ist es kennzeichnend für den feinen sozialhistorischen Sinn Luthers, daß er das Rotwelsch mit Missetaten in Verbindung setzt, Unbilden geheimnisvoller Art spuken da herum. Auch gegen die Bauern hatte er sich nicht eben zimperlich gezeigt.

Bereits vor dem Liber Vagatorum hatte Sebastian Brants "Narrenschiff" (1494) das Rotwelsch in die Zeitkritik der närrischen und verkehrten Welt aufgenommen. Die Verkehrung der Welt war das subversivste Unternehmen; die soziale Bewegung der Hexen mit ihren alten Wissenschaften der vergangenen germanischen Freiheiten hatte einiges versucht. Aber der Hexensabbath wurde ausgebrannt oder von feudalen Wollüstlingen infiltriert. Man konnte noch nicht einmal beim Teufelskuß unter sich bleiben. Mit dem Aufkommen der Städte setzten sich die armen Leute wenigstens nicht mehr — wie die niedergedrückten Bauern — selbstgeißelnd rücklings auf den Esel bei öffentlichen Festen. Die Plebejer wollten die Welt ganz umkehren, Kopf runter, Knüppel aus dem Sack, keine Ungleichheit und Armut für niemand. Immer unerhörter wurde, was die Burschen da trieben, dann wollten sie auch noch Glück auf Erden, wo doch gerade der Himmel mit seinen speziellen Departements für jedermann erst war installiert worden. Die Herrschaften waren froh, daß der Aschermittwoch gleich folgte — manchmal per Waffengewalt von oben. Die Verkehrungskampagnien entpuppten sich frech als eine verschwörerische Untergrundbewegung der Plebejer gegen Recht und Ordnung; zumal wenn eine andere Kultur hinzukam, ekelhaft, und eine Sprache wie bei den Hunnen oder noch weiter weg. Die Buchdruckerkunst wurde gerade noch rechtzeitig erfunden, um abenteuerliche Dokumentationen über den plebejischen Umsturz in Flugblättern auf die Märkte zu werfen, zur Vorsicht und Verwarnung. Der Sebastian Brant hat noch Gespür für alte Ehrbarkeit:

Aber Bettler pflegen selten zu fasten
Zu Basel auf dem Kohlenberg[1]
Da treiben sie ihr Bubenwerk.
Ihr Rotwelsch sie im Terich[2] *haben,*
Ernährn bequem sich von den Gaben;
Jeder Stabil[3] *eub Hornlüten*[4] *hat,*
Die foppt, färbt, ditzet[5] *durch die Stadt,*
Wie sie dem Predger[6] *Geld gewinne,*
Der lugt, wo sei der Joham grimme[7]*,*
Und läuft durch alle Schöchelboß[8]*,*
Wo Rübling junen[9]*, ist recht los;*
Hat er besevelt[10] *hier und dort,*
So schwänzt[11] *er sich dann wieder fort,*
Veralchend[12] *über den Breithart*[13]
Stiehlt er die Breitfüß[14] *und Flughart*[15]*,*
Damit er sie flößle[16] *und Lüßling*[17] *abschneide;*
Grantner, Klanvetzer[18] *geben ihm Geleite.*

[1]) ehemals die Produktionsstätte der Köhler, dann das Terrain der Fahrenden [2]) im Lande [3]) Brotsammler [4]) Zuhälterin [5]) betrügen, sich krank stellen [6]) Bettler [7]) wo der Wein gut sei [8]) Wirtshäuser [9]) Würfel spielen [10]) beschissen [11]) sich davon machen [12]) wandernd [13]) ins Weite [14]) Gänse [15]) Hühner [16]) ertränken [17]) Hals [18]) Bettler, die Krankheiten vortäuschen

Leicht vermerklich: im ganzen Text keine Handelsausdrücke. Der jüdische Handel war vom Alltag der unteren Klassen ebenso geschieden wie die jüdischen Armen von der deutschen Herrschaftskultur. Die Vermischung der Sprache zeigt, welch geringen Rang die Außenseiter der Gesellschaft sozial errichteten Rassenschranken beimaßen. Die Verkehrsweise des Überlebensalltags, die sittliche Alltagsökonomie der jüdischen armen Klassen mit seinen Solidaritätsformen und verläßlichem Ritus bot den christlichen Fahrenden, Bettelnden und Gaunern das Vorbild einer Gegengesellschaft. Deshalb durchdringen sich deutsche und hebräische — vor allem später jiddische — Idiome, und diese beginnen, den Wortschatz des fahrenden Volkes zu dominieren.

Im Jahre Christi 1583 wird eine "Rotwelsch-Grammatic" gedruckt, das ist, "vom Barlen der Wanderschaft, dadurch die Weißhulmen gevopt, die Hautzin befeselt, und die Horcken vermonet damit man Stetinger und Spetling überkomt, im Schrefen-Boß Johann zu schöchern und mit Riblingen zu rüren. Das ist: Eine Anleitung und Bericht der Landführer und Bettlersprache, die Rotwelsch heißen, dadurch die Einfältigen belogen, die Bäurin beschissen und die Bauern betrogen werden: damit man Gülden und Heller überkömmt, im Gemeinhaus Wein zu trinken und mit Würfeln zu spielen hab."

Nach dem Tagebuch des Meister Franz, Scharfrichter zu Nürnberg, hatte sich auch dort, 1583, das Rotwelsch eingebürgert:

Den 12. dito. Barbara Grimming, Schneiderin, und eine Ehefrau, auch Burgerin alhie, So mit 2 brüdern unzucht trieben, welches sie Schory Mory geheisen, alhie mit Ruthen ausgestrichen.

Die sprachliche Synthese des Hebräisch/Jiddischen und Deutschen wurde schließlich Gegenstand literarischer Verarbeitungen, wie die "Historia von Isaak Winckelfeldern und Jobst von der Schneid", von Nikolaus Vlenhart (1617). In Schwenters "Steganologia" (um 1620) heißt es über "ein sonderliche sprach / welche die Welschen Calman, wor aber Rotwelsch oder oder Bettlers-Latein nennen": "Und ist gewiß daß nach der teutschen Sprach am meisten aus der Hebraischen als aller Sprachen Mutter genommen / ruehrt menes behaltens her von den heutigen Juden / die da Hebreisch und Teutsch untereinander reden."

Alle diese Schriften — mit dem Liber Vagatorum beginnend — geben einmal Kunde von einer landesweiten christlichen Gaunerprofession; zum andern von der jüdischen Herkunft ihrer Geheimsprache. Nach den jahrhundertelangen Judenverfolgungen und der ökonomischen Miserabilität dieses auf den Strich gezwungenen Völkchens konnten es die Theoretiker des abweichenden Verhaltens nicht fassen, daß diese Jämmerlinge mit ihren Stirnlocken, betuchten Frauen und rotznasigen mageren Kinderscharen die spekulativen Geister und Geheimwissenschaftler der Populärkultur der Armut waren. Ideologen haben ihre Sparren. Die Verwunderung bleibt jahrhundertelang, trotz Luther. Noch in den Herumwühlereien der Staatsschützer in der Gaunerwirtschaft des frühen zwanzigsten und vor allem des neunzehnten Jahrhunderts bleiben es mühsame Zugeständnisse, wenn sie beteuern — wie

Thiele in seinem Entdeckungsbuche über das gaunerische Judentum (1842) — daß jenes "wirre Gemengsel" von Wörtern unzweifelhaft "bei einer nähern etymologischen Untersuchung" auf "verketzerte hebräische Wörter" zurückgeht. Dabei hätten sich auch in Grimmelshausens "Simplizissimus" (1669) oder den "Wunderliche und wahrhafftige Gesichte Phylanders von Sittewald" Moscheroschs (1642) zureichende Indizien finden lassen; mehr noch. Denn beide beschreiben den Taumel des Dreißigjährigen Krieges und dessen Einbrüche in die Sittsamkeit. Diese gesamtgesellschaftliche Gaunerei von oben wird wiederum pariert von eigenen Sprachformen der Söldnerökonomie der Heere. Diese radikale Plünderungswirtschaft macht die gegengesellschaftliche Gaunersprache zum offiziellen Verständigungsmittel über allgemeine Meuchelstrategien und Mordbrennereien. Die Sprache des Liber Vagatorum setzt sich im großen Maßstabe durch und nimmt der kritischen Populärkultur jeden geheimgesellschaftlichen Stachel. So entstand die Feldsprache, die sich bis in die letzten Kriege erhielt und sich natürlich ihrer Entstehungsgeschichte nicht mehr bewußt war; denn einerseits hieß ein Kalbsbraten "toter Jude"; andrerseits kam die antisemitische Feldsprache ganz gut aus mit Bechem für Brot, Glidenbeth, Schreffenbeth oder Sonebeth für Bordell, Schöcherbeth für Wirtshaus, Schöcherfetzer für Wirt, schöchern für trinken, alchen für gehen — Alchbruder —, goffen für schlagen, bossen für schweigen. Wie im Liber Vagatorum bleiben die Basiswörter der Kriegerwirtschaft hebräisch wie Beth (Haus), Mackum (Ort), Seffel (Dreck), Jochem (Wein) oder Terich (Land). Rekognoszierten die Krieger eine Beute, so wurde folgende Feldtaube weitergegeben — bei Moscherosch: "Der schwarze Bschiderich (Amtmann) in dem kleinen Gällen (Stadt) mit dem Langschnabelturm (spitzer Turm) und der großen Diftel (Kirche) zackert (pflügt) im großen Schlingglenz (Flachsfeld) oben an dem Grünhart (Wiese) jenseits des Floßharts (Fluß) hat am Stronbart (Wald), mit vier Klebis (Pferd) und fünf Stück Hornböck (Kuh)." Zutragen hieß blissen, und natürlich wurde der Molsamer übernommen. Die Philologen der deutschen Soldatensprache, Frontoffiziere oder der obige Herr Zimmermann, mögen sich darüber entsetzen, daß unsere Soldaten so verjudet daherwelschen; der tote Jude als Kalbsbraten paßt diesen Kriegsmännern gewiß besser in den Kram.

Im Dreißigjährigen Krieg haben sich viele Juden, zumal viele christliche Gauner, in die Heere werben lassen. Somit dringen auch hebräische und rotwelsche Ausdrücke in die Soldatensprache; nicht nur der geheimwissenschaftlichen Funktion des Rotwelsch wegen. Freilich gerät andersherum wieder soldatensprachlicher Jargon zurück ins Rotwelsch. Trotz dieses linguistischen Wirrwarrs bleibt die Herkunft der dominierenden Sprachkultur nicht verborgen. Samuel Reyhers "Mathesis Mosaica" (1679) führt immerhin rotwelsche Ausdrücke auf das Judendeutsche zurück.

Neben dem Hebräischen und Jiddischen geht auch die Zigeunersprache in die "Spitzbubensprache" ein, wie sie vom Inhaftierten Andreas Hempel (1687) betitelt wird. Diese neue Entlehnung gibt Auskunft über gemeinsame Aktionen von Zigeunern, Christen und Juden. Indessen bleibt das Zigeunerische weitaus weniger bedeutend als das Jiddische, das weiterhin die Gaunersprache dominiert. Die Kriminalsprachhistoriker werden freilich verwirrt und führen gar die Zigeuner auf eine Ju-

Feldsprach
(in: Moscherosch, 1642)

A.

Acheln[1] — Essen
Adone — Gott
Alchen — Gehen
Alch dich — Troll dich, geh fort

B.

Barlen — Reden
Beschöchert — Truncken
Beschöchern — Trincken
Beseffler — Bescheisser, Betrieger
Beth — Hauß
Betzam — Ein Ey
Billentragerin — Schwangere Bettlerin
Blech — Ein halb Batzen
Blechling — Ein Creutzer
Blickschlager — Nackend Bettler
Blochhart — Ein Blindgeborner
Boelen — Buhlerey treiben
Boß dich — schweig
Boßhardt — Fleisch
Boßhardtfetzer — Metzger
Bregen — Betlen
Breger — Haußarmer Bettler
Breithart — Weite Heyde
Breitfuß — Ganß oder Ente
Bresem — Ein Bruch
Brieff — Ein Kart
Brieffen — Mit Karten spielen
Brieffelfetzer — Schreiber
Brissen — Zu tragen
Bruß — Außsätziger
Bsaffot — Brief
Bschiderich — Amptmann
Bschuderlin — Vom Adel
Butzeilman — Virile[2]

C.

Caval — Ein Roß
Caveller — Ein Schinder
Christian — Pilgram
Claffot — Kleid, Rock
Claffotfetzer — Schneider

D.

Dart — Dreck
Dalinger — Hencker
Derling — Würffel
Dierling — Aug
Diern — Seen, Egen[3]
Difftel — Kirch
Dippen — Geben
Dolman — Galgen
Dotsch — Matrix
Doul — Gelt, Pfennig
Drittling — Schuhe
Du ein Har — Fleuch
Dutzbetterin — Kindbetterin
Dutzer — Heyligenfechter[4]

[1]) Acheln, in der Pfalz noch mundartlich achile oder acheln für hastig essen, schlingen, übrigens kommt dieses Wort wie viele der folgenden, Adone, Alchen, Beth, Lehem etc. ursprünglich aus dem Hebräischen. — [2]) Virile, erg. membrum, das männliche Glied. — [3]) Seen, Egen, Säen, Eggen. [4]) Heyligenfechter, vielleicht einer, der um eines bestimmten Heiligen willen um Almosen bittet, Wallfahrer, Wallbruder.

denabstammung zurück (Wagenseil 1697). Die Sulzer Zigeunerliste (1787) belegt schließlich, daß die "Jaunersprache", die "Jenische Sprache", von der Zigeunersprache "sehr unterschiedlich" ist.
Selten haben Sprachgelehrte auf den hebräisch/jiddischen Ursprung des Rotwelsch hingewiesen. Vielleicht deshalb, weil das "Judendeutsche" schon so sehr dem Rotwelsch sein Gepräge gegeben hatte, daß es unmerklich diese Außenseitersprache dominieren konnte. Allein, wenn wir uns mit diesen Sprachphänomenen der Gegengesellschaft befassen, so darf der Leser nicht in die Verlegenheit gebracht werden, die Sprache in ein Behelfsmittel kommunikativen Handelns zu verdünnen. In aller Behutsamkeit sind wir den Ausdrucksformen einer Gegengesellschaft als Produktiv-

kraft auf der Spur: Spontaneität, Widerstand und Reaktion der Populärkultur. Wer einen Rotwelsch Text liest, ohne daß ihm nicht sofort die Affinität zu einem Heine-Gedicht, einer Marx-Glosse oder der Luthersprache das Herz warm macht, der soll in den kritischen Geheimwissenschaften sich rar machen.

Man darf also nicht mit Stangen und Spießen auf die Sprache des betrüglichen Bettels losschlagen. In der Aneignung des Judendeutschen durch unsere Vaganten und unehrlichen Leute entsteht ein Gegengewicht zur Verarmung der Sprache durch den bürgerlichen Warenhandel und seine Kontorabstraktionen. Die deutsche Sprache machte sich diesen ökonomischen Umwälzungen immer gefügiger. Hier legt die Gegengesellschaft Widerspruch ein und beharrt auf einer eigenen sprachlichen Sinnlichkeit. Diese Alltagsästhetik hätte sicherlich Joseph Addison, wenn er nicht in England gesessen hätte, zutiefst hoffen gemacht auf die großen Veränderungen in endlicher Zeit. Denn die Sprache hat eine materielle Kultur, und damit ist sie gesellschaftliche Vorbotin, wenn jene nach vorne drängt und sei es in Form alter — unabgegoltener — Sinnlichkeit. So bemerkt Addison in "Über die Verbesserung der Kirchenmusik", im Jahre 1712, es findet "sich ein gewisse Kälte und Gleichgültigkeit in den Redensarten unserer europäischen Sprachen, wenn sie mit den morgenländischen Arten des Redens verglichen werden, und es geschieht auf eine sehr glückliche Art, daß die hebräischen Redensarten eine besondere Anmut und Schönheit in der englischen Sprache haben. Unsere Sprache hat unzählbare Zierlichkeiten und Verbesserungen von der Einmischung der hebräischen Redensarten erhalten, welche aus den poetischen Stellen der heiligen Schrift in dieselbe geleitet sind ... Mich dünkt aber, wir können mit Recht sagen, daß, wenn die Menschen sich mit ihrem Schöpfer unterreden, sie solches in keiner bequemen Schreibart, als in der Schreibart der heiligen Schrift tun können."

Diese Seite einer ästhetischen Produktivkraft der Sprache der Gegenkultur darf keineswegs unterschlagen werden. Ohne sie wäre die andere Seite des Eindringens der jüdischen Volkssprache in den Verkehr christlicher Vaganten blind: ihre geheimgesellschaftliche Qualität, den Bauern und Bürgern unbekannt zu sein und der Identität einer in-group Form zu geben. Obwohl die Betteltechniken im Liber Vagatorum vorwiegend deutsche Vaganten betreffen — nur die vermeintlich getauften Wahrsagerinnen stehen mit jüdischem Gaunertum in Zusammenhang — so werden doch Ausdrücke angeprangert, die eine eigene kulturelle Welt der unteren Klassen ausweisen, eine sonderliche Sprach- und Sittlichkeitsinstanz, die sich zudem der jüdischen Volkssprache bedient.

In der Phase der Entdeckung des Rotwelsch als Sprache der Gegengesellschaft war deren ökonomische Form auf den betrüglichen Bettel in großem Maße angewiesen. Die Reproduktionsformen des Überlebens änderten sich freilich, damit auch die sprachlichen Verständigungen. Dennoch blieben alte Vagantenweisen erhalten; sie wurden zudem durch neues Elend, die Verwahrlosung durch Kriege, Leibeigenschaft und Hungersnöte immer wieder produziert. Deshalb können die alten Formen des Bettels ungleichzeitig werden — als Schicht der Gaunergesellschaft bleiben sie bestehen. Namentlich in den Extremitäten der Gegengesellschaft, dem Bettelstrich der Juden, setzten sich die alten Überlebenskünste fort und lieferten stets Rekrutierungsfelder, Rekreations- und Produktionsstätten für neue Formen der Populärkultur und ihrer Wirtschaftsweise.

Mayer Schlippsheim, eigentlich Mayer Jacob. Wohnort: früher in Schlippsheim, gebürtig von Wiesenbach, Oberamts Gerabrunn. Signalement: Alter, ohngefähr 60 Jahre. Statur, untersetzt und dick. Haare, schwarz und grau mit einer Platte. Stirne, hoch. Augenbraunen, schwarz mit grau. Nase, stumpf. Mund und Lippen, aufgeworfen. Kinn, rund. Bart und Backenbart, grau, nach Art der alten Juden. Gesichtsform, voll. Gesichtsfarbe, gesund. Besondere Kennzeichen, auf dem rechten Auge ist er blind, und mit dem einem Bein hinkt er ein wenig. Gaunergewerbe: Schnurrer.
Derselbe kommt in der hierorts geführten policeylichen Untersuchnung mehrmals vor, inzwischen wurde er blos als ein Streuner und Schnurrjude, ohne speciellen Indicien bezeichnet, und er wird hier nur seiner Familien-Verhältnisse wegen aufgeführt, weil er der Stiefvater des berüchtigten Eisig Schlangenfänger und Kalmele Nathan ist, deren Schwestern, Namens Rees an einen nicht mindern Gauner Eisig Mettenheim, und Mindle an Seligmann Hirsch verheyrathet sind. Seine rechte Tochter, also die Stiefschwester der vorbenannten, heißt Mammel, und ist die Frau des Mosche, vulgo Mammels Mosche, von welch letzterem nur so viel bekannt, daß er einen Paß vom königl. Würtembergischen Oberamte Hall am Kocher führt, sich von Singhofen schreibt, und einen Handel mit etwas Schnittwaaren und hebräischen Büchern führt, wo er nebenbey schnurrt. Mayer Schlippsheim selbst reißt mit Paß vom Oberamte Gerabrunn und handelt mit optischen Gläsern, wobey er nebenher ebenfalls schnurrt. (Stuhlmüller, 1823)

So hat sich einer in den teuersten Hurenhäusern von Paris und Antwerpen herumgetrieben, stets wacker gezecht und auch sonst in Braus gelebt; mit Kleinodien der Dirnen Begier immer wieder wachgerüttelt: Picard, dieser Banditenchef und Großräuber in der Zeit der französischen Revolutionskriege, hat sich dabei eine galante Krankheit eingehandelt — jeder Schanker konnte damals monatelange Raubesrecherchen und die Bandenlogistik zunichte machen —, insonderheit aber sein capital fixe ruiniert. So mußte der große Picard — wir werden noch von ihm hören — wieder auf ungleichzeitige Reproduktionsformen zurückgreifen. Als diesseits des Rheins nichts mehr zu holen war, retirierte er ins Münstersche als Betteljude. Die alten Bettelstriche hatten sich ein wenig verschoben, Westphalen war gerade im Schwange; es gab Grenzänderungen, Staatenneubildungen und ähnliches. Aber den Bettelstrich gab es immer noch, auch zu Beginn des 19. Jahrhunderts. Besonders schlimm mußten sich die Hebräer am Ende des 18. Jahrhunderts durchbetteln, wegen der Wirrnisse um die Teilung Polens, die beengten Ghettoverhältnisse und den morgendlichen Rausschmiß aus den Mauern, die man sich am letzten Abend ertippelt hatte.
Überall ist es schlimm, auch in Bonn. Schon in der untersten Ökonomie fängt die Konkurrenz mit den Christen an, und selbst das bißchen Trödelei wird obrigkeitlich angegangen. In Bonn gab es 17 Häuser in der Judengasse, 2 in der Stadt. Die 19

Häuser beherbergten 49 Männer, 47 Weiber, 109 Kinder, 10 Präceptoren, 15 Knechte, 66 Mägde, also 296 Personen, in jedem Haus 3 bis 4 Familien. Die Kinder mußten irgendwann in die Welt. Im Jahre 1787 beschwert sich die "demüthigste Judenschaft der Residenzstadt Bonn" beim Kurfürsten gegen das Verbot des Feiltragens von Waren. Seit undenklichen Zeiten hätten sie Waren in der Stadt herumgetragen und dem Publikum den Vorteil verschafft, seine abgenutzten Kleider, die es sonst auszubieten sich schämen müsse, einzutauschen. Außerdem sei das Feiltragen das einzige Mittel, die Familien beim Brotessen zu erhalten. Der Kurfürst läßt vor allem darauf achten, daß nicht Vermehrung unter den Juden entsteht; auch meldet der General von Kleist, ein strenger Beobachter der Szene, er hätte "schon wieder zwei ganz zerrissene und zerlumpte fremde Bettel-Juden, ein Mann und ein Weib gesehen, die des Juckens und Kratzens sich nicht erwehren konnten". Es kommt zu einer Ordonanz für die Wachen, daß fremde Bettler an allen Toren abzuweisen seien. "Preßhafte, mit altem Schaden erkrankte, zerlumpte Juden mit verbundenem Kopf und Füßen, die ein häßliches Aussehen vorstellen, sind niemals einzulassen." Und: "Damit keine fremden Juden-Vagabunden sich einschleichen, so soll der Judenschein mit dem großjudenschaftlichen Siegel betrücket der Wacht vorgezeigt werden." (in: Joesten, 1900)

Aber nicht nur die Obrigkeit ist an kleinen Populationen interessiert. Den Judengemeinden liegen die Bettler allabendlich auf dem Beutel. Es erscheinen "unmaßgebliche" Verbesserungsvorschläge von Gemeindehumanitariern an die Obrigkeit. Was ist demnach ein Wunder, fragt ein fränkisches Verbesserungsdokument aus einem kleinen Sprengel, dem Reichsdorfe Gochsheim, vom Buchhändler Joseph Isaak an die Behörde gereicht,

daß unter diesen Bettel-Caravanen, die beynahe noch unmündige Jugend den Trieben ihrer zu früh gereizten Natur sich überlässet; daß bey einer solchen übereilten Ehe, Aeltern und Kinder verderben; daß Hurerey und Unzucht aller Art ungescheut, unter den sämmtlichen Mitteln dieser Zunft getrieben wird, und sie alle die Uebel in ihrem Gefolge haben, die diese Laster gewöhnlich begleiten....Im Ganzen sind diese Bettler die ungesittetsten, verlogensten und ränkesüchtigsten Menschen, die sich für etliche Kreuzer Gewinn alles erlauben, wenn es nur ungestraft geschehen kann....Des Morgens verschlucken sie ihre Reisesuppe, betteln ihr Almosen zusammen, so gut sich's thun läßt, und dann auf den Weg zur nächsten Station....Ausser dem Schlafgelde, Zoll, Fahrgeld, und Entschädigungen der Kleider und des Körpers, welche die Witterung nothwendig machen; wird Kost und Almosen auch an manchen Unwürdigen, an manchen, dem das Betteln zu verbieten wäre, an manche andere verwendet, die mit wenigerm auf eine weit bequemere Art zu Hause berathen werden könnten; bisweilen müssen auch solche nothgedrungen darum nachsuchen, denen die Gelegenheit des Verdienstes benommen ist.... Von Jugend auf daran gewohnt, befremdet es eben den angesessenen und wohlhabenden Juden nicht, wenn er des Abends die auf ihn gekommene Anzahl Bettelgäste an seinem Tische findet. Er snieset da mit ihnen was er hat, und sieht das Eckelhafte, in der Tischgesellschaft dieser oft unreinen, siechen und kranken Mitbrüder und Mitschwestern sich zu befinden, ihr fades oft lästiges Geschwätz anzuhören, ihren Zudringlichkeiten und Plaudereien bloß gestellt zu seyn, als eine unvermeidliche Nothwendigkeit an. Man sieht die äusserste Vernachlässigung der Betteljugend an Seele und Leib, das härterdruckende Loos der Siechen und Schwachen, die täglich, zu allen Jahreszeiten und bey allen Witterungen, den Schabbat ausgenommen, ihren Wanderstab weiter fortsetzen müssen; das, ich sage nicht zu viel, beynahe unmenschliche Verfahren, die Kranken und Sterbenden in der Geschwindigkeit nur von sich zu bringen und einem andern Orte zufahren zu lassen — man siehts, zuckt die Achseln und läßt es, wie es war. (Unmaßgebliche Gedanken über Betteljuden, 1791)

Waren die jüdischen Bettler noch zur Zeit des Liber Vagatorum weniger betrüglich gewesen als ihre christlichen Kompagnons, so änderte sich dies schließlich durch das Bevölkerungswachstum, durch Nachlassen der großen Seuchen sowie der Vorherrschaft des bürgerlichen Warenverkehrs anstelle kriegerischer Beutezüge und Pogrome als Mittel der Bereicherung. Die Kapazität der durch Judenschutzgesetzgebung — die Beschränkung des Wohn- und Erwerbsrechtes in Ghettos — limitierten Gemeinden war im 17. Jahrhundert erreicht. Selbst vermögende Juden konnten nur einen Teil ihrer Kinder durchbringen, der Rest mußte die Gemeinde verlassen. Die Bettler wurden von Grenze zu Grenze verschoben, sie wurden mit Zehrpfennigen zur nächsten Gemeinde bestenfalls versehen und mußten alsbald außerhalb der Gemeindegrenzen sein, um bei Todesfällen die Begräbniskosten einzusparen. Wanderbettler und Gemeindearme bildeten ein Heer geborener jüdischer Bettler.
Im 18. Jahrhundert nahm die Armut ungeheuer zu. Die wandernden Juden bildeten eine Gefahr für die jüdischen Gemeinden, die Judenherbergen wurden außerhalb der Ghettotore gelegt. Auch innerhalb der Judengemeinde scheidet sich die akkomodierte Judenheit von den outcasts. Es gibt keinen Einstieg mehr in die festen Wirtschaftsnetze der Gemeinde, wie ehemals nach Katastrophen, den Pogromen, Bränden und Krankheiten.

Schwartze Aaron, ist 38 Jahr alt, kleiner Statur, schwarz-braun-lichten Angesichts, hat schwarze Haar und vagiret mit seiner Frau und einem Kinde in der Welt herum. (Bierbrauer, 1758)

Die geschlossenen ökonomischen Verfassungen der Städte und Landgemeinden ließen keine Expansion mehr zu. Die Armenpflege reduzierte sich auf die Organisation des unmittelbaren Weitertransportes der Bettlergruppen. Österreich versuchte, die Betteljuden in die Türkei zu schaffen (1785); die Judengemeinden unterstützten diese Aktion.
Das gegengesellschaftliche Überleben mußte seine Form ändern. Aus dem Bettel waren die betrüglichen Leute hervorgegangen; nunmehr professionalisierten sich ihre Arbeitsteilungen. So entwickelt sich innerhalb der alten Form eine Avantgarde des Extremistenalltags, die ihm alsbald das Gepräge geben sollten: die berufsmäßig betriebene Gaunerei.
Der Begriff exponiert wiederum jene materielle Kultur der Sprache, der wir gefolgt sind. Im Liber Vagatorum findet sich bereits "Joner" als Spieler; Grimm leitet im Wörterbuch der deutschen Sprache Jauner hiervon ab. Avé-Lallement deduziert es aus dem hebräischen jânâ(h), übervorteilen. In neueren Rotwelsch-Wörterbüchern wird die Abstammung von Joner vorgezogen, das auf Jowen, Grieche, in der jüdischen Handelssprache zurückgeht. Durch die famose Falschspielerei der Griechen wurde diese Gaunerei mit ihnen identifiziert. Welche Herkunft man auch immer be-

Schreiben eines deutschen Juden an den Präsidenten des Kongresses der Vereinigten Staaten von Amerika, ca. 1783.
Ehrenvoller Herr Präsident! Verzeihen Sie mir vor allen Dingen, wenn ich Ihnen nicht den gewöhnlichen Titel gebe; denn dieser ist mir unbekannt. (...)
Sie würden hochgebietender Herr Präsident über die Unverdrossenheit eines deutschen Juden erstaunen, wenn sie eben so gut Zeuge davon seyn sollten, als ich. Ein grosser, ja vielleicht der grösste Theil von ihnen bringt sein Leben fast immer auf der Landstrasse zu, um den kleinen Handel nachzugehen, und der Handelnde verzehrt für seine Person weiter nichts dabei, als täglich einen Hering und ein Kreuzerbrod, seinen Trunk muss ihm der erste Bach oder nächste Brunnen geben. Alles was er sonst erwirbt, hebt er gewissenhaft auf, um es am Freytage mit nach Haus zu bringen, Weib und Kindern Nahrung und Kleider zu geben. (...) Was auch einige Menschenfreunde unter den Christen wünschen! Und die armen Juden hoffen mögen; so lässt sich doch nicht erwarten, dass unsere Nation in Deutschland ein erträglicheres Schicksal haben werde. Wenn man hier und dort etwas für uns gethan hat, aber das ist grad, als wenn man einem Menschen, der zwey Zentner schleppt, zwey Pfunde davon abnimmt. Ich sage gar nicht, dass es unrecht sey uns in Deutschland, wo man am meisten von Duldung schreibt, und spricht, noch immer so sehr unter dem Drucke zu halten, denn die Regenten mögen es vielleicht unbillig finden, uns denen im Lande gleich, oder ähnlich zu machen, die durch ihre Vorfahren ein näher Recht an Grund und Boden, und durch die Landesreligion ein Vorrecht zum Erwerb aller Arten von zeitlichen Gütern haben. (...)
Mit grosser Theilnehmung haben viele von uns aus dem von den hochmögenden amerikanischen Staaten mit England geschlossenen Frieden ersehen, dass ihnen darin grosse Strecken Landes eingeräumt werden, die so gut als gar nicht bewohnt sind. (...) Ihre Religion kann Ihnen nicht verbieten uns diese Wiesen zum Ackerbau zu überlassen; auch dulden Sie ja schon Juden unter sich. Ob die Politik Ihnen solches untersagen könne? Weiss ich nicht. Indess haben Sie die gesetzgebende Macht in Händen, und wir verlangen weiter nichts, als Unterthanen der 13 Provinzen zu werden, die gern zweyfache Steuern für das Beste dieser Provinzen beitragen wollen, wenn sie nur die Erlaubniss erhalten auf ihre Kosten Kolonien anzulegen, Ackerbau, Handel, Künste und Wissenschaft treiben zu dürfen. Glauben wir nicht an denselbigen Gott, an welchen die Quäker glauben? Kann unsre Aufnahme gefährlicher oder bedenklicher seyn, als dieser ihre? Gesetzt, dass 2000 Familien von uns sich in einer Wüste von Amerika niederliessen, und sie zu einen fruchtbaren Lande machten? Würden die alten Einwohner der Provinzen darunter leiden? Lassen Sie uns gnädiger Herr, Bedingungen vorschreiben, unter denen sie uns aufnehmen wollen. Wir werden überlegen, ob wir sie annehmen und halten können. In wiefern durch diese Verpflanzung unser moralisches Wohl sich verbessern würde, will ich sodann ebenfalls darthun. (Deutsches Museum, Juni 1783)

vorzugt, die materielle Kultur der Hebräer läßt sich dabei nicht umgehen.
Die jüdischen Gauner übernahmen mit dieser spezifischen Überlebensform nicht einfach die alten Weisen der Gaunerei ihrer christlichen Konkurrenten: sie radikalisierten vielmehr deren Praktiken. Der jüdische Überlebensalltag war eingeengter, es bedurfte daher ausgefeilterer Künste. Zudem hatte der Absolutismus die Gesellschaft von der Verwaltung bis zum Heer zentralisiert. Die Armut lief auch nicht mehr ungeschoren frei durch die Welt — sie wurde in Arbeits- und Zuchthäuser kaserniert. Die allgemeine Auspressung des Volkes sicherten Soldaten, die selber von weither herangepreßt waren, Fremde. Diese bewaffnete Alltagsgewalt — nicht mehr nur die marodierende Soldateska, brennende Ritterhorden und Steuereintreiber — stand hinter den Bauern und Tagelöhnern, sie griff in den Arbeitstag direkt ein — und selbst die Soldaten, deren Weiber und Kinder waren zum Spinnen gezwungen. Das Militär war Teil der Ökonomie des Alltags. Auch der Gegenalltag mußte sich dieses Prinzips militärischer Gewalt bedienen: die Zeit der bewaffneten Gauner bricht an.

Behr Leib, genannt Saenger, ist 26 Jahre alt, mittelmäßiger schmahler Statur, schwarz-braunen, frischen, etwas blatternarbigten Angesichts, hat schwarze Augen, schwarze, aufgelaufene Haare und dergleichen starken Bart; wegen eines vor 8 Jahren bey Wehnert ohnweit Delftzyl mit 7 andern Juden begangenen Diebstahls, ist er zwar ohne Zeit nach Niederwesel in die Eysen condemniret worden, daraus aber vor 2 Jahren mit 15 anderen Deliquenten nicht allein èchapirt, sondern es seynd auch diese 2 letztere bey dem vor-ermeldeten Gudensberger Waaren-Diebstahl impliciret gewesen, und ob er Behr wohln diesertwegen zu Warburg arretiret, fort den 1ten April 1757 nach Cassel ausgeliefert wurde, so ist er doch zwischen dem 15 und 16ten Augusti mit 5 anderen Missethätern wiederum ausgebrochen; dessen Frau Phora des berüchtigten Baldober Itzigs zu Langenschwarz Tochter, ist 21 Jahr alt, mittelmäßiger Statur, hat ein rundlich, etwas blatternarbichtes Angesicht voller Sommersprossen, kleine Nase, aufgeworfenen Mund und mit ihrem Mann ein halbjähriges Kind erzielet; den 24ten Augusti d.a. wurde selbiger dahier zu Cassel nach ausgeschwohrner Urphede, derer sämmtlichen Hochfürstlich Hessischen Landen auf ewig verwiesen. (Bierbrauer, 1758)

Durch die neue ökonomische Reproduktion der Fahrenden ändert sich ihr Erscheinungsbild; auch die Sprache gewinnt eine neue Identität. So dechiffriert die Sprache eine verdrängte Subgeschichte — wem ist noch bekannt, daß die Juden eine herausragende Stellung im Guerillakrieg zwischen Räuber und Gendarm eingenommen haben?
Die Bierbrauersche Räuberliste von 1785 versammelt einige der Besiegten:

zu Dettmold.
Hirsch Hollænder und
Salomon Nuach, haben sich beyde im Gefängniß erhenket.
zu Dresden.
Jössel Grebzig, so in den Eisen gestorben.
zu Giebichenstein.
Salomon Vehlen, welcher im Gefängniß gestorben.
auf dem Harß.
Seelig, so ebenfalls im Gefängniß gestorben.
zu Lipstadt.
Gumbel Casphen, welcher auf der Tortur gestorben.
zu Münster.
Levi Abraham und
Nathan Maintzer, so sich im Gefängniß erhenkt hat.
zu Sporenberg.
Mendel Grön, welcher im Gefängniß und
zu Wilsburg.
Jeneckow Græbgen, so in den Eisen gestorben.
Schiebach, auf die Galeren condemnirt.

Mit dem Aufkommen bewaffneter Banden regen sich erneut Vermerke über Juden und deren Sprache. "Schmehre stehen" usw. wird nun als Judendeutsch ausgewiesen. Das Rotwelsch kommt unter die Formbestimmung des Jiddischen. Nicht nur wird das Rotwelsch als aus dem Jiddischen komponiert angesehen, sondern jenes

wird mit dem Hebräischen identifiziert. Dieser Vorgang belegt, wie sehr Juden die rebellischsten Fraktionen der deutschen Gaunerwelt zu bestimmen beginnen.
Bei Gelegenheit von Lips Tullian und dessen Bande Verhör (1716) kam dies an den Tag. Die weitbekannte und -verbreitete Diebesbande des verwegenen Lips Tullian, einer der größten deutschen Räuber des Anfangs des 18. Jahrhunderts, der vornehmlich in Sachsen operierte, war schließlich gefänglich gesetzt und nach Dresden verbracht worden. Ein Infiltrateur gibt wieder: "Er Trylopp, habe darauf den gefangenen Juden, Lazarum Salomonem, gefraget, was denn eine Gaske sey? Worauf derselbe geantwortet, es werde dadurch im Hebräischen eine 'Kirche' verstanden." Damit war ein Kirchendiebstahl aufgedeckt.
Von Lips Tullian wird außerdem berichtet, daß er "gar viel von der Hebräischen Sprache von denen Juden mit gelernet, dessen er sich auch bei Frontationen mit denselben gebrauchet und vielmahls einzelne Worte oder auch gantze periods mit einfließen lassen; insonderheit hat er und Studenten-Friedrich, auch Samuel Schickel spüren lassen, daß sie eine solche Diebs-Sprache, die aus dem Hebräischen herkomme, in so weit zu reden gewußt, daß sie in Gegenwart anderer Leuthe unvermerkt derselben einander von ihren Vorhaben und Verrichtungen Nachricht geben können". (in: Kluge, 1901)
Ein christlicher Spitzbube gesteht:

Dass er zumal mit den Juden allbereit viel umgegangen sey / habe er daraus schließen konnen / dass er sich mit ihrer Sprache / wie sie ihm mit Gold betriegen wollen / und deswegen Juedisch unter sich geredet / so gut / als sie / behelffen koennen. (Schöll, 1793)

Ohne das Jiddische kommt kein deutscher Gauner mehr aus; aber auch nicht mehr ohne die jüdische Professionalisierung in diesem Handwerk. Nicol List, der sich namentlich im Diebstahl der "güldenen Tafel" im Kloster St. Johannis in Lüneburg (1698) hervorgetan hatte, beschied sich anfangs mit der Hantierung des Brecheisens. Seine Intellektualität erheischte bald diffizilere Instrumente. So lernte er bei den Juden die Kunst des wächsernen Schlüsselabdrucks, des Feilens und Lötens. Mittels einer eigens erfundenen Apparatur und eines Blasebalgs vermochte er, in seinen jeweiligen Wirtshauszimmern die subtilsten Einbruchsinstrumente zu fertigen. Dieser Nickel List war durch eine Hamburger weitverzweigte jüdische Diebesbande für jenes Lüneburger Unternehmen rekrutiert worden. Unter den vierzig Bandenmitgliedern hatten sich der Rotkopf Salomon David, der Polack Schmul Löbl und Jonas Meyer einen verdienten Namen gemacht. Letzterer hat noch, als er am Galgen "behueff einer Winde hinaufgezogen ward", sich durch eine "erschröckliche Gotteslästerung" ein Vermächtnis gesetzt.
Die jüdische Handwerkskunst im Diebsmetier brachte es mit sich, daß immer mehr termini technici aus dem Jiddischen in die Gaunersprache eingingen. Zugleich verdankt sich diese Sprachverschiebung dem Formwandel des Bettels selber, seines Übergangs in die Gaunerei. Dies betrifft jene Juden, die keinen "Schutz" mehr erhalten können.

"Nickel List in seinem Gefängnis"

"Samuel Löbel, genannt Schmuel"

Viele andere hingegen, welche nirgendswo in Schutz stehen, vagiren aller Orten unter dem Namen Schnurr- oder Bettel-Juden herum und erhalten von denen reichen nicht allein Allmosen, sondern auch vom Juden-Vorsteher freye Billette zum Essen und Schlafen in die Juden-Herberge; unter diesen aber befinden sich öfters in zerlumpte Kleider versteckte Diebe oder Baldober und hat man sich hauptsächlich vor denen sehr verdächtigen Brillen-, Schnür-, Bänder-, Knöpf-, Schnallen- und dergleichen anderen kurzen Waaren-Verkäufern in Acht zu nehmen, weilen selbige gemeiniglich zu denen unten beschriebenen Kuttenschieber, Esckocker[1], Jomackener[2], Schockgänger[3], oder Kisler[4] gehören, und dannenhero bey ihrer geringen Handelschaft, keine Gelegenheit verabsäumen, dergleichen Diebes-Streiche zu verkundschaften und desto begieriger auszuführen, als sie und alle übrige dem Rauben und Stehlen zugethane Juden, standhaftiglich behaupten, daß die Güther der ganzen Welt dem Saamen Abrahams zugehöreten, folglich von denen Goyms ohnrechtmäßiger Weis besessen würden und ihnen deßwegen nach dem (wiewohl sehr übel interpretirten und noch schlimmer applicirten) Befehl GOttes Exod. Cap. 11, v. 2 und Cap. 12, v. 35.36. gleich ihren Voreltern erlaubet seye, solche wiederum zu vindiciren, mithin sich deren quovis modo zu bemächtigen. (Bierbrauer)

[1]) Kuttenschieber, Eschocker = Einschleichdiebe, [2]) Jomackener = Diebe, spezialisiert auf die Erntezeit, [3]) Schockgänger = Marktdiebe, [4]) Kisler = Beutelschneider

Obwohl "Betteljuden" beispielsweise erst spät in den schwäbischen Kreisverordnungen erwähnt werden (1710) — Bettler und herrenloses Gesindel ab dem 16. Jahrhundert dagegen immer wieder — bestimmt das Jiddische in kürzester Zeit die neue

Form der betrüglichen Gegengesellschaft, die "stehenden Diebshorden" der Jauner (Schöll). In der Ludwigsburger Gesammt-Liste von 1728 wird diese Sprache das "Jaunerisch oder Jenisch" genannt.

Beede — so wohl Diebe als Bettler dieser Art — heissen in ihrer GesellschaftsSprache Jenischer, d.i. Leute, die nirgends keine Niederlassung haben; so wie sie in der Canzley- und Volkssprache den Namen von Vaganten oder Vagabunden und Strolchen führen. Sie machen auch im Grund nur Eine Gesellschaft aus. Denn so sehr sie sich in Ansehung des ErwerbMittels, dessen sie sich bedienen, oder des Handwerks, das sie treiben, von einander unterscheiden, indem die einen nehmen, die andern sich geben lassen: so sehr stimmen sie in ihrer übrigen Lebensart, in ihren Sitten und andern Verhältnissen überein. Sie stehen auch mit einander in mehrfacher Verbindung; und selbst in Rüksicht auf ihre Erwerbmittel sind sie nicht so genau von einander unterschieden, daß jeder derselben entweder nur Dieb oder Bettler wäre. Manche sind Amphibien: sie verbinden das Betteln mit dem Stehlen. (Schöll)

Das "Judendeutsch" hat damit eine sozialhistorische Konkretisierung erfahren, es ist Gaunersprache schlechthin; so in der Neuburger Liste (1721) über "Neue Ausführliche Beschreibung Aller der Jenigen Rauber, Dieb, Beitel-Schneider und anderer Jauners-Bursch, welche noch dermahlen in Schwaben..." Der Konstanzer Hans, ehemals berüchtigter Gauner, hat aus "wahrer Reue und Leid" die Jauner- und Jenischensprache in einem Wörterbuch bekannt gemacht. Hier, wie in Schölls "Abriß des Jauner- und Bettelwesens in Schwaben..." bestimmen die jiddischen Termini das Vokabular: "Die Jauner in Schwaben, welche in der jenischen Sprache Tschor, Kochumer und Cannover heißen" werden dargestellt, wobei die ethymologische Anordnung mit dem Jüdischen oder Hebräischen beginnt.

Die Jauner haben, so wie die Zigeuner, ausser der Landessprache, noch eine andere und eigenthümliche, die sie die Jenische nennen. Sie bedienen sich auch derselben sehr häuffig. Schon in ihren unvermischten Gesellschaften, wenn sie unter sich allein sind, auf ihren Ruheplätzen, auf ihren Jaunerzügen, bey ihren jaunerischen Unternehmungen, auch in ihren Herbergen, wo kein verdächtiges Ohr sie belauscht, sprechen sie eben so viel und mehr jenisch als teutsch, aber hier nur eigentlich zur Uebung, um eine rechte Fertigkeit darinn zu bekommen, und dann wo es nöthig ist, desto vortheilhafteren Gebrauch davon machen zu können. (Schöll)

Die soziale Bewegung der unteren Klassen als Gegenalltag geht erneut in die Populärkultur und die sie explizierende Sprache ein. Der jüdische Bettel extremisiert sich zu "Diebischen Banden". Diese Bestimmung der bandenmäßigen Gaunerei läßt sich namentlich durch die 1734 und 1735 in Coburg geführte Inquisition nachweisen, in der bedeutende Diebesgesellen wie Hoyum Moyses und Joseph Samuel unzähliger Missetaten überführt wurden. Diese Coburger "Designation" jüdischer "Ertz-Diebe" ist mit einem Glossar versehen, "gebräuchliche Wörter und besondere Termini technici, deren sich die Diebe untereinander zu bedienen pflegen". Der Leser

"Der Erzdieb und Lästerer Jonas Mejer"

"Der listige Bösewicht Hoscheneck"

wird sich bei der Durchsicht des Liber Vagatorum erinnern; zugleich sich die Veränderungen der gaunerischen Praxis, die sich in diesen Zentral-Vokabeln spiegeln, ins Auge fallen lassen. Auch wird er Hinweise finden, die auf ein neues Kapitel in der Bandenwirtschaft — von dem hier aber noch nicht die Rede ist — hindeuten:

Hierauf folgen zu besserer Verständniß des Jüdischen Diebs-Commercii einige, unter der Diebs-Bande, gebräuchliche Wörter und besondere Termini technici, deren sich die Diebe untereinander zu bedienen pflegen:
Baldober — der Mann von der Sache, Anweiser, Angeber, welcher denen Dieben die Gelegenheit zum Diebstahl anweiset, und deßwegen wenigstens einen Diebs-Antheil, öfters auch doppelte Portion bekommt.
Ganff — ein Dieb, Gnofen — die Diebe.
beganffen — bestehlen.
Gnäfe — ein Diebstahl.
Achprosch — compositum, ex Achper — eine Mauß, & Rosch — der Kopff, proprie ein Mause-Kopff, metaphorice bedeutet dieses Wort einen Ertz-Dieb, der sich auf lauter gewaltsame grosse Einbrüche befleißiget.
Chochum — ein gescheider, kluger, welchen Namen die Ertz-Diebe sich zueignen, wie sie auch überhaupt, unter der gantzen Jüdischen Nation nicht vor Diebe gescholten, sondern mit dem Titul, Cochumen, das ist, kluge und gescheide Leuthe, beehret werden.
Kißler — ein Marck-Dieb.
Reibertfetzer — ein Beutelschneider.

Skoker — ein Dieb, der in die Häuser laufft, und was er ohngefehr findet, mitgehen heist.
Schottenfeller — oder Aufthuer, der die Kram-Laden bestiehlet, ein Packt Waare aufschneidet, und was er findet mit fort träget.
Jom lakieche — ein Diebstahl bey Tag.
Eine lakieche beleyla — ein Nacht-Diebstahl.
Eine zierliche Masematte — ein gewaltsamer Einbruch, wo die Leuthe schlaffen.
Eine Masematte bekooch — ein gewaltsamer Einbruch, wo man die Leuthe bindet und raitelt.
Krembene — ist dergleichen, und also, eine Krembene machen — die Leuthe binden und raiteln.
Chabrusse — die Diebs-Bande, und sind deren vornemlich folgende bekannt: Die Holländische Chabrusse, die Heßische Chabrusse, die Franckfurther, Hamburger, Dessauische und Schlesische Chabrusse.
Schaber, Jordan, Sadek, oder Schwartz-Moser — ein Brech-Eisen.
Schaber-kocher — ein Schmidt der Brech-Eisen macht.
Daltahlim — ein Diebs-Schlüssel.
Brunjer — ein Bohrer.
Chebohlim, oder Längling — ein Strick.
Nathe, oder Trapin — eine Leiter.
Drohn — ein grosses Stück Zimmer-Holtz, womit die eiserne Gitter von denen Fenstern obgebrochen werden.
Aischchebel — brennende Lunte.
Koberkieth — ein Wirthshauß.
Blathekieth — ein Diebs-Auffenthalt oder Herberge.
verhammet liegen — heist verborgen liegen, wann nemlich die Diebe auf einen Diebstahl ausgehen wollen, oder davon zuruck kommen.
Chochumen-Wirth — ein Wirth der Diebe beherberget.
unterstrohmen — auf einen Diebstahl ausgehen.
Einen Blinden machen, oder ausblinden — die Gelegenheit zum Diebstahl in der Nacht auskundschafften.
Eine Chefure machen — einen Diebstahl eingraben, wann die Diebe das gestohlene Guth nicht sicher fortbringen können, und solches in Wald oder Felß-Löcher verbergen.
Chelik — ein Diebs-Antheil.
Cheluke halten — den Diebstahl theilen.
Schliach — ein Bothe.
Sassern — ein Unterhändler, der denen Dieben einen Abkauffer schaffet.
Kone — ein Abkauffer.
Tiffle, oder Jaske — eine Kirche.
Eine Tiflre oder Jaske beganffen — eine Kirche bestehlen.
Soff, oder Fuchs — Gold.
Käsoff, oder Kleyes — Silber.
Sora — Kauffmanns-Waare.
Amhoretz — ein unverständiger Streich, mißlungener Diebs-Anschlag, wo die Diebe verjaget, oder sonsten verhindert werden.

Moser — ein Verräther, der die Diebe entdecket.
Vermassern verrathen.
Kennerfetzer oder Boser-Isch — ein so genannter Fleischmann, der die Diebe aufsuchet und arretiret.
Blede machen — durchgehen, echappiren.
Toffis werden — gefangen werden.
Tfuse, oder Lekement — die Gefangenschafft, das Gefängniß.
Srora — die Obrigkeit.
Bocher — ein Amtmann.
Takoff — ein Jude, welcher bey der Obrigkeit wohl angeschrieben ist, und durch sein Vor-Wort denen Dieben durchhelffen kan.
Schocher — Geschenke.
Melitz — ein Advokat.
Bschora machen — einen Vergleich machen.
Boder machen — loß bringen.
Mißboth — der Process, oder das Urthel.
Schoder — ein Gerichts-Knecht.
Tallien — der Scharffrichter.
Imme, oder Manne — die Tortur.
Mode seyn — bekennen. Er ist Mode gewesen — hat bekennt.
Emmes schmussen — die Wahrheit sagen.
Ausmacheyen — auspeitschen.
Rosch abmacheyen — den Kopff abschlagen.
Talgen — hengen.
Zerschabern — Radbrechen.
Versorffen — verbrennen.
Böckern, oder nifftern — sterben.
Das Chayes lakechen — das Leben nehmen, umbringen.
(Coburger Designation)

Wie die Chronisten über die Jauner im Schwabenlande beteuern, trieb sich dort, gerade um die Mitte des 18. Jahrhunderts, eine Menge Diebesleute herum, die Gewalt anwandten. Mehrere Postknechte waren ermordet worden, andere gebunden oder geschlagen. Viermal ereignete sich dies im Jahre 1752, dann zwei Jahre später während der Kreisversammlungen und schließlich 1755, als innerhalb zweier Monate die Post sechsmal angegriffen und ausgeplündert wurde. Diese gewaltmäßigen Diebeszüge waren freilich keineswegs die Regel. Den Jenischen war das Schwabenland — das Ganfer-Matina, Diebsland — mit seinen 29 Fürsten, Grafen und Herren, 20 reichsunmittelbaren Prälaten und 31 Reichsstädten ein willkommenes logistisches Hinterland mit waldreichen freiritterlichen Landflecken, deren Grenzen — wenn es not tat — auch wieder schnell überschritten waren. So retirierten viele Gauner immer wieder nach Schwaben, doch verhielten die dortigen Aktionsformen sich in einer gewissen Behäbigkeit. Bezeichnender als ein gewaltsamer Postüberfall ist für

dieses Rückzugsgebiet deshalb eher die Verfahrensweise des kropfeten Sigmund. Er begab sich als Bettler in ein Bauernhaus und sang der Frau das Lied vor: "Wer nur den lieben Gott läßt walten". Die Hausmutter war bewegt durch Art und Inhalt der Präsentation und erbot sich, ihn über Nacht zu beherbergen. Als dann des Nachts alles im Schlafe lag, öffnete der kropfete Sigmund seinen Gesellen das Haus zur Plünderung.
Die "Actenmäßige Designation" aus Coburg kündigt nun Fortschritte in der Frage von Organisation und Ökonomie an. Das Herumziehen als Schnurr- und Betteljude wird selber zur Fassade für Diebsaktivitäten. Nach dem großen Coburger Silbertressenraub kam diese folgenreiche Entwicklung nach Verhaftung und Inquisition der Bandenmitglieder an den Tag. Als inquisitorische Entdeckung hebt die Designation folgende Punkte hervor:

1) Daß diese grosse Diebs-Bande aus lauter Juden bestehe, und selten oder gar nicht andere Diebe von Christlicher Religion in Gesellschaft nehme;
2) Daß die Anleitung zu denen meisten Furtis, durch solche Baldobers oder Anführer geschehe, auf welche, dem äusserlichen Ansehen nach, kein böser Verdacht fallen könne;
3) Daß meistens 6. 7. bis 8. Complices zu Pferd, mit Mantel-Säcken, worinnen sie die Diebs-Instrumenta verborgen führen, über 5. und öffters 10. 20. biß 30. Meilen weit, auf einen Diebstal zu reisen pflegen;
4) Daß die Diebe öffters einen Diebstahl ein- biß zwey Jahre lang vorher abgesehen, ehe sie solchen ins Werck richten können;
5) Daß diesen Dieben keine Thür, Mauer, Graben und Vestung gnugsam verwahret, und alles zu bestehlen möglich sey;
6) Daß sie, zu Ausführung ihrer Diebereyen, Zimmer-Holtz, Leitern, Winden, Bohrer, Stricke, Lunten, besondere Brech-Eisen, und zuweilen Kohl-Feuer und Blas-Bälge, nebst Pistohlen und andern tödtlichen Gewehr, zu gebrauchen pflegen;
7) Daß die meisten und grösten Einbrüche bey Winters-Zeit, wenn die Stadt-Gräben zugefroren, und zwar Dienstags oder Mittwochs, im Neumonden nach Mitternacht geschehen.

Diese Bande hat sich demnach nicht mit schwäbischen Schwerenotsstücken abgegeben, sondern bewaffnete Angriffe zu Pferde, von langer Hand ausbaldowert, exekutiert. Die "Königlich-Groß-Brittannische zur Churfürstl. Braunschweig-Lüneburgl. Justiz-Canzley" muß dieser Eigentumskrieg in höchste Alarmstufe gesetzt haben, denn die "Juden-Rotte" wird umstandslos mit den famosen Nicol Listischen und Lips Tullianischen Banden verglichen. Welch schockierendes Ergebnis für die Obrigkeit, die gewohnt war, die Bettel- und Handelsjuden ohne viel Federlesens herumzuschikanieren, auszuweisen und einzulochen! Die selbstherrliche Autorität der Machthaber hatte aufs Äußerste gelitten. Die inquirierte Gefährlichkeit der Juden wird über hundert Jahre lang die Kriminalwissenschaften in bewundernde Verlegenheit bringen. Die Sache grenzt an Zauberei, und prompt hat doch auch der lange Hoyum Moyses, der gefährliche Hauptmann der Gang, bei einem Kirchenraub in der Stiftskirche zu Hunfeld im Fuldischen, in der Nacht zwischen dem 5. und 6. Ap-

L.
Zu Niederemß hat Meyer Sprengling mit Moyses Isaac, sonst Dickkopff genannt, von Igstädt, und andern einen mörderischen Einfall und Diebstahl begehen helffen.

LI.
Ferner hat Meyer Sprengling schon Anno 1718 dem Schultheiß zu Groß-Thorheim ein Pferdt gestohlen, und nachhero, verschiedener zu Darmstadt und anderen Orten verübten Deuben willen, zu Offenbach in Verhafft gesessen, woselbst er, als er gefoltert werden sollen, echappiret.

LII.
Einen importanten und gewaltsamen Diebstahl zu Streiffdorff, in Hildburghäusischen, A. 1723 haben verübet:
1. Meyer Sprengling.
2. Mortie Polak,
3. Löwe Streiffdorff und andere Complices.

LIII.
Von Wettin, bey Halle ist Nachricht eingelauffen, daß am 18. Octob. 1735 ein Schäffer daselbst beraubet und ermordet worden, und erhellet aus allen Umständen, daß die Thäter von dieser Bande gewesen, welches künfftig sich offenbaren könte.

LIV.
Zu gleicher Zeit, nemlich am 18. Octobr. 1735 ist ein importanter gewaltsamer Kirchen-Raub, mit Ubersteigung derer Stadt-Mauren zu Langensaltze geschehen, woselbst 6 Kelche, eine grosse silberne Kanne, Hostien-Capsul, Klingel-Beutel, und baares Geld gestohlen worden.

LV.
Vor ohngefehr anderthalben Jahren ist zu Glücksburg bey Wittenberg, durch eine gewaltsame Infraction eine grosse Summe Geldes geraubet worden, wobey dem Vernehmen nach, ein Pferd eines bekandten Judens, welcher nach der Zeit mit Weib und Kind flüchtig worden, unterweges stehen geblieben, woher ein sicheres Indicium entstanden, daß die Diebe Juden gewesen.

LVI.
Von Oßnabrück ist Nachricht anhero eingelauffen, daß erst vor wenig Tagen, eine starcke Juden-Rotte, das Post-Comtoir daselbst berauben wollen, und nach dem Post-Officianten, der sich zur Wehre gestellet, mit Pistohlen geschossen, als aber darüber Lermen entstanden, sich retiriret, und einige Juden-Pässe dabey verlohren, und zurück gelassen haben.

XLIV.
Eine halbe Stund von Meschkede, im Paderbornischen, melden Inquisiti, bey einem Cavallier, den reichen Westphälinger von Fürstenburg genannt, auf einem Schlosse, bey zugefrornen Graben, daß folgende Diebe ein silbernen Service gestohlen und den Salomon Michel zum Verkauff gebracht hätten, wobei Inquisit 100 fl. zu seinem Antheil erhalten:
1. Inquisit Joseph Braunum,
2. Dessen Schwieger-Vater, Löwe Ascenas,
3. David Kopp,
4. Jechiel Tiegersfeld,
5. Löwe Biller oder Niederwehren, und
6. Baruch Gemmingen.
Sein Schwieger-Vater Löwe Ascenas wäre vorhero in dem Schlosse bekannt gewesen, und hätte die Gelegenheit zum Diebstahl abgesehen.

XLV.
Auf der Rückkehr von dem Fürstenberger Gericht, haben diese Diebe zu Münden an der Weser, die Mauern überstiegen und eine Kirche beraubet, darinnen aber kein Silber, sondern nur zinnerne Gefässe von geringen Werth befunden, wovon Inquisit mehr nicht als ein Kopff-Stück zu seinem Antheil bekommen, und wären dabey folgende Complices gewesen:
1. Inquisit Joseph selbst,
2. Meyer Sprengling,
3. David Kopp,
4. Löwe Ascenas,
5. Laus Löwge, und
6. Samuel Braunum.

(Coburger Designation)

ril 1734, die heilige Hostie gegessen.
Mit den Avancen in der Umverteilung des Geld- und Warenverkehrs hat sich natürlich auch eine Ökonomisierung des gegengesellschaftlichen Alltags der Gauner eingefunden. Die Coburger Designation benennt diesen Formwandel von der Bettler- und Gaunersprache indem sie ihre Sprachlehre dem Verständnis des "Jüdischen

Diebs-Commercii", des Diebeshandels, andient. Wie ein Blick auf die Diebeshandelssprache zeigt, erheischt dieser Commerz zugleich eine neue Art von Theoretikern. Der "Baldober" wird beschrieben als "der Mann von der Sache, Anweiser, Angeber" und "Cochum": "ein gescheider, kluger, welchen Namen die Ertz-Diebe sich zueignen, wie sie auch überhaupt, unter der gantzen jüdischen Nation nicht vor Diebe gescholten, sondern mit dem Titul, Cochumen, das ist, kluge und gescheide Leuthe, beehret werden." Nicht mehr bärenbeißerische Haudegen wie Lips Tullian sind hier gefragt, sondern ökonomische Theoretiker des alternativen Handels und Wandels. Vollends auf den jüdischen Einfluß ist der "Jüdische Baldober" (1737) gerichtet, in dem "viele bisher noch nicht bekannt gewesene Bosheiten und Diebsstreiche des Jüdischen Volks deutlich geoffenbahret und zum Behuf künftiger Inquisitions-Processe mit praktischen Anmerkungen erläutert werden".
Nach der Hinrichtung von 24 Hauptbeschuldigten der Coburger Inquisition im Mai 1736 zogen sich die diebischen Bettler und Handelsleute ins Hinterland zurück; jedenfalls wurden große Aktionen, wie jener Einbruch in die Coburger Gold- und Silberwarenfabrik von 1733 vorerst aufgeschoben. Besser war die Alltagswirtschaft der Fahrenden keineswegs geworden, die Aussiedlung der Betteljuden aus der jüdischen Gemeinde durch Garküchen und Vorstadtquartiere verstärkte sich; schließlich nahmen durch Abbau des Judenschutzes die Landfahrer zu. Die Karlsruher Liste von 1755 berichtet von 8 gehenkten Juden, die Trierer Liste von 1763 von drei "mit dem Strang justificirten" hebräischen Nachtdieben. Aus der 1758 von Bierbrauer erstellten Liste geht die Verschränkung der extremen Überlebenskünste hervor, eine Universalität in der Bettel- und Diebsprofession, die sich alsbald in die subtilsten Fachdisziplinen spezifizieren sollte. Es gibt gewiß noch die alten Praktiken des Gewerbes, alle Arten der Schaustellerei; doch es geht nicht mehr ohne Betrüglichkeit, ohne diebische Unternehmungen. Selbst liebenswerte Künstler wie Luftspringer oder Flohführer haben die Tortur hinter sich, sind zumindest gebrandmarkt oder ein Gesichtsteil ist ihnen abgeschnitten.

Jössel oder Joseph, genannt der Springer, weilen er einige Künste mit Luftspringen zu machen pflegt, ist ohnweit Frankfurt zu Haus, mittelmäßiger Statur, hat ein schönes Angesicht ohne Bart und wird deßwegen vor einen Christen angesehen, zu Cöln am Rhein und in Lipstadt ist er bereits arretirt gewesen, in Frankreich hingegen dermaßen torquiret geworden, das ihme die Füsse darvon auswärts stehen und die Knöchel dick seynd.
Moses Vögelis, ist bey 58 Jahr alt, ziemlich corpulenter Statur, hat ein frisch-dickes Angesicht, braune, krause Haar, zuweilen auch der gleichen Bart und bereits dreymal zu Frankfurt die Urphede geschworen, in Zurzach seynd ihme die Ohr-Läpgen abgeschnitten worden.
Moses Ganß, ist über 30 Jahre alt, kleiner, schmaler Statur, hat ein spitziges Angesicht, schwarze, stracke Haar, mit seiner Frauen etliche Kinder und bereits 6 Jahr zu Hameln in den Eisen gangen, ist auch zweymal auf dem Rücken gebrandmarket. (Bierbrauer)

Das Überleben ist arg gefährlich geworden; die Gauner reagieren auf die Eindämmung ihrer Profession und wenden sich ökonomischeren Praktiken zu. Die Cobur-

Abriß
des
Jauner
und
Bettelwesens
in Schwaben
nach Akten und andern sichern Quellen
von dem Verfasser
des
Kostanzer Hanß.

Stuttgart,
bey Erhard und Löflund.
1793.

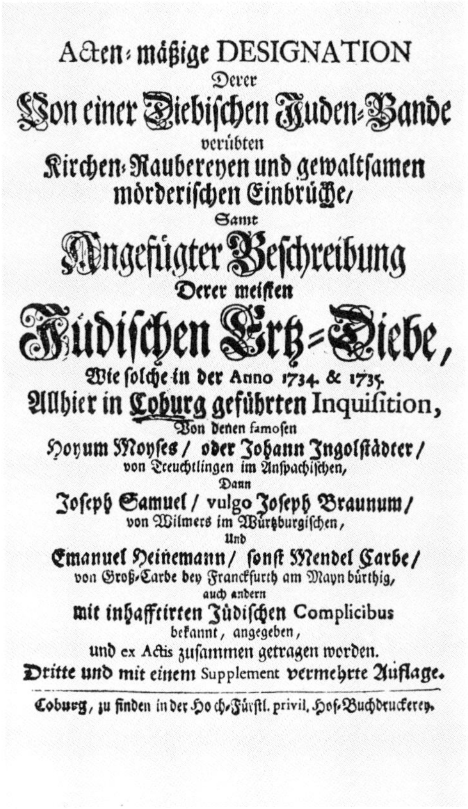
Acten-mäßige DESIGNATION
Derer
Von einer Diebischen Juden-Bande
verübten
Kirchen-Raubereyen und gewaltsamen
mörderischen Einbrüche,
Samt
Angefügter Beschreibung
Derer meisten
Jüdischen Ertz-Diebe,
Wie solche in der Anno 1734. & 1735.
Allhier in Coburg geführten Inquisition,
Von denen famosen
Hoyum Moyses, oder Johann Ingolstädter,
von Treuchtlingen im Anspachischen,
Dann
Joseph Samuel, vulgo Joseph Braunum,
von Wilmers im Würtzburgischen,
Und
Emanuel Heinemann, sonst Mendel Carbe,
von Groß-Carbe bey Franckfurth am Mayn bürthig,
auch andern
mit inhafftirten Jüdischen Complicibus
bekannt, angegeben,
und ex Actis zusammen getragen worden.
Dritte und mit einem Supplement vermehrte Auflage.

Coburg, zu finden in der Hoch-Fürstl. privil. Hof-Buchdruckerey.

ger Designation hatte den räuberischen Diebstahl bereits aufgedeckt. In der Bierbrauerschen Liste faßt sich ein spezialisierter Geschäftszweig unter dem Namen der Schrenker zusammen. Sie sind die Vorboten der großen bewaffneten Banden und werden dem Jenischen einen neuen Dreh als Fachsprache der Räubergesellen von höchstem technischen Raffinement, verbunden mit geheimgesellschaftlicher Exklusivität, eingeben.

Schrencker, werden indessen diejenigen genannt, welche gemeiniglich scharf geladene Sack-Pistohlen und Diebes-Instrumente, versteckt bey sich tragen, mit zusammen gesetzten Kräften gewaltsame nächtliche Einbrüche verrichten, alsdann Schränke, Kisten und Kasten aufschlagen oder erbrechen, alles ihnen Anständige daheraus nehmen, und wann sich etwa die Leute wiedersetzen oder zur Rettungs-Beförderung Lermen machen wollen, selbige Koochen, das ist, vergewaltigen, binden und schlagen oder wohl gar ermorden, wie dieses alles bey der grossen mit vieler Grausamkeit vollbrachten Beraubung, zwischen dem 21. und 22. November 1753, in der adelichen Meysebougischen Behausung zu Wehrda geschehen ist. (Bierbrauer)

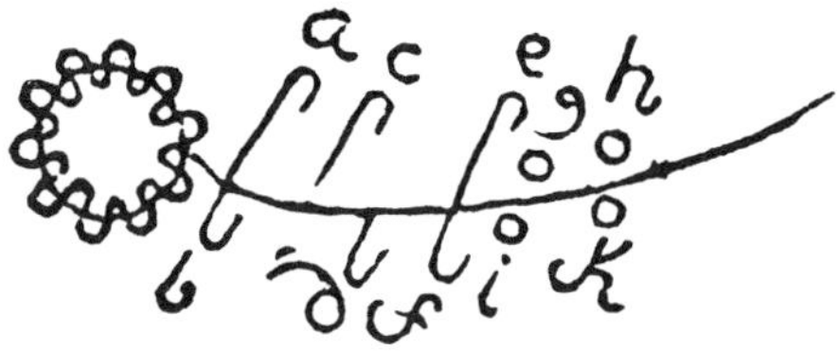

Nebenstehende Figur zeigte an, daß er mit seiner Beyschläferin, 2 Cameraden, 2 Weibspersonen, wovon die eine Beyschläferin von dem einen Cameraden sey, mit zwey eigenen und zwey fremden Kindern rechts abgereißt sey.

Der Strich a bedeutet den Jauner, dem das Wappen zugehört; der mit demselben zusammenlaufende Strich b seine Concubine, c einen Cameraden, d eine mit ihm nicht verbundene Jaunerin, e und f ein anderes JaunerPaar, g und h die Kinder des Jauners, dessen das Wappen ist, i und k die Kinder des andern.

Wie die Coburger Designation in ihrem Glossar belegt, hießen unsere Überlebenspraktiker — waren sie ausgewiesene Theoretiker der Szene — Cochumen, gescheite und kluge Leute. Sechzig Jahre später in Schölls Verzeichnis der Sprache der Jauner heißt Kochum der Dieb. Der günstige Leser vermerkt die materielle Kultur der Sprache! Die Theoretiker sind Diebe geworden, die Diebe oft Schrenker. Mit dieser neuen sprachlichen Formbestimmung des gaunerischen Wirtschaftslebens können wir ein neues Kapitel aufschlagen.

Geld ist die beste Ware, sagt das Sprichwort, sie gilt Sommer und Winter. 1 Rock kann zwanzig Ellen Leinwand wert sein; 20 Ellen Leinwand wiederum 10 Pfund Tee. Nach diesem Prinzip der entfalteten Wertform, wie Marx sie im "Kapital" entwickelt, vollzog sich der Handel der Trödeljuden auf den Märkten oder der Hehler beim betrüglichen Bettel. Die bürgerliche Gesellschaft entwarf aber immer abstraktere Formen gesellschaftlicher Arbeit und mithin die Abstraktionsform einer besonderen Ware, des Goldes, immer mehr zur ausschließlichen gesellschaftlichen Gültigkeit als Geld. Wenn 20 Ellen Leinwand = 2 Unzen Gold und dieses Geldstück des Goldes wiederum für jeden Bürger plausibel alle möglichen Waren einzutauschen vermag, dann ist es sinnvoller, Geld im Sack zu haben als 20 Ellen Leinwand herumzuschleppen. Zudem ist Geld mottensicher. Diesen gesellschaftlichen Gang von der Äquivalentform zur Geldform haben die Gauner, die sich schließlich innerhalb der jeweiligen sozialen Abstraktionsformen haben einrichten müssen, mitvollzogen. Damit wurden die gesellschaftlichen Erkenntnisprozesse, die hinter dem Verhältnis von Ware und Geld liegen, verfeinert. Eigene Handelssparten materialisierten diese Theorieproduktion der Gaunerwirtschaft. Die Sprache bleibt bei all diesen Fortschritten nicht müßig. So saßen im August 1799 Johann Müller, Fetzer, Afrom May, Leibchen Schloß, namhafte Akteure der Neuwieder Räuberbande in der nämlich Stadt in einem kochemer (gescheit, vertraut) Bayes (Haus) bei einem kochemer Bayser (Diebswirt). Ein Jude aus Braubach kam daher und baldowerte, einen reichen Müller bei St. Goarshausen zu handeln. Diese Handelstätigkeit drückt die gaunerische Produktionsform aus angesichts jener Fortschritte der Wertform, welche die bürgerliche Gesellschaft hervorgebracht hatte. Übrigens ist "handeln" eines der wenigen deutschen Vokabeln, die man in Wörterbüchern der Diebessprache finden kann. Und da heißt handeln "stehlen".

Wir treffen hier wieder auf gegengesellschaftliche Verkehrungen — wie ehemals der Bauer sich rückwärts auf den Esel setzte. Nur handelt es sich jetzt um eine Rückübersetzung ins Deutsche. Denn — und in Beckers "Actenmäßiger Geschichte der Räuberbanden an beyden Ufern des Rheins" (1804) ist dies nachgewiesen — die Mitglieder der dasigen Räuberbanden bestanden zumeist aus Juden. Diese Mitgliedschaft und die Rückübersetzung gehören zusammen. Das Lehnwort "handeln" drückt neue Avancen in der Phänomenologie des Gaunertums aus.

Die Zuspitzung gesellschaftlicher Abstraktionsformen in der Warenwirtschaft zur Geldform als totalem Fetisch des Alltags war Bedingung und Resultat der bürgerlichen Revolution. Auch im Vexierspiegel bürgerlicher Verhältnisse, der Gaunerwelt, vollzieht sich ein Formwandel in Organisation und Sprache. Die Gesellschaft der Diebe und Räuber kämpft mit der sich durchsetzenden bürgerlichen Gesellschaft gegen immer schwierigere Existenzbedingungen an. Das fahrende Volk wird als billige Arbeitskraft kaserniert, das Überleben erfordert die strikteste Organisation des geheimgesellschaftlichen Gegenalltags. Diese neue Formbestimmung des Gaunertums

Aktenmäßige Geschichte
der
Räuberbanden
an den
beiden Ufern des Mains, im Spessart
und im Odenwalde.

Enthaltend
vorzüglich auch die Geschichte der Beraubung und Ermordung
des Handelsmanns Jacob Rieder von Winterthur
auf der Bergstraße.

Nebst einer Sammlung und Verdollmetschung mehrerer Wörter aus
der Jenischen oder Gauner-Sprache.

Vom
Stadtdirector Pfister
zu Heidelberg.

Nec severitatis, nec clementiae gloria affectanda est.
L. 11. ff. de poenis.

Heidelberg,
bei Gottlieb Braun.
1812.

Bodill — Zinn. / Bais — Hauß. / Sakim — Messer. / Kotem — Kind. / Kazuf — Schlächter. / Kochum — Dieb. / Makum — Stadt, Ortschaft. / Kais — Leben. / Schmier — Wache. / Leile — Nacht. / Mejum — Wasser. / Makes — Stokschläge. / Makoles — Stokschläge. / Gaver — Mann. / Kis — Beutel, Geld. / Kohluf — Hund. / Tov — Gut. / Jam — Tag. / Kesuv — Silber. / Lehem — Brod. / Jaim — Wein. / Jaare — Wald. / Malbosch — Rok. / Malves — Camisol. / Zusim — Pferd. / Kasser — Schwein. / Maker — bekannt. / Auscher — reich. / Matiberen — reden. / Achlen — essen. / Holchen — lauffen, gehen.
(Schöll)

signalisiert auch die Sprache: das Jenische wird zur "Kochumersprache", zur Diebessprache der Eingeweihten.

Für jede Untersuchung großer Diebes- und Raubestaten war es unumgänglich geworden, sich des Jenischen zu bedienen. Den Chronisten blieb nicht mehr verborgen, besonders nach Erscheinen des "Constanzer Hans" 1791, daß die Jiddische Sprache hier das Gepräge gibt.

Zur Gaunersprache gibt Pfister (1812) zu bemerken, daß "ihre Existenz eine bekannte Sache ist, die kein Richter oder Polizeibeamter, welcher schon gegen dergleichen Menschen zu arbeiten hatte, bezweifeln wird". Freilich hat das Jenische bestimmte Provinzialismen, dies zeigt sich in der Rechtschreibung — der Polizeilinguistik — aber auch in Wortmodifikationen. Schölls "Abriß der Jauner ..." merkt, daß hier eine Formwandlung des Rotwelschen vorliegt und belegt Wörter aus dem Jüdischen oder Hebräischen wie aus dem Französischen oder Zigeunerischen; er betont die Dominanz jener Wörter. Allerdings hat für ihn die Jaunersprache den meisten Stoff der deutschen Sprache entnommen; hierfür gibt er Verbindungs-, Hilfs- und Beiwörter an, auch Nenn- und Zeitwörter, wobei ein Teil derselben sich indessen im Jiddischen finden. Da zur Zeit der "wahrhaften Entdeckung der Jenischen Sprache vom Konstanzer Hans" (1791) die Juden in der Ganfer Medine (Schwaben)

Auch hier war er wieder seiner Freyheit nahe. Eines von den Weibern der Bande -wie denn diese ein eigenes Geschäft haben, die Eingefangenen zu umschweben, und ihnen zu ihrer Freyheit behülflich zu seyn - eines von den Weibern nahte sich dem im Thurme zu Bergen aufbewahrten Fetzer, und sprach mit ihm. Die Unterhandlung wurde in der Kochemer Sprache geführt. Ein Jude, so erzählt Fetzer, müsse ihn beschlichen und verrathen haben, denn dem abgesprochenen Vorhaben wurde gerade entgegen minirt. (Becker II)

Da kam Schumacher, der nähmliche, der nachher in Cöln im Kerker starb, und erzählte von einem reichen Brandweinbrenner in Rosrath; bey dem wohl etwas zu handeln — das Wort Handeln heißt in der Räubersprache Stehlen — seye. (Becker)

gerade nicht sehr zahlreich auf dem Striche waren, ist die Verschiebung vom Jiddischen zum Deutschen erklärlich; zum andern wird die Bedeutung des Jiddischen bei verhältnismäßig geringer jüdischer Gaunerpopulation ungemein erhöht. Mit der Kochemersprache sind schließlich diese Unklarheiten zurechtgerückt.
Der Hannoversche Amtsschreiber Meier bedenkt (1807): "Die Sprache der Diebe, die Kokumlohschen, d.h. kluge Sprache, besteht aus ganz hebräischen Wörtern, aus ursprünglichen Diebeswörtern und aus einer Composition von beiden. Alle Diebe von Profession (Kessediebe), alle Schärfenspieler und Kessewirthe verstehen diese Kokumlohschen, sie mögen Juden oder Christen seyn."
Im Kokumlohschen steckt einmal der Kochemer als der Kluge, Gescheite (hebr. chakam), dann laschon, Zunge, Sprache.

In Betracht des Verhältnisses, in welchem die Gauner zur übrigen Menschheit leben, und aus Stolz auf ihr Gewerbe, nennen sie sich selbst Chäßen, Kochemer, d.h. Kluge, und diejenigen, welche nicht zu ihrer Fahne halten, Wittische, d.i. Dumme, welche erstere Benennung sie auch, gleich den Freimaurern, als Erkennungszeichen gebrauchen. Befindet sich nämlich ein Gauner in Gesellschaft ihm unbekannter Personen, unter denen er Kochemer vermuthet, so wird er solchen leise: Kochem! Makkes! zuflüstern und die Kammeradschaft für ausgemacht halten, wenn ihm Ken, Regierung geantwortet wird. Das Wechseln einiger Redensarten in der Gaunersprache macht sie sofort zu Brüdern. (Rochlitz, 1846)

Um sich aber in der Nacht zu kennen, geben sie sich einander das Kochemloschen. Dieses ist ein Ton, den sie mit dem Munde hervorbringen, und der einem Eulengeschrey nahe kommt. Das Pfeiffen, sagen sie, ist gefährlich, und verräth den Hinterhalt, das Zeichen aber, was wir uns geben, wird nicht bemerkt, denn der Vorübergehende glaubt Eulen zu hören. (Becker II)

Schärfenspieler sind Hehler und Kessewirthe die Chochumen-Wirthe der Coburger Designation. Kesse ist ein Wort von eigenem Belang — wir haben es eingangs bereits zitiert — es wird zum Codewort der gegengesellschaftlichen Geheimsprache. Wie viele Kochemer Wörter ist es von Liste zu Liste unterschieden orthographiert; bei Thiele (1843) heißt es, die Gauner nennen sich Kochemer oder Chesse, d.h. Kluge, Gescheite. Bei Stuhlmüller (1823), dem bayerischen Linguisten, ist Chäß gescheid,

Verzeichnis der Benennung mehrerer Länder und Städte in der Gaunersprache.

Augsburg, Mokum-Matina.
Baden, Stangen-Matina.
Baiern, Chasser-Matina.
Basel, Glocke-Mokum.
Berlin, Mokum Beiß.
Cassel, Mokum Kuf.
Dresden, Mokum Dolet.
Frankfurt, Bär Mokum.
Frankreich, Zerves.
Freyburg, Frey-Mokum.
Fürth, 's Hikels-Kühle.
Hessen, Schleha-Matina.
Leipzig, Mokum-Lamet.
Mainz, Miau.
München, Mem.
Nürnberg, 's Hiskels-Mokum.
Oesterreich, Kirrische-Matina.
Pohlen, Planche.
Preußen, Päsersche.
Regensburg, Mokum-Reesch.
Schafhausen, Bock-Mokum.
Schwaben, Ganfer-Matina.
Schweinfurt, Chasser-Mokum.
Schweiz, Bores-Matina, oder die Bores.
Straßburg, Stroh-Mokum.
Stuttgart, Mokum-Schin.
Würzburg, Kraut- oder Grodmokum.
Würtemberg, Ringelches-Matina.
(Stuhlmüller)

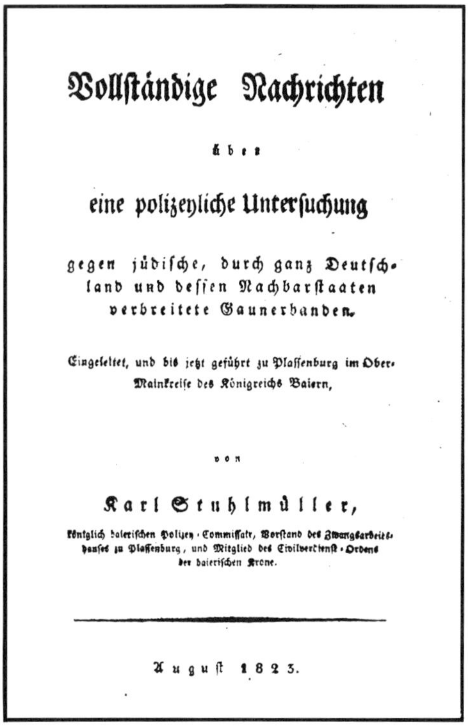
Vollständige Nachrichten

über

eine polizeyliche Untersuchung

gegen jüdische, durch ganz Deutschland und dessen Nachbarstaaten verbreitete Gaunerbanden.

Eingeleitet, und bis jetzt geführt zu Plassenburg im Ober-Mainkreise des Königreichs Baiern,

von

Karl Stuhlmüller,

königlich baierischen Polizey-Commissär, Vorstand des Zwangsarbeitshauses zu Plassenburg, und Mitglied des Civilverdienst-Ordens der baierischen Krone.

August 1823.

von gleicher Bedeutung wie Kochem. Dieses hebräische C — Chess —, der Anfangsbuchstabe von Chochum, der Weise, fehlt wiederum in der "Diebessprache" von Rochlitz. Mittlerweile hat sich dieses C zur geheimgesellschaftlichen Selbercharakterisierung als Handzinkezeichen verselbständigt. Jeder Kochemer weiß, was gemeint ist.

Nach C.D. Christensens Verzeichnis der Räubersprache (1814) heißt kochim "gescheit, pfiffig, vertraut". In Krünitz' Enzyklopädie (1820) wird unter Kochem die "Diebessprache" allgemein verstanden. Rotwelsch geht somit nach den Vokabularien der Inquisitionschronisten des 19. Jahrhunderts in der jüdischen Sprache auf. Mit diesem Formwandel der Jenischen-Sprache zur Kochemersprache ist die Identifizierung von Hebräern und Gaunern abgeschlossen: im "Deutschkochum". Nach der Zerschlagung der bewaffneten Banden bis zur Mitte des 19. Jahrhunderts, haben die "Kundensprache" und die Handwerksburschensprache, aber auch die verbliebenen jenischen Fahrenden die Sprache des Liber Vagatorum tradiert. Zu dessen Zeiten hatte der "Molsamer", dann der "Moser" die gegenkulturelle Bedeutung der jüdischen Vaganten belegt. Aus den einzelnen Gaunern bildeten sich schließlich

So kam es, daß am Ende des verflossenen Jahrhunderts Mersen wieder aufs neue als der Centralpunct einer großen einer gefährlichen Bande erscheint. Sie bestand meistens aus Räubern, die sich aus den vereinigten Departements hieher zu andern des nähmlichen Gelichters geflüchtet hatten, und wie die Brabantische hauptsächlich aus Juden. Einige von diesen stellten sich an die Spitze, und gaben die Rädelsführer ab, andere — wozu sich besonders noch ihre Glaubensgenossen aus Mastricht und Geulpen gesellten — machten die Baldoverer und Scherfenspieler oder Ankäufer. Das Gewerb gieng so gut, daß mehrere eigene Feuerstellen und ein ziemliches Vermögen erwarben. (Becker II)

So wie in den Kindern der Gauner der Keim neuer Räuberbanden fortgepflanzt und entwickelt wird; eben so erhalten diese sich neu bildenden Banden durch den Zutritt versprengter Glieder älterer Banden mehr Consistenz, und größere Praktik. Ohne den Zutritt der versprengten Glieder der Niederländer Räuberbanden, der Consorten von Schinderhannes und Damian Hessel würden unter den diesseits Rheinischen Gaunern, welche sich vorher gewöhnlich nur auf nächtliche Einbrüche und Marktdiebstähle beschränkt hatte, das Strahlen kehren (Straßenrauben) Laatschen fetzen (Plündern der Güterwagen) und Kassne-malochnen (Einbrechen mit offener, lauter Gewalt, durch den Thran- oder Rennbaum) nie an die Tagesordnung gekommen seyn. Selbst Schinderhannes würde ohne den schwarzen Peter und andere alte Räuber seine verruchte Celebrität nicht erreicht haben. Der zu seiner Bande gehört habende, mit ihm guillotinirte Franz Bayer, vulgo scheeler Franz, war schon vor achtzehn Jahren eines der gefährlichsten Mitglieder der Rangischen Bande, wozu auch der unter der jüngsten Anton Keilischen Bande paradirende Theodor Daniel Mayer, vulgo Schwabendaniel gehört hat. (Pfister, 1812)

Banden, aus diesen wiederum Räuberbanden, so daß "die Bezeichnung: Räuber und Gauner in der Polizeisprache bald als Synonima galten" (Thiele).
Der Räuber münzt dem Gaunergewerbe eine neue Form auf — wir sprechen hier von den organisierten Räuberbanden der Jahrhundertwende — durch die er auf die sozio-ökonomischen Veränderungen der bürgerlichen Gesellschaft reagiert und hierdurch die Gaunerwirtschaft in eine neue Praxisform bringt.
Mittlerweile hat die Warenform den Gütern ihren Stempel aufgedrückt, die Waren werden gegen Geld ausgetauscht und ihr Gebrauchswert wird immer mehr bloßes Anhängsel des Tauschwerts. Zudem ist die Zeitökonomie eine andere geworden, die Leute sputen sich ums Geld, die Lohnarbeit in großem Maßstabe zieht ein, jeder Handelsmann und besser situierte Räuber trägt eine goldene Taschenuhr, dem Arbeiter reicht die Turmuhr auch bald nicht mehr aus. Der Professor Hegel in Heidelberg bekommt zwar noch ein jährliches Deputat an Getreide geliefert, aber dieses Naturalienentgeld des Lohns ist gegenüber der Geldform nur noch ein traditionsgebundener Anachronismus.
Der Leser hat sich bereits gefragt, was wird jetzt aus dem ganzen gaunerischen Gegenalltag, wenn er bleibt wie er ist, hier ein Silberraub, da ein Weihwasserbecken oder ein vergoldeter Jesus und dort den Schinken aus der Pfarrerswohnung. Der Leser hat Recht in seinem Bedenken, genau diese Überlegungen machen sich die Gau-

ner auch. Wir kommen wieder zurück auf die eingangs erwähnte Wortverkehrung. Wenn Ware und Geld schon den bürgerlichen Alltag bestimmen, dann kann dies den gegengesellschaftlichen nicht ungeschoren lassen. Also legen sich die Gauner aufs Handeln. Sie werden Räuber, Zirkulationsagenten des extremistischen Warenverkehrs.
Die alte sittliche Ökonomie leidet unter diesem Handel, das Leben wird geheimer, eingeengter, wie ja auch die bürgerliche Gesellschaft selbst; auch sie wirft Formen der alten Sittlichkeit ab. Aus dem Molsamer wird der "Slichener", der geständig ist und verrät.

So lange einer von diesen Räubern noch einen Schatten von Möglichkeit zur Rettung sieht, so lange läugnet er gewiß mit Verstocktheit. Denn gesteht er das Geringste, so nennt ihn die Bande einen Slichener (Verräther) und er kann auf die schrecklichste Rache rechnen. Selbst auf den Galeeren ist er sicher, erwürgt zu werden, wenn einer seiner Genossen sich am nämlichen Orte befindet. (Rebmann, 1810)

Das Geld ruiniert auch hier die Beziehungen, wie sich gelegentlich einer Beuteverteilung zwischen Picard — mittlerweile bei der Neuwieder Bande — und Schinderhannes zeigt: jeder will dem anderen einen Teil abknappsen — Schinderhannes blieb ein reaktionärer Lump und gegen die französische Revolution war er auch — beide trennen sich unter Verwünschungen und mit einer Aktionseinheit fürderhin ist es aus. Die Zuspitzung der Warenform zum Geldfetisch wirtschaftet nicht nur die bürgerlichen Gleichheitsvorstellungen herunter; denn die Kapitalakkumulation ist ein völlig anderes Kaliber. Auch der Gegenalltag erreicht organisatorische und praktische Grenzen. Doch vorerst sind Räuber und Händler spezifische Formen des Warensystems; oft freilich treten sie in Personalunion auf.

Schön Hirschchen. Führt den Beinamen von seinem sehr guten Ansehn. Ist 28 Jahr alt, und aus der Gegend von Bonn gebürtig, hat schwarze Haare, ein ganz glattes hübsches Gesicht, schwarzbraune Augen. An der linken Seite des Halses hat er eine Narbe von einer halben Finger Länge. Geht als Handelnder sehr gut gekleidet. Spricht das Deutsche in der Obersächsischen Mundart, und kann es auch schreiben. Er spricht auch Französisch und ist in Gesellschaft sehr freundlich und unterhaltend. Mit Herz und mehreren andern war er bey dem Raube im Darmstädtschen zugegen. Er ist ein vollendeter Räuber und gehört zur Bande des Salomon Haag. Soll gegenwärtig im Bergischen leben. Ist unverheirathet. (Christensen)

Aber Leibchen. Ist 38 Jahr alt. mittlerer Statur, hat schwarze Haare, ist gelbbraun von Gesicht ohne Blatternarben. War bey dem Raube zu Bobenhausen woselbst er Wache (Schmier) stand. Ist Cammerad von Salomon Haag und gehörte zur Niederländischen Räuberbande. Er ist verheirathet und geht bald als Bettler, bald als Kaufmann. Er ist bloß Räuber; sein jetziger Aufenthalt ist nicht bekannt. (Christensen)

In dieser Phase der alten sozialen Bewegung der Subgeschichte vor dem allgemeiner

"Haftentlassung", Holzschnitt aus: Petrarca, Trostspiegel. Augsburg 1539

werdenden Kampf zwischen Lohnarbeit und Kapital faßt ein Kochumerausdruck die sozialhistorischen Vorgänge zusammen: der "Massematten".
Wieder exponiert die Sprache eine gesellschaftliche Verkehrung.
Der Gaunerchronist Bierbrauer hatte bereits vermerkt, daß die Juden den Diebstahl "massematte i.e. Geschäft nennen".
Der Hannoversche Schreiber Meier notiert folgende Redensarten aus dem Kokumlohschen: "Ballmassematten: Anführer bei einem Diebstahle, derjenige, der das eigentliche Stehlen verrichtet; dies Wort kommt her von Baal odcr Bal der Mann, und Massematten der Handel, nicht Diebstahl. Die Diebe nennen aber handeln stehlen, und mithin gilt bei ihnen das hebräische Wort Massematten für Diebstahl." Hier ist die Gegenkultur der Sprache als jüdische materielle Kultur des Gaunertums ausgewiesen: Handeln ist mit Diebstahl gleichgesetzt. Masematte Bekorg ist ein gewaltsamer Einbruch; zierliche Massematte ein gewaltsamer Diebstahl. Diebe und Räuber arbeiten nicht mehr für den direkten Konsum, sie bemächtigen sich keiner Gebrauchswerte, sondern Tauschwerte. Carl Heckmann Mitglied der Mersener, später der Neuwieder Bande, hatte zeitweilig mit Kurzwaren gehandelt. Er erzählt in Kölner Haft:

Eines Tages, sagte er, kam ein gewisser Sußmann ein Jude aus dem Canton Eschweiler zu mir, um mir ein Paar silberne Schuhschnallen abzukaufen. Gebt mir die Schnallen wohlfeil, begann er, es soll euer Nutzen seyn. Ich bestand auf meiner Forderung. Seyd ihr Kochem, fragte

er weiter? Diese Anrede setzte mich in Erstaunen. Wenn ihr Kochem seyd, fuhr der Jude fort, so will ich euch etwas baldowern. Ich war zufrieden. Der Jude führte mich von der Sandkaul, wo ich wohnte, über den Markt herunter in eine Straße linker Hand nahe an einem verfallenen Kloster vorbey in eine Gegend, wo Bäume stehn. Auf der Ecke fand sich ein großes Haus. Hier hier, sagte der Jude, wohnt ein reicher Kaufmann. Seht mir über die Schultern; dort am zweyten Fenster müßt ihr einbrechen. Es ist nicht sehr verschloßen, auch schlafen die Leute alle oben. Im ersten Zimmer, wohin ihr kommt, steht linker Hand eine Kommode, worin Geld in Ueberfluß, goldene Uhren, Ringe und andere Pretiosen zu finden sind.
Ich kam, so fährt Heckelmann fort, nicht zur Ausführung des entworfenen Raubs, denn ich wurde in der Zwischenzeit krank, aber meinen Cameraden gelang es desto besser. Franz Bosbeck commandirte, Afrom May, Overtüsch, der dicke Matheis und andere waren mit ihm. Die Beute bestand in vielem Gelde, in zwey goldenen Uhren von Werth. Waaren bekamen wir keine, obgleich der Jude auch von diesen gesprochen hatte. (Becker II)

Raub und Diebstahl sind der Handel der Gegengesellschaft. Handel und Raub gehören zusammen, die Räuber sind Händler und die Handelsjuden oft Massemattenmacher. So der Mersener Afrom May:

Im Anfang des Germinals sechsten Jahrs brachte der Jude Afrom May, ein Amsterdamer von Geburt, der unter dem Vorwande Juwelen zu handeln sich in die reichen Häuser einschlich, und durch sein Weib, die den Nahmen der schönen Sara führt, in Coblenz und an andern Orten Pässe für sich und die Mitglieder der Bande zu erhalten wußte, der nebst dem gefährlichen Baldovergewerb noch jenes eines Anführers der Räuber trieb, den in Aachen und Mersen herumvagirenden Räubern den Raub zu Eupen bey dem Wechsler Acken an. (Becker II)

Die Gegenkultur hat sich eine abgeschlossene Gegenökonomie einrichten müssen. Die Bedeutungsverkehrung des Massematten von Handel zu Diebstahl erweist den Formwandel vom Gaunertum zur organisierten Räuberbande, von der gelegentlichen Hehlerei zum "diebischen" Warenverkehr. Das Beutegut wird zur Ware, denn der Massematten muß nach den Gesetzmäßigkeiten der bürgerlichen Gesellschaft handelbar sein, sich gegen Geld veräußern können, am besten gleich die Geldform selber haben. Die Niederländische Bande unternahm von Brüssel aus einen gewalttätigen Raub nach dem andern:

Im Jahre 1790 begieng sie jenen zu Kekelberg. Picard Kotzo, Abraham Jacob, Carl Granus (ein getaufter Jude, gewöhnlich Maschoker genannt), David, Jonas Lichtingen oder Joniken, Epfraim, Marcus David, Jacob Kessel, Pack, Jan Bosbeck, Abraham Singer, Schlomme, und Eyndthover, lauter gefährliche berüchtigte Räuber, deren wir noch oft zum Jammer der Menschheit Erwähnung thun müssen, standen an der Spitze. Bey dem alten Moyses Jacob wurde die Beute getheilt. Die Haupt-Anführer Picard, Abraham Jacob, Maschoker und Jan Bosbeck erhielten ein jeder 960 Francs ohne das ihnen zugefallene Silberwerk. (Becker II)

Als Einheit von Diebstahl und Handel spiegelt der Massematten die Kochemer Un-

"Jahrmarkt", Zeichnung von G. Strauch. Faksimile des Stiches von M. Küsell.

ternehmenswelt. Die bürgerliche Warenproduktion wird somit von den Outcasts nachvollzogen: die Beute kann nur noch als Ware genutzt werden.
Bei einem Handel in Velbert kam ein Teil der Elberfelder Bande an den Strick. Picard und Fetzer waren in einem Wirtshause im nämlichen Orte eingekehrt, in der Nähe der Wohnung des Herrn Kölver. Auf Befragen, wem denn dieses Haus gehöre, antwortete der unschuldige Wirt, einem, der so viel Geld hätte, als drei Esel tragen können. Der Handel wurde gemacht, Ruben Simon, Nagels Piterchen, Helmes von der Schiefbahn und andere waren dabei:

Die Räuber und Räubergenossen erschienen in der Nacht vom 11. auf den 12. August mit einem Rennbaume vor dem Hause des Hn. Kölver in Velbert und stürmten die Thüre. Fetzer, Ruben Simon und Helmes standen Wache. Picard drang mit den übrigen in das Haus. Wenn je dieser Haupträuber einen Beweis abgegeben, daß er bey allen seinen Lastern und Greuelthaten doch noch menschlicher Gefühle fähig seye, so war es hier. Er ließ weder die Ehefrau Kölver, um die sich ihre unmündige Tochter geklammert hatten, noch die erwachsene Tochter des Hn. Kölver, wie doch sonst allgemeine Räubersitte ist, knebeln oder gar mißhandeln, sondern begnügte sich, die letztere zu nöthigen ihm zu folgen und anzuzeigen, wo das Geld und die Pretiosen wären. Während der Plünderung kamen einige Leute mit einer Laterne hinzu. Der

Während Picard in dem Zeitraume zweyer Jahren — wie wir bald erfahren werden — die unglaubliche Summe von mehreren tausend Louisd'or an der Spitze von fünfzig mit Pistolen und Säbel bewaffneter Räuber zu Pferde mit Gewalt unter Feuern und Stürmen aus Städtchen und Flecken erbeutet, und nachher sie im Arme Pariser Freuden-Mädchen großherrisch verschwelgt, erscheint sein Gegenbild Schinderhannes im Gebürge als ein eben nicht ungewöhnlicher Buschklepper, und nimmt armen über Land reisenden Juden ihr Bischen Schmußgeld ab, um für sich und seine Buhlerinn das Nothdürfige kaufen zu können. Während dieser nähmliche Schinderhannes sich in dem engen Bezirke von Trier bis Frankfurt und Mannheim herumtreibt, dehnt sich Picard mit den Seinigen durch drey große Reiche aus, von der Spitze Frieslands bis an die Grenze von Bayern, und dann wieder von den Ufern der Seine bis in Hessen und Nieder-Sachsen, um bald Paris und Arras, bald Brüssel und Antwerpen, bald Nimwegen und Aurig, bald Hamm und Cöln, bald Anspach und Donauwerth in Schrecken zu setzen. (Becker II)

Wachestehende Fetzer rief ihnen qui vive entgegen und schoß auf sie. Sie ließen sogleich die Laterne fallen und entsprangen. Durch den Schuß und das Getöse aufgeschreckt erschienen von mehreren Seiten Einwohner aus Velbert mit Flinten, feuerten auf die Wachestehenden Räuber, und nöthigten dadurch den Ruben Simon und Helmes sich in das Haus zu flüchten, den Fetzer aber sich hinter einen Lindenbaum zu verbergen, von woher er jedoch noch auf die zu Hülfe Kommenden zurück schoß. Sobald die Bande, was sie bekommen konnte, worunter sich Pretiosen von vielem Werthe befanden, zusammengepackt hatte, zog sie von dannen, und begab sich wieder nach Elberfeld, wo sie das Geld theilte, die Kostbarkeiten ausgenommen, die erst versilbert werden sollten. (Becker II)

Gegenüber den extraktiven Beutezügen der christlichen Räuber im Heimatgebiet, organisierten die jüdischen Räuber weitverzweigte Aktionsgebiete und Handelsstationen. Dies erforderte zugleich kaufmännische Buchführung und Vertrieb. Die Räuber mußten Kaufleute werden und die Kaufleute Räuber. Der Formwandel von Massematten vom jiddischen "Handeln" zur Kochumer "Ware" stellt die Wortbedeutung auf den Kopf: in dieser Verkehrung charakterisiert sich die Ökonomie einer Gegengesellschaft, welche die Wirtschaftsprinzipien der bürgerlichen Gesellschaft selbst hat übernehmen müssen und sie produktiv innerhalb der eigenen Kultur anwendet:

Schol Polack. Ist aus Pohlen gebürtig und 34 bis 35 Jahre alt, mittlerer schmächtiger Statur, hat schwarze abgeschnittene Haare, schwarze Augen, eine gewöhnliche Nase, spricht sehr gut hochdeutsch; In den Ohren trägt er große Französische Ohrringe. Bey sich führt er ein Buch, worin die mehrsten Geld-Course notirt sind, außerdem eine Goldwage, um die Münzen zu wägen. Er hat auch eine starke Garderobe bey sich, in der mehrere Kleider mit Gold besetzt, befindlich sind, und hält eigene Equipage. Vor 6 bis 7 Jahren saß er in Bamberg wegen Gilfen; brach jedoch aus. In Lüneville hat er auf seine Kosten 3 bis 4 Häuser bauen lassen, welche Juden bewohnen. Auf den Dörfern kehrt er bey den Schulzen ein, und läßt durch diesen die Gemeinde zusammen kommen, um gewisse Münzsorten gegen Agio einzuwechseln. Wenn nun die Leute ihr vorräthiges Geld hinbringen, so läßt er solches durch den Schulzen zählen; dann

Zwei Bücher
Der geneigte Leser liest fürs Leben gern Geschichten von Räuberbanden, grausamen Mordtaten und blutigen Hinrichtungen, wenn ein halbes Dutzend auf einmal abgetan werden. Deswegen hat der Herr Buchhändler Braun in Heidelberg gedruckt eine Aktenmäßige Geschichte der Räuberbanden an beiden Ufern des Mains, im Spessart und im Odenwald, und ist darin unter andern beschrieben: 1. der Mordraub, welcher in der Nacht vom 30. April auf den 1. Mai 1811 bei Laudenbach an zwei Schweizer Kaufleuten verübt worden, 2. wie die Mordräuber und eine große Anzahl ihrer Spießgesellen nach und nach eingefangen und zum Geständnis gebracht worden, 3. was jeder derselben sonst noch für Untaten ausgeübt hat, 4. eine Beschreibung von der Lebensart dieser Räuber, von ihrer Verbindung untereinander und von der Jenischen Spitzbubensprache. Alles mit Kunst und Fleiß beschrieben von Herrn Stadtdirektor Pfister in Heidelberg, durch dessen Tätigkeit und kluge Anstalt die ganze Bande habhaft gemacht und zum Geständnis gebracht worden ist, und ist dabei zu haben eine Abbildung von 17 Räubern in ihren Ketten. Preis mit Abbildung 2 fl., ohne Abbildung 1 fl. 12 kr. Weil aber auf alles Schauerhafte gleich wohl wieder etwas Lustiges gehört, so hat Hr. Braun ebenfalls herausgegeben: Volkslieder und andere Reime von dem Verfasser des Krämermichels, woran viele Leute großen Spaß finden. Preis 36 kr. Beide Bücher sind bei Herrn Katz in Pforzheim und bei Herrn Geiger in Lahr zu haben, und können bei allen Herren Buchbindern bestellt werden. (Johann Peter Hebel)

wird sämmtliches Geld zusammengeworfen, und er entläßt die Eigenthümer mit dem Bedeuten, daß er die Sache mit dem Schulzen in Ordnung bringen werde, und sie am andern Tage nur ihr Geld abholen könnten. Diesem entwendet er denn oft durch Gilfen 2 bis 300 Louisd'or, versiegelt mit seinem Pettschaft den Beutel und reiset mit der Erklärung, daß er von einem bestimmten Orte das erforderliche Geld einsenden wolle. So hat er es vor 5 bis 6 Jahren in Heppenheim an der Bergstraße und im Holzapfel den Montebauer bey einem Schlachter, wohin er die Einwohner bestellte, gemacht. Zuletzt stahl er demselben durch Unterschiebung von versiegelten Paketen mit Tantern gefüllt, 30 bis 40 Louisd'or, wie die Tochter des Schlachters dem Herz Michel selbst erzählte. Seine Frau wohnt in Lüneville, woselbst er seinen eigentlichen Aufenthalt hat. (Christensen, 1814)

Die Geschichte der organisierten und bewaffneten Räuberbanden ist nur eine Episode in unserer Genealogie der Gegengesellschaft. Sie stellt nocheinmal alles auf den Kopf, wie die Revolution selbst, die ja auch zum ersten Male in der Geschichte der Menschengattung diese verkehrt, nämlich auf den Kopf gestellt hatte, auf die Vernunft. Hegel, Schiller, vor allem Hölderlin feierten diesen Kopfstand. Der eine endete in der Oper, der andere bei der "Glocke"; der dritte blieb sich geheimwissenschaftlich treu. Ohne diese Vernunft kamen unsere Gauner auch nicht aus; sie zogen ihr nach, benutzten und verkehrten sie. Es begann mit der großen Niederländischen Bande, die sich aus der Brabantischen, Holländischen und Mersischen zusammengesetzt. Noch bis zu Ernst Bloch war es jedem Libertiner klar: es oriente lux; im Osten dämmert's. Also gingen die Jungs — einige hatten sich als Libertiner (wie Schiller sagt) tatsächlich hervorgetan — mit der Revolution über den Rhein und operierten von 1796 bis zu ihrer Zerschlagung 1801 von Neuwied aus. Einige verlegten sich nach Essen oder Krefeld. In Neuß konstituierte sich eine Bande, und die Moselbande tut sich hervor.
Dann verlaufen sich die alten Mitglieder weiter ostwärts. Der Spessart, der Vogels-

Charakteristisch ist es, daß die Räuber einen solchen, mit offener Gewalt verübten Raub, mit dem Hebräischen Ausdruck Chassne (Hochzeit) bezeichnen, und das Vollführen desselben, Chassne malochnen (Hochzeit machen) nennen, weil es, wie sie sagen, dabei so lustig und lärmend zugeht, wie bei einer Bauernhochzeit. (Pfister)

Ein altes und bekanntes, aber sehr dienliches Mittel, um gefährliche Gefangene, auch ohne starke Bedeckung zu transportieren, ist das Aufschneiden des Hosenbundes. Sie können, da sie diesen mit den Händen halten müssen, nicht schnell laufen. (Rebmann)

berg, Odenwald und die reiche Wetterau werden die Weidegründe. 1809 organisiert sich die "Hesselbande" um Damian Hessel bei Karlsberg in der Pfalz, der schon — noch nicht zwanzig Jahre alt — als Studentchen an der Spitze der Mersener gestanden hatte. Der Friedensrichter des Kantons klagt: "Es gibt viele suspekte Juden, die sich im Leininger Tal aufhalten, täglich kommen mehr und erhöhen die Zahl" (Arnold, Bemerkungen). Später machen sich einige Scouts auf nach Westphalen:

Das vormalige Königreich Westphalen war vorzüglich das Land, in welchem diese Pilze Wurzel fassen und sich verbreiten konnten. Kein Land, keine Stadt, kein Ort, war nun vor diesem jüdischen Gauner-Gesindel, welches unter vielerlei Masken, als Roßhändler, Zahnärzte, Zehen-Gebotschreiber, Schacherjuden etc. auftrat, mehr geschützt und gesichert, und überall sah man die Spuren ihres Auftretens, gleich den Schlangenwegen, Deutschland und die anstoßenden Länder durchkreuzen. (Rochlitz)

Dann nach Norden und in die Ostgebiete. Es war aber schon zu spät, der alte Kampf nicht mehr weiterzufechten. Auf der einen Seite standen die Junker mit ihrer Erfindung von Schnaps für jedermann; auf der anderen die Banken mit ihren Aktien. Was soll ein Räuber mit einer Aktie? Da sind ihm die zehn Ellen Leinwand lieber. Innerhalb dieser Überlegungen hantiert die Sprache. Die Massemate repräsentiert die großen Banden. Dann kommt die Konterrevolution, alles wird bieder.
Im Glossar von Stuhlmüller ist es um den Ballmassematen ruhiger geworden; er verkörpert nicht mehr den großen Chef, sondern nur noch den vornehmen Gauner:

Ausstoß — jeder widrige Umstand oder Störung bey irgend einer Unternehmung.
Baldovern — auskundschaften.
Ballmachonen — Soldat.
Ballmassematen — der einen vornehmen oder reichen Mann vorstellende Gauner.
Chasimon — Diebstahl von eingewickeltem und versiegeltem Gold, oder Pretiosen, gegen schnelle Austauschung anderer, äusserlich ähnlicher Packete, in welchen Bley oder Kupfer enthalten ist.
Chäß — gescheid, von gleicher Bedeutung mit Kochem.
Chilfen — beym Geldaussuchen stehlen.
Dorfdrucken — im Gedränge aus den Taschen stehlen.
Drehrum — Nachschlüssel. Auf Drehrum handeln — vermittelst Nachschlüssel stehlen. Auf Drehrum bey Schwarz handeln — mit Nachschlüsseln im Finstern stehlen.

Picard und Overtusch theilten nun die Patronen, die Wachslichter und Knebelstricke aus. Ein Raub, der so ansehnlichen Widerstand versprach, bedurfte auch ungewöhnlicher Vorsicht. Picard ließ die Bande noch vor dem Orte, und nahm die Ausgesuchtesten zuerst mit, um die wichtigsten Posten zu besetzen, und jede Hülfe zu verhindern — Fetzer, Afrom May, Anton Heinze, Leibchen Schloß, Monsam und Serves Joseph waren dazu ausersehen — zu gleicher Zeit verkeilte er mit Overtusch das Schlüssel-Loch der Kirche. Beyde kehrten hierauf zur Bande zurücke, um die übrigen Glieder, den Heckmann, Leiser Polak, dessen Sohn Afrom Waldmann, Itzig Polak, Mausche Elsef, Meyer Gas, Freyem Polak, Hampelhohlmich, Mausche Holländer und Itzig Schnut zu hohlen. Vor dem Dorfe wurden alle Lichter angezündet und so zog der Schwarm, den Marseiller Marsch durch die stille Nacht brüllend, den Rennbaum auf den Achseln, heran. Augenblicklich stürmten sie das Thor des Vorhofes am Lauerschen Hause, und drangen in dasselbe ein; eben so schnell sprengten sie die Hausthüre. Obgleich in dem Hause der Gerichtsscheffen Lauer, dessen Sohn Lieutenant unter dem Land-Regimente, ein Waldhornist und mehrere Knechte sich aufhielten. (Becker II)

Fleischmann — Verräther.
Freyschupper — falsche Würfel- oder Kartenspieler.
Fuhren — Diebstaschen.
Ganef — ein Dieb.
Hochstappler — ein Bettler mit falschen Urkunden über erlittenes Unglück und dergl.
Kohnen — Falsch-Geld-Wechsler.
Kittenschieden — früh Morgens in die Häuser schleichen, und stehlen.
Kawer — Kamerad, Gesellschafter, Compagnon.
Koscher — wenn ein Bestohlener oder Betrogener den Diebstahl oder Betrug nicht gemerkt hat.
Makenen — durch Einschleichen stehlen.
Meschores — Knecht, Bedienter.
Matina — das Land.
Massematen — Diebs-Geschäfte oder Gaunerstreiche im Allgemeinen.
Neppen — falsche oder unächte Waaren für gute und ächte verkaufen.
Schottenfellen — Diebstähle in Kaufmannsbuden auf Messen, Märkten oder in Kaufläden.
Schränken — einbrechen.
Schwindeln — betrügen auf diese oder jene Weise, nachdem sich der Betrüger vorher Zutrauen zu erwerben gewußt hat.
Schnurren — betteln.
Sibacher — ein Dieb.
Skonen — Diebstähle auf Gerathewohl in Häusern, mit einem Bündel unterm Arme, und unter dem Scheine eines Handelsmanns, wobey sich der Dieb der List bedient, daß er rückwärts geht, um ihm von ohngefähr Begegnende glauben zu machen, er käme wieder zurück.
Slichenen — eingestehen, verrathen.
Stratekehrer — Straßenräuber.
Tchilles- oder eigentlich Chtilles-Handel — bey Abendzeit in die Häuser einschleichen und stehlen.
Viaschma — gleich dem Neppen; jedoch mit dem Unterschiede, daß ersteres gewöhnlich auf einen sehr großen Betrug hinausgeht, und mit Versatz falscher Pretiosen erfolgt.
Zusführen — gleich dem Chilfen. (Stuhlmüller)

Vogelsberger und Wetterauer Räuberlied

Lustig ist das Kochemer Leben,
Wenn wir uns in d' Wehsch[1] begeben
In dem Jaar[2] ist Lust und Freud.
Lustig sind wir Kochemer Leut.
Trallerallera, Trallerallara
Trallerallera, Trallallallallara.

Wenn uns thut der Buttlack[3] plagen,
Thun wir uns ein Balo[4] jagen,
Jagen wir im Gefahr[5] (in dem Jaar) herum,
Eins davon ist unser Lohn.
Trallerallera, usw. usw.

Wenn die Kaffer[6] schuppen[7] holchen[8],
Thun die Schickse[9] ihnen folgen.
Bringt dann der Kaffer die Schore[10] herbey,
Buckeln[11] sies vom Emmes[12] zum Bajes[13] hinein.
Trallerallera, usw. usw.

Wenn wir im Gritschimme[14] liegen,
Thun wir flugs die Gahtsche[15] betrügen.
Gritschimari[16], schenk ein vom besten Malain[17]!
Laßt uns Kochemer lustig sein!
Trallerallera, usw. usw.

Thut uns dann der Gahtsche[18] nexen,
Lassen wir uns Driknalschker[19] wechseln,
Machen dann unsre Kochemer Kunst[20],
Kommen d' dri Knalschker gleich wieder zu uns.
Trallerallera, usw. usw.

Wann wie ein'n jungen Kochemer machen,
Thut das Kuder im Buhch[21] schon lachen,
Sie kommen zum Treff zum Knalschke heraus,
Sie schauen wie der Bingo[22] aus.
Trallerallera, usw. usw.

Hinter dem Bajes[23], hinter der Schorne[24]
Treiben wir unsre Kochemer Skorne[25].
Aber jetzt ist alles umsonst.
Das macht unsre Kochemer Kunst.
Trallerallera, Trallerallera,
Trallerallera, Trallallallallara.

(Grolman, 1813)

[1]) Wald, [2]) Wald, [3]) Hunger, [4]) Schwein, [5]) Dorf, [6]) Mannsleute, [7]) stehlen, [8]) gehen, [9]) Weibsleute, [10]) gestohlne Waare, [11]) tragen, [12]) bezinkter Emmes ist der verabredete Platz, wo die Weiber auf die Männer warten, [13]) Haus, Diebsherberge, [14]) Wirtshaus, [15]) Leute, [16]) Wirt, [17]) Wein, [18]) Bauer, Wirt, [19]) Dreibätzner, [20]) Diebshandwerk, [21]) Kind im Leibe, [22]) Teufel, [23]) Haus, [24]) Scheuer, [25]) Kunst, Handwerk.

Das Rotwelsch hatte Begriffe der allgemeinen Lebenserfordernisse beinhaltet. Ausdrücke des Handels waren unbedeutend. Diese für Gauner und Räuber neue wirtschaftliche Form des Verkehrs gegenüber Bettel und Raub zum unmittelbaren Verzehr war aber im Verlaufe des 18. Jahrhunderts existenznotwendig geworden. Wie die Sprache belegt, sind es Juden, welche die Avantgarde dieser neuen ökonomischen Form des Bandenwesens zum Organisationsprinzip gemacht haben. Hierzu gehörten verläßliche Netze von Baldowern (Kundschafter), Nachrichtenvermittler (Schnurr-Juden) und schließlich Dörfer, die außerhalb der Polizeihoheit des jeweiligen Massematengebietes liegen: die Kochumerdörfer. Und natürlich die im Notfall militärisch organisierte Gang, die Chawrusse.
Die Meldungen über die Bandentätigkeiten erregten Schrecken wie über die Revolution. Wie diese hatten die großen und traditionsreichen Banden vom linken Rheinufer schließlich auf das rechte übergesetzt. Als sie dann diesseits praktizierten, gab es zwischen 1800 und 1810 wohl wenig Nächte, räsoniert Schwencken, "die nicht durch ein, bald hier bald dort ausgeführtes, Diebesunternehmen zu bezeichen wären".

Rechtsrheinisch und linksrheinisch greift die Polizei ein und bereitet die Proletarisierung der Leute vor. Die Fahrenden haben härteste Zeiten. Es gibt immer weniger Poren in der Gesellschaft; Amerika wird eine für Revolutionäre, Dichter mit dem alten Engagement und die Jenischen, namentlich Juden. Deutschland hat sich von dieser Auswanderungswelle seiner Populärkulturproduzenten nie mehr erholen können. Wer Pech hat — oder Glück und dem Henker entgeht — wird von deutscher Polizei nach Sibirien deportiert. Der Höhepunkt des gegengesellschaftlichen Handels birgt somit die neue Form eines gegengesellschaftlichen Alltags: man haust sich ein und bleibt Dieb.

Die Verhältnisse in Deutschland geraten wieder in ihr altes Lot. Die Räuber sind ausgeräuchert, gehenkt oder in Sibirien. Wer untertauchen konnte, hat die Vagabondage in milderen ökonomischen Himmelsstrichen wieder aufgenommen. So ist der Gegenalltag geschleift; dem offiziellen kritischen geht es übrigens auch nicht besser. Nachdem der Student Sand 1819 den Fürstenagenten, Polizeivigilanten und Schmierendichter Kotzebue mit dem Messer justiziert hatte, setzte die Demagogenverfolgung ein, das freie Wort wird zur Demagogie erklärt — eine weitere Verkehrung in unserer Geschichte; es ist die offizielle. Die linken Studenten werden zwangsexmatrikuliert und ihre Professoren erhalten Berufsverbot.
Soweit hat die Phänomenologie unserer Gegengesellschaft die Formwandlung vom Bettelstrich zum betrüglichen Bettel, zum Gaunertum und zum organisierten Räuberhandwerk durchlaufen. Trotz der Zerschlagung der letzten Erscheinungsform geben die alten Wissenschaftler des Gegenalltags nicht auf. Die Form des Handelns gerät freilich in das entwickeltere bürgerliche Zeitalter mit seiner Schellfischseele hinein, stellt sich darauf ein. Aus dem Schlachtenlärm von Marseillaise und Rammbock subtilisieren sich neue Eingriffe in den bürgerlichen Wandel. Die Aktie kommt auf, dann die Eisenbahn — da helfen keine Waffen mehr weiter, sondern nur gegengesellschaftlicher Fleiß und Geschicklichkeit. Der Gauner muß Biedermann werden, um sein Gewerbe weiter betreiben zu können — als Händler. Der antisemitische Thiele bemerkt diese Veränderungen mit seinem preußischen Kriminalaktuarienblick ganz zutreffend:

Wenn übrigens die Gauner christlicher Abkunft in gar vielerlei Gestalten, z.B. als Scheerenschleifer, Kesselflicker, Orgelspieler, Olitätenkrämer etc. im Lande umherziehen, so tritt der jüdische Gauner und Vagabonde fast immer nur in der einzigen eines Handelsmanns auf. Hätte er auch keinen Paß, der ihn als solchen vollgültig legitimirte, so würde er doch nur die strengste Wahrheit sagen, indem er Handeln als seine Erwerbsquelle nennt, — da ja Handeln nach seinem Sprachidiome gleichbedeutend mit Stehlen ist. Die geringe Anzahl jüdischer Spitzbuben, die noch ohne Heimath in der Welt sich umhertreibt, führt auch nicht, wie die christlichen Strolchen und Landstreicher, die Hemmnisse ihrer Lebenskarriere: Weiber und Kinder mit sich; sondern diese haben vielmehr bei vertrauten Leuten oder Kochemern, an gewissen Orten, wo es mit der Polizei nicht besonders strenge genommen wird, ihre Niederlagen, wie sie es nennen, und werden dort nur von Zeit zu Zeit von ihren saubern Familienhäuptern besucht. (Thiele, 1842)

Das Gaunertum hat sich durch diesen Formwandel in die diebische Spitzbüberei einer Säkularisierung unterzogen — einem Pendant zur Proletarisierung.

Täglich geschieht es, daß die gefährlichsten Spitzbuben, Menschen, deren Leben durch die abscheulichsten Verbrechen längst verwirkt war, an diesem oder jenem Orte als verdächtig auf-

"Ludwigs-Eisenbahn von Nürnberg und Fürth"

gegriffen, aber wieder entlassen, oder, was der Wirkung nach, so ziemlich dasselbe ist, nach dem Orte hin, den sie als ihren Geburtsort zu bezeichnen für gut finden, auf den Transport gesetzt werden — blos weil man nicht ahnete, daß sich hinter der Maske eines reisenden Handelmanns, eines Condition suchenden Judenschullehrers, eines hülfelosen Bettlers der raffinirteste Spitzbube, ein dem Nachrichter längst verfallener Räuber oder Mörder versteckte. (Schwencken, 1820)

Auch in dieser neuen Epoche der Gaunerwirtschaft vermochten es die jüdischen Kompatrioten — zur Ereifrung der Polizeidenker — an ihrem Gegenalltag weiterzuarbeiten. Thiele schäumt geradezu vor der Unangreifbarkeit dieses stillen Weiterwebens der jüdischen Gaunerökonomie, denn — daran ist kein Zweifel — sie ist immer noch die spitzbübische Avantgarde:

Die Zeit vom Jahre 1808 bis 1815, welche Zeuge so kräftiger vereinter Anstrengungen der Sicherheitsbehörden war, zur Ausrottung des Gauner- und Spitzbubenwesens im Lande, jene Zeit, die, wie früher gezeigt, so entscheidend wurde für das Verschwinden der Räuber und Diebe, die frech überall ihr Haupt erhoben hatten, sie ging effektlos vorüber, in Bezug auf die jüdischen Gauner, wenigstens ohne merklich erhebliche Folgen für ihre Fortexistenz. (Thiele)

Nun ist es nicht mehr die strategische und überlegenere Gewaltanwendung, welche die jüdischen Gauner und deren Sprache in die vorderste Front der gegengesellschaftlichen Kulturentwicklung bringt; vielmehr die Virtuosität dieser Handelsmänner. Versicherungsgesellschaften und Sparkassen entstehen; die Spitzbuben bleiben hinter diesen Novitäten nicht zurück. Aus den Räuberbanden werden Diebesbanden, die — mit allen technischen Neuerungen vertraut — jede Kasse zierlich schränken.

Seit dem gänzlichen Verschwinden jener Banden, d.h. seit dem Jahre 1815, hat nun aber auch das Gaunerwesen in Deutschland eine ganz veränderte Gestalt angenommen. Wenn auch nicht ihrem Charakter so doch ihrem gemeinschädlichen Thun und Treiben nach, sind die heutigen Gauner von denen der frühern Zeit gänzlich verschieden. Unglaubliche List, fast künstlerische Betriebsfertigkeit ist an die Stelle ehemaliger brutaler Gewalt getreten; nur nach diesen Eigenschaften noch bestimmt sich heut zu Tage die größere oder mindere Gefährlichkeit des Individuums. Die Reisenden sind sicher auf den Landstraßen vor räuberischen Angriffen, aber nicht vor dem Abschneiden ihrer Koffer vom Reisewagen; die Bewohner isolirter Grundstücke brauchen nicht mehr zu zittern vor nächtlichen gewaltthätigen Ueberfallungen, aber die Staats- und Kommunalkassen, wie die Privatkassen der Begüterten können durch alle Vorkehrungen nicht mehr vor Plünderung bewahrt werden; vieler andern Erscheinungen nicht zu gedenken, die nur zu deutlich die Gewandtheit und raffinirte Verschmitzheit bezeugen, mit welcher die Eigenthumssicherheit von den Gaunern jetzt gefährdet wird. Dabei ist ihnen das Land, dessen Sicherheit sie beunruhigen, auch in der Regel kein fremdes, kein Vaterland ohne Heimath mehr; denn viele von ihnen, man möchte sagen die meisten, haben sich nach und nach an bestimmte Wohnörter gewöhnt, wo sie die Aufnahme in den Gemeinde-Verband durch ihre zufälligen, und gar häufig wohl nur vorgespiegelten, Geburtsrechte erlangten. Fern von diesen, wo man sie gewöhnlich nur als ehrliche Leute kennt, ziehen sie ihren Verbrechen nach. (Thiele)

Der Formwandel innerhalb der gaunerischen Fraktionen der Gegengesellschaft, der nunmehr einsetzt, korrespondiert mit den gesellschaftlichen Veränderungen — dem Übergang in die große Industrie und einem Arbeitstag der — tendenziell — relativen Mehrwertausbeutung. Dieser wird nicht mehr durch die direkte Gewalt der Herren über die Bauern, der Meister über die Gesellen, zusammengefügt; vielmehr schiebt sich die Maschinerie dazwischen, die rohe Herrschaft weicht der technologischen; die Sinnlichkeiten des Alltags werden eingefangen vom Dampf, dem elektrischen Funken und dem Fließprinzip, von der Botmäßigkeit der Arbeitszeit. Die Populärkultur verliert hierdurch ihren konstitutiven Charakter; sie wird Anhängsel an die Rekreationszeit des Kapitals, eingewoben in dessen Fortschrittspression, auch wenn die Turnvereine oder Schrebergärten starke Proletarier für den Klassenkampf hervorbringen wollen. Es geht aufwärts mit jener Entwicklung, die mit der Kartoffel und der ursprünglichen Akkumulation des Kapitals durch Verproletarisierung der Bauern und Plebejer einsetzte. Der Fortschritt demokratisiert sich ein wenig; schließlich wird das Backpulver erfunden und der gewaltlose und permanente Übergang in die Republik durch die Sozialdemokratische Partei. Die Schulen

Am besten ist es Gefängniskleider zu haben, deren Aermel und Füße von verschiedenen Farben sind. Bricht ein damit bekleideter Gefangener aus, und hat nicht einen Schlupfwinkel in der Nähe, so verräth ihn sein seltsamer Aufzug. (Rebmann)

beginnen nach Karbol zu riechen und die Gefängnisse nach Soda. Da gärt nicht mehr viel von selbst, die Moderne beginnt medioker. Auch die Gegengesellschaft kann aus diesem Gehäuse nicht heraus, sei es die Gangsterei oder die Revolution. Immerhin weist dieses abklingende Kapitel der Gaunerschaft noch nicht die Fadheit biedermeierlicher Subjekte auf. Dennoch, die Fertigkeiten werden industriös; die Sprache milieumäßig, Fachjargon für Zuhälter.

Die hier verhafteten, oder verhaftet gewesenen Gauner nennen sich selbst: Reisende, Kunden oder Strohmer und sprechen alle, mehr oder weniger, die sogenannte jenische Sprache. Die meisten davon führen Beinamen, unter denen sie sich einander kennen, die wahren Namens- und Heimathsverhältnisse ihrer Genossen sind ihnen in der Regel fremd. Größtentheils sind sie unter einander bekannt, sey es auch nur dem Namen nach, doch wird außerdem ein Gauner den andern an Wort und Manieren nicht verkennen und zweifelt er ja, so bietet er dem Räthselhaften eine Prise Taback, indem er leise und fragweise: "Kunde?" hinzufügt. Ist der also Angegangene das, wofür man ihn hält, so antwortet er: "känn Matthes" (ohngefähr so viel, als: ja, Bruder), und der Bund ist geschlossen und beide operiren, wo es sichs thun läßt, gemeinschaftlich. (Pfeiffer, 1828)

Der große Picard geht nach Hamburg und betätigt sich in der Bordellwirtschaft. Es geht abwärts. Der Rennbalken und andres Diebsgerät werden noch kurze Zeit ostwärts getragen, Veteranen der niederländischen und rheinischen Banden transportieren es in die Wetterau und den Vogelsberg; dann wird es stiller. Schon beim späteren Damian Hessel beginnt der Umbruch. Rebmann bemerkt in seiner Untersuchung (1810): "Die zu Hessels Gesellschaft gehörigen Diebe, entfernen sich bey dem geringsten Geräusche, und brauchen nicht leicht Gewalt." Rebmann spricht von einer neuen Taktik: "Diese Art von offenbaren Krieg mit der Gesellschaft wird jetzt von diesen Räubern nicht mehr angewendet. Ohne Gewalttätigkeit, ohne Lärm, ohne Überfall, blos durch List und Gewandheit werden jetzt ihre Diebstähle vollführt."
Ganz ruhig wurde es freilich noch nicht, Schwencken kann ein Jahrzehnt später erneut von jüdischen "Räuberrotten" berichten unter der Hauptmannschaft von Leyser Polack, Süßmilch und Isaac Muck wie dem berüchtigten Jainkof. Trotzdem geht der Rennbalken zurück; Stuhlmüller (1823) sieht ihn zugunsten des zierlichen Schränkens als gänzlich verbannt an:

Sie haben es darinn bis zur Virtuosität gebracht, und wissen es genau zu bewerkstelligen, daß ohne alles Geräusch eiserne Gitter, eiserne Cassen, Riegelwände, die festesten Schlösser, und dergl. eingebrochen werden, wozu sie sich der Winden bedienen. Da sie zu den jüdischen Ban-

Diese Verfahrungsart der Schränker (per kooch handeln, auch eine kusches oder Chasne handeln) ist, seitdem die Kunst zu stehlen auf einen höhern Grad der Ausbildung gediehen, dieses Manöver, wegen des damit verbundenen Lärmens, auch zu auffallend ist, fast ganz außer Anwendung gekommen, wogegen List und Gewandheit an die Stelle getreten sind; eine veränderte Methode, bei welcher die Gauner offenbar und in jeder Hinsicht mehr als bei offenen und gewaltsamen Einbrüchen ihre Rechnung finden.
Sie exerciren nämlich jetzt den Einbruch in aller Stille, mit Beobachtung der größten Vorsicht, was sie zierlich schränken nennen.
Hierin haben es die Gauner, welche zierliche Schränker, Schiener und Kuffer in dieser Beziehung genannt werden, bis zur Virtuosität gebracht; sie wissen es so genau zu bewerkstelligen, daß ohne alles Geräusch eiserne Gitter, eiserne Kasten, Riegelwände, die festesten Schlösser etc. erbrochen werden, wozu sich vorzüglich die jüdischen Gauner der Winde mit Seil, der Stich- und Sägebohrer bedienen. Es ist daher nichts Auffallendes, daß in den volkreichsten Städten, in den belebtesten Straßen derselben, Einbrüche dieser Art vollführt werden. (Rochlitz)

den gehören, so erfahren sie durch ihre Baldoverer, welche als ehrliche Handelsjuden sich in alle Häuser einzudrängen wissen, die schönsten Gelegenheiten zum Stehlen, und es ist deshalb nichts Auffallendes, daß in den volkreichsten Städten, selbst in den belebtesten Straßen, auf diese Art Einbrüche von ihnen vollführt werden, und sie genau von der Lage, wo sich das Geld befindet, instruirt sind.
Wenn auch gleich diese Gattung von Dieben oder Räubern für sich eine eigene Abtheilung bildet, so ist doch keineswegs anzunehmen, daß nicht die der andern Gattung sich mit Gelegenheit, oder umgekehrt, anschliessen, und das eine oder andere verüben helfen. Es versteht sich übrigens von selbst, daß sie zu Einbrüchen nur die Verwegensten zu ihren Gehülfen annehmen. Ueberhaupt lassen sich die Meisten zu jeder Art von Gaunerstreichen gebrauchen, wozu sie individuell qualifizirt sind. (Stuhlmüller)

Auch Pfeiffer merkt den Übergang von der Räuberbande zur Diebesbande an. In Bayern geht die jenische Sprache auf betrügerische Handwerksburschen über, die sich Stradafissel nennen. Von den Rheingegenden waren die Räuber vertrieben, der Auszug aus Odenwald, Spessart und Vogelsberg erfolgte zwischen 1810 und 1815; man zog sich nach Westphalen zurück oder an die Elbe. Mit Genugtuung gibt sich Pfeiffer:

Der einmal gezeigte Ernst der verschiedenen Regierungen, vorzüglich die verhängten Todesstrafen, schienen derjenigen Klasse von Menschen, welche das süße Nichtsthun über alles lieben, die Liebhaberei an Räubereien verleidet zu haben, sie wollte sich einem Geschäfte nicht mehr hingeben, daß keine Hoffnung für die Zukunft übrig ließ und sicher dem Untergange zuführte.

Es bleibt aber dabei, Formwandel und geographischer Rückzug haben daran nichts geändert: die jüdischen Gauner bleiben in der Avantgarde. Auch von der zunehmenden Virtuosität sind die Forscher gleichermaßen überzeugt. Rebmann hatte bereits die Geschicklichkeit der Niederländer im Öffnen von Schlössern herausgestellt:

Gelddiebstahl in dem Kruge auf dem Vorwerke Wassine bei Alt-Beuthnitz. Nacht vom 1. zum 2. Juni 1828.

Um einen von dem Polizeivigilanten Rosenthal baldowerten Diebstahl auszuführen, fuhren im Juni 1828 Meyer Tiller alias Magazin und Rehmann Jacob Königsberger, genannt Rachmiel, nach Frankfurt a. O., wo sie indeß, da die Gelegenheit nicht günstig war, von ihrem Unternehmen abstehen mußten. Auf dem Rückwege, den sie über Beuthnitz nach Sternberg einschlugen, kehrten sie, am Nachmittage des 1. Juli, bei dem Krugwirth Grunberg, auf dem Vorwerke Wassinne bei Beuthnitz, ein. Meyer Tiller war hier schon öfters gewesen und mit der Lokalität vollkommen bekannt.

Während sie noch in der Schänkstube saßen, traten 6 Schweinehändler herein, deren jeder eine volle Geldkatze um den Leib trug. Sie schnallten solche ab, versiegelten sie und gaben sie dem Krugwirthe in Verwahrung. Neben der Schänkstube, wo dies vorging, befand sich ein kleiner, mit keiner Thür versehener Alkoven, wo der Krugwirth mit seiner Frau schlief, und wohinein er die Geldkatzen trug. Meyer Tiller hatte im Alkoven, neben dem Bette, einen hölzernen Kasten stehen gesehen, und daraus folgerte er, daß in diesem von dem Wirthe die Geldkatzen aufbewahrt würden. Mit dem Entschlusse, dieselben zu stehlen, fuhren Tiller und Königsberger bald darauf fort, nach einem, 1 Meile weiter gelegenen, Dorfe. Hier kehrten sie im Kruge ein, warteten, bis es völlig Nacht geworden war, und gingen sodann zu Fuß nach Wassinne zurück.

Aus der Küche des Kruges führt, etwa mannshoch von der Erde entfernt, ein Fenster auf die Straße, welches zwar angelegt, aber von Innen nicht verkettelt war. In dieses Fenster stieg Tiller, mit Hilfe Königsberger's, kroch, im Finstern, über einen von dem Fenster stehenden, mit Gläsern und Geschirr bestellten Tisch, ohne etwas hinunter zu werfen, gelangte sodann von der Küche auf den Hausflur, und von dort in die Schänkstube, wo 10 Schweinehändler (4 waren später noch hinzugekommen,) mit 6 Hunden auf der Streu schliefen. Als Tiller eintrat, war die Stube durch den im Kamin noch glimmenden Kiehn schwach erhellt. Er setzte sich zuvörderst auf eine Bank, löschte den Kiehn behutsam aus, so daß es im Zimmer völlig

Einer der Hauptspitzbuben dieser Rotte, der ... entkommene Johann Müller, der seit 20 Jahren sein Gewerbe treibt ... braucht nach dem Ausdrucke Hessels, ein Schloß nur anzublasen, um es aufzuschließen. Damian Hessel, der versichert, er sey nur ein Lehrling gegen Müller, öffnete zur Probe mit einem Bindfaden und einem Stückchen Holz die innere starke Thüre seines Kerkers, und machte sich anheischig, sich von allen Ketten, die man ihm anlegen möchte, mit einem starken Nagel loszumachen.

Ein wichtiges Befreiungswerkzeug war die Uhrfeder. Die Gauner wissen sich dieses Instrument selbst im Gefängnis noch zu beschaffen: "Bey einer erlaubten Unterredung mit einem solchen Weibe geht unter dem Vorwande eines Kusses eine zusammengerollte Uhrfeder aus einem Munde in den anderen." (Rebmann) Thiele geifert natürlich wieder besonders herum:

Ihrer, fast bis ins Unglaubliche gesteigerten industriellen Geschicklichkeit gegenüber, was kann es da helfen, um Gefährdungen abzuwenden, daß man sein Augenmerk so ängstlich auf äußerliche Verwahrung richtet, daß man den Schlosser oft all' seine Kunst verschwenden läßt, um das bewegliche Eigenthum innerhalb der eigenen vier Pfähle gegen den Diebstahl zu schützen? Ein Nagel, ja ein Endchen Draht oder Bindfaden ist ihnen ja meistentheils hinreichend, selbst das künstlichste Schloß zu öffnen, und mit dem Nachschlüssel, diesen eigentlichsten passe-partout, machen sie vollends alle Berechnungen der Technik, alle Vorsicht zu Schanden. Nur was eben diese Verfeinerung ihres verbrecherischen Betriebes anbelangt, nur darin allein, und nirgend sonst, sind sie mit der Civilisation fortgeschritten, ein Thatumstand, der dunkel wurde, und schlich nun auf Wolfszehen in den Alkoven, um den Schlüssel zu dem bewußten hölzernen Kasten zu suchen. Indem er, damit beschäftigt, an dem Bette, worin die Grünberg'schen Eheleute schliefen, vorbeistreifte, bemerkte er den Riemen einer Geldkatze der aus dem Bette heraushing, untersuchte nun die Sache näher und fand, daß unter dem Kopfkissen, worauf beide Eheleute schliefen, mehrere Geldkatzen lagen. Er zog zunächst eine derselben behutsam hervor, schlich damit zur Küche und warf sie durch das Fenster dem, draußen wartenden, Königsberger hinaus. Darauf kehrte er nach dem Alkoven zurück, prakticirte noch 3 Geldkatzen unter dem Kopfkissen hervor, und machte sich nun mit seiner ansehnlichen Beute, auf demselben Wege, den er gekommen war, aus dem Staube. In dem Dorfe, wo das Fuhrwerk stand, wieder angelangt, legten die Diebe den Inhalt der 4 Geldkatzen, welcher beinahe 1000 Thlr. betrug, in einer nahen Schonung chawure, wo sie es 8 Tage darauf abholten.

Mit vielem Rechte hat Meyer Tiller diesen, mit fast beispielloser Verwegenheit verübten, Diebstahl sein Meisterstück genannt.

Alle 10 Schweinehändler hatten dem Krugwirthe ihre Geldkatzen zur Aufbewahrung übergeben, und die Bestürzung von beiden Seiten war nicht geringe, als am Morgen 4 davon fehlten. Niemand konnte auf einen Diebstahl von Außen her denken, da ja der Weg zu dem Alkoven nur durch die Schankstube führte, wo, wenn auch 10 schlafende Menschen kein Verscheuchungsmittel gewesen wären, doch die 6 Hunde, wie man nothwendig schließen mußte, jedes Eindringen verwehrt haben würden. Ueberdies waren die Diebe so vorsichtig gewesen, das Küchenfenster, vor ihrer Entfernung wieder zuzumachen. Der Verdacht schwankte daher zwischen dem Wirthe und einem der bestohlenen 4 Schweinehändler selbst, gegen welchen letztern er dergestalt an Consistenz gewann, daß derselbe per Transport der Gerichtsbehörde überliefert wurde. Glücklicherweise ermittelte sich dort bald seine Unschuld, was er vorzüglich dem Umstande zu danken hatte, daß zwei der Geldkatzen, welche die Diebe, nach der Entleerung, fortgeworfen, auf einem Kornfelde gefunden wurden. (Thiele)

durch jeden Zug aus ihrer Lebenspraxis bis zur Evidenz bestätigt wird. Niemals werden sie zur Vollführung ihrer Verbrechen mehr Gewalt an Personen verüben, selbst dann kaum, wenn sie sich angegriffen sehen. Wo noch ein Mensch sich regt, wo noch ein Hündchen bellt, dem sie nicht mit Gift (Peiger, wie es in der Gaunersprache heißt) beikommen können, da weichen sie, die Ausführung ihres Vorhabens auf eine gelegenere Zeit verschiebend. Auf öffentliche Kassen aber ist, der lockenden Beute wegen, ihr stetes Augenmerk gerichtet, und wo diese bestohlen werden, wird man meistentheils auch mit vieler Gewißheit annehmen können, daß jüdische Gauner die Täter sind.

Ein wichtiges Ergebnis der Formveränderung der Gaunerei hin zum Spitzbubenhandwerk ist die große Chawrusse oder Chäwre, die Diebesbande. Besonderer Rang kam der Berliner Chawrusse zu, die nach einigen Jahren des Handels im großen Stile mittels Polizeivigilanten — Verpfeifer in Polizeidiensten — ausgenommen wurde. Diese Chawrusse schien eine Leidenschaft fürs Theoretische ausdrücken zu wollen — wie wir aus den Signalements gesehen haben, waren wissenschaftliche Berufe unter den hebräischen Gaunern üblich — denn nach dem Handel bei einem russischen Kaviarhändler (6000 Rthlrn. in Russischen Bank-Assignationen) ging es weiter mit fünf Buchhandlungen und schließlich der Quästurkasse der Königlichen Universität am 23. Dezember 1830. Es folgte die Nicolaische Buchhandlung — eine Institution für Kenner des deutschen Idealismus. Der Handelsmann Moses Levin Löwenthal wurde verhaftet und im Zuge von dessen Untersuchung eine so große Diebesbande aufgedeckt, daß die Untersuchung schließlich wegen Geld- und Raummangels abgebrochen werden mußte. Der Prozeß implizierte 520 Personen, kostete 11.000 Thlr. und wurde im Sommer 1834 gestoppt. Die aufgedeckten Freveltaten waren endlos: an Akten kamen 2050 Bände zusammen, bei der damaligen Federaufzeichnungstechnik eine erstaunliche polizeiliche Leistung. Über die Gauner gibt Thiele einen soziologischen Aufriß:

Eine wahre Geißel aller öffentlichen Kassen und begüterten Privatpersonen, hatten sie es verstanden, seit einer Reihe von Jahren, ja seit einem Menschenalter, ihr verbrecherisches Treiben fortzusetzen, größtenteils nur von und durch Diebstahl zu leben, und oft zahlreiche Familien zu erhalten, ohne von der strafenden Gerechtigkeit mehr, als höchstens oberflächlich, berührt zu werden. Und in der Kunst, dies zu können, liegt denn auch das Vehikel, wodurch sich der jüdische Gauner, bezüglich seiner Verschmitztheit und Gefährlichkeit, so wesentlich von dem Gauner christlicher Abkunft unterscheidet.

Nach dieser Aufdeckung der Berliner Chawrusse gab es gewiß noch witzige kleinere Aktionen, in der Art des Israel Louis Gottschalk:

Am 24. September 1836 fuhr er mit einer Droschke vor dem Gasthof zum Kronprinzen zu Berlin vor. Er nannte sich Simon, ließ sich ein Zimmer anweisen und dahin eine in der Droschke befindliche Kiste bringen. Er bestellte sodann 2 Portionen Biersuppe und einen Schoppen Wein, äußernd, daß er noch 2 Herren erwarte. Es wurde daher für 3 Personen gedeckt, und ein silberner Vorlege- wie 3 silberne Eßlöffel auf den Tisch gelegt. Nachdem er eine Weile geharrt, erklärte er, daß ihm die Herren zu lange blieben. Auf sein Geheiß wurde ihm das Essen auf das Zimmer gebracht. Bald darauf kamen auch 2 Herren, die nach ihm fragten und hinaufgewiesen wurden. Sie gingen bald wieder fort und ihnen folgte auch alsbald der Gottschalk. Beim Weggehen fragte er den Portier, ob er ihm nicht einen sichern Menschen nachweisen könne, der ihm am folgenden Tage eine goldne Repitiruhr wegtragen könne. Gottschalk kam nicht wieder und am folgenden Morgen, als man im Zimmer nachsah, fehlten die silbernen Löffel; in der Kiste aber, die Gottschalk mitgebracht hatt, fand man einen mit Sand gefüllten Sack. (Thiele)

Nach der Berliner Untersuchung war die Zeit der großen Diebesbanden vorbei. Zugleich gibt die Tätigkeit der Polizeivigilanten an, daß die Populärkultur der Gauner sich allmählich auflösen mußte, verbürgerlichte durch neuen Handel, staatliches Schulsystem für die Kinder, den Militärdienst, Einwohnermeldeämter etc. — jene Nachtseiten der bürgerlichen Emanzipation. Die Sprache der hebräischen Gegengesellschaft hat sich nicht nur auf die christlichen Gauner ausgedehnt, wie "Die Kocheme Waldiwerei" zeigt, sondern ist zudem in den Sprachschatz der unteren Klassen übergegangen.
Von der Löwenthalschen Untersuchung belegt Thiele folgendes Gespräch:

Die Unverschämtheit der verhafteten jüdischen Verbrecher, bezüglich solcher Kasspereien, in ihrer hebräischen Gaunersprache, ging nun insbesondere sehr weit. Sie scheuten sich nicht, bei

hellem Tage, in den unter den Verhörszimmern belegenen Gefängnissen, während der Anwesenheit der Inquirenten, sich, aus den Fenstern, ganz laut über die Lage der Untersuchung zu besprechen, oder bei Nachtzeit die Ruhe der in der Nähe wohnenden Beamten zu stören. Mehrere solcher Unterredungen sind belauscht worden und zu den Akten gekommen, weil sie, von nicht geständigen Complicen ausgehend, für die Sache selbst von Interesse waren. Als äußerst charakterisirend dürften sie auch im Allgemeinen nicht ganz ohne Interesse sein, und daher immerhin hier einen Platz finden:
Gespräch zwischen den Gefangenen Elias Nelky und Brusendorf; Ersterer in einem Gefängnisse des zweiten Stockwerks, Letzterer im ersten Stocke. Am 9. Dezember 1831, Morgens 4 Uhr.
Nelky. Nachbar oben! Hast du den Keim neben dir gefragt, wie er sich auf jüdisch nennt?
Br. Nein! Das habe ich ganz vergessen.
Nelky. Es ist wirklich wahr, daß er pfeift.
Br. Aber auf keine Chessen; nur auf den Sslichner Löwenthal.
Nelky. Das ist sehr gut, dann ist er doch brav. Das habe ich auch gethan, ich habe ihn auch versslichent etc.
Br. Das ist recht. Nur nicht gescheut!
Nelky. Den Tag, als ich mit Wohlauer oben confrontirt wurde und ihn dabei schimpfte und in die Augen schlug, sagte mir der Balverschmai, es hätten nach Wohlauer schon mehr eingeräumt, es kämen noch 50 Menschen in diese Untersuchung, und sie würde noch 3 Jahre dauern. Das ist aber nicht wahr, denn so viel Spitzbuben sind gar nicht mehr auf freiem Fuß.
Br. Das glaube nicht. Das ist ein Bleffer.
Nelky. Er hat es aber registriren lassen. Ob der dicke Rosenthal wohl eingestehen wird?
Br. Der gewiß nicht. Er liegt ja an der Barsel.
Nelky. Das ist ihm recht. Mag er nun dafür büßen, daß er manchen Chessen in's Unglück gebracht hat.
Br. Er ist aber doch nun brav und hält aus.
Nelky. Wird Schacher wohl pfeifen?
Br. Der gewiß nicht.
Nelky. Wenn ihm aber Wohlauer ins Ponim kommt, ob er sich dann nicht wird schrecken lassen?
Br. Er wird noch nicht einmal wissen, daß Wohlauer pfeift. Sag es ihm doch.
Nelky. Das thue ich nicht; ich traue Keinem mehr. Mag pfeifen wer da will: ich nicht. Den Pfeifern geht es wie einer schwangern Frau. Sie erleichtern sich das Herz, daß sie nach der Beichte gut schlafen können; aber sie bekommen Nachwehen.
Br. Du kannst auch nur wenig Knass bekommen, denn du bist ja noch nicht bestraft.
Nelky. Ja, 4 Wochen, wegen Torfdrucken, aber nicht wegen gewaltsam. Wer ist denn der Bernhardt, von dem Du mir neulich sagtest? Ist er Torfdrucker oder Schränker?
Br. Er ist Schränker. O! der ist ein tüchtiger Gannew. Er hat noch Brüder, die auch brave chesse Jungens sind. (Thiele)

Es erscheinen noch einige Wörterbücher über die Kochemer-, Diebes- oder Gaunersprache, die indessen eher einen professionellen Jargon ausdrücken als die Identität

Ade, Deutschland!
(Aus dem Munde eines Handwerksburschen in Galveston.)

'Raus, 'raus, 'raus und 'raus,
aus Deutschland muß ich 'raus:
Ich schlag' mir Deutschland aus dem Sinn
Und wandre jetzt nach Texas hin.
Mein Glück will ich probieren,
Marschieren

Er, er, er und er,
Herr König, leb' Er wohl!
Ich brauch' ihn weiter nicht forthin,
Weil ich nun selbst ein König bin.
Mein Glück will ich probieren,
Marschieren

Sie, sie, sie und sie,
Frau Polizei, leb sie wohl!
Gott geb' ihr einen bessern Mann,
Der sie mal recht pisacken kann.
Mein Glück will ich probieren,
Marschieren

Du, du, du und du,
Herr Bettelvogt, lebe wohl!
Du darfst auf's Fechten nicht mehr sehn,
Hast selber Zeit zum Fechten gehn.
Mein Glück will ich probieren,
Marschieren

Es, es, es und es,
Mein Wanderbuch, leb' es wohl!
Jetzt kann ich ein ehrlicher Kerle sein,
Ich werf' dich in das Meer hinein.
Mein Glück will ich probieren,
Marschieren.

(Hoffmann von Fallersleben, Texanische Lieder)

jener materiellen Kultur der Sprache der Gegengesellschaft.
Einige hebräische Gauner zogen sich in den Elsaß zurück. Dort hatte es immerhin fünfhundert Jahre früher das Königreich der Spielleute gegeben; der Elsaß wies eine reiche Tradition der Populärkultur auf. Aber die dorthin retirierten Gaunerfamilien — etwa 2000 an der Zahl — mußten in Armseligkeit leben. Das Spitzbubengeschäft ereichte den Niedergang, keine Einbrüche mehr, die Szene erlahmte, man griff auf die alten Formen des betrüglichen Bettels zurück. Wenn es gar nicht mehr anders ging, zog man mit verarmten Bauern und verfolgten Revolutionären nach Amerika. Die bürgerliche Revolution eröffnete den Weg in die Emigration.
Die Spitzbüberei ist die letzte Form der gegenkulturellen Ökonomie. Diese Transformation beschließt den Gang der sozialen Sprachgeschichte vom Rotwelsch in seinen Erscheinungsformen über das Jenische bis zur Kochumersprache und den Spitzbubenjargon. Die Warenproduktion und die ihr adäquaten Gewaltapparate schleifen auch die Extremität jenes Warenverkehrs, den die räuberischen und diebischen Überlebensformen darstellten. Der Kapitalismus läßt aus dieser Subgeschichte der Zivilisation schließlich nur noch Randgruppen übrig. ''Ein Dieb stiehlt sich selten reich'', sagt das Sprichwort.

Verzeichniß

derjenigen Gauner und Spitzbuben, jüdischer Nation, welche während der beiden letzten Decennien hingerichtet worden oder sonst mit Tode abgegangen sind.

I. Aaron Levi, vulgo Aaron Elsasser, wahrscheinlich Eine Person mit dem 1810 zu Mainz in contumaciam auf 24 Jahre zu den Eisen verurtheilte Aaron Elzef, ist im Jahr 1811 zu Mergentheim, wo er sich mit Isaac Michel (Nro. 269 der Not.) in Untersuchung befand, im Gefängniß gestorben.

II. Abraham Picard. Diesen hochberüchtigten Spitzbuben, vielleicht der ausgezeichneteste unter allen Räubern der neueren Zeit, ein Hauptanführer der Niederländer Banden *), hatte endlich, nachdem ihm lange vergebens von allen Seiten nachgespürt worden war, die rächende Nemesis ereilt. Er wurde im Jahr 1805 vom Amte Bergen nach Marburg ausgeliefert und starb dortselbst im Juni 1807 im Gefängnisse.

Er nannte sich damals Salomon Jacob und gab Oberndorff bei Dinkelsbühl für seinen Geburtsort aus. Er hat, allen Beweisen zum Trotz,

Marcus Joel. Sonstige von ihm geführte Namen: Alexander Fränkel, Joel Friedeberg, Alexander Moritz, Marcus Salomon Joel, Jacob Wolff, Joel Liebmann, Nathan Heinemann, Abraham Hirschberg. Spitznamen: Jolchen Julchen oder Jaulchen, der große Makkener.

Signalement. Er ist 53 Jahre alt, 5 Fuß, 2 Zoll, 2 Strich groß, von schmächtiger Gestalt und gerader, in letzter Zeit etwas gebeugten Haltung. Seine große und gebogene Nase gibt ihm ein entschieden jüdisches Ansehen; seine kleinen lebhaften blaugrauen Augen drücken einen hohen Grad von Verschmitztheit aus. Die Zeit und sein über alle Maßen bewegtes Leben mit den von ihm ausgestandenen schweren Strafen haben sein schönes langes Haar, das er früher mit Eitelkeit pflegte, sehr gelichtet. Der jetzt dünne, gekräuselte Haarwuchs zeigt eine hohe und freie Stirn und läßt den Anfang einer Glatze ahnen. Sein Gesicht, früher von blühender Farbe, hat die Gefängnisluft gebleicht. Die dünnen, blassen Lippen des mehr als mittelgroßen Mundes verziehen sich, namentlich im Verhöre, oft zu einem spöttischen, verächtlichen Lächeln und lassen dann in der obern vordern Zahnreihe eine Lücke erkennen. Ein röthlicher Backenbart zieht sich zum rund gestalteten Kinn herab. Die über den eingefallenen Wangen jetzt mehr als sonst hervortretenden Backenknochen geben der ganzen Physiognomie einen Ausdruck von innerlicher Entschiedenheit, der den kundigen Inquirenten den Gauner von Schule erkennen läßt, der ihm sagt, daß hier an ein Eingeständniß der Schuld niemals und unter keinen Umständen zu denken ist. Sein Benehmen, namentlich in den Verhören, ist außerordentlich gewandt. Nächst dem auf der Festung zu Spandau verstor-

404

bis zu seinem Tode, geläugnet, der berüchtigte Picard zu seyn, jedoch, um nicht an die damaligen französischen Gerichte ausgeliefert zu werden, die Theilnahme an dem Raube in Kleinselheim *) eingestanden.

Sein Leichnam ist unter den Galgen eingescharrt worden, wo ihn jedoch die Marburger Juden, in Gemäßheit erhaltener Erlaubniß, wieder ausgegraben und an einen andern Ort zur Erde bestattet haben.

III. Binecus, vulgo Binges Jucum **), hat sich im Januar 1815, wo er unter dem Namen Israel Levi, angeblich aus Berlin, zugleich mit Moses Joël (Nro. 480 d. Not.) zu Darmstadt saß, im Gefängniß erhängt.

IV. Braden (Johann Christian), auch Brahn, Prahn, Krüger, Müller, Brede, Christian Seidel und Carl Lehmann, vulgo der Magneten-Müller genannt, ein Erz-Spitzbube und das Haupt einer eigenen Bande, dessen vorzüglichste Epoche in dem Zeitraum von 1780 — 1800 fällt, ist in einem Alter von einige und 60 Jahren im Zuchthause zu Zelle gestorben.

V. Feist Hünerhund, ein altes Mitglied der Niederländer Bande ***), wurde im Jahr 1805 in der Gegend von Cassel unter dem Namen Feibes Moses zur Haft gebracht und sollte von dort aus nach Weilburg ausgeliefert werden, entleibte sich aber den Tag vor seiner Abführung, indem er sich mit einem Stück Glase, das er aus dem Fenster seines Gefängnisses gebrochen hatte, die Luftröhre durchschnitt.

*) Beckers a. a. O. Thl. II. S. 301.

**) Alphabetisch. Verzeichniß von Räubern ꝛc. Nro. XXX.

***) Beckers actenmäßige Geschichte der Räuberbanden Th. II. S. 229 und 473.

405

VI. Hampel hohl mich, eins der berüchtigtesten Mitglieder der Niederländer Bande *), wurde im Jahr 1805 unter dem Namen Abraham Meyer, von Darmstadt nach Marburg ausgeliefert und dorselbst, zufolge ergangenen Urtheils, im April 1807 aufgeknüpft, sein Leichnam jedoch, auf Bitten der Marburger Juden, wieder vom Galgen heruntergenommen und unter denselben begraben. Er ist von Eichenbühl bei Mildenburg gebürtig.

VII. Harting (Johannes), auch Hammer, vulgo der alte Hannes genannt, ein alter Räuber von der Niederländer Bande **) und Vater von Nicolaus Joseph Harting (Nro. 150 d. Not.) und Georg Harting (VIII.) wurde im Jahr 1802 zu Eckederoth aufgehoben, nach Cölln und von da nach Düsseldorf geliefert. Er ist einige Zeit nachher im Gefängniß gestorben. Seine drei Töchter sind sämmtlich Zuhälterinnen von berüchtigten Räubern gewesen ***).

VIII. Harting (Georg), auch Hammer, vulgo der Brabanter genannt, ein jüngerer Sohn des alten Hannes (VII.) und gleichfalls ein berüchtigter Räuber, der auch schon unter den Niederländern vorkommt ****), wurde im December 1811 nach Marburg eingebracht, starb aber zu Ende des Jahrs 1815, noch vor erfolgtem Urtheil, in den dortigen Gefängnissen. Er war zuerst mit einer Tochter des Joh. Jost Esch, vulgo Schwemjost, eines im Jahr 1816 in der Irrenanstalt zu Haine verstorbenen Räubers,

*) Beckers a. a. O. Th. II. S. 460.

**) Beckers a. a. O. Thl. I. S. 5. Anmerk. Thl. II.

***) Interessante Zeichnungen ꝛc. S. 6.

****) Beckers a. a. O. Thl. II. S. 463. Nro. XXI. — Interessante Zeichnungen ꝛc. S. 5.

benen ehemaligen Vigilanten Joseph Adolf Rosenthal übertrifft er Alles, was ich in dieser Beziehung kennen zu lernen Gelegenheit hatte. Er übt eine Herrschaft über sein Außenwesen, über jedes Wort, über die geringste seiner Bewegungen aus, an der alle die kleinen erlaubten Künste des Inquirirens durchaus scheitern. Mag er durch unerwartete Beweismittel noch so alterirt werden, mag die Ueberzeugung von dem Ueberführtsein, von der Gewißheit der Strafe noch so gewaltsam sein Gemüth aufregen: — keine Sylbe, keine Miene, keine Geberde wird den Inquirenten diesen innerlichen Zustand errathen lassen. Ein einziges Mal, als ihm die ungünstige Aussage einer Defensionalzeugin vorgehalten ward, von der er die letzte Rettung gehofft hatte und von der allerdings seine Bestrafung oder Freisprechung abhing, — nur dies einzige Mal sah ich ihn wanken, daß er sich an der Barriere des Verhörszimmers halten mußte, und hörte ihn leise sagen: ja, nun bin ich verloren. Aber dies war ein flüchtiger Moment; der nächste fand ihn schon wieder völlig gefaßt; er schien fast unwillig gegen sich selbst, daß er sich von seinen Empfindungen habe überraschen lassen. Die leise Hoffnung auf ein Geständniß, die man zu fassen gewagt hatte, schwand sogleich wieder ganz. — Seine Rede ist flüssig, in reinem Deutsch, oft in gewählten Ausdrücken. Er spricht außerdem polnisch, französisch und gebrochen holländisch. Als ein besonderes Kennzeichen dient ein ziemlich bemerkbarer weißer Fleck, den er auf der einen Hand hat.

Marcus Joel, welcher seit seiner letzten Entlassung aus dem Zuchthause zu Spandau in Liebenwalde wohnt und den Namen Friedeberg angenommen hat, genießt in der Gaunerwelt eines Rufs, der ihn

406

verheirathet gewesen und hatte nach deren Tode mit der Tochter des Flurschützen Christian Hofmann im Concubinat gelebt.

IX. Heckmann (Carl), welcher eine der bedeutensten Rollen unter den Niederländern gespielt hat *), ist, im Jahr 1802 in Cölln zum Tode verurtheilt, unter der Guillotine gestorben.

X. Hessel (Damian), vulgo Bacherle, Beutel und Studentgen genannt, gebürtig aus Paderborn, dessen ganzes Leben eine ununterbrochene Kette von Verbrechen aller Art gewesen ist und der unter den Niederländer Räubern eine der ersten Rollen eingenommen **), wurde zu Ende des Jahrs 1809 mit mehreren seiner Raubgenossen in Frankfurt a. M. verhaftet und nach Mainz ausgeliefert, wo er im folgenden Jahre mit Streitmatter (XXVI.) und Schmeye Nathan (XXIII.) guillotinirt worden ist ***).

XI. Hilgen (Heinrich) aus Padingbüttel, Landes Wursten, gebürtig, ein versuchter Räuber und Genosse von anderen berüchtigten Spitzbuben, gerieth vor mehreren Jahren zu Ottendorf (Hannover) in Untersuchung und wurde daselbst im October 1817 mit dem Schwerte gerichtet. Er hatte vorher in Doese, Hamburgschen Amts Ritzebüttel, gewohnt und sich während seines Räuberlebens bald Christian Lühers, bald Heinrich Doescher genannt.

XII. Itzig Lindheimer, vulgo Schnuckel, auch Putzenhannes genannt, ein Raubgenosse von Itzig Muck (Nro. 292 d. Not.) ist wegen Theilnahme an einem Raube zu Soffenheim (Nassau) mit Mausche Fuchs (XV.) und Seligmann Hirsch

*) Beckers a. a. O Th. II. S. 65. 66. 79. 173. 206. 302. 315 317. 320. 327. 351. 355.

**) Becker a. a. O. Th. II.

***) Damian Hessel u. seine Raubgenossen. S. 106.

407

(XXV.) im Jahr 1808 unter dem Namen Jecof Juda zu Wiesbaden mit dem Strange hingerichtet *).

XIII. Klaproth (Johann Conrad Dominicus) vulgo der rothe Gottlieb, aus Dreuke im Paderbornischen gebürtig, ist im April 1812 zu Hannover den Tod der Verbrecher gestorben.

XIV. Koschmann oder Cosmann, ein altes Mitglied der Niederländer Banden, welcher schon in der, von der Clev-Märkischen Immediat-Sicherheits-Commission zu Bochum im Jahr 1803 herausgegebenen, Räuberliste, als ein Mann von 60 Jahren bezeichnet wird, ist längst mit Tode abgegangen.

XV. Mausche Fuchs, ein Räuber und wahrscheinlich derselbe, welcher in der Rinteler Liste als Raubgenosse des Leyser Polack angegeben wird, ist mit Itzig Lindheimer und Seligmann Hirsch wegen eines zu Soffenheim verübten Raubes im Jahr 1808 unter dem Namen David Jacob zu Wiesbaden gehängt worden **).

XVI. Michel Platkopf, der auch unter dem Namen Michel Isaac vorkommt, und schon bei den Niederländern bekannt war ***), ist vor längerer Zeit in Wiesbaden zu lebenslänglichem Zuchthaus verurtheilt und vor einigen Jahren in der Strafanstalt zu Dietz gestorben.

XVII. Mosche Ocker, gemeiniglich Maschoker, auch Granus genannt, ein alter Räuber von der Niederländer Bande ****), ist schon vor län-

*) Brill, actenmäßige Nachrichten von dem Raubgesindel Th. II. S. 55 u. 56.

**) Brill actenmäßige Nachrichten rc. Th. I. S. 55 und 56.

***) Becker a. a. O. Th. II. S. 222.

****) Becker a. a. O. Thl. II. S. 18. 22. 26. 49. 265. 467. Nro. XXIII.

als eine Celebrität erscheinen läßt. Man frage von der Weichsel bis weit über die Elbe unter den jüdischen Dieben nach, ob da wohl Einer sein wird, der nicht das berühmte Jaulchen kennt, wäre es auch nur aus der Erzählung seines Vaters oder Elternvaters. Marcus Joel — sagt einer seiner Spruchrichter über ihn — ist ein Mensch, der alle Eigenschaften in sich vereinigt, die zum Oberhaupte einer Diebesbande erforderlich sind. Und hätte er es jemals darauf abgesehen gehabt, ich zweifle nicht daran, daß er die Thaten Johann Bücklers in tiefen Schatten gestellt haben würde. So aber hat er es vorgezogen, seine Talente für sich allein auszubeuten und wie groß diese Talente sein müssen, dafür zeugt eben sein weit verbreiteter Ruf. Kein Gauner spricht anders als in tieffster Bewunderung von ihm. Fragen wir ihn, was denn Joel für ein Mensch sei, so wird er uns mit verschmitztem Lächeln anblicken, gleichsam verwundert über unsere Ignoranz; er wird uns sagen, 'daß das ein schwerer Junge sei.' Die Art und Weise, wie die öffentliche Sicherheit von diesem berüchtigten Menschen gefährdet wird, beschränkt sich einzig auf den Gebrauch des Nachschlüssels; nur zuweilen hat er auch an nächtlichen Einbrüchen theilgenommen. Seine Nachschlüssel verfertigt er sich selbst. Joel ist der geübteste Makkener seiner Zeit; es gibt vielleicht kaum eine bedeutende Stadt in Deutschland, wo er nicht gestohlen hätte.

Die Untersuchung in Memel hatte die beyspiellose Gefährlichkeit dieses Gauners im höchsten Maße gezeigt. Dreimal während seiner Haft hatte er Versuche zum Ausbruch gemacht, ja sogar Komplotte unter den Gefangenen zu diesem Zwecke angestiftet. Dies hatte die Eröffnung neuer Untersuchungen und die Festsetzung neuer Strafen gegen ihn

408

ger als 10 Jahren jenseits des Rheins mit Tode abgegangen.

XVIII. Muus oder Maus (Peter), bekannter unter dem Namen Anton Keil, vulgo starker Peter, ein Bösewicht der ersten Classe *), ist am 16ten November 1818 zu Stockelsdorf im Hollsteinischen durch das Beil hingerichtet **).

XIX. Nagels Peter, einst zur Niederländschen Bande gehörig, ist um das Jahr 1802 in Düsseldorf mit dem Strange hingerichtet worden ***).

XX. Nauert (Joseph Peter), auch Joseph Lienthal genannt, eines der Hauptmitglieder einer Räuberbande, welche vor mehreren Jahren ihr Wesen im Münsterschen getrieben hat und wovon sich gegenwärtig mehrere Individuen zu Münster in Untersuchung befinden, hat sich dortselbst im November 1818 im Gefängniß entleibt.

XXI. Overtüsch, als Anführer der Niederländer hochberüchtigt ****), ist zu Anfang des Jahrs 1802 in Lüttich guillotinirt worden.

XXII. Ruben Simon, ein alter Niederländer Räuber *****) ist um das Jahr 1802 zu Düsseldorf mit dem Strange hingerichtet worden.

XXIII. Schmeye Nathan, ein Raubgenosse des Damian Hessel, ist mit diesem und Franz Joseph Streitmatter im Jahr 1810 zu Mainz auf dem Blutgerüst gestorben ******).

*) Alphabetisches Verzeichniß von Räubern 2c. Nro. CLXXXVIII.

**) National-Zeitung der Deutschen vom 2ten December 1818. 48. Stück.

***) Becker a. a. O. Thl. II. S. 255.

****) Becker a. a. O. Thl. II. S. 65. 66. 79. 98. 104. 110 115. 206. 302. 309. 315.

*****) Becker a. a. O. Thl. II. S. 257. 265. 269. 309. 314. 321. 367.

******) Damian Hessel u. [illegible] Raubgenoss. S. 142.

409

XXIV. Schmit (Friedrich), bekannter unter seinem Spitznamen Hamburger Fuchs und Odenrosch, aus Kellinghusen im Hollsteinschen gebürtig, ein längst berüchtigter Räuber, hat sich im Jahr 1812 in dem Gefängnisse zu Kiel, wo er sich mit Herz Runkel (Nro. 165 d. Not.) und anderen Räubern in Untersuchung befand, selbst entleibt *).

XXV. Seligmann Hirsch, angeblich aus Hermannstein bei Wetzlar gebürtig, ist als Theilnehmer an einem zu Soffenheim (Nassau) verübten Raube, im Jahr 1808 mit Mausche Fuchs (XV.) und Itzig Lindheimer (XII.) zu Wiesbaden aufgeknüpft worden **).

XXVI. Streitmatter (Franz Joseph), aus Boebikon bei Aarau gebürtig, Chef einer Diebesbande, welche auf dem linken Rheinufer ihr Wesen trieb und später Genosse von Damian Hessel, ist mit diesem im Jahr 1810 zu Mainz

*) Alphabethisches Verzeichniß von Räubern 2c. S. 7.

**) Ueber das frühere Gaunerleben des Seligmann Hirsch und über dessen persönliche Verhältnisse hat, bei der Hartnäckigkeit desselben, nichts Zuverlässiges erhoben werden können. Von dem 1814 in Darmstadt gerichteten Joh. Adam Heusner ist angegeben worden, daß der, mit Mosche Fuchs und Itzig Lindheimer zu Wiesbaden gehängte, dritte Inquisit den Beinamen Polack geführt habe, wodurch man auf die Vermuthung geleitet worden ist, daß er wohl der berüchtigte Mentel Polack gewesen seyn möge. Nach Aussage des in Kiel verurtheilten Herz Runkel dagegen soll jener Seligmann mit Schimann Englaender identisch seyn. Da indessen Seligmann zur Zeit seiner Hinrichtung erst 28 Jahr alt war, Mentel Polack und Schimann Englaender aber beide weit älter sind, so möchte die Identität derselben mit Seligmann Hirsch nicht anzunehmen seyn.

zur Folge, so daß seine ursprüngliche Strafe auf eine achtjährige sich steigerte, während deren er fortwährend Fesseln trug. 'Ich habe schon öfters ein Vermögen von 30.000 Thlr. gehabt — sagte er zu einem Mitgefangenen, einem seiner engsten Diebesvertrauten in Memel — aber um ehrlich zu leben, müßte ich 100.000 haben!'

Marcus Joel hat etwas an sich, und weiß dies zu seinem Vortheile zu benutzen, was ihm ein Uebergewicht über Leute gibt, die ihn in geselliger und wissenschaftlicher Bildung vielleicht nicht erreichen. Er versteht es trefflich, die kleinen Schwächen der Menschen zu erspähen; er hat namentlich die große Macht des Geldes bis in die feinsten Nuancen studirt. Diese Talente wendet er leider zumeist mit Glück auf die untern Gefangenhausbeamten an, so daß er selbst als Gefangener gewöhnlich noch Herr seines Schicksals bleibt, um da, wo eine Flucht nicht möglich ist, doch durch allerhand Machinationen den Gang der Untersuchung und die Maßregeln des Inquirenten zu durchkreuzen.

Dies sind, wie gesagt, nur flüchtige Umrisse. Wer aber die Akten liest, der muß billig in Erstaunen gerathen über den Complexus von Verschlagenheit und verbrecherischer Umtriebe, der sich ihm darbietet. Glücklicherweise hat dennoch der Arm der Gerechtigkeit dadurch nicht gelähmt, das Licht der Wahrheit nicht verlöscht werden können. Marcus Joel ist rechtskräftig zu zehnjähriger Zuchthausstrafe verurtheilt worden, die er seit dem 3. April 1840 in der Strafanstalt zu Spandau büßt. (Thiele)

410

unter der Guillotine gestorben *). Er kommt auch unter dem Namen Frey, Schweitzer-Müller, Böbicker Müller und Weiler vor.

XXVII. Unger (Theodor) vulgo Magdeburger Carl, hat vor 10 bis 12 Jahren in Magdeburg die Todesstrafe erlitten **).

XXVIII. Weber (Mathias) vulgo Fetzer, gebürtig aus Greffrath, in der Gegend von Crefeld, einer der ausgezeichnetesten Räuber-Genies unter der Niederländer Bande ***), ward im Jahr 1803 zu Coblenz guillotinirt.

XXIX. Wobbe, ein Sohn von Tabors Baerchen und ein Bruder von Baruch Behrens, ist vor etwa 6 Jahren zu Berlin im Gefängniß gestorben.

XXX. Wohlgemuth (Heinrich) oder Mahlgemuth, vulgo der kleine Heinrich genannt, aus Anspach gebürtig, ist als professionirter Räuber im Jahr 1812 zu Hannover hingerichtet ****).

XXXI. Wolf, der Pariser, ein Mitglied der Mersischen Bande, hat sich im Gefängniß erhängt *****).

XXXII. Wolf Halle, ein seiner Zeit berüchtigter Gauner, ist vorlängst zu Frankfurt a. M. im Gefängniß gestorben.

*) Damian Hessel und seine Raubgenossen S. 119.

**) Anklage-Urkunde gegen einen Theil der großen Räuberbande rc. S. 4.

***) Becker a. a. O. Th. II. S. 65. 73. 141. 142 u. s. w. — Leben und Hinrichtung des berüchtigten Räuberhauptmanns Mathias Weber, genannt Fetzer.

****) Anklage-Urkunde gegen einen Theil der großen Räuberbande rc. S. 22.

*****) Becker a. a. O. Thl. II. S. 36 u. 116.

411

Anhang,

den

Raubmörder Johann Georg Müller aus Schwarzenfels im Hanauischen betreffend.

Wenn gleich dieser Mensch nicht zur Classe der Gauner gehört, so darf doch sein Name in einer Schrift, welche den Zweck hat, die obrigkeitlichen Behörden auf gefährliche Verbrecher aufmerksam zu machen, um so weniger ungenannt bleiben, als die öffentliche Sicherheit durch ihn vielleicht noch in einem höheren Grade, als durch irgend ein Individuum der Gaunergesellschaft gefährtet wird.

Signalement.

Er ist 35 Jahre alt, 5 Fuß 6 Zoll groß, von untergesetzter Statur und starkem Körperbau; hat schwarzbraune Haare, eine hohe Stirn, graue Augen, eine breite stumpfe Nase, etwas aufgeworfenen Mund, kurzen dicken Hals, einzelne Blatternarben im Gesicht. — Ganz besonders kennbar ist er dadurch, daß an einer seiner Hände der kleine und der Ringfinger etwas krumm sind, und daß sich auf seiner stark behaarten Brust ein Herz mit

2 / G E W A L T / U N D / W I D E R S T A N D /

/ K A M M E R K N E C H T S Ö K O N O M I E /

Der Leser wird sich erinnern, daß nicht nur in Amerika die Juden früher angekommen waren als die Christen, sondern auch in Bayern. Der nämliche Volksstamm rückte 535 in Regensburg ein; die Juden waren bereits im römischen Donaulager Castra Regina nachweislich zugegen. Das ist aber noch nicht die ganze Geschichte. Denn die traditionsbewußte Regensburger Judenschaft befand sich noch im Besitze eines Briefes aus Palästina vor der Kreuzigung Christi. Damit verblaßte natürlich der Vorwurf der Regensburger Christen, die Regensburger Juden träfe Schuld und Mittäterschaft am Tode des Herrn. Die Christen erkannten diese Belege jedoch einfach nicht an — nicht aus Analphabetismus, sondern aus vulgärökonomischen Überlegungen. Denn mit der Religion als Machtinstrument ließen sich die exorbitantesten Geschäfte machen. Wenn auch die christlichen Herrscher von einer gewissen Unbeweglichkeit im Denken und einer nicht minderen Lethargie in der Aneignung von Wissenschaften geplagt waren, so fanden sie doch in Exploitationsfeldzügen gegen die jüdischen Gemeinden ihr eigentliches kameralistisches Metier. Aus den weltgewandten Juden, die 829 als fremde Händler in Worms Grund und Boden erwarben, ließ sich einiges heraussteuern.
Diese Seite des Kulturaustausches wird den Bischof Rüdiger von Speyer bewogen haben, Juden herzulocken, damit sich "der Glanz des Ortes vertausendfache" — und weniger jene einer interkulturellen Fraternität, wie es übereifrige hebräische Quellen unterstellen. Die kaiserliche Kammer sicherte sich umgehend diese Geldquelle, indem sie die Juden ihrem Schutze unterwarf. So entwickelte sich umstandslos der Rechtsbrauch auf Besteuerung, der sich in den folgenden Jahrhunderten im Begriff der jüdischen Kammerknechtschaft zusammenzog. Diese wurde eingeleitet mit der gelegentlichen karolingischen Formel "inservire camerae regiae" und bedeutete nicht mehr als Judenschutz durch die kaiserliche Kammer. Zunehmend brachte dieser Judenschutz größere Summen ein. Die Juden waren herausragende Kaufleute, Jude und Kaufmann galten als Synonyme. So heißt es im Capitulare von Raffelstätten (903 - 906): "Mercatores, id est Judei et ceteri mercatores."
Friedrich I. Barbarossa erteilte den Wormser Juden 1157 ein Privilegium, worin er sie als seiner Kammer zugehörig erklärt. Anhand der ununterbrochenen Änderungen in den Privilegierungen der Judengemeinden läßt sich nun nachvollziehen, wie diese Zug um Zug herunterpriviligiert wurden. Die königlichen und kaiserlichen Kammern erprobten immer neue Ausbeutungsstrategien, die sie dann als Inschutznahme und Freundschaftsbekundungen anpriesen. Diese Negativprivilegien haben der Sprache eine rabulistische Dialektik aufgeprägt, Verkehrungen, die belegen, daß die Juden innerhalb kürzester Zeit zu Pretiosen der kaiserlichen Kammer aufrückten.
Die Privilegien bauten auf einen internalisierten Fortschritt der freiwilligen Knecht-

schaft. Durch Verordnung sollte eine neue Besteuerung als selbstverständliches Naturereignis angesehen werden, das dann wiederum ein neues Privileg von Inschutznahme vorbereitete. Da die Juden schutzbedürftig seien, erforderte ihr Verlassen der Gemeinde einen bezahlten Begleitschutz. Daraus entstand die eigentümliche Regelung, daß die Juden ohne Bezahlung des Geleitgeldes nicht ausreisen durften. So kam es zum Judenleibzoll; man bezahlte drinnen und, um nach draußen zu kommen, noch einmal. Das Geleit selber wurde dabei hinfällig, wie in Köln. Der Burggraf besaß das Privileg aus dem Jahre 1169, Juden, die nach oder aus Köln reisen wollten zu geleiten. Für diese Pfründe bezahlte ihm die Judengemeinde der Einfachheit halber jährlich 10 Mark und 6 Pfund Pfeffer.

Die Ausbeutung über das Judenregal gestaltete sich in ihrer allgemeinen Form immer einträglicher. Da die Juden dem Einzugsbereich der hohen Kammer angehörten, vermochte diese wiederum ihre Pfründe weiter zu verhökern. So unterwarf Heinrich IV. die Speyerer Juden dem Bischof; Otto IV. übergab das Besteuerungsrecht 1212 an den Erzbischof von Mainz und Erfurt. Bei Friedrich II. wird das Gebrauchsrecht der Kammeruntertänigkeit legalisiert — der Begriff der Kammerknechtschaft kommt auf. Von dieser Schutzherrlichkeit über Knechte war es nur noch ein kleiner Schritt zu weiteren Privilegierungen — zur völligen Hörigkeit der Juden bei Herren oder Städten.

Die Kammerknechtsökonomie litt freilich an methodischen Grobheiten. Im fernen Bristol verlangte König Johann einem reichen Juden zehntausend Mark ab. Der Mitbürger gab sich erstaunt. Da ließ ihm Johann täglich einen Zahn ausziehen. Am achten Tage erging die Zahlung. Hierzulande zogen sich die Forderungen gleichermaßen ins Stupende. Konrad IV. ließ reiche Juden um Lösegeld einkerkern; der Erzbischof Rupert von Magdeburg setzte am Laubhüttenfest 1261 die vornehmen Juden kurzerhand gefangen, erpreßte hunderttausend Mark und raubte im Vorübergehen noch das Gold und Silber der Eingekerkerten. Dadurch wiederum konnte er seinen Zahlungsverpflichtungen gegenüber dem Stuhle von Rom nachkommen.

Der Vulgärmaterialismus der Kaiser beschränkte sich keineswegs auf das Recherchieren von Taschengeldquellen oder Fonds für Bestechungen und Hochzeiten. Die Kammerknechtsökonomie wies eine strategische Erfolgsquote auf: gleichwohl liegt der Grund ihrer allmählichen Auflösung in ihrer eigenen Problematik.

Einmal betrifft dies die Produktivkraft Wissenschaft. Die christlichen Oberherrschaften hatten eine solche einseitige — weil ertragreiche — Rechtsgelehrtheit aus der Verwissenschaftlichung der Privilegienwirtschaft entwickelt, daß darüber die Einrichtung von Universitäten entbehrlich schien. Die Juden dagegen hatten bereits ihre hohen Schulen, standen zudem mit den die Wissenschaften ins Verwegenste ziehenden arabischen Kollegen von Toledo in bestem Austausch. Während man hier die Hölle erfand und das Seelenheil so recht in Rubriken aufspleißte, beschäftigte man sich dort mit Bestimmungen der Materie und der Branntweinherstellung. Zudem machten sich die Wissenschaftler einen Spaß daraus, sich dauernd gegenseitig zu bekehren; das störte die Ruhe des Judenregals. Die Steuern flossen nicht aus Disputen, sondern aus der hebräischen Religionszugehörigkeit. Diese selber stellte ein

Tracht der Juden in Deutschland im 12. Jhdt.

Klebebild eines Rabbi aus Gelnhausen, 18. Jhdt.

ideelles fixes Kapital der Kammer dar; deshalb wurden Diskurse zwischen jüdischen und christlichen Scholasten kurzerhand verboten. Hätten sich die Juden nicht dauernd privilegieren lassen, dann wären Universitäten viel früher erforderlich gewesen und nicht erst zu Ende des neunzehnten Jahrhunderts wie in Frankfurt am Main. Denn dort hatte die Judengemeinde durch die Jahrhunderte das bißchen Wissenschaft nebenbei miterledigt.

Zum andern produzierte die Kammerknechtsökonomie ihr Ende durch ihr eigenes Funktionieren. Allmählich ging die Rechtsstellung der Juden von der privilegierten Kaufmannsposition in eine Leibeigenschaft über, deren sich Städte und Fürsten, hatten sie die Kammerknechte verpfändet bekommen, zur besseren Ausbeutungsmöglichkeit bedienten. Die Beschränkung der Rechte, Veränderungen im Handel — der Sklavenhandel nahm gegen Ende des 13. Jahrhunderts ab — vertrieben die Juden aus ihrer Kaufmannstätigkeit, um 1300 waren sie eingeschränkt auf den Handel mit Geld, Trödel oder Vieh; kaum mehr Immobilien, denn diese gingen bei Pogromen oder Privilegienerpressungen als erste verlustig.

Die Juden vermochten nicht, mehr zu zahlen, als sie hatten. Als nichts mehr da war, mußten sie sich zu helfen wissen. So erfanden sie einen Messias in Syrien, 1286. Die wetterauischen und rheinischen Juden machten sich auf den Weg, auch die Nürnberger und Freiburger. Der Einnahmeverlust für Kammer, Richter, Bischöfe und Städte war unerhört. Der berühmte Gelehrte Rabbi Meir aus Rothenburg zog voran;

Einträglicher Rätselhandel

Von Basel fuhren eilf Personen in einem Schiffe den Rhein hinab. Ein Jude, der nach Schalampi wollte, bekam die Erlaubnis, sich in einen Winkel zu setzen, und auch mitzufahren, wenn er sich gut aufführen, und dem Schiffer achtzehn Kreuzer Trinkgeld geben wolle. Nun klingelte es zwar, wenn der Jude an die Tasche schlug, allein es war doch nur noch ein Zwölfkreuzerstück darin; denn das andere war ein messingener Knopf. Dessen ungeachtet nahm er die Erlaubnis dankbar an. Denn er dachte: "Auf dem Wasser wird sich auch noch etwas erwerben lassen. Es ist ja schon mancher auf dem Rhein reich worden." Im Anfang und von dem Wirtshaus *zum Kopf* weg war man sehr gesprächig und lustig, und der Jude in seinem Winkel, und mit seinem Zwerchsack an der Achsel, den er ja nicht ablegte, mußte viel leiden, wie man's manchmal diesen Leuten macht und versündigt sich daran. Als sie aber schon weit an Hüningen und an der Schusterinsel vorbei waren, und an Märkt und an dem Isteiner Klotz und St. Veit vorbei, wurde einer nach dem andern stille und gähnten und schauten den langen Rhein hinunter, bis wieder einer anfing: "Mausche", fing er an, "weißt du nichts, daß uns die Zeit vergeht. Deine Väter müssen doch auch auf allerlei gedacht haben in der langen Wüste." — Jetzt, dachte der Jude, ist es Zeit das Schäflein zu scheren, und schlug vor, man sollte sich in der Reihe herum allerlei kuriose Fragen vorlegen, und er wolle mit Erlaubnis auch mithalten. Wer sie nicht beantworten kann, soll dem Aufgeber ein Zwölfkreuzerstück bezah-

mit ihm Wormser, Mainzer und Oppenheimer Glaubensgenossen. Rudolf von Habsburg ahnte fürchterliche Einbußen und erließ Haftbefehl. Am 8. Juli 1286 gelang es seinen Konstablern in der Lombardei, den Rabbi gefangenzunehmen. Damit brach der Exodus zusammen. Nun setzt die Kammerknechtsökonomie an. Der Rabbi wird nicht umgebracht, sondern er kommt ins Gefängnis, und Rudolf wartet. Im Jahre 1288 bieten die Juden alles auf; 20.000 Mark für die Freilassung. Der Theoretiker Meir kennt die Folgen — weitere Erpressungen — und lehnt ab. Er stirbt am 27. April 1293 im Kerker zu Ensisheim im Elsaß und wird am 7. Februar 1307 in seiner Vaterstadt Worms von der Judengemeinde bestattet.

Die Rechtslosigkeit der Juden führte dazu, daß sie, auf fremdem Gebiet angetroffen, abgeführt — wie ehemals die landlosen Hörigen — und verschenkt werden konnten. So schenkte König Ludwig 1336 dem Grafen von Sponheim 60 Judenfamilien; im Jahre drauf gestattet er dem Bischof zu Speyer, dort 6 Juden zu nutzen zur Befreiung von Stiftsschulden. Der ewige Friede, der noch im Sachsenspiegel den Juden unter dem Aspekt ihrer ewigen einträglichen Besteuerbarkeit zugestanden war, geriet durch das Ausbeutungssystem des Judenregals zu einem episodischen Rechtsschein. Mit eigener ökonomischer Erfindungsgabe geht Ludwig der Bayer ans Werk; er bestimmt einen neuen Leibzins, den goldenen Opferpfennig, den alle Juden, die über 12 Jahre alt sind und mindestens 20 Gulden Vermögen besitzen, jährlich zu zahlen haben. Die rechtshistorische Ableitung, auf einer römischen Praktik bei Vespasian fußend, ist natürlich windig; interessant aber die Auslegung des Kammerknechtsstatus. Gelegentlich einer Debatte über die Zunichteerklärung von Schuldbriefen heißt es 1343 zur Bestätigung dieser Raubmaßnahmen, er wolle natürlich darauf verzichten, "wan ir uns und daz Riche mit leib und mit gut an gehoert, und mugen da mit schaffen, tun und handeln, swaz wir wellen und wie uns gut dunchet". Karl der IV. münzt dies in eine offene Leibeigenschaftserklärung um

len, wer sie gut beantwortet, soll einen Zwölfer bekommen. Das war der ganzen Gesellschaft recht, und weil sie sich an der Dummheit oder an dem Witz des Juden zu belustigen hofften, fragte jeder in den Tag hinein, was ihm einfiel. So fragte z.B. der erste: "Wie viel weichgesottene Eier konnte der Riese Goliath nüchtern essen?" — Alle sagten, das sei nicht zu erraten und bezahlten ihre Zwölfer. Aber der Jud sagte: "Eins, denn wer ein Ei gegessen hat, ißt das zweite nimmer nüchtern." Der Zwölfer war gewonnen.
Der andere dachte: Wart Jude, ich will dich aus dem Neuen Testament fragen, so soll mir dein Zwölfer nicht entgehen. "Warum hat der Apostel Paulus den zweiten Brief an die Korinther geschrieben?" Der Jud sagte: "Er wird nicht bei ihnen gewesen sein, sonst hätt er's ihnen mündlich sagen können." Wieder ein Zwölfer.
Als der dritte sah, daß der Jude in der Bibel so gut beschlagen sei, fing er's auf eine andere Art an: "Wer zieht sein Geschäft in die Länge, und wird doch zu rechter Zeit fertig?" Der Jud sagte: "Der Seiler, wenn er fleißig ist."
Der vierte: "Wer bekommt noch Geld dazu, und läßt sich dafür bezahlen, wenn er den Leuten etwas weiß macht?" Der Jud sagte: "Der Bleicher."
Unterdessen näherte man sich einem Dorf, und einer sagte: "Das ist Bamlach." Da fragte der fünfte: "In welchem Monat essen die Bamlacher am wenigsten?" Der Jud sagte: "Im Hornung, denn der hat nur 28 Tage."
Der sechste sagt: "Es sind zwei leibliche Brüder, und nur einer davon mein Vetter." Der Jud sagte: "Der Vetter ist Eures Vaters Bruder. Euer Vater

und sagt im Jahre 1347, schon in der Vorahnung größerer Pogromaussichten: "wanne wier daz von unserm kunichlichen gewalt und macht wol getun mugen, und auch all Juden mit leib und mit güt in unser kamern gehorn, und in unserm gewalt und henden sein, daz wir von unser mechtichait da mit tun und lazzen mügen, waz wir wellen." Die Klarheit dieser Aussage war für die Kammerwirtschaft sehr einträchtig; und jede Stadt und jeder Fürst nahm sich des erweiterten Regals zur Schuldentilgung mit Genugtuung an. Die Weitsicht Karls IV. erwies sich zwei Jahre darauf. Pogrome lagen in der Luft, und der Kaiser wollte sein Scherflein auch einstecken. Also verpfändete er die Frankfurter Judenschaft kurzerhand am 25. Juni 1349 an die Stadt für die Summe von 15.200 Pfund Heller, eine große Summe, und fügt vorsichtshalber noch hinzu, "währe es auch, waß Gott nicht enwölle, daß die Juden von todes wegen abgingen oder verderbet oder zerschlagen würden ...". Das Pogrom kam natürlich, die Juden steckten ihre Häuser in Brand und zerstörten dadurch wenigstens noch die Nachbarstraßen; ihr Vermögen wurde von der Stadt konfisziert.
Aus diesem schönen Brauch ließ sich einiges machen. Einmal konnte der Pöbel sengen und brennen; dadurch hatten die Patrizier wieder einen kleinen Aufschub bekommen; zweitens blieb dieser ökonomische Notanker jederzeit praktikabel.
In dieser Doppelschlächtigkeit ging Karl IV. in Nürnberg 1349 zu Wege. Die Zünfte hatten die Patrizier vorübergehend vertrieben, die Kämmereikasse war bald leer. Was machen? Der Chronist Meisterlein:

do nun der burger des rats gut verzert was, do kerten sie sich zu einem andern raub; es warent zu mal vil reicher juden in der stat und hetten die heuser an dem flecken inne, da jetzt der Markt ist, und ir heuser waren voll köstlicher pfant; ... auch hetten sie vil schultbrief; do fielen sie zu dem ersten in die heuser mit den haubtmennern, und solt ein ietlicher nur sein pfant

ist nicht Euer Vetter."
Ein Fisch schnellte in die Höhe, so fragt der siebente: "Welche Fische haben die Augen am nächsten beisammen?" Der Jud sagte: "Die kleinsten."
Der achte fragt: "Wie kann einer zur Sommerszeit im Schatten von Bern nach Basel reiten, wenn auch die Sonne noch so heiß scheint?" Der Jud sagt: "Wo kein Schatten ist, muß er absteigen und zu Fuße gehen."
Fragt der neunte: "Wenn einer im Winter von Basel nach Bern reitet, und hat die Handschuhe vergessen, wie muß er's angreifen, daß es ihn nicht an die Hand friert?" Der Jud sagt: "Er muß aus der Hand eine Faust machen."
Fragt der zehnte: "Warum schlüpfet der Küfer in die Fässer?" Der Jud sagt: "Wenn die Fässer Türen hätten, könnte er aufrecht hineingehen."
Nun war noch der eilfte übrig. Dieser fragte: "Wie können fünf Personen fünf Eier teilen, also daß jeder eins bekomme, und doch eins in der Schüssel bleibe?" Der Jude sagte: "Der letzte muß die Schüssel samt dem Ei nehmen, dann kann er es darin liegen lassen, solang er will."
Jetzt war die Reihe an ihm selber, und nun dachte er erst einen guten Fang zu machen. Mit viel Komplimenten und spitzbübischer Freundlichkeit fragte er: "Wie kann man zwei Forellen in drei Pfannen backen, also daß in jeder Pfanne eine Forelle liege." Das brachte abermals keiner heraus und einer nach dem andern gab dem Hebräer seinen Zwölfer.
Der Hausfreund hätte das Herz allen seinen Lesern, von Mailand bis nach Kopenhagen die näm-

nemen. Do sie aber sahen solichen schatz, do machten sie sackman über das unselig geschlecht und namen alles das da was; ... es ist nit glaublich, wie groß hab da gefunden ward; also hetten sie aber über ein kleine zeit zu zeren. (in: Stobbe)

Da hatten diese Burschen den Kammerknechten genommen, was des Kaisers war. Also wollte der Kaiser das abgenommene Geld von der Bürgerschaft wieder zurückhaben. Aber auch hierfür hatte er Widrigkeiten einkalkuliert und vor der Plünderung im April 1349 erwogen, "wer auch daz die vorgenanten Juden abgiengen oder vertriben" würden, der Nachlaß heranzuziehen sei.
Die Kammerknechtsökonomie verficht noch eine sehr kurzfristige Konjunkturperspektive. Man holte heraus, was gerade ging; die Juden werden schon wieder ihrerseits Mittel erfinden, um eine fürdere Besteuerbarkeit zu ermöglichen. Nun stoßen wir aber auf ein eigentümliches Vermögen von Sublimation in dieser Kammerknechtsökonomie: die unmittelbaren Extraktionsmöglichkeiten werden aufgeschoben zugunsten einer Langzeit-Perspektive. Dieses seltene Ereignis ist bei Gelegenheit der Straßburger Judenvernichtung geschehen, und dem Leser wird nicht entgehen, daß hier Vorformen frühkapitalistischer Strategiebildung — die Kartoffeln in Preußen! — auftreten. Denn als die Straßburger sich ihrer Metzeleien rühmen, bedünkt es den Kaiser, auf Bedacht zu mahnen. Er will nicht, daß weitere Städte mit dem Judenmord fortfahren, weil dadurch "der königlichen Kammer Schaden erwachse". Nicht nur diese Weitsicht ist es, die den Kaiser zu bürgerlich-ökonomischen Räsonnements bringt. In der goldenen Bulle von 1356 hatte er den Kurfürsten das Judenregal zugestanden; interessanterweise unter dem Verwertungsgesichtspunkt von Rohstoffen. Die Kurfürsten erhielten die Bergwerksnutzungsrechte auf ihren Territorien von Gold, Silber, sonstigen Metallen, Salz zugesprochen und "ebenso sollen sie Juden halten dürfen und die Einkünfte von den Zöllen erheben". Dabei haben

liche Frage aufzugeben, und wollte ein hübsches Stück Geld daran verdienen, mehr als dem Kalender, der ihm nicht viel einträgt. Denn als die eilfe verlangten, er sollte ihnen für ihr Geld das Rätsel auch auflösen, wand er sich lange bedenklich hin und her, zuckte die Achsel, drehte die Augen. "Ich bin ein armer Jud", sagte er endlich. Die andern sagten: "Was sollen diese Präambeln? Heraus mit dem Rätsel!" — "Nichts für ungut!" — war die Antwort, — "daß ich gar ein armer Jüd bin." — Endlich nach vielem Zureden, daß er die Auflösung nur heraus sagen sollte, sie wollten ihm nichts daran übelnehmen; griff er in die Tasche, nahm einen von seinen gewonnenen Zwölfern heraus, legte ihn auf das Tischlein, so im Schiffe war, und sagte: "Daß ich's auch nicht weiß. Hier ist mein Zwölfer!" Als die andern hörten, machten sie zwar große Augen, und meinten, so sei's nicht gewettet. Weil sie aber doch das Lachen selber nicht verbeißen konnten, und waren reiche und gute Leute, und der hebräische Reisegefährte hatte ihnen von Kleinen Kems bis nach Schalampi die Zeit verkürzt, so ließen sie es gelten, und der Jud hat aus dem Schiff getragen — das soll mir ein fleißiger Schüler im Kopf ausrechnen: Wieviel Gulden und Kreutzer hat der Jud aus dem Schiff getragen? Einen Zwölfer und einen messingnen Knopf hatte er schon. Eilf Zwölfer hat er mit Erraten gewonnen, eilf mit seinem eigenen Rätsel, einen hat er zurückbezahlt, und dem Schiffer 18 Kreutzer Trinkgeld entrichtet. (Johann Peter Hebel)

die Juden einen viel profitableren Nutzungswert. Um Rohstoffe zu verwerten, bedarf es der heraufkommenden Ware Arbeitskraft oder der Fronbauern, die man ernähren muß. Die Juden verwerten sich selber und legen goldne Eier.
Die vertriebenen Juden müssen also wieder zurückgelockt werden. Kaiser Karl IV. bringt Bürgernähe in dieses Geschäft und überträgt der Stadt Frankfurt, sich mit den Juden über den jährlichen Zins zu einigen. Das Privileg soll sechs Jahre währen und natürlich auch der kaiserlichen Kasse dienen. Somit war die Stadt rechtlich zum Herrn der Juden geworden, und der Kaiser hatte gleichwohl seine Einkünfte.
Der Kaiser war also ein viel besserer Ökonom als die Judenvernichter, die Ermordung seiner Kammerknechte hatte ihn um einen großen Teil seiner Einkünfte gebracht. Er war deshalb huldvoll genug gewesen, die Judenschaft nach den Vernichtungskampagnien wieder in seinen Schutz zu stellen. Die Ökonomie konnte sich in ein schmiegsames und biblisches Gewand hüllen. Was für den Chronisten umständliche Gesellschaftstheorie, war für die Herren erklärtes ökonomisches Interesse.
Auf dem Reichstag in Nürnberg 1390 gab es Querelen zwischen Fürsten und Städten. Diese wurden von den Fürsten gedrückt, die wiederum an Söldner und Vasallen verschuldet waren. Man kam zu einer den Partnern genehmen Form: die Juden, die Kammerknechte des Königs, sollten den Streit kompensieren. Die Reichsversammlung bewerkstelligte dies mittels einer allgemeinen Judenschuldentbürgung. König Wenzel verordnete die Herausgabe aller Schuldbriefe und Pfänder. Für den Limburger Apologeten der Zeitläufe sieht dies verbrämter aus, wenngleich das Ergebnis der Aktion in schöner Angemessenheit gefaßt ist:

Item da man schrieb tausend dreihundert und einundneunzig Jahr, da hatte Wenzelaus, römischer König und König zu Beheimen, große Ungnade auf alle Juden in deutschen Landen; und das war darum, daß die Juden gaben ihm nit seinen Tribut und seinen Jahreszins. Sein Jahres-

Es war 11 Uhr, als wir in die Judengasse traten, und wir hatten den Sabbatvormittag gewählt, als die Zeit, wo sich alles darin in der größten Herrlichkeit zeigt. Am Eingange der Straße war ein Adler hingepflanzt, sonst das Symbol der Freiheit und Hochherzigkeit, hier ein Zeichen der Knechtschaft und der Schwäche. Es ist ein kaiserlicher Adler, den die Juden als Denkmal ihrer Dankbarkeit für den Deutschen Kaiser hingesetzt hatten, weil er sie so oft gegen die Wut der Frankfurter Bürgerschaft in Schutz genommen. Vor uns eine lange unabsehbare Gasse, neben uns grade soviel Raum, um den Trost zu behalten, daß wir umkehren könnten, sobald uns die Lust dazu ankäme. Über uns ist nicht mehr Himmel, als die Sonne bedarf, um ihre Scheibe daran auszubreiten; man sieht keinen Himmel, man sieht nichts als Sonne. Ein übler Geruch steigt überall herauf, und das Tuch, das uns vor Verpestung sichert, dient auch dazu eine Träne des Mitleids aufzufangen oder ein Lächeln der Schadenfreude zu verbergen dem Blicke der lauernden Juden. Mühsam durch den Kot watend dient der verzögerte Gang dazu, unsrer Beschauung die nötige Muße zu verschaffen. Scheu und behutsam wird der Fuß aufgesetzt, damit er keine Kinder zertrete. Diese schwimmen in der Gosse herum, sie kreuchen im Kote umher, unzählig wie ein Gewürm von der Sonne Kraft dem Miste ausgebrütet. Wer gönnte nicht den armen Knaben ihre kleine Lust? Haben sie doch keinen Hofraum, kein Gärtchen im Innern des Hauses, wo sie ihre kindlichen Spiele ausüben könnten. Wohl, wenn der Kindheit Spiel das Vorbild ist von des Lebens Ernst, dann muß die Wiege dieser Kinder das Grab sein alles Mutes, aller Hochherzigkeit, aller Freundschaft und jeder Lebensfreude. Fürchtet ihr, die turmhohen Häuser möchten einstürzen über uns? O fürchtet nichts! Sie sind wohl befestigt, die Käfige der beschnittenen Vögel, gestützt auf den Grundstein der ewigen Bosheit, gut

zins. Sein Jahreszins ist von jeglichem Juden, der da ist über dreizehn Jahr, der ein Mann ist, alle Jahr einen Gulden. Und schrieb und gebot er den Fürsten, Grafen und Herren und auch den Städten, daß man den Juden, die unter ihnen gesessen wären, keinen Wucher gegeben, den sollte er abschlagen an dem Hauptgelde. Welch Jude das nit tun wollte, dem sollte man garnichts geben. Und wie das kam, den Juden ward lützel und wenig Geldes, und gaben ihre Briefe gar sehr wider, also daß sie mehr denn halber arm wurden, und mannig Ritter und Knecht und Burger auf dem Rheine, auf der Moseln und anderswo wurden selig und blieben in großer Nahrung. (Limburger Chronik, 44)

Durch die Weitergabe des Judenregals konnten die kleineren Herren umstandsloser ihre eigenen Geschäfte betreiben. Als der Mainzer Erzbischof Adolf von Nassau mit seinen Schulden nicht mehr aus noch ein wußte, gewährte er seinen Juden die Huld, ihm ein Geldgeschenk zu machen. Dafür befreite er sie 1384 vom Würfelzoll, einer der vielen Erfindungen der Kammerknechtsökonomie. Dieser eigentümliche Zoll war an den Zollstätten des Erzbistums in Form einiger Würfel als Geleitzoll zu entrichten. Der Würfelzoll hielt den Juden das Verbrechen ihrer Vorfahren vor Augen, die im Christi Rock zu würfeln sich angemaßt hatten.
Dieser Erfindungsreichtum trieb unzählige Blüten. Bei Anwesenheit des Kaisers mußten die Frankfurter Juden das Pergament stellen für die Kanzlei, Bettzeug für den Hof, Kessel für die Küche, Beamte finanzieren und so fort; ähnliches galt für Nürnberg. Bei Abreisen des Kaisers fielen die Güter den Hofbeamten zu. Ein bewährtes Mittel waren Ermordungs- und Schändungsstories von Christenkindern. Die Juden von Worms wurden im Jahre 1409 wieder einmal einer solchen Ermordung geziehen; der Rat mußte die Juden freisprechen, dennoch ließ man sich die Gelegenheit nicht entgehen, einen Teil ihres Vermögens zu konfiszieren. Welche Ge-

gemauert von den emsigen Händen der Habsucht, geleimt mit dem Schweiße der gefolterten Sklaven. Zaget nicht, sie stehen fest und fallen nimmer. — Von oben, unweit den Sternen, schaute ein schönes Mädchen herab: unsre Cousine ist's, kommt, wir wollen ihr ein Sträußchen bringen. Aber, lieben Leute, unser Onkel liebt die strengste Etikette, ihr müßt euch bücken, noch ehe ihr ins Haus tretet. Wir bückten uns und traten hinein. Kaum waren wir einige Schritte fortgegangen, so erlosch das Tageslicht hinter uns; grause Finsternis breitete sich aus; wir bebten. O Pharao, Pharao, wie konntest du zehn Tage lang solche Plage ertragen und doch die Juden nicht ziehen lassen! Wir wollten umkehren, aber zu spät. Der Weltgegend unkundig, kamen wir statt zurück immer weiter vor. Der Gang war eng, und der Kopf wurde derb gezeichnet, wenn er, seiner Phantasie folgend, nach rechts oder links ausweichen wollte. Endlich gelangten wir an einer Treppe. Wir stiegen unzählige Stufen hinauf, bis endlich einige Lichtstrahlen uns die Hoffnung gaben, daß die Visitenstube unsrer Kusine nicht fern sein dürfte. Wir machten wirklich ein Stübchen ausfindig, das von einer Lamper erhellt war, mit dessen Licht einige kümmerliche Sonnenstrahlen in einem lächerlichen Kampf begriffen waren. Das Zimmer nämlich ward vom Schornstein des gegenüberstehenden Hauses zugleich beräuchert und verfinstert. Ein altes Mütterchen belehrte uns, daß wir falsch gegangen wären und daß unsre Kusine gar nicht hier wohnte. Wir beteuerten, die Mamsell hätte oben aus dem Fenster herausgesehen. Es war auch wirklich so; aber die Türe, die unter diesem Fenster lag, führte in ein ganz anderes Haus. So sehr sind die Häuser wegen Mangel an Raum ineinandergefügt und -geschoben, daß Fenster und Türe, die vertikal übereinanderstehen, zu zwei verschiedenen Häusern gehören, die zwanzig Schritte weit auseinanderliegen. (Ludwig Börne, 1808)

schicklichkeit im Überleben, so wird der Leser sicher folgern, müssen die Juden entwickeln, um sich durchzuschlagen! Manche laufen ihnen noch diese Überlebenskunst ab, denn wie das Sprichwort sagt, es gehören neun Juden dazu, um einen Baseler und neun Baseler, um einen Genfer zu betrügen. Aber auch hier lassen sich, wie wir sehen werden, Fortschritte nachweisen.

Mit König Wenzel beginnt ein neues Kapitel in der Kammerknechtsökonomie: die systematische Beraubung in großem Stile durch Schuldbriefaufkündigung und Allgemeinbesteuerung. Die Erklärung zur Rückgabeverordnung aller Schuldbriefe war denkbar vulgärmaterialistisch, belegt aber aufs Schönste die immensen Ausbeutungspotentiale, die das zusammengehauene Judenvölkchen bot — Fürsten und Herren, so gab Wenzel an, müßten sonst landesflüchtig werden aufgrund ihrer Schulden. Und diese Landflucht schade dem Reich.

Aus der Freiheit der karolingischen Kammerknechtschaft hat sich somit die Verkehrung in persönliche Unfreiheit vollzogen. In einer Rechtsbelehrung aus dem Oberhof zu Magdeburg heißt es gegen Ende des 14. Jahrhunderts: "Unter den Fürsten haben die Juden keinerlei Recht außer dem, das ihnen die Fürsten geben oder setzen." Selbst ihr Leben kann ihnen jederzeit genommen werden, wenn nicht, so müssen sie dafür bezahlen, — so die Urkunde des Markgrafen Albrecht von Brandenburg aus dem Jahre 1462:

dann so ein yeder Romischer konig oder kayser gekrönet wird, mag er den Juden allenthalben im Rich alle ir gut nemen, darzu ir leben, und sie tödten, bis auf ein anzal, der lutzel sein soll, zu einer gedechtnus zu enthalten, des hat die gemain Judischait im Reich Teutscher land freyheit behalten, das sie sulcher beswerd halben mit dem drittentail Irs guts hinfür einem yeglichen kayser zu geben verpenet sind, damit ir leib, leben und ander ir gut auf das mal zu lößen.

Vom großen Handel abgedrängt, mußten sich die Juden im Geldgeschäft versuchen; als hierdurch die christliche Konkurrenz, von ganz anderen Rechtsverhältnissen getragen, leichterdings überrumpelt werden konnte, war das vielen Christen selber ein Graus. Denn der Christenwucher war bei weitem schlimmer als der jüdische. Im "Narrenschiff" klagt Sebastian Brant:

Der Juden Zins war leidlich genug. / Aber sie können nicht mehr bleiben, / Die Christenjuden sie vertreiben, / Die mit dem Judenspieß selbst rennen.

Zum selben Räsonnement kommt auch der Eisenacher Stadtschreiber Johann Purgoldt Anfang des 16. Jahrhunderts:

Nhu ist ir ordnung aber anders geschickt, da sye zcu lande nicht magen eygens gehabe, nach erbliche guter besitzen, wan man yn des nicht statet, und hetten sye dye, so gesche yn von den luten schade darzcu; erbeiten sye dye hantwerge, des ledin dye zeunfte und hantwercksmeyster nicht, und musten irer geselschaft enperen, und dye lißen sy nicht arbeyten; triben sy dan kaufmanschaft, so konst nymant gerne weder sye. Und darumb so musen sye wuchern, und dit ist ir behelffen; aber dye cristenn wucherer haben kein behelffen, wan es ist ir girheit und ir vorzcwifelte bosheit.

So geht das Geldgeschäft zurück; es bleiben Pfandgüter, die als Waren verkauft werden. Hierbei sind die Juden namentlich durch das alte Hehlerrecht mit einigen Vorteilen versehen, die bis in die Räuberzeiten die Gegenökonomie prägen. Denn der Handel mit Neuwaren gerät in Konkurrenz zu den Zünften; so verbietet eine Kürschnerordnung aus dem Jahre 1442 den Juden, mit neuem Werk zu handeln. Doch vermögen sich die jüdischen Handwerker zwischen den Zünften gelegentlich einzurichten. Hierbei war die "Gesellenfrage" förderlich; die beschränkten Zunftstellen für Gesellen ermöglichten es den Juden, Gesellen über die Zünfte hinweg anzustellen. Besonders erhielt das jüdische Tuchhandwerk hierdurch seine Bedeutung. Der wirtschaftliche und rechtliche Niedergang der Judengemeinden war freilich von den Juden selber nicht mehr aufzuhalten. Die Ausbeutungsmethoden mittels Rohstoffen hatten die Kammerknechtsökonomie nicht gefördert. König Ruprecht mußte, um Auswanderungen zu verhindern, außergewöhnliche Besteuerungen verbieten. Mit Kaiser Sigismund werden solche Praktiken jedoch wieder hoffähig. Dieser Kaiser war ein außerordentlicher Ökonom. Bei Gelegenheit des Konstanzer Konzils — das sich mit der Einheit der Kirche Zeit nahm, zumal die Zahl der Huren die der Kirchenmänner weit übertraf — ließ er sich die Juden zur Finanzierung einfallen und erpreßte enorme Summen. Wie immer bei Disziplinierungsmaßnahmen im Hinblick auf bessere Exploitationsmöglichkeiten wurden Volkszählungen durchgeführt, um Hab und Gut zu notieren für den dritten Pfennig, den dritten Teil der Habe. Die Juden von Nürnberg und Köln mußten 12.000 Gulden aufbringen. Die Juden von Worms hatten 1.500 Gulden geboten, wurden aber abgewiesen, der Kaiser wollte den dritten Pfennig. So auch von den Mainzern. Die Frankfurter wollten gegen

Juden erhalten den päpstlichen Segen

Mehrzahlung vom dritten Pfennig freikommen. Am 14. Dezember forderte der Kaiser — nach der Volkszählung — den dritten Teil der Habe ein. Den Mainzern war es zuviel geworden, und sie beschlossen auszuwandern. Man setzte sie kurzerhand gefangen. 1423 wurde den Juden eine Hussitensteuer auferlegt zur Finanzierung der Kriegszüge gegen diese Glaubensleute. Dann drohte Sigismund, 1431, mit einer allgemeinen Schuldentilgung und erpreßte hierdurch neue Abgaben; 1433 schloß seine Krönungssteuer an. Durch dicse unausgesetzten Besteuerungen wurden viele Judengemeinden vertrieben, die Speyerer und Mainzer verließen die alten Stätten jüdischer Kultur; das traditionsreiche Worms wurde bedeutungslos. Fortan gab es nicht mehr viel zu besteuern. Friedrich III. erbat sich im Jahre 1480 für die Juden Regensburgs aus, man solle sie gefälligst für fünf Jahre sich erholen lassen, damit der Kaiser ihnen dann die Summe von 10.000 Gulden abzwacken könne. Maximilian mußten die Juden goldene Eier bringen, und der Herr König scherzte dabei, daß man Hühner mit solchen Eiern nicht fliegen lassen, sondern festhalten müsse. Doch mit der christlichen Ausbeutung geht es bergab. Die Grenzen der Kammerknechtsökonomie sind durch diese selber erreicht worden. Die Frankfurter Juden waren derart verarmt, daß sie ihre Steuern nicht mehr aufbringen konnten und 1633 gegen hohe Zinsen bei Christen eine Anleihe von 18.000 Gulden aufnehmen mußten, die bis

Kriegsausgang noch nicht bezahlt war. 1649 erfolgte eine nochmalige Anleihe von 19.000 Gulden. Die fortgesetzten Ausbeutungspraktiken der Kammerknechtsökonomie hatte die jüdischen Gemeinden dezimiert, viele aufgelöst, die jüdischen Wissenschaften und ihre hohen Schulen zerstört; die Juden mußten bei anderen Überlebenskünsten außerhalb der Stadttore Zuflucht suchen.
Die Kammerknechtschaft ging zu geringen Maßen in die Hofjudenzivilisation über; das niedere Volk mußte sich mit dem Vagantenleben und den Formen des Bettels bescheiden. Die alten Wissenschaften der Juden wurden zwar in die Gegengesellschaft mitgenommen, doch auch da wiederum war nur kärgliches Hegen möglich. Denn schon 1634 hat sich die Hamburger Bürgerschaft in der Einübung frühkapitalistisch-bürgerlicher Rationalität geprüft und das Doktorgewerbe der Juden ins Unehrliche gezogen; allen "Landstreichern, Juden und Weibern, so sich des Curierens unterfangen, solch Handwerk zu legen", wurde angeordnet. Davon haben die christlichen Wissenschaften wenig gewonnen; die materielle Kultur der niederen Klassen dagegen bekam Jahrhunderte überliefert. Die Wissenschaften der Juden verbanden sich mit der Populärkultur der christlichen Gegengesellschaft auf den großen Bettlerstrichen, gaben sich weiter in den Ghettos und Gaunertreffpunkten. Die Kammerknechtsökonomie selbst wollten einige Buschklepper weiterbetreiben, bis hin zur SA. So hat Meister Franz im Jahre 1602 den Büttner und Landsknecht Lienhardt Kopp mit dem Schwert gerichtet. Neben anderen Mordtaten hatte dieser "den Juden, der Mennlein genannt, umb seiner huren der Zech halber erstochen". Die Moselbande hatte, wie auch die Schinderhannesgetreuen, sich noch einmal in den Niederungen der alten Besteuerungsformen versucht und ihre eigenen Contributionstitel den Juden vorgeschrieben. Aber die meisten Juden waren zu arm, diese Sätze zu entrichten, und so machte dieses Gesindel beim Bauern weiter, dessen Beschützer zu sein es vorgegeben hatte.

Nun folgten die Räubereyen schnell aufeinander. Zu Lauffersweiler, Offenbach, Merxheim, Ulmet, Södern, Lettweiler, und andern Orten, ward mit gleichem Glücke geplündert. Die Juden schickten ordentliche Gesandtschaften an den Schinderhannes ab, um sich mit ihm abzufinden. Die Bande breitete sich bis tief in die Departemente von der Saar und vom Donnersberge aus. Auffallend war der Aufenthalt von Schinderhannes zu Meddersheim, im Canton Meissenheim. Dort ging er eine ganze Woche lang am hellen Tage, und beorderte die in dieser Gegend wohnenden Juden zu sich. Unter andern kam auch ein solcher Befehl an den reichen Handelsmann Isac Herz zu Sobernheim, um zur bestimmten Stunde zu Meddersheim, in dem Hause des Jacob Hexamer zu erscheinen, und sich dort vor Schinderhannes zu verantworten. Isac Herz erschien an dem bestimmten Tage zur Mittagszeit. Unten an der Thüre des Hauses stand eine bewaffnete Schildwache, die den Juden empfieng, und die Treppe hinauf führte. Oben stand eine zweyte Schildwache, die den Juden in das Audienz-Zimmer des Räubers geleitete, der unter Gewehren und mit einem Perspectiv in der Hand, neben seiner Frau saß, und prächtig gekleidet war. "Warum, fuhr der Räuber den zitternden Hebräer an, warum gehst du immer in Begleitung von Gendarmen? das wird dir wenig helfen, denn es wird nur von mir abhängen, dich aus ihrer Mitte herauszuschießen." Isac Herz machte Entschuldigungen, zahlte

"Der Taschenspieler"

sechs Kronenthaler für die Audienz, und ward wieder auf die nämliche Weise zurückgeführt, wie er gekommen war. (Becker, 1804)

Der Antisemitismus der Schinderhannesbande war die Verlängerung von 800 Jahren Kammerknechtsökonomie, d.h. der maximalen Herauspressung von Judensteuern. Diese hatte extreme jüdische Handelstätigkeit erfordert, die durch bezahlte Privilegien geschützt war, bis eine Schuldentilgung das Gröbste von den Herrschaften abwendete. Von unten kommen Pogrome gegen die durch Privilegien geschützten Juden; von oben Schuldentilgungen. So konnten die niederen Klassen soziale Revoltformen gegen die Juden wenden, statt gegen die Patrizier und Feudalen. Diese wiederum wurden vom Kaiser ausgenommen und verschuldeten sich an die Juden, deren Einnahmen wiederum von der Kammer abgepreßt wurden. Die Schuldentilgungen vereinigten die Stände untereinander, jeder bekam sein Stück aus dem jüdischen Säckel. Die jederzeit drohenden Pogrome erhöhten die Abgabekapazität der Juden ebenso wie die Schuldentilgungsandrohungen. In diesem Kreislauf gab es nur den Exodus der Verkehrung. Die Kammerknechtsökonomie hatte ihre Schuldigkeit getan. Die zerstreuten Landfahrer, Viehhändler, Trödler, Doktoren und Gauner müssen sich selbst eine Ökonomie ohne Negativprivilegien produzieren: die Gaunerwirtschaft. Sie ist allerdings nicht darstellbar ohne die Verfolgungen, welche die Hebräer über die Jahrhunderte haben erdulden, wegdenken und verkehren müssen.

Die deutsche Geschichte hat sich besonders durch die Einübung von Gewalt hervorgetan. Als es für die Lehensherren und Ritter keine Machtgebiete nach außen mehr zu gewinnen gab, steigerte sich die Unterdrückung nach innen. Mit der Hörigkeit der Bauern unter den Karolingern beginnt die Subgeschichte des Prozesses der Zivilisation. Die großen Wanderstraßen der Bettler und Fahrenden bestimmen das Leben der von den Höfen vertriebenen Leute.

Das fahrende Volk gehört zum Mittelalter. Auf Bettelwegen über Heiligenstätten, Messen, Klöster und barmherzige Herrschaftssitze zogen die Menschen von Ort zu Ort. Auch die Scholaren zogen den Stätten der Gelehrsamkeit nach, zumeist in die terra aliena, ins Exil. Vagierende Kleriker gehörten ebenso zu den Landfahrern oder Landstreichern wie Musiker, Wunderdoktoren, Juden und Pilger. Schon 806 wird in den Kapitularien von den Königstreuen gefordert, ihre Armen zur Arbeit anzuhalten, um den fahrenden Bettel zu verhindern. Zugleich aber hatte die Gerichtsbarkeit Karls des Großen den Bauernstand zur Leibeigenschaft verurteilt; es gab keinen Ausweg aus dem Teufelskreis. Landfahren gehörte zum Alltag.

Sobald dann der Kampf gegen die erste Natur, die Rodung des Waldes, vorläufig beendet war, wurden Rodungsverbote — im dreizehnten Jahrhundert — aufgestellt, die vorrangig der Beförderung der herrschaftlichen Jagdinteressen als Präsentation von Herrschaft überhaupt dienten. So wurden Baumschäler durch Herausreißen des Darmes bestraft; in der Elbermark bei Fritzlar soll man den, der Bäume schält, mit dem Nabel in den gespaltenen Baum tun und ihn solange um den Baum treiben, daß er ihn mit seinem Gedärm umbinde. Ochsen legen sich hin und sterben, wenn sie übers erträgliche Maß ausgepeitscht werden; die Menschen ließen und lassen sich unterdrücken, Gewalt in sich einüben, — gegenüber jenem absoluten Limit der Ochsen ist ihre Leidensfähigkeit ein Lernprozeß immer neuer Expansionsmöglichkeiten. So kam es, daß in vielen Landstrichen die Ritter sich einen Spaß daraus machen konnten, möglichst viele Leute zu verkrüppeln. Dies war ein Zeichen von Macht. Es gab Klöster, in denen Hunderte von Männern und Frauen zubrachten, denen die Ritter die Hände abgehackt oder die Augen ausgedrückt, Brüste abgehauen und Nägel ausgerissen hatten. Dies machte sie arbeitsunfähig und behinderte die Kampfkraft des Nachbarn und Konkurrenten. In diesem Kontext entwickelten sich die besonderen Verfolgungen der Juden.

Bei Karl dem Großen erhielt der Vornehmste in jeder Judengemeinde dreimal im Jahr an den Kirchentüren eine Maulschelle. Noch unter Friedrich dem Großen mußten die Juden ihren Degen rechts anhängen. "Geht alles links, wie bei den Juden", sagt das Sprichwort. Deshalb erfand man für die Juden auch eine Art Teufelsmesse, bei der angeblich die Männer auf die Weiber stürzen usw., usw., Christenkinder werden geschlachtet und verbreit oder verbacken zur Kommunion.

1235 wurden in Fulda 34 Juden gefoltert und hingerichtet; fünf Christenkinder hätten sie zum Blutopfer gemacht; die Söhne eines Müllers. Des Müllers Haus war ab-

"Marter und Stäupen der Juden", 14. Jhdt., Miniatur aus dem Codex Balduini Trevirensis

gebrannt, die Kinder waren drinnen gewesen und verbrannten mit. Die Fuldaer Blutbeschuldigung weist eine besondere Merkwürdigkeit auf. Der Kaiser befand sich gerade in Hagenau, der Fall hatte Kreise gezogen. Vielleicht hatten Juden erwirkt, die Unschuld von höchster Stelle bescheinigt zu bekommen; vielleicht wollten die Fuldaer Christen die Ungeheuerlichkeit offenbaren, — jedenfalls wurden die Leichen der Knaben zum Kaiser geschickt. Der ließ sie begraben, "da sie doch zu etwas anderem nicht taugen". Die Stimmung gegen die Juden war insgesamt übel, Kreuzfahrer hatten in Fulda gelegen. Es mag sein, daß der Kaiser Schlimmes befürchtete für seine Kammerknechte, also Kammerfinanzen. So holte er sich als gewandter Kammerknechtsökonom Rat bei den Wissenschaften — in geschickter Logik für seine Sache, denn er beorderte getaufte jüdische Wissenschaftler an seinen Hof: die müßten es wissen, sie kannten die Quellen — wahrscheinlich war der Ausgang der Forschung dem Kaiser bei diesem taktischen Manöver klar gewesen. Die Juden wurden freigesprochen mit der Begründung: "Wir haben weder im alten, noch im neuen Testamente gefunden, daß die Juden danach begierig sind, Menschenblut zu trinken. Im Gegenteil heißt es ausdrücklich im Buche Genesis und im Talmud, daß sie sich vor dem Blutgenusse hüten sollen." (In: Moritz Stern, Analekten) Diesmal war der Rest der Judengemeinde gerettet und damit die Kammerknechtsökonomie. Der Kaiser wußte sich des wissenschaftlichen Ausgangs sofort zu bedienen. Als er durch Worms kam, bestätigte Friedrich II. seines Vaters Privileg an die dortigen Juden und fügte sogleich das Urteil der wissenschaftlichen Kommission hinzu. Leider sind keine Quellen bekannt über das Entgelt, das ihn zu dieser Geste bewog. Auch konnte dieser Schritt weitere Anschuldigungen und Verfolgungen nicht aufhalten; wie 1243 in Meiningen, Kitzingen und Ortenburg und so weiter bis 1712 in Frankfurt oder 1882 in Ungarn.

Ein Dekret aus dem siebzehnten Jahrhundert gegen die Blutbeschuldigung
Demnach, hiebevor sowohl als erst jüngsthin ein oder andermahl, wider die allhiesige Judenschafft einiges Geschrey ausgesprengt worden, ob hätten dieselbigen einige Christen-Kinder, ohnwissend zu was Ende, auffgefangen oder auffangen wollen, hierüber auch von gnädigster Herrschaft wegen jedesmal, sobalden etwas solches erschollen, mit allem Fleiss und Ernst inquierirt worden, ob es etwas sich dergleichen hervorthun möchte. Bey genauer Untersuchung aber, sich niemahlen das Geringst, sondern vielmehr soviel befunden, das es ein leeres und von boshafftigen Leuten erdichtetes Geschwätz gewesen, Eingangs gedachte allhiesige Judenschaft aber hierob sich wehmütig beklaget, das sie durch dergleichen falsche Inzichten, sowohl allhier im Land, als der Nachbarschafft, unschuldter Weiss, in üblen Nachruf gesetzt wurde; Als wird hiermit nicht allein allen und jeden dieses Land-Gerichts Unterthanen und Ingesessenen, die Unerfindlichkeit und Nichtigkeit dergleichen Ausstreuens zu erkennen gegeben, sondern auch alle und jede, die sich unterstehen wollten, gleiche falsche Inzichten ihnen Juden auffzubürden, oder zu melden, ernstlich verwarnet, davon nit allein abzustehen, sondern auch (wie etliche sich gelüsten lassen) der hiesigen Judenschafft sich derentwillen keinen Vorwurff zu thun, noch dergleichen ungründliches ins künftig zu erdichten, oder auszubreiten, sintemalen, da sich Jemanden betreten lassen würde, derselbige mit empfindlicher Bestraffung angesehen werden soll; wornach jeder sich zu richten, und das Fürstliche Land-Richter-Amt, auch Bürgermeister und Rath allhier, darob fleissig Obsicht zu haben.
Decretum Sultzbach im Fürstl. Hoff-Rath den 16. Juli 1692. (Sulzbach, Bilder)

Als 1298 das Gerücht auftauchte, die Juden in Röttingen in Franken hätten Hostienschändung betrieben, ging einer der adligen Kleinlumpen namens Rindfleisch ans Werk. Er gründete seine private Kreuzzugsarmee, zog brennend und betend von Franken durch Bayern bis Österreich und konnte viele tausend Opfer zählen.
Die Juden mußten diesen Verfolgungen immer wieder entfliehen und sich dem Heer der Vagierenden anschließen. Die Wanderungen wurden gefördert durch Austreibungen aus Städten wegen geringer Vergehen. Mit dem Vagieren ließ sich wiederum Geld machen, — nicht nur bei Juden. König Rudolf hatte auf dem Reichstag zu Regensburg (1281) die Spielleute und die "Lotterpfaffen mit langem Haar" (die falschen Meßpfaffen) außerhalb des Landfriedens gesetzt, sie waren damit rechtlos. Ähnlich den späteren Protektoratsgebieten für Juden in kleinen Reichsrittersprengeln zum Erwerb von "Schutzzöllen" nahmen sich einige der Herren der Fahrenden an. So kam es im 13. Jahrhundert zu einem "Königtum der fahrenden Leute im Elsaß", dem Pfeiferrecht zu Rappoltstein. Das Herrengeschlecht zu Rappoltstein erhielt vom Reich die Lehensherrlichkeit über die fahrenden Leute vom Sundgau bis Hagenau. Damit hatten die rechtlosen Vaganten und Musikanten einen ritterlichen

In den Straßen des Frankfurter Ghettos hatte ein spanischer Ritter mehrfach die schöne Sara umkreist und nahte sich ihr mit folgender Galanterie: "Ich schwöre, Senora, Ihr seid das schönste Weib, das ich im deutschen Lande gesehen habe, und so ihr gewillet seid, meine Dienste anzunehmen, so bitte ich Euch um die Gunst, Huld und Erlaubnis, mich Euren Ritter nennen zu dürfen und in Schimpf und Ernst Eure Farben zu tragen!" Ein errötender Schmerz glitt über das Antlitz der schönen Sara, und mit einem Blicke, der um so schneidender wirkt, je sanfter die Augen sind, die ihn versenden, und mit einem Tone, der um so vernichtender, je bebend weicher die Stimme, antwortete die tiefgekränkte Frau: "Edler Herr! Wenn Ihr mein Ritter sein wollt, so müßt Ihr gegen ganze Völker kämpfen, und in diesem Kampfe gibt es wenig Dank und noch weniger Ehre zu gewinnen! Und wenn Ihr gar meine Farben tragen wollt, so müßt Ihr gelbe Ringe auf Euren Mantel nähen oder eine blaugestreifte Schärpe umbinden: denn dieses sind meine Farben, die Farben meines Hauses, des Hauses, welches Israel heißt und sehr elend ist und auf den Gassen verspottet wird von den Söhnen des Glücks!" (Heine, Der Rabbi von Bacharach)

Schutzherren und eigenen Aussauger erhalten.
Die Ausbeutung hatte ihre Arbeitsteilung. Einerseits wurde mit "Schutz" Geld gemacht, andrerseits durch Gewalt. Die Gewalt war überall, alltäglich; deshalb wurde sie visibel, zum Fest gemacht. Die Extremisten der Unterdrückten mußten sich in spezielle Symboliken einleben und einkleiden. So mußten im Mittelalter Juden — auch Bettler und Scholaren — bestimmte Erkennungsfarben tragen. Das alte jüdische Quartier in Regensburg durfte ohne Tragen eines gelben Bandes nicht verlassen werden, obwohl die Juden dort seit 1097 keine Farben mehr getragen hatten. Aber mit dem 4. Lateranischen Konzil 1215 wurde die Ausgrenzung der Juden von höchster Stelle befohlen. Papst Innozenz gebot, möglicher fleischlicher Vermischungen wegen, daß Juden sich in ihrer Kleidung kenntlich machen müßten. So wurde der Judenhut verordnet; Frauen mußten Glöckchen tragen. In Nürnberg gab es einen gehörnten Hut in roter Farbe, fremde Juden mußten Gugeln tragen, bis auf den Rücken reichende Kappen. Dazu waren die Juden gehalten, alle vier Wochen ihre Bärte zu stutzen, um den Christenbärten unähnlich zu sein. Auch im Sachsenspiegel — in der Heidelberger Bilderhandschrift — sind Juden mit Spitzhüten illustriert. Diese Hüte waren ein Schandmal; der Baseler Jude, der ein Christenmädchen geküßt, mußte während dreier Tage im Halseisen seinen Judenhut tragen. Das Tragen besondrer Farben und Tücher oder Krägen stellte die jüdische Städterin in eine Rangordnung mit Buhldirnen, denen bestimmte Kleidungsstücke und Farben vorgeschrieben waren. Auch diese stoffliche Form der Alltagsgewalt bereitete die ökonomische Ausbeutung vor — machte sie allpräsent, lud ein zu Kreuzzügen für jedermann. König Wenzel, der sich in der Kammerknechtsökonomie einen pfiffigen Namen gemacht hatte, würzte seine Ausbeutungskampagnen mit den Gewaltzeichen des Alltags. Im Jahre 1386 forderte er, daß die Juden wieder in Stiefeln und Judenhüten zu gehen hätten, der Unterscheidung von Christen wegen. Vielleicht wäre es zu blöde gewesen, nur mit Hüten und Farben zu kommen; also verbot er gleich noch mit, christliche Ammen und Mägde zu halten. Tun Christinnen dennoch diese Verrichtung, dann sollen sie unter den Augen gebrandmarkt werden.
Eine Bonner Ordnung befiehlt:

Es sollen die von Uns verglaydte Juden und Judinnen / damit sie desto besser von den Christen entschieden werden können / vermög der Päbstlichen Bullen und deß Heil. Römischen Reichs Policey-Ordnung / einen gelben Ring auff der Brust allenthalben unverborgen bey zwey Goldgülden Straff / so offt sie solches unterlassen / offentlich tragen.
Sollen auch bey keinem Christen unter einem Dach wohnen / noch Christen-Säug-Ammen oder Gesind in ihrem Hauß halten / noch sich der Christlichen Mägd oder Knecht auff ihrem Sabbath gebrauchen. (In: Joesten, 1900)

1530 schließlich erläßt Karl V. eine Verfügung über die "Juden-Kleidung", "daß die Juden einen gelben Ring an dem Rock oder Kappen allenthalben zu ihrer Erkenntnis öffentlich tragen". Diese Kleiderordnungen machten natürlich auch einen ökonomischen Sinn. Als Friedrich Wilhelm I. im Jahre 1713 einen grünen Hut verordnete, gewährte er ein Jahr später den Juden die Huld, sich von dieser Vorschrift loskaufen zu können. Dann wurde wiederum verboten — vielleicht bewegt durch den hohen Anteil der Juden an der Industrialisierung Berlins —, äußerliche Unterscheidungsmerkmale zu zeigen, so durch Tragen von Bärten. Die Frankfurter Jüdinnen hatten diese Umkehrung selber in die Hand genommen. Nach dem großen Brand im Jahre 1711 — bis dahin mußten sie eckige steife Schleier mit blauen Streifen tragen — erklärten sie kurzerhand, die Schleier wären alle verbrannt.
Nach den Kreuzzügen ins Heilige Land folgten die Kreuzzüge ins Innere der Christenheit: gegen occitanische Bauern und die Juden. Beidemale gab die Religion den Vorwand. Mit der Niederschlagung der Albigenser (1218) war Südfrankreich zugleich an die Zentralregierung kolonisiert; hierzulande führten der Priester Gottschalck und der Graf von Leiningen Kreuzzüge gegen die Juden an. Daß die Juden in das hiesige Leben noch nicht sich schicken wollten, hat die Christenheit immer wieder mit großem Mißtrauen erfüllt. Ein Ruch von Revolution begleitete die Hebräer auch in die biederste Akkomodation. Brunnenvergiftung und Revolution — das waren die Ängste, die sie auslösten. Jede Katastrophe, bis in die Akkumulationskrisen des Kapitals, konnte ihnen bequem angelastet werden. Die Faschisten griffen auf Praktiken von 1000 Jahren zurück, um die kapitalistische Katastrophe zu camouflieren. Als im Jahre 1240 verbreitet wurde, die Hunnenhorden seien im Anzuge, rief diese Nachricht vorübergehend eine Kreuzfahrerstimmung hervor. Sie nach innen zu lenken war weniger mühsam, als einen unsicheren Zug gegen die mythischen Eindringlinge zu organisieren. Wilder Fanatismus machte sich gegen die Judenheit breit. In Frankfurt kämpften — so berichtet Bartholds "Geschichte der deutschen Städte und des deutschen Bürgertums" — "mitten unter der Schreckenskunde aus Schlesien, Juden und Christen wegen der Taufe eines Judenkindes blutig miteinander; der ersteren wurden 180 erschlagen; das Feuer, welchem sie die eigenen Häuser geweiht, verzehrte fast die Hälfte der Stadt (22. 5. 1241). In Trier, wo Erzbischof Dietrich III. (von 1212 - 1242) gegen die 'drei Ketzerschulen' wacker mit der Brandfackel gefochten, zeigte sich auch der junge König Konrad dem Fanatismus aus Habsucht gefällig; er versetzte 'seine gefangenen Juden' für ein Darlehen dem Propste zu Pfälzel mit aller ihrer Habe, und gab ihm das Recht (1. März 1241), nach

Belieben die Häuser und alles Gut derselben zu verkaufen, um zu Capital und Zins zu gelangen! Ähnliches duldeten die Juden, zur Strafe, weil sie Erlösung hofften, anderwärts; doch Beraubung war noch das glimpflichste Geschick."
Der Vorwurf der Hostienschändung führte 1337 zu einem Massaker an den Juden im bayerischen Deggendorf. Das Gemetzel blieb in der Erinnerung der Menschen haften, Deggendorf wurde ein Wallfahrtsort für die Christenheit; noch 1785 pilgerten 50.000 zu der dortigen Gedenkkirche. Ein wandernder Sänger gibt Kunde:

Zu Teckendorf in der stat / ain frumer purger mich da pat, / daß ich mit ihm gieng hinab / in die chirchen zu dem hailigen grab / und schawet an das große mord / das von den falschen Juden dort / am sacramente ward getan: / das müget ir gar wol verstan, / daß ich das große mord sach. / Zu dem purger ich da sprach: / "Von wann ist das sacrament / komen in der Juden hend?" / Der purger der gab antwort mir, / er sprach: "das wil ich sagen dir, / das tet ain cristenliche fraw, / die dient aim Juden gar ungetraw, / er cham mit ir in ainen chauf, / er sprach: "du in die chirchen lauf, / pring mir das sacrament, ich sag, / noch heur gein disem ostertag, / darumb ich dir vil phennig zal". / Die frau das sacrament da stal / und pracht es den falschen Juden dar, / der was so vil in ainer schar. / Die Juden giengen schier zu rat, / wie si das sacrament da pracht, / darmit triben si iren schal; / ein Jud drein stach mit ainer al / durch seinen falschen übermut, / daß man das rosenvarwe plut / herdringen sach also geschwind: / auf dem prot do stund ain kind.

Das ander zaichen tut mir zorn: / ain Jud mit ainem hagedorn / der wolt sein poshait da ergetzen; / das sacrament wolt er zercretzen: / wie vast er auf dem prote straich, das kind vom prote doch nit waich.

Das dritte zaichen ungeheur: / ain ofen haiß mit ainem feur / dar ein legt man das sacrament: / es plaib vom feur doch unverprent. / Got, der al dise welt behalt, / dem schadet weder haiß noch kalt!

Zum funften mal tu ich euch chund, / ain Jud legt es in seinen mund, / das sacrament, die himelspeis: / got in aines kinleins weis / von dem prote stund hindan, / das macht des falschen Juden pan.

Zu aim sechsten ich euch peschaid: / Maria cham mit großem laid, / si sprach: "ir falschen Juden plind, / wie martert ir mein liebes chind!" / Mit ir so cham der engel schar, / ain liecht vil lauter und auch klar; / der Juden mord das prach da auß. / Ain wachter gieng da fur das haus, / er hort von Maria große klag / die lange nacht piß an den tag. / Der wachter der gieng also drat / und saget es den herren in dem rat; / die herren giengen mit im dar, / der Juden mord wurden si gewar.

Zum sibenten male ward gestift: / der Juden ketzerliches gift / legten si all in di prunnen; / in wen die gift ward geslunden, / der viel und starb den jachen tod. / Es was fürwar ein kläglich not / in der stat und auf dem land!

Zum achten tun ich euch bekant: / funfzig man zur selben stund / die swuren zusamen ainen pund / auf des hailigen kreuzes schild: / do sach man naigen sich das pild. / Zu Schäching in der kirchen schon / da ward der selbig aid getan. / Auß den funfzigen ainer sprach: / "nun merket eben dise sach, / was ich euch hie mit worten deut: / wenn man zu sant Mertein leut, / so solt ir alle sein berait / uber die falsche Judischait."

Das beschach an ainem morgen fru, / die tor die spert man alle zu. / Her Hartman vom Degenberg genant, / pfleger der stat und auf dem land, / da der die mere wol vernam, / wie pald er an die stat kam. / Er sprach: "ir purger, nu lat mich ein, / ich wil euch geholfen sein!" / Der pfleger kom mit seinem her, / die Juden sazten sich zu wer, / doch sigte man den Juden an, / paide frawen und auch man. / Do man der Juden haus verprant, / das neunte zaichen ward bekant: / das sacrament kom geflogen / auß dem feur gar unbetrogen, / daß es ob den leuten schwebet. / Ain alter smid an sunde lebet, / der sprach: "Herr, mag es gesein, / so setz dich auf den pelz mein! / Er viel auch nider auf seine knie: / das sacrament sich nider lie / dem smide da in seinen schoß; / das was das zehent zaichen groß. / Die wirdig priesterschaft kom dar, / auch sunst leut ain große schar.

Zu dem ainleften tu ich kund: / ain briester jung an alle sund / der was erst zu priester worden / zu nidern Altaich in Benedicten orden, / der pot uber sich sein hend, / darein ließ sich das sacrament, — / er noch in seinen dreißig messen was, — / ... stückt als ich es las.

Sunst sind auch zaichen vil geschehen: / etlich plinde worden gesehen, / etlich lam die worden gerecht, / etlich krumbe worden geschecht, / das alles vermag die gotes kraft. / Lob hob die wirdig priesterschaft, / daß si mit worten in ain prot / pringen her den zarten got, / darauß get sel und auch der leib.

In alle land ich das verschreib, / dise zaichen wol bechat, / die geschehen sind in Pairen land / zu Teckendorf zum hailigen grab. / Wer cristenlichen gelauben hab, / der schawe dise zaichen an, / als ich es gesehen han. / Si sind geschehen offenbar / nach Christ geburd dreizehen hundert jar / und siben und dreißig da pei. / Got laß uns aller sunden frei! (In: Liliencron)

Wiederum gehört es zu den Schönheiten der Kammerknechtsökonomie, daß bei diesen heiligen Kriegen die Interessen klar bleiben. Der Herzog Heinrich von Bayern-Landshut gestattete den Hostienrächern, alles zu behalten, was sie den Juden genommen und in Schuld hatten; dafür allerdings, daß sie seine Juden verbrannt hatten, vergab er ihnen — gegen Erstattung einer Geldsumme.

Im Jahre 1348 waren die Katastrophen mit Händen zu greifen. Das Meer flutete über, Erdbeben auf Cypern ließen giftige Dünste frei, an denen die Einwohner zugrundegingen; ein riechender Nebel sei von Osten gekommen, sagen die deutschen Quellen, Heuschreckenschwärme verfinsterten die Luft. Vom Osten her, über Cypern, brach die Pest ein. Dies wurde sogleich mit jüdischen Brunnenvergiftungen zusammengebracht, vielleicht weil das Terrain schon vorbereitet war durch "König Armleder", einen sendungsbewußten Killer, der im Elsaß gegen die jüdische Bevöl-

"Judenverbrennung", Holzschnitt von Michael Wohlgemuth aus Hartmann Schedels Weltchronik, 1493

kerung Krieg machte. Er schien auch damit Erfolg zu haben, denn nur in Freiburg und Straßburg erhielten die Juden einen Schutzbrief für fünf Jahre ausgestellt. In Freiburg besann man sich dann anders und sperrte die Juden 1349 zusammen, wie auch in Basel, und verbrannte sie. In Straßburg hieß es, der Rat sei von Juden bestochen, der ließ das nicht auf sich sitzen — also ging es auch hier los. Die jüdischen Gemeinden von Speyer, Worms, Offenburg und Köln setzten ihre Häuser in Brand und zogen den Selbsttot vor. Überschlagen der Flammen auf die christlichen Häuser, sowie vor allem die Zerstörung des möglichen Beutegutes entflammte wiederum die Christenheit.

Zur "Befriedigung des halb religiösen, halb bürgerlichen Hasses" ging man in Straßburg vor, "indem man die in ihre Gasse eingesperrten Juden am 14. Februar in einen hölzernen Bau, über den Gebeinen ihrer Väter errichtet, der jetzigen 'Brandgasse' zusammenschleppt und ihrer Zweitausend dem qualvollen Tode preis gab ... Schuldverschreibung und Pfandbriefe bleiben natürlich erloschen; das vorgefundene bare Geld vertheilte der Rath an die Handwerker." (Barthold)

Dazu kamen noch die "Geißelbrüder" durchs Land gezogen. Die "Detmar-Chronik" nennt sie "hauptlose Leute", da sie sich keiner Autorität unterstellten:

"Auch hatten die selben hauptlosen Leute zu Köln an dem Rheine die Juden totgeschlagen und in anderen guten Städten Pfaffen und gute Leute geschlagen ..." Im Jahre 1350 gab es ertragreiche Ernte. Die Limburger Chronik berichtet von einer guten Zeit, von Früchten und von Wein. Das war aber nicht genug für die Kassen, denn es heißt weiter:

Item in dem selben Jahr Julileo, da das Sterben aufhörte, da wurden die Juden gemeinlich in diesen deutschen Landen erschlagen und verbrannt. Das taten die Fürsten, Grafen, Herren und Städte, ohn allein der Herzoge von Österreich, der erhielt seine Juden. Und gab man den Juden Schuld, daß sie den Christenleuten Gift gegeben hätten, um daß sie also sehr gestorben waren. Da ward ihr Fluchen wahr, das sie sich selbst sich getan hatten auf den heiligen Karfreitag, als man in der Passion lieset: Sanguis eius super nos et super filios nostros. Das bedeutet also: Sein Blut geh über uns und über unsre Kinder.

Dieses Fluchen hat für den Limburger Chronisten materielle Gewalt verkörpert, denn "Item das man schrieb tausend dreihundert und neunundachtzig Jahr", so notiert der Chronist weiter:

In der Karwochen vor Ostern, da wurden die Juden zu Prag in Beheimen erschlagen und ermordt von der Stadt und von den gemeinen Bürgern daselbst, also daß der Juden tot bleiben beinah um hundert Hausgesäß. Das kam also, daß ein Priester trug das heilige Sakrament und sollte einen Christenmenschen bereiten nit fern von der Juden Gassen. Da ward von einem Juden ein klein Steinischen geworfen auf die Monsdranzien. Das sahen die Christen. Da ward ein Gerufe und ein Geschrei über die Juden, daß sie schmählich tot blieben.

Ein Sänger namens Fritz Fellhainer hat sich der Austreibung der Juden aus Passau, 1478, angenommen — wieder sollen die Juden eine Hostie geschändet haben. Einige Partikel davon — ein erstaunenswerter Internationalismus in diesen Zeiten — sollen sie den Juden nach Prag, Neustadt und Salzburg geschickt haben. Die Juden werfen die Überreste schließlich in einen Ofen, zwei Tauben fliegen heraus, dann zwei Engel, daß es den Juden ganz turmisch (schwindlig) wird.

Mein gnediger Herr in Passaw stat / und auch der ersame weise rat / die ließen zechen Juden verprennen; / die vier haben si under in bekert, / die richt man von erst wol mit dem schwert, / si teten den gelauben erkennen.

An dem end, da der ofen stat, / da man das hochwirdig sacrament geworfen hat, / da tut man ain schons gotshaus zu pawen; / vil säliger mess werden verpracht / und loblicher ampt mit großer andacht / dem leiden gots und unser lieben frawen.

Nu merkt, vil zaichen sind geschechen; / ain krümper der ist worden gerechen, / ist siben jar auf krücken gangen. / Got behut die herren und den weisen rat! / Die Juden wurden triben all auß der stat, / dapei sechs und vierzig haben die tauf empfangen.

Nun merkt fürpaß in meinem gedicht: / zu Schärding hat man ainen gericht, / der hat verkauft sein kindlein ain knaben gut / den Juden gein Passaw in ir stat, / Veigl Jud im das bezalet hat, / zwelf schilling umb unschuldigs plut.

Nun merkt, ir frumen kristen gut, / das uns got zu ainem peispil tut / umb unser sünd und schulde; / daran gedenkt, ir frawen und ir man, / lat euch das übel zu herzen gan, / daß wir erwerben gotes hulde! / (Liliencron, Bd. 2)

Die Gewalt hat für die Herrschenden immer auch ihre festlichen Seiten, durch die sie den Untertanen ostentativ eingebläut wird — was sie alltäglich auszuhalten haben, verzuckert sich in der freiwilligen Knechtschaft zum Fest. Der literarische Kitsch hat sich diese Möglichkeiten des Profits über Bornierung angeeignet, von den Gebetsbüchlein über herrschaftliche Schauergeschichten, dem Tod des Dienstmädchen in der Moldau oder der üblichen Entjungferung der Tochter der Plätterin durch den Gardeleutnant im Groschenheftchen. Jeder Sennerin ihren Kaiser auf der Kuhalm. Wer in Zürich mit einem Juden buhlt, wird verbrannt. Ein Christenmädchen mußte 1378 in Konstanz mit Judenhut im Karren durch die Stadt ziehen, der unglückliche Vater bezahlte 100 Pfund für den Frevel. In Frankfurt kostete einen Juden der Beischlaf mit einer Christin im Jahre 1389 1000 Gulden. Im Jahre 1416 werden daselbst wegen des nämlichen Vergehens zwei Juden gebrandmarkt und aus der Stadt mit Ruten gepeitscht. In Prag ist die Sache klar benannt — Vermögenskonfiskation. In Mainz, 1422, schneidet man dem Juden sein "Ding" ab und sticht ihm ein Auge aus. Die Quintessenz des Unternehmens: die Strafe kann mit Geld abgelöst werden. Meister Franz, Scharfrichter zu Nürnberg, zeichnet in seinem Tagebuch die Bestrafung des Wollüstlings Kühnhardt auf.

Julius Kühnhardt, ein getaufter Jude, aus den Landt hessen, welchen der Bischoff zu Wirtzburg, Julius Echter, und Graff Conradt von Schwartzenburg aus der tauff erhoben, und Anna Maria Schwerdtmännin von Weyßman ein gemeine hur, so ein huren Kind tragen, und ietzt gemelten Juden genommen, mit ihme vor der Ehe, ehe er getaufft, unzucht trieben, alhie hochzeit halten wollen, da er doch vor ein Judi zum Weib, und auch mit einer andern Judischenk gehalten worden, beede mit Ruthen ausgestrichen.

Die Verfolgungen, die wie Naturkatastrophen die Judengemeinden heimsuchten, schufen ein jahrhundertelanges Elend. Neben den wenigen reicheren Familien — deren Namen die offizielle jüdische Geschichte bestimmen — entstand die jüdische Armut, die Heerschar der aus dem bürgerlichen Leben der kleinen Restgemeinden ausgeschlossenen Bettler. Hatten die nichtsteuerzahlenden Gemeindeangestellten wie Rabbiner, Lehrer, Schächter oder Schneider wenigstens noch den Status der ausgehaltenen "Brödlinge", so waren die namenlosen Fahrenden nahezu rechtlos — sie entrichteten keinen Judenzoll.
Als schließlich die Judengemeinden zerstört waren — besungen ist noch die Vertreibung der Juden aus Regensburg (1519) und aus Rothenburg (1520) —, die Kam-

merknechtsökonomie zusammengefallen zum Wehleiden der Herrschenden, hat sich die profitable Gewalt gegen Juden im individuellen berufsmäßigen Totschlag fortgesetzt. In Stettin wurde 1519 eine Bande gerichtet, die sich vornehmlich auf Kirchendiebstahl gelegt hatte, aber auch auf Mord — darunter in bezeichnender Proportion: 3 Mönche, 3 Knechte, 12 Männer, 8 Weiber, 5 Jungfrauen, 3 Priester, 4 Schüler, 27 Juden. Einer hat sich dann aufgerafft: in Öls fand 1616 die Exekution des Mörders Michael Moises aus Zeitz statt. Der Widerständler wurde mit glühenden Zangen gezwickt und lebendig gevierteilt.
Die aus den Ghettos vertriebenen Hebräer mußten sich neue Überlebenskünste aneignen; der Landhandel war mit Gefahren gepflastert, und dies markierte diese Existenzweise: waren die Ghettofarben unwichtig geworden, so nehmen die Brandmarkungen zu.

Nathan Hertz, ist 26 Jahr alt, mittelmäßiger, schwanker Statur, hat ein länglicht - ziemlich frisches Angesicht, grauliche Augen, schwarze, aufgelaufene Haar, dergleichen Bart, eine Narbe auf der rechten Seite am Auge und ist auf dem rechten Schulter-Blat stark gebrandmarket.

Meyer Böhm, ist über etliche und 40 Jahr alt, schwanker Statur, trägt jederzeit eine weisse Peruque, hat ein schmalen Angesicht ohne Bart und ist schon dreymal auf dem Rücken gebrandmarket. (Bierbrauer)

Ebenfalls in der Bierbrauerschen Liste finden sich ein Prinzendieb und ein namhafter Ausbrecher — sie zeigen die neuen gesellschaftlichen Auseinandersetzungen an:

Mausche Kochlöffel, ist grosser Statur und schwarzen Angesichts, hat zwarn auch dergleichen Haar, träget aber eine Peruque, weilen er mit dem bösen Grind behaftet; soll bey der Beraubung eines Preußischen Prinzen ohnweit Berlin Hülfe geleistet und die Diebes-Bande über 80 Pfund Silber, nebst einem von Birnstein geschliffenen mit Gold eingefaßten Krug bekommen haben.

Moses Levi, ist 1 bis 22 Jahr alt, mittelmäßig - etwas starker Statur, hat ein ziemlich dickrothes Angesicht, spitzige Nase, schwarze, krause Haar und den obberührten Waaren-Diebstahl zu Gudensberg ausführen helfen, auch ist er deswegen zu Volkmarsen am 25ten Febr. 1757 arretirt, fort anhero ausgeliefert worden, jedoch mit dem Behr Leib und noch 4 anderen Dieben ausgebrochen.

Andrerseits entwickelte sich eine Art Volkssport der Judenpressung. Der Pöbel pochte noch auf den umgekehrten Kammerrechten selbstverständlicher Judenausbeutung; so entwickelte sich innerhalb des niederen Handels und der christlichen Gaunerei eine Spezialabteilung zur weiteren Aussaugung der Pauperisierten; besonders Schinderhannes, aber auch die Odenwälder, Vogelsberger und Wetterauer Banden haben sich hierin namhaft gemacht. Hier eine Attacke der Schinderhannes-Bande (1800) im Saar-Departement:

Abends gegen eilf Uhr griff eine mit Waffen und Fackeln versehene Räuberbande das Haus des Mendel Löw an. Thüre und Laden wurden eingestoßen, und mehrere Schüsse fielen: Moyses Löw lief auf diesen Lärm sogleich hinzu, und forderte die Einwohner von Södern zur Gegenwehr auf. Kein Mensch wollte aber helfen, und der Schulmeister Wildberg erklärte sogar, daß er die Sturmglocke nur für Christen und keineswegs für Juden läuten dürfe. Nachdem die Ruhe zurückgekehrt und die Räuber abgezogen waren, fand man einen langen Balken an der Thüre liegen, dessen sich wahrscheinlich die Räuber bedient hatten; Schränke und Kisten waren eingeschlagen. Mendel Löw selbst war todt niedergestreckt. Der neunte Rückenwirbel war durch eine Kugel zerschmettert, die in ihrem Fortgange die Leber zerrissen, und das Zwergfell durchbohrt hatte und zwischen der sechsten und siebenten Rippe unter der Haut stecken geblieben war. (Becker)

Dieses Judenlegen war die Fortsetzung der alten Pogrom-Mentalität; die Bevölkerung machte — wie ehemals — mit.

Um diese Zeit nahm die Räuberey auf einmahl einen andern Schwung. Johann Leiendecker von Lauschied gab die Idee dazu. Er, der wegen seines körperlichen Gebrechens (er hinkt) nicht wohl immer auf den Straßen liegen konnte, und leicht gekannt war, fand es viel bequemer zur Nachtszeit mit offener Gewalt in die Häuser der Juden zu brechen. Der erste Hauptversuch ward zu Hottenbach im Canton Herstein bey Wolff Wiener im Sommer des achten Jahres gewagt, und gelang so gut, daß bald mehrere aufeinander folgten. Es waren neun Räuber, Schinderhannes an der Spitze, die ohne weiteres an der Thüre des Juden pochten, und mit den Worten: Hannes ist da, und will dich abfangen, eingelassen zu werden begehrten. Sie brauchten sogleich Gewalt, und Wolff Wiener war genöthigt, die Thüre zu öffnen. Sie mißhandelten die Bewohner des Hauses auf eine unmenschliche Weise. Des Juden kleines Kind empfieng drey Wunden an dem Kopf. Alles, was an Waaren und Geld fortzubringen war, ward mitgenommen. Das ganze Dorf war in Aufruhr, denn die Räuber hatten mehrere Flintenschüsse gethan, und lärmten wie Rasende. Aber keiner von den Einwohnern wollte helfen. Der Agent weigerte sich sogar auf die Aufforderung des Juden, als die Räuber noch im Dorfe waren, die Sturmglocke zu läuten. Ein Einwohner von Weiden bey Hottenbach, Jacob Stein, hatte diesen ganzen Raub eingeleitet. In seinem Hause war die Zusammenkunft, und er stand während der Ausführung mit Julchen Schildwache in dem nahegelegenen Gebüsche. (Becker)

Es bekränzt die christliche Räubergeschichte mit wenig Lorbeer, daß ihre Heroen, wie Schinderhannes oder Hölzerlips, sich in derartigen Expeditionen hervortaten. Die Juden wurden gemeinhin angefallen, geschlagen und beraubt, auch getötet; zumindest — wie Pfister sagt — "unter den gewöhnlichen Mißhandlungen" ausgenommen.

Am 30. Thermidor 6ten J. saßen beyde, der schwarze Peter und Schinderhannes auf der Thiergarten-Hütte, zwischen Argenthal und Dernbach im Sohnwalde. Sie hatten einige herumziehende jüdische Bänkelspieler von Gemünden gezwungen, ihnen Musik zu machen. Der schwarze Peter, der schon viel Schnaps zu sich genommen hatte, nahm ein frisch gewetztes

Die Hölzerlipsbande: 1 Der Schwarze Peter, 2 Sein Sohn Andreas, 3 Der Langbeinigte Stephen, 4 Hölzerlips, 5 Dessen Frau, 6 Ihr buckliger Bube, 7 Mane Fritz, 8 Veit Kraemer, 9 Der Basti, 10 Der große Harz Bube, 11 Der Scheflenzer Bube, 12 Kraemer Mathes, 13 Erster Karlsbub, 14 Zweiter Karlsbub, 15 Dritter Karlsbub, 16 Vierter Karlsbub, 17 Peter Henrichs HanAdam

Messer zwischen die Zähne, tanzte wie ein Rasender um die Spielleute herum, und drohte sie jeden Augenblick in die Gesichter zu schneiden. Ueberdem führte der Jude von Seibersbach eine Kuh an dem Hause vorbey. Gerade in dem unglücklichsten Augenblicke für den Juden kam der schwarze Peter an's Fenster. Alle seine Furien erwachten. Er forderte den Schinderhannes auf, ihm zu folgen. Unweit des Hauses ereilen sie den Juden, der sich nicht zur Wehre setzen kann. Er wird über und über mit Messerstichen bedeckt, und bezahlt seine Unvorsichtigkeit mit dem Tode. Seinen Leichnam plünderten sie. (Becker)

Wer die Kammerknechtsökonomie verfolgt, der wundert sich, wie die Juden haben aus diesem Circulus herauskommen können. Der schon erwähnte Nazi-Verfolger der jüdischen Geschichte Zimmermann vermag sich die Resistenz gegenüber den Vernichtungen nur durch Judenimport aus Polen vorzustellen, denn "erbeigentümlich" war ihnen dort "Habgier, Verschlagenheit, Grausamkeit"; in Deutschland dagegen waren die Juden "zu einem Volk körperlicher Schwächlinge" geworden. Offensichtlich hat dieser Forscher seine Schwierigkeiten mit diesen Schwächlingen, die es — wäre alles mit rechten Dingen zugegangen — gar nicht mehr geben dürfte. Ge-

wiß finden sich einige außerordentliche Räubergestalten mit dem Spitznamen Polack. Aber eben nur wenige, sonst hätten sie dieses Spitznamens nicht bedurft. Sind diese Polacken Ärgernis genug, so waren die hiesigen Schwächlinge nicht minder couragiert.
Lang Leiser, dessen Signalement Becker gibt, hat ein von Pulver verschossenes Gesicht. Soseph Löbchens Itzkok, vulgo blinder Hund, hat mehrere Male an den Füßen, eine große lange Narbe am rechten Schenkel, in der Nase vorne durch die Mitte eine Vertiefung, von der Mitte gegen die rechte Öffnung hin eine Verwundungsnarbe; dann fehlen ihm — wie es im Signalement von Stuhlmüller heißt — einige Zehen, die ihm im Arrest erfroren waren. Wieder einer hat ein kleines Löchlein in der Brust, ungefähr von der Größe einer Erbse. Viele dieser Hebräer haben legendäre Kerkerausbrüche hinter sich.

Mosche oder Mausche Nudel auch Isaak Moses oder Moses Isaak, Moses Hätt und Abraham Chan genannt. Wohnort: unbekannt, und giebt bald Frankfurt bald Amsterdam für seinen Geburtsort aus. Signalement: Alter, 34 Jahre. Größe, 6 Schuh 4 Zoll. Statur, sehr stark. Haare, schwarbraun. Stirne, hoch. Augenbraunen, schwarzbraun. Augen, braun. Nase, groß und gebogen. Mund, weit. Zähne, gesund, jedoch gelb vom Tabak-Kauen. Kinn, oval. Bart und Backenbart, wenig oder keinen, indem er vor 5 Jahren noch keinen Bart hatte. Gesichtsform, lang und oval. Gesichtsfarbe, gesund. Besondere Kennzeichen: Bey der Aussprache scharrt er das r. Er ist lustigen Temperaments, und spricht hochdeutsch und holländisch. Gaunergewerb: Räuber-Anführer.
Er ist einer der gefährlichsten Räuber und eigentlich wegen seiner Jugend noch gefährlicher als der obige Jacob Waldmann.
Er hat immer eine Anzahl verwegener Kerl (sogenannte Schränker) bey sich, mit welchen er zur Nachtszeit auf Raub ausgeht, liegt oft mehrere Tage zur Sommerszeit mit seinen Spießgesellen im Walde, und hält sich nur in solchen Herbergen auf, wo er ganz sicher ist. Er ist ausserordentlich stark und gewandt, gebieterisch, hochfahrend, und deshalb von allen Gaunern gefürchtet, trägt überdieß geladene Pistolen und einen Dolch bey sich, und verfehlt selten seine Absicht. Er wurde zwar schon oft verhaftet, entsprang aber allzeit, und so sprang er auch einmal, da er von Bremen aus verfolgt wurde, mit Ketten belastet, in die Weser, und durchschwamm sie. Eben dieses waghalsige Benehmen, sowohl bey Räubereyen als in Fesseln, seine ausserordentliche physische Stärke, seine Schlauheit in seinen Unternehmungen, und sein gebieterisches herrisches Wesen verschaffen ihm das Ansehen eines Räuber-Anführers, welches Kommando er auch gut zu führen verstehen soll. Er giebt sich mit kleinen Gaunern nicht ab, kaum daß er sie eines Wortes würdiget, und es betrachten ihn daher die andern, wie ein ausserordentliches Wesen, was ihn aber auch um so gefährlicher macht. (Stuhlmüller, 1823)

Dies sind keine Kammerknechte mehr, sondern Extremisten der Gegengesellschaft, die sich innerhalb der Verfolgungen der Kammerknechtsökonomie gebildet hat. Die materielle Kultur dieser Gegengesellschaft widerspricht einem herrschaftlichen, in das Geschichtsbewußtsein eingeschriebenen Vorurteil, der Jude sei duckmäuserisch und furchtsam — hündisch, wie es hieß.

''Schinderhannes beraubt einen Juden'', zeitgenössischer Kupferstich

Die Menschen lieben ihre Unterdrücker. Das scheint mit dem durch Gewalt verhinderten aufrechten Gang, insonderheit mit den deutschen Verhältnissen zusammenzuhängen. Die Hebräer müssen ihre Unterdrücker anscheinend besonders lieben — eine Überakkomodation der offiziellen Geschichte, vom Verschweigen unserer Subgeschichte bis zum Selbstmord beim Ausbleiben des Reserveleutnantpatents. "Nicht nur der Jude ist verloren, der sich totschießt, weil er nicht Reserveleutnant wird", bedenkt Heinrich Mann, "sondern auch der, der es wird." Wie aber wird der gegengesellschaftliche Hebräer mit dem ihm aufgezwungenen Tod fertig? Wiederum absonderliche Eigentümlichkeiten. Eines der herausragenden Feste der Macht war das Hängen. Der Jude wurde dabei mit einer Symbolik bedacht — dem Hündischen. Juden wurden verkehrt aufgehängt, an den Füßen und zumeist zwischen zwei Hunden. Die Hängung des Langen Jakob am 17. Januar 1611 in Oettingen gab folgendes Schauspiel:

Und ist der Jud den 17. hernach bei den Fuessen zwischen zwei Hunden ufgehenket und nach anderthalben Stund durch ein nur mit Wellen oder kleinem Holz von weitem ufgemachtes Feuer — welches der Wind, ohne Zweifel aus Schickung Gottes zu mehrerer vindicta und Rach des nefandi sceleris meistenteils von der Galgenschwenkel getrieben, geprennet und bei einer ganzen halben Stund gequält worden, dass ihm die Kleider von dem Leib geflogen, und er endlich als gepraten seine verfluchte Seel nach ausgeschuettem grossem Geschrei und beschehenem Begehren, ihne zu erschiessen, oder das Feuer naeher und mit groesseren Flammen aufzuschueren, zeitlich hat verlassen, alles beiwesend mehr denn 4000 Personen. (In: Glanz, 1968)

Diese Shows förderten die Erhabenheit der Christen über die Juden, zumal die Macht der Herren. Aus den Toten konnte außerdem noch Geld geschlagen werden, denn mit den Körperteilen der gehenkten Juden machten die Henker ihre Geschäfte. Sie wurden für die Zauberei gebraucht, auch das Blut, wobei das Judenblut am wohlfeilsten, Jungfrauenblut dagegen am teuersten kam.

Wie im Mittelalter den Juden Zauberkräfte zugesprochen worden waren, so umwob auch die Räuber- und Diebesbanden später ein Odem von Magie, von übersinnlichen Kräften; irgendwie mußte schließlich das öffentliche Bewußtsein damit auskommen, weshalb eine jahrtausendealte Exterminierungspolitik diesen Teil der unteren Klassen nicht hatte vernichten können. Vielleicht nutzten die jüdischen Banden diese Vorurteile — wie schon die Bettler — so jedenfalls scheint es die niederländische Räuber-Assoziation verstanden zu haben, die alle Hochachtung von Avé-Lallement verdient: "Als im Jahre 1790 von Mersen her die meistens aus Juden bestehende Bande des Franz Bosbeck hervorbrach und sich am Rhein einen so furchtbaren Namen erwarb, hatte diese Bande schon eine Geschichte von mehr als hundert Jahren, die so mystisch ist, daß ... der frühe Volksglaube jenes geheime Walten in

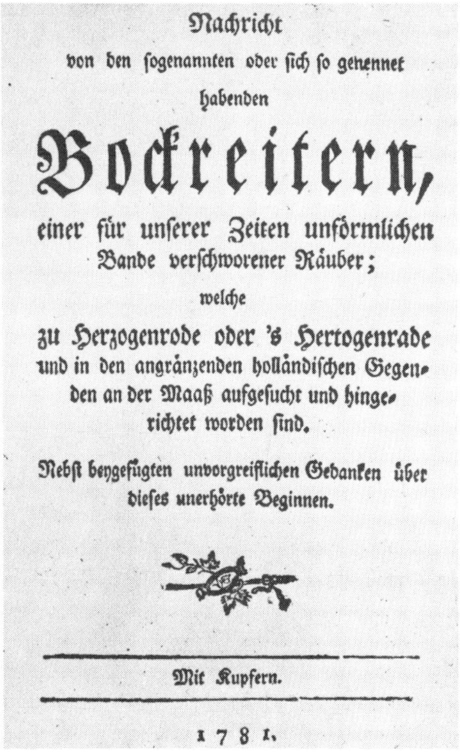

Nachricht
von den sogenannten oder sich so genennet
habenden
Bockreitern,
einer für unserer Zeiten unförmlichen
Bande verschworener Räuber;
welche
zu Herzogenrode oder 's Hertogenrade
und in den angränzenden holländischen Gegenden an der Maaß aufgesucht und hingerichtet worden sind.
Nebst beygefügten unvorgreiflichen Gedanken über
dieses unerhörte Beginnen.

Mit Kupfern.

1781.

Mersen für Zauberwesen hielt und seine dunkeln Figuren gleich den Hexen und Zauberern, mit dem Namen 'Bocksreuter' bezeichnete.'' Es mußte schon mit Zauberei zugehen, denn trotz der Symbolik des Hündischen und den außergewöhnlichen Torturen frommten diese Henkerspraktiken kaum. Gerade unter dem Galgen galt für die Hebräer die beschwörende Formel ''Jude und Hund'' wenig. Zwar kamen gelegentlich auf dem Schafott noch Bekehrungen vor, um wenigstens die beißenden Hunde los zu sein. Die meisten Juden scherten sich aber nicht um das christliche Seelenheil. Manche stimmten noch unterm Strang hebräische Lieder an und blieben auch sonst den Versuchen der Mönche unzugänglich.

So verstockt blieb auch an 1588 der Jud / der den 16. August zu Bergen im Hanauischen / nahe bey dieser Stadt an die Beine auffgehangen worden / darbey auff jeder Seiten ein Hund; dieser Jude lebt also hangend sieben Tage / und bliebe bey Verstand / jedoch bekehrte er sich nicht / einen Tag vor ihm starb der eine Hund / und der andere Hund nach ihm (In: Glanz)

Es kam vor, daß selbst konvertierte Juden ihren eigenen Himmel angesichts der bekannten Quälereien am Galgen vorzogen. So geschehen in Wien 1642 mit dem ge-

Prospect und Gegend des Executions-Platzes. 1. Die erhabene Stellage, auf welcher die Hoch Edlen Herren Stadt-Gerichten bey der Execution gestanden. 2. Der Vice Gerichts-Frohn zu Pferde. 3. Die Enthauptung des Delinquenten. 4. Des Scharff-Richters Knecht mit einem Karn, worauf er dem Cörper zum Rade geführet hat. 5. Das Rad, worauf der Cörper gelegt, und der Kopff auf den Pfahl genagelt wurde. 6. Der Steinweg und Allee nach dem Kohl-Garten. 7. Das Dorff und die Gegend Stötteritz. 8. Die Mauer am Kirchhofe zu St. Johannis. 9. Viel tausend zu gegen gewesene Zuschauer, welche grösten Theils observiret, daß so bald der Delinquent auf das Rad geleget gewesen, 3 Raben über dem Gerichte geflogen.

tauften Juden Ferdinand Franz Engelberger zur großen Verwunderung der gaffenden Christenheit:

Er aber revocieret, dass Crucifix zur Erde geworffen, mit lesterlichen Worten angezaigt, dass Er das Hoch Heilige Sacrament, so ihm der Priester vor seiner aus Fuehrung in den Mundt geraicht, heraus genomben Gottloser weiss in ain unsaubres Orth geworffen habe, und also mainaidiger Weiss von Christen- zu dem Gottlosen Judenthumb getretten, Erstlichen auf den 4 Pletzen auf dem Hochwagen Ihme die zwo Prüst mit gluedigen Zangen heraus gerissen, an ruckhen zway Riehmen her auss geschnieden, auf ein schlaipfen gepunden volgends auf der Gannswaidt bey der gewoehnlichen Richtstatt Ihme die Hanndt abgeschlagen, die halbe Zung heraus geschniden, by reverendo (salvia venia) Fuessen auf den Galgen gehenckht, und also sambt den Galgen lebendig zu Staub und Asche verbrent hat. (In: Glanz)

Selbst die Folter der Jesuiten brach den zwanzigjährigen Löbl Kurtzhandl nicht, als er im Oktober 1694 in Prag exekutiert wurde. Er hatte mit Lazar Abeles dessen

Nickel Lists Hinrichtung am 23. Mai 1699

zwölfjährigen Sohn erwürgt, der zum Christentum übertreten wollte. Lazar Abeles erhenkte sich im Turm. Der Jesuitenpater Johannes Brandstätter kam trotz einer außergewöhnlichen Tortur mit seinen Bekehrungsversuchen nicht voran. Als auch nach dreiunddreißig Radstößen auf Arme und Beine und zehn auf die Brust der zerbrochene und zerschmetterte Löbl Kurtzhandl noch nicht die Besinnung verloren hatte, ging der Jesuitenpater, einen Psalm absingend, zur Taufe über, worauf schließlich die drei Gnadenstöße auf den Hals gegeben wurden. Für die Obrigkeit waren dies abscheuliche Verlegenheiten. Was tun? Zuvörderst wird die Gotteslästerung von Juden zum Straferschwerungsgrund gemacht. Nach dem preußischen Landrecht von 1721 rückte zur hierzu erdachten Schwertstrafe das Abschneiden der Zunge. Hinzu kamen noch individuelle Torturen, je nach Phantasie von Richter, Pfaffe oder Henker. Am 23. Mai 1699 wird Nickel List, dem Leser ein schon bekannter und damals weit zelebrierter Räuberchef, mit einigen Gesellen hingerichtet, darunter Moses Hoscheneck und Samuel (Schmuel) Löbl. Nickel List hatte zur Richtstätte geschleift werden sollen mit nachheriger lebendiger Verbrennung. Weil er aber so treu war und reumütig, wurde aus fürstlich hoher Gnade die Zerschmetterung der Glieder verordnet und diese, eine weitere Mildtat, anstatt durch das Rad mit eisernen Keulen bewerkstelligt. Die Zuschauer konnten gerührt nach Hause gehen, denn Nickel legte auf dem Schafott gleich noch eine Beichte ab. Als Arme und Beine zerschmettert waren, rief er den Herrn Jesus an, als die Brustschläge kamen, wurde er still. Moses Hoscheneck und Samuel Löbl fügten sich nicht so brav in ihr Geschick. Der Magister Hosmann, der Henkerspfaffe, schreibt (1700):

Des Nachmittags, wie mein geliebter Herr Collega ins Gefängniß kommt, der Verurtheileten ihre Beichte zu hören, und bey der Gelegenheit den Schmuel läßt herauf bringen, ihn noch-

"Eigentliche und wahre abbildung der Kayserlichen Execution / so zu Franckfurt am Mayn an den Aechtern, den 28. Febr. An. 1616. vollzogen worden."

mahls zu unterrichten und zu vermahnen, und dabey zu bedeuten, wie er sich gegen den Tod anschicken müßte, welcher über ihn unfehlbar beschlossen wäre, und nach seinem deutlichen Bekäntniss fraget, ob selbiges noch dem Vormittägigen gleichförmig und beständig sey, und ob er in dem Glauben an unserm Heiland beharren wolle? Ziehet der Jude die Schuldern, und bricht endlich heraus: "Wenn ich ja sterben soll, so wil ich lieber sterben als ein Jude." Eben das versicherte auch der Nickel List, der bey ihm saß. Denn, wie derselbe sahe, daß er mit seinem Durchbrechen nicht würde zur Endschafft kommen, und sich also mit allem Ernst zum Tode begunte anzuschicken, der Jude aber, den er allzuwol kante, und warum derselbe sich bißhero zum Christlichen Glauben angebothen, aus dem Grunde wuste, welcher sich auch unten im Gefängniß allzudeutlich gegen ihm mercken lassen, daß er ein Jude bleiben und sterben würde, und dabey mit seinen Geberden ihm in seinem Gebeth und bey Nennung des Namens JEsu zu grossem Anstoß gereichete, ließ er Ansuchung thun, daß der Jude möchte von ihm gethan und ihm ein Christe zugefügt werden; worinn ihm gewillfahret wurde, und brachte man den Juden, der beihero seinen Aufzug zimlich gespielet, so fort desselbigen Nachmittages in ein ander Gefängniß. Worauf er die Heuchel-Decke ungesäumet völlig abwarff, den vorgehabten Durchbruch seinem Cammeraden entdeckte, und nun gantz offenbar und deutlich bekandte, er wolte sterben als ein Jude. Wie er denn eben dasselbe schon vorher, da er noch gegen uns einen grossen Eifer zum Christenthum bezeugete, einem andern über ihn sitzenden Juden, zur Zeit des Abend-Gebeths, sich stellende, als sünge er Hebreische Psalmen, soll zugeruffen und denselben versichert haben, man möchte wegen ihm ohne Sorge seyn, er würde

nimmermehr ein Christ werden. Man sahe nunmehro deutlich, was man längst geargwohnet, und was dieser böse Mensch bey seiner gestellten Bekehrung für ein Absehen gehabt; da man dennoch nicht gäntzlich von ihm ließ, sondern mit ihm ausführlich redete und ihm seine grosse Heucheley, und die darob bevorstehende Schwere seines Verdammnisses vorhielt. Es ward ihm auch, nebst einem andern Juden, der mit ihm zur execution geführet ward, und bey welchem alle Vorstellungen eben so wenig gefruchtet, als es bey den Juden pfleget, ein geschickter und gelehrter Mann zugefüget, der ihm auf dem Wege nach dem Gerichte muste zureden und durch Fürlesung der Prophetischen Texte die Krafft des Verdienstes unsers wahren Messiae fürhalten. Man richtete aber überall nichts aus. Vielmehr haben sie beyderseits auf dem Wege versichert, daß sich ein Jude zum Christlichen Glauben nimmermehr begeben würde. Wann sie sich dazu bequemeten, weren sie durch eine grosse Gefahr und Noth dazu getrieben, im Hertzen aber blieben sie dennoch Juden. Wie endlich dieser Schmuel unters Gericht geführet wurde, redeten wir ihm noch zum Überfluß zu, bothen ihm den Seegen in Christo an und erinnerten ihn, wie gleichwol sein eigener Mund denselbigen für seinen Erlöser bekandt hätte. GOtt würde ihn nicht ungestrafft lassen, da er seinen Namen also gemißbrauchet; sein eigener Mund würde dermahleinst müssen wieder ihn zeugen, und würde seine Verdamniß mächtig groß seyn, da er nun in seinem Tode sein Blut würde mit Füssen treten, dadurch er von dem

Urtheil der Verdammniß so theuer erkaufft worden. Allein er bedanckte sich mit einer tieffen Reverence vor unsere gehabte Mühe und blieb dabey, er wolte sterben als ein Jude. Eben das that auch sein Todes-Gefährte, der Jude Moses Hoscheneck, aus Mitau in Curland gebürtig; und sind sie beyderseits, nach dem das Todes-Urtheil an unsern Christen vollenzogen, Nickel List und Christian Müller durch Zerschmetterung ihrer Glieder mit eisernen Keulen, und vorgemeldeter Michael Keyser nebst dem Andreas Luci aus Franckenhausen durch den Strang gerichtet, und darauf, gewöhnlicher massen, der Gesang "Nun bitten wir den heiligen Geist", gesungen worden, in Bekäntniß des Jüdischen Glaubens und folglich in der in ihren Seelen allzutieff von Judend auf eingewurtzelten Verwerffung des HErrn JEsu, ohne welchen weder Leben noch Seeligkeit ist, nach dem Gerichte hinauf gezogen, und an einem besondern Querbalcken mit ihren nach Jüdischer Weise aufgesetzten weissen Mützen gehencket worden.

Ganz durcheinander geriet die Hinrichtung des Juden Jonas Meyer. Der Magister Hosmann, der von berufswegen mit den Bekehrungen unterm Galgen beschäftigt war, erfährt den Schock einer "erschröcklichen Gotteslästerung". Der Gottesmann versagte völlig bei der Hinrichtung des Jonas Meyer und schrieb zur Entladung seines Mißerfolges alles in dem Buche auf: "Das schwer zu bekehrende Juden-Hertz".

"Die Folter", Holzschnitt von Hans Burgkmair (1472-1531)

Der Tod des Jonas Meyer wurde über die Grenzen hinaus bekannt. Er blieb dabei, er wollte einen Rabbiner bei sich haben beim Sterben. Hosmann zu diesem Starrsinn: "Ein wilder Eber kann eines verirrten Schäfleins Wegweiser nicht sein, und in einem von Unkraut häßlich zugerichteten Garten wird Sau und Bock wenig Gutes stiften." — "Ungereimt ist's, Einen wollen zum Freunde Christi bekehren, und des Herrn Christi abgesagten Feind und Lästerer ihm zum Lehrer geben." Das ging zu weit — aber es kommt noch schlimmer, und das unterm Galgen:

Ich redete ihm derowegen mit gantz gelinden Worten nochmahls zu, den Menschen nicht zu reitzen, und sagte: "Jonas, ihr seyd nun in dem letzten Augenblick, daran Himmel und Hölle hanget. Wir bitten euch nochmahls um eurer Seeligkeit willen, gläubet doch an den Messiam, der euren Vätern verheissen ist." Wogegen er aber antwortete, er wüste es wol, was ich meine-

"Verbrennung des Mordbrenners Hörner zu Berlin, 1786", letzte Hinrichtung durch Feuer in Berlin

te, er hätte mit demselben nichts zu thun. Er glaubte an GOtt. Worauff ihm geantwortet wurde, er müste gläuben an Gott, wie er sich in seinem Worte geoffenbahret hätte. Wer das nicht thäte, der hätte keinen GOtt.

Indem wurde alles zu seinem hinauffzuge bereitet. Wie er nun aber hinauffgewunden ward und nunmehro meinete, er wäre aller gefahr und absonderlichen Bestraffung, in die ihn seine lästernde Zunge stürtzen könte, entnommen, fieng er das jenige an würcklich zu vollenden, was er auff dem Wege etliche mahl wollen anheben, aber so bald bey dem ersten Worte den Fluch verbissen und mit demselben nicht völlig heraus gebrochen, sonder Zweiffel aus Furcht einer empfindlichen Straffe. Er rieff also überlaut: "Ich lebe ein Jude, und ich sterbe ein Jude!" Und da er mit erschröcklicher Lästerung unserm gesegneten Heilande, welcher sey gelobet in Ewigkeit, gefluchet, und sich dem Queerbalcken des Gerichts näherte, endigte er alle seine Lästerung mit diesem greulichen Fluche: "Verflucht seyn alle die, in deren Hertzen eine

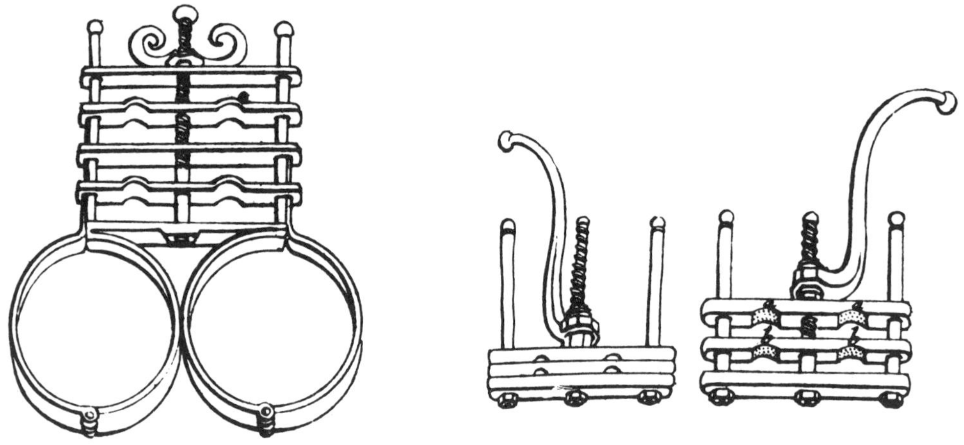

Ader ist, die an JEsum gläubet!" Wolte also sein Leben enden mit Verfluchung der allgemeinen Kirche JEsu, die an JEsum den Heiland gläubet, der Braut des himmlischen Bräutigams, welche der HErr unser GOtt mit seinem eigenen Blute erworben hat. Worauff er dann auch dem Nachrichter zurieff, er solte geschwind mit ihm fort machen, sonder Zweiffel wol wissende, daß ihm daraus was schmertzlichers entstehen möchte; daß also, allem vernünfftigen Ermessen nach, alles von ihm mit wolbedachtem Rathe und Schluß geschehen ist, und das Hertz dieses Juden biß in seinen Tod geblieben ein widerstrebendes und lästerndes Hertz.
Es ist nun zwar dieser Lästerer gegangen an seinen Ort. Wir schütteln unsere Kleider aus, und sprechen: Dein Blut sey über dein Haupt! Es hat auch unsere liebe Obrigkeit dabey gethan, was sie gekont; indem Sie wegen der eilfertigen Erwürgung des Fluchers nicht mehr thun können. Sie hat seinen unseeligen Leichnam lassen abnehmen, ihn fürs peinliche Halsgericht führen, ihm wegen der abscheulichen Lästerung die Zunge, das Werckzeug des höllischen Geistes, ausreissen und verbrennen, den Cörper umgekehrt wieder anhängen und bey selbigem einen Hund, zum Wahrzeichen und Denckmahl, daß er gehöre unter die, von welchen der HERR, die Wurtzel des Geschlechts David, der helle Morgenstern, gesprochen: "Draussen sind die Hunde und die Abgöttischen, und alle, die lieb haben, und thun die Lügen." (Apoc. 22, 15.)

Der tote Leib war also vom Galgen genommen und noch einmal vor das peinliche Halsgericht geschleift worden. Da wurde obenstehendes Urteil an dem bereits Gerichteten gefällt und unter Ansehung einer unzähligen Volksmenge vollzogen. Die Welt gerät doch wieder in ihre Fugen, und Hosmann lobpreist:

Erhalte uns bei deinem Wort, / Und steure doch der Juden Mord, / Die Jesum Christum, deinen Sohn, / Stürzen wollen von seinem Thron.

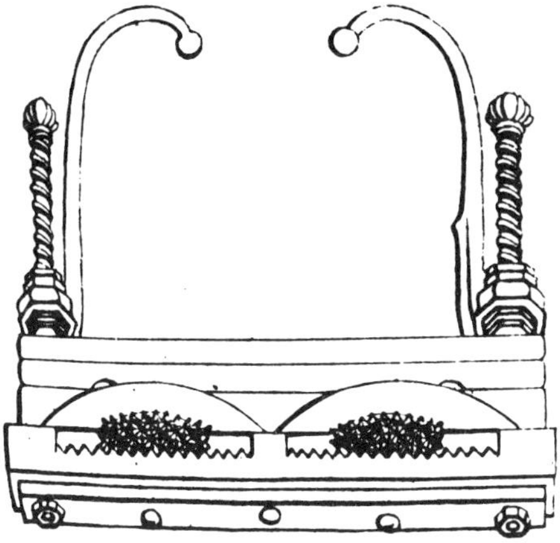

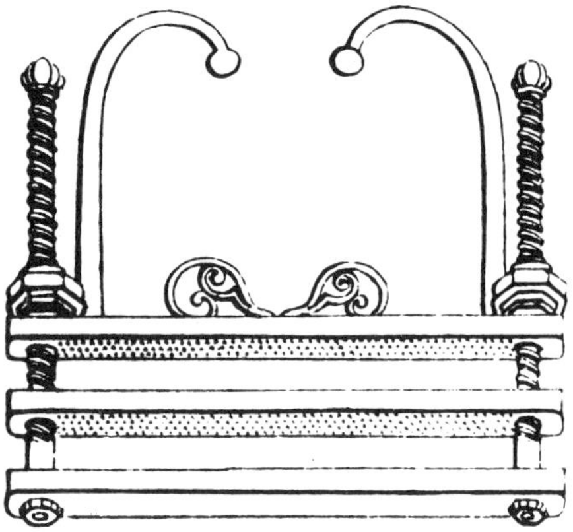

Wegen dieses Erschrecknisses schob man die Exekution von Samuel David und Alexander Saladin auf. Man fürchtete die Wiederholung der Gotteslästerungen und praktizierte die Hinrichtung erst ein Jahr später.
Absonderheiten, aber sie repräsentieren das System und seine Gegengesellschaft. Beispielsweise kamen erst wieder am 2. September 1717 die Reminate des Juden Aaron Meyer mit der Erde in Berührung; bei einem Sturm war nämlich der Galgen in Hamburg zusammengestürzt. Aaron Meyer war wegen Diebereien für die Hinrichtung vorgesehen; ein Geistlicher übernahm wieder das missionarische Geschäft der Bekehrung. Der Kondamnierte führte aber derart gotteslästerliche Reden, daß man befürchtete, er werde auf dem Wege zum Galgen auch nicht stille sein. Was sollte das Volk von der Machtlosigkeit des Herrgotts, zumal der Obrigkeit denken! Also schlug man vor, das Hängen in Rädern zu verschärfen, wenn er sein gotteslästerliches Maul nicht hielte. Aaron neigte dem Hängen eher zu und kam ohne große Redseligkeit an den Galgen. Wegen seiner Lästerflüche blieb er hängen, auch als im folgenden Jahre 1715 drei Diebe dazukamen; sie wurden aber zu Einscharrung begnadigt. Aaron hing wieder allein. Dann kam ein seltenes Jahr ohne Hängen und dann erst der Sturmwind. Auch in Berlin hatte man 1725 seine Mühe mit gotteslästerlichen Juden. Der Hebräer Hirsch hatte aus seiner Abneigung gegen das preußische System keinen Hehl gemacht und einen königlichen Bedienten verleumdet. Er sollte mit dem Staupbesen bestraft werden. Dabei stieß er nun Flüche solcherart gegen Gott aus, daß man ihm die Zunge aus dem Halse schnitt. Diese wurde ihm dreimal aufs Maul geschlagen; dann wurde er gehängt, die Zunge an die linke Schulter geheftet. Bei Hinrichtungen christlicher Räuber ist viel Spektakuläres dagegen nicht zu finden. Schinderhannes rührte noch einmal die Jugend unter Anrufung des Herrgotts und Verdammung der Unzucht.

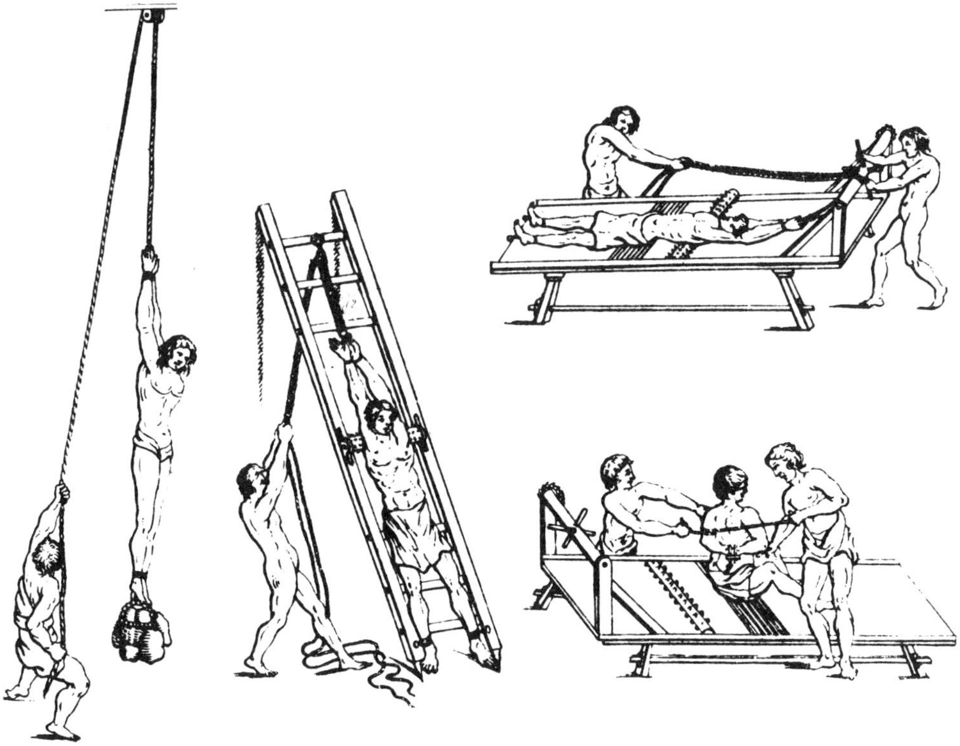

Schinderhannes-Abschiedslied. / 20. Novb. 1803. / Mel.: Hartes Schicksal meiner Jahre...

Gute Nacht! — lebt wohl! — ich scheide — / Gute Nacht ihr Menschen all! — / Schaut mich nur recht an, denn heute / Seht ihr mich zum letztenmal; / Laßt euch noch von mir erzählen / Meinen kurzen Lebenslauf, / Prägt ihn tief in eure Seelen, / Jugend hör — und merk' darauf:

Wahr ist's, was von mir zu lesen: / Daß ich eines Bauern Sohn / Von Saarbrücken bin gewesen; / Und dem Vater lief davon. / Wahr ist's: daß ich mich verdungen / Zum Fallmeister in dem Land; / Daher auch der nam' entsprungen, / Daß man Schinderhanns mich nannt.

Wahr ist's: daß ich einer Bande / Hauptmann und Anführer war, / Daß ich manchen in dem Lande / Plündert' und ermord't sogar, / Welches meist an reichen Leuten / und an Juden ich verübt; / darum ich den Tod muß leiden, / Den man auch mit Recht mir giebt.

Zweimal ist mir's zwar gelungen, / Daß ich mich aus dem Arrest / Losgemacht und bin entsprungen / Doch zuletzt hielt man mich fest, / Da mein Schwager mich verrathen, / Daß ich Schinderhannes sey. / Ich wurd darauf zum Soldaten, / Mich dadurch zu machen frey.

Bald drauf wurd durch die Franzosen / Ich nach Meinz geliefert gar, / Da im Holzthurm ich geschlossen / Saß, beinah sechsviertel Jahr. / Und nun naht die letzte Stunde / Meines Lebens sich heran; / Drum so hört aus meinem Munde / Meinen letzten Abschied an.

Nehmt euch all an meinem Leben / Ein Exempel und Beispiel, / Wer dem Müssiggang ergeben, / Nichts arbeit, noch lernen will; / Ach! ich sag es unverholen, / Wollte Gott, daß nicht so wär, / Daß ich schon als Knab gestohlen / Und es nicht konnt lassen mehr.

Merkt dieß, junge Leut' und Kinder! / Nehmt nichts, was euch nicht gehört; / Halt't die Eltern und nicht minder / Eure Lehrer hoch und werth! / Laßt mit wenig euch genügen, / geht zur Kirch und Schule gern; / Meidet schlechte Streich und Lügen; / Der wer lügt, der stiehlt auch gern.

Lasset Geiz und Habsucht fahren; / Lebt keusch, züchtig, fromm und rein. / Laßt euch auch in ältern Jahren / Nicht in böse G'sellschaft ein....

(In: Ditfurth, Die historischen Volkslieder)

Auch Adolph Weyer hatte nichts Besseres zu tun, als dem Polizeiwissenschaftler Bürger Keil für empfangene Wohltaten zu danken und mit einer kleinen Rede gegen die Bordelle zu schließen. Die Zuschauer waren zu Tränen gerührt; er ging hin in militärischem Anstand. Ganz anders dagegen der Hebräer Meyer. "Hangen thut nicht weh", sagt das Sprichwort, "so es Ehren halber geschieht."

Den 9. Vendemiaire 10.J. Nachmittags geschah die Hinrichtung des Michel Meyer's: die erste, die zu Cöln an einem Juden vollzogen worden ist. Seitdem das Todes-Urtheil gegen ihn ausgesprochen war, hatte der Capuziner, Pater Asterius, unter dem Nahmen des Ursuler Predigers bekannt, verschiedene Versuche gemacht, ihn zur Annahme der catholischen Religion zu bewegen; Meyer blieb aber bey dem unerschütterlichen Entschlusse, in dem Glauben seiner Väter zu sterben. Mit sehr viel Fassung hatte er die Verkündigung seiner bestätigten Sentenz angehört, und mit ausserordentlicher Standhaftigkeit erduldete er ihre Vollziehung: bis zu dem Augenblick, wo das Messer herabfiel, sang er die heiligen Lieder seiner Religion. Ein Rabbiner und ein Schulmeister begleiteten ihn bis auf das Gerüst; eine Anzahl von seinen Glaubensgenossen folgte ihm nach. Der Rabbiner, ein Mann von hohem Alter, hatte die Erlaubniß erlangt, eine Anrede an das Volk zu halten; er hatte sich vorgenommen, diesem besonders die Lesung des 4. und 5. Capitels des Buches Hiob's anzuempfehlen; allein von dem schauervollen Eindruck der Hinrichtung übermannt, mußte der ohnehin schwächliche Greis auf das Vorhaben Verzicht thun, und sich von den Umstehenden unterstützen lassen. Die im Kreise versammelten Glaubensgenossen des Hingerichteten deutete das alt-testamentalische Kleider-Zerreissen an, und wuschen ihre Hände; seinen Körper, den sie reclamirt hatten, brachten sie nach Brühl. Die Polizey hatte sich zum besondern Augenmerk genommen, allen Unordnungen, die durch das Ungewohnte des Ereignisses, bey dem nicht vorurtheilfreyen Theile des Publicums hätten entstehen können, kräftig vorzubeugen; der Maire selbst hatte deshalb sich zu Pferde im Kreise eingefunden. Nur hie und da wurden nach der Hinrichtung einige Spottausrufungen gehört; aber sie kamen nur aus dem Munde des niedrigsten Pöbels und der verworfensten Gassenbuben; die Masse der Cölner betrug sich mit dem Anstande und der feyerlichen Sammlung, die dem Menschen bey dem Tode des Mitmenschen natürlich ist. (Becker)

Mit den sonderbaren Henkungen der Hebräer geht eine weitere Geschichte einher: das Stehlen der Leichen vom Galgen. Es kommt vor, daß Gemeinden sich das Recht erkaufen, eine Leiche beerdigen zu dürfen. Das Stehlen der Leichen ist immer wieder aktenmäßig vermerkt. In der Coburger Designation finden sich Belege; zugleich auch die Erklärung:

XLIX.

Zu Franckfurth am Mayn hat, testantibus Actis, Meyer Sprengling schon vor vielen Jahren, mit andern Complicibus, zwey Diebe vom Galgen, welches seine Cameraden gewesen, stehlen und begraben helffen.

XLII.

Gestehet Josef, daß er vor 4 Jahren zu Fürstenburg im Paderbornischen, fünff oder sechs judificirte Jüdischer Cörper, worunter des Selig Meschumed sein Schwieger-Vater, Schwartz Se-

Abraham Picard. Diesen hochberüchtigten Spitzbuben, vielleicht der ausgezeichneteste unter allen Räubern der neueren Zeit, ein Hauptanführer der Niederländer Banden, hatte endlich, nachdem ihm lange vergebens von allen Seiten nachgespürt worden war, die rächende Nemesis ereilt. Er wurde im Jahr 1805 vom Amte Bergen nach Marburg ausgeliefert und starb dortselbst im Juni 1807 im Gefängnisse.
Er nannte sich damals Salomon Jacob und gab Oberndorff bei Dinkelsbühl für seinen Geburtsort aus. Er hat, allen Beweisen zum Trotz, bis zu seinem Tode geläugnet, der berüchtigte Picard zu seyn, jedoch, um nicht an die damaligen französischen Gerichte ausgeliefert zu werden, die Theilnahme an dem Raube in Kleinselheim eingestanden.
Sein Leichnam ist unter den Galgen eingescharrt worden, wo ihn jedoch die Marburger Juden, in Gemäßheit erhaltener Erlaubniß, wieder ausgegraben und an einen andern Ort zur Erde bestattet haben. (Schwencken, 1820)

lig, und des Löwen Ascenas Eydam, Itzig Grebs gewesen, mit nachfolgenden Cameraden, nemlich
2. Löwen Ascenas,
3. Laus Löwgen,
4. Berige Barbierer,
5. Berige Wetzlar,
6. David Kopp,
7. Joseph Ure,
8. selig Meschumet, und
9. Meyer Sprengling, dann
10. Samuel Braunum
von Galgen und Rad herab stehlen, zu Pferd in Säcke gepackt, wegführen, und im Wald, wo man von Fürstenburg nach Scherpke gehet, begraben helffen.

Suppl. 14. ad XLII.

Die Ursachen Diebe vom Galgen herab zu stehlen und solche auf Jüdische Art zu begraben, sollen diese seyn, weilen 1) derjenige so am Holtz hienge, nach dem Gesetz verflucht sey; 2) dessen hinterbliebene nächste Freunde, unter denen Juden, zu keinen Ehren-Stellen gelangen könnten; und 3) des Gehenckten Wittib, biß das Cadaver unter der Erden, weder trauren noch wieder heyrathen dürffte.

Der Allgewalt von Herrschaft war nur durch immer neue Mittel der Flucht und des Widerstandes auszuweichen.
Unweit Sobernheim hat Schinderhannes mit einigen Gesellen den Juden Samuel Levi auf der Landstraße beraubt. Der Jude bietet den namhaften Räubern die Stirn, verfolgt sie und Schinderhannes erschießt ihn vom Pferde.
Eine Unternehmung der holländischen Bande wurde an die Polizei verraten:

Diese schickte ein Commando Volontairs auf verschiedenen Wegen an den zum Raube bestimmten Ort, um dort im Hinterhalte die Ankunft der Räuber abzuwarten. Marcus David, der nähmliche, der oben die Trennung der Bande bewirkt hatte, Lion Levi, Moyses Maynzer waren dießmahl die Anführer gewesen. — Indem die Bande ruhig bey schweigender Nacht aus dem Gebüsche unweit dem zu bestehlenden Hofe vorbey defilirt, tritt das Commando aus dem Hinterhalte. Mit unbegreifflichem Muthe setzen sich die Israeliten, aus denen meistentheils die Bande zusammengesetzt war, zur Wehre. Lange und anhaltend war der Kampf. Unmöglich konnten ihre Vorfahren um eine bessere Sache auf den Höhen Gelboe tapferer gefochten haben. Zwey Israeliten blieben auf dem Platze. Ihre Körper waren mit Bajonetten durchstochen. Lion Levi und Moyses Maynzer entflohen, Marcus David mit mehreren andern fielen der Justiz in die Hände. (Becker II)

In Södern ging es nachts gegen einen Hebräer. Schinderhannes berichtet (1801):

Wir nahmen einen Balken in der Mühle, welche ausserhalb dem Dorfe liegt, und als wir an das Haus des Juden kamen, versuchten wir die Thüre einzustoßen, allein sie war so gut versperrt, daß unsere Anstrengungen vergebens waren. Besser gelang es uns mit den Läden. Der Jude stand mit einer Axt in der Hand hinter einem derselben, und hätte beynahe durch einen kräftig geführten Hieb dem Georg Friedrich Schulz, der zuerst eindrang, den Kopf gespalten. Dieser that in der Erbitterung einen Schuß gegen den Juden, womit er ihn todt niederstreckte. (Becker)

Woher dieses gestörte Verhältnis der Hebräer zu Recht und Ordnung — gar zur anzivilisierten Duldsamkeit?
Freud nannte einmal als einen der offenkundigsten Gründe für den Judenhaß, daß es trotz grausamster Verfolgungen nicht gelungen sei, die Juden auszurotten; daß sie vielmehr sich im Erwerbsleben behaupteten sowie große kulturelle Leistungen vollbrachten — ein hofjudenmäßiges Räsonnement, denn der Erwerb bestand großenteils in der Mühseligkeit des betrüglichen Handels aller Art, und von der diesen bekränzenden Populärkultur sind auf Freud viel mehr als einige Witze nicht übergegangen.
In der subversiven Tradition stellt sich das Bild des Juden völlig anders dar als in den landläufigen Geschichten über Furchtsamkeit, Verräterei und Treppenhinunter-

werfenkönnen, jenem späteren Bild des Untermenschen. Wie sehr die jüdische Bevölkerung sich ihrer zugestandenen Ausbeutungsstellung widersetzte, zeigt sich, wenn man der Legende der Wehrlosigkeit der Juden nachgeht. Bewaffnete jüdische Vergeltung hat es ebenso gegeben wie bewaffnetes Banditenwesen. Zur Dokumentation der Schädlichkeit der Juden konnte die Prager Kaufmannschaft 1795 der österreichischen Regierung einen weitausholenden Rekurs eingeben: die Juden hätten Anno 1095 über 40 katholische Kirchen durch jüdische Mordbrenner in Asche gelegt, weshalb 45 verbrannt wurden. Im Jahre 1077 wurde

den Juden Klebler, u. seinen Knecht Seligmann wegen überwiesenen in der Prager Schloßkirche begangenen beträchtlichen Diebstahls Ersterem die Därme aus dem Leib geschnitten, und der Zweite mit noch einigen Mitschuldigen zum Strang verurtheilet. Die Juden suchten der Verurtheilten Tod zu rächen; sie machten ein Complot, lauerten den Priesertn auf den Straßen auf, und mordeten solche, da sie selbe an Bäume gebunden, und ihnen gleichfalls die Därmer aus dem Leib gerissen. Zum Glück wurden diese Bößwichter bald entdeckt und 10ne derselben anno 1078 mit dem Rad hingerichtet. (In: Glanz)

Im Zuge der ökonomischen und physischen Vernichtungsaktionen bildete sich eine alltägliche Widerstandswelt heraus, die Reproduktionsnotwendigkeit war und zugleich Resistenz. Eine Darmstädter Handschrift berichtet über die Vernichtung der jüdischen Gemeinde in Mainz im Jahre 1096, die Gottesfürchtigen hatten Panzer angelegt und sich umgürtet mit Kriegswaffen von Groß bis Klein, und Rabbi Kalonymos bar Meschukam stellte sich an die Spitze. Elieser bar Nathan berichtet vom Widerstand:

Als ein Jüngling Namens Simcha der Priester sah, daß man ihn in die Kirche zur Taufe führte, schwieg er dazu bis zu seinem Eintritt; dann zog er jedoch aus seiner Tasche ein Messer hervor und erstach damit einen Fürsten, einen Enkel des Bischofs. Man zerhieb sogleich seinen Körper in Stücke.

Bei den Angriffen gegen die Mainzer Gemeinde erschlugen die Juden 200 Feinde; als weiterer Widerstand unmöglich war, zündeten sie ihre Häuser an und verbrannten in den Flammen. Nahezu die ganze Gemeinde, 6000 Juden, kam in den Kämpfen um gegen die überwältigende Zahl von Kreuzzüglern.
Der Bischof Huozmann von Speyer gestand den Juden zu, Wachdienst für ihr Quartier zu leisten. 1252 wird von Worms berichtet, daß die dortigen Juden an den Belagerungsarbeiten teilgenommen haben und sie vom Rabbiner Eleasar die Erlaubnis erhalten hatten, am Sabbath Waffen zu tragen. Dort galt es nicht nur, den Mauerabschnitt der Juden zu verteidigen, sondern die Juden mußten ihre Waffen zur Verteidigung gegen König Otto in der ganzen Stadt einsetzen. Auch der Sachsenspiegel — in der Dresdner Bilderhandschrift — hält die jüdische Waffenträgerschaft fest. Ohne einen Alltag von Widerstand zu entwickeln, hätten große Teile der jüdischen Bevölkerung die Verfolgungen nicht überlebt. Die schließliche Avantgardeposition

in der Verteidigungspolitik und der Produktion einer Subgeschichte als Gegengesellschaft war kein voluntärer Akt und keine mystische Qualität der Gattungsgeschichte, sondern soziales Erfordernis und kulturelle Produktivität zugleich. Dies gilt auch für die bürgerlichen Strata der hebräischen Bevölkerung, solange dies noch möglich war, wie im Kölner Bürgeraufstand gegen den Erzbischof 1257

die Kölner rückten über den angefüllten Bach, geriethen ins Gemenge, wichen zurück ... Der Erzbischof floh ... doch wurden noch tapfere Geschlechter, die sich zu weit vorgewagt, der reiche Matthias Overstolz, Daniel der Jude, Peter von dem Leppard, an der Brücke gefangen. (Barthold)

Oder eine andere Art von Widerstand, die leichterdings als Schwäche ausgelegt wurde, aber ihre ungeheure Kraft angesicht der überwältigenden Verfolgungsgewalten erst den Nachgeborenen offenbarte: in Worms, Mainz und Bacharach (1096) töteten sich die Juden gegenseitig vor der Gewalt der Kreuzfahrer. In Eßlingen im Jahre 1348 sah man Mütter ihre Kinder auf den Scheiterhaufen werfen, damit sie nicht zwangsgetauft würden; die Frauen sprangen hinterdrein in die Flammen. Die restliche jüdische Gemeinde verbrannte sich in ihrer Synagoge. Bei den Judenverfolgungen 1349 steckten die Juden ihre Häuser in Brand und verbrannten darin, ebenso in Köln, Oppenheim, Wien und Frankfurt. In einem Bericht über das Judenpogrom Ende Juli 1349 in Oppenheim heißt es: "Aus der Spitze der sich tapfer zur Wehr setzenden Oppenheimer Juden fiel ihr Rabbiner R. Joel Hakkohen."
Gewiß waren nicht nur Juden Opfer. Einige Jahre nach dem schwarzen Tod und den Judenvernichtungen belegen Frankfurter Gerichtsbücher (1371) folgende eigentümliche Waffenbrüderschaft:

Unsre herren hant gewist mit dem urteile, daz Josib von Cassele der jude sulle vorzuszen die hoisten buesze, als nicht umb wonden, von Kalmans wegin, also he gesprochin hatte widir Joselin, he hette yme gewegelagit mit christen und joden.

Man könnte an dieser christlich-jüdischen Waffenbrüderschaft vorbeilesen, so wird es gemeinhin gehalten. Die Wegelagerei ist aber in dieser Quelle doppeltes Indiz: für den gemeinsamen Kampf von Juden und Christen, wie für militärische Auseinandersetzungen klassenmäßiger Art, für bürgerkriegsähnliche Guerillaaktionen. Ohne eine alltagsmäßige und kulturelle Basis wären sie nur vorübergehende Raubzüge. Daß sie aber einer eigenen Kultur angehören, dies zeigen die Weiterentwicklungen von Kampfformen, die eben nicht nur Fluchtformen sind. Aus Bettlerorden entstanden — Zeichen für bürgerkriegsähnliche Auseinandersetzungen — Mordbrennerbanden, die sich neben der rotwelschen Sprache auch mittels Zeichen verständigten. Auch die "Brennerzeichen der Wiedertäufer" signalisieren sozialrevolutionäre Aktionen.
Noch nach der Niederschlagung der Bauern (1525) sind aus Schwaben Erlasse gegen "Landstreicher, Schmuttierer, Scheiden- und Löffelmacher, Zahnbrecher, Wurzel-

Mordbrennerzeichen, 1577

gräber, Röthelsteinträger und andere Krämer, welche ihren Kram auf dem Rücken tragen", überliefert. Die Obrigkeit ging also gegen die Landfahrer insgesamt vor — gewiß nicht ganz aus dem Blauen, denn weitere Mordbrennerbanden trieben mittels Briefen mit Pulver und Schwefel und den sogenannten Holländerröhrchen — einer Frühform des Molly — ihren Guerillakrieg gegen die Herrschaft weiter. Aus dem Jahre 1577 werden obige Mordbrennerzeichen registriert.

Die Mordbrenner werden steckbrieflich gesucht. In diesen damaligen Fahndungsbriefen spielten die Bekleidungsstücke dieselbe Rolle wie heutigentags die Physiognomik auf Fahndungsplakaten in Tankstellen, Arztpraxen und Polizeilokalen. So wird von Moritz Schone (1540) berichtet, er habe "gele strümpff hosen an". Hans Mummenschürer "ist ein nidderstemmig Man, und hat ein Weib, die hat einen geflickten mantel, und einen schwartzen hut auff". Die Bewaffnung des Hans von Basel war höchst simpel, wohl aber gefährlich, denn wie er "gepersonirt" ist, war sie wirkungsvoll: "hat einen knebelbart, treget bleykugel, damit wirffet er die Leute tode." Auch Theoretiker waren dabei, wie Greger Schreiber, "is wol gelert". Ansonsten, von Innsbruck bis Merseburg, wird hervorgehoben: "die künen die sprach Rotwelsch."

Daß neben anderen Welschen auch Hebräer diese Gruppen mitgeprägt haben müssen, geht aus einer Tagebuchaufzeichnung des Meister Franz, Scharfrichter zu Nürnberg, aus dem Jahre 1592 hervor:

Den 25. Aug. Hay Judt, so von Lichtenau herein geführt, wegen das er die Christen weiber hinterwertz überfallen, zu seinen Mutt willen gebrauchen, nöttigen wollen, und alle weil an ihnen genollet, bis ihme aus Frechheit sein Natur entgangen, alhie mit Ruthen aus gestrichen.

Fischart merkt über die Sprache der "Zunfft des Rabenfutters" (1593) an: "Ey wie schöne chaldeische Namen!"
Die Armut hat in ihren Gewaltverhältnissen auch die Gewalt der Gauner bestimmt. Deshalb ereignen sich in besonders elenden Verhältnissen gewaltmäßigere Aktionen. Dies war namentlich in Prag der Fall; die dortigen jüdischen Gauner waren den deutschen Banden an Gewaltanwendung überlegen. Insgesamt hieß es, daß "sonderlich bey den Boehmischen und Polnischen Juden Mord- und Totschlag gemeyn sey".
Im Dreißigjährigen Krieg schließlich stellt das Kriegerdasein zuletzt das einzige Überlebensmittel dar. Juden ließen sich — zum ersten Male — für die Heere werben. Auch christliche und jüdische Gauner als Basis für ökonomische Operationen. In diesem Kriege war es an der Tagesordnung, die Augen auszustechen, Nasen, Ohren, Arme, Beine, Brüste, Fußsohlen abzuschneiden, Schwefel in die Körperöffnungen zu schütten und anzuzünden, Kinder zu zerstückeln und zu braten. Es waren nicht nur die Herrschaften, die gewaltmäßig vorgingen. Die Menschen hatten Spaß an diesen Praktiken bekommen.
Das Überleben hatte sich nun grundlegend vom Bettel geschieden. Plünderung, Töten, Jagd auf Menschen zum Verzehr, das Ausgraben von Leichnamen im Kirchhof — diese Praktiken ermöglichten die Fortexistenz. Die Gewalt setzte sich in den Assoziationen der Überlebenden fort: es begann die Zeit der bewaffneten Banden. Und damit die Epoche der Appropriation von Eigentum: der Diebstahl von Beutegut als Ware.
Der Dreißigjährige Krieg bedeutet keineswegs eine Episode im Waffenhandwerk der Hebräer. Das Soldatenleben hat mit der Gaunerwirtschaft bedeutende Kongruenzen. Der schon erwähnte Hoyum Moyses war nicht nur Soldat in königlich-preußischen Diensten in dem löblichen Donauischen Regiment zu Wesel, — er desertierte auch aus diesem Schlägerhaufen; danach hat er einige Jom Lakige gemakent (Diebstahl bei Tage).
Joseph Landau, einige Jahrzehnte später und signalisiert in der Bierbrauerschen Liste, "ist 6 bis 27 Jahr alt, grosser, starker Statur, hat ein frisch-rötliches Angesicht, braune Haar, jedoch keinen Bart und ist Reuter unter denen Franzosen gewesen."
In den Signalements von Becker wird des Herzchen Schuster gedacht:

alt 42 bis 43 Jahr, 5 Fuß 3 Zoll groß, schwarzer Bart, schwarze gebundene Haare, längliches Gesicht, pockennarbig, schwarze Augen, spricht schön deutsch und französisch, gebürtig von Osterspey in der Gegend von Lahnstein, hat im Revolutions-Krieg gedient. Ein Jude.

Viele der Räuber kamen von den alten Libertinern, auch christliche, wie der gefürchtete Franz Bosbeck, der die holländische und mersische Räuberbande kommandiert hatte. In der brabantischen Revolution finden wir ihn als Anführer eines Rebellenhaufens. Die Mersener, Neuwieder usw. rekrutierten sich meistenteils aus

"Abbildung von dem moerderischen Angriff und darauf erfolgten Mordthat des Landlieutenant Emeraners auf der Glashütten in der Graffschaft Nidda"

jüdischen Überlebensstrategen, die entweder ihre Praxis im Traditionszusammenhang der Mersener Bocksreuter sich einverleibt oder ihre Lehrjahre in den Revolutionshaufen verbracht hatten. Die jüdischen Banden mußten daher nicht schauspielern, wenn sie als militärische Corps durch die Lande zogen, beritten, unter Absingen der Marseillaise.

Colloredo (Joseph.) Den Nahmen Colloredo hat er von dem kaiserlichen Regimente, unter dem er einst diente; alt 36 bis 40 Jahr, 5 Fuß 6 Zoll groß, schwarzer Bart, schwarze krause gebundene Haare, längliches Angesicht, rothe Wangen, gebogene Nase, schwarze Augen und Augbraunen, spricht gutes deutsch, und versteht französisch. Er ist gebürtig aus Gent, hat in Mersen gewohnt. Ein Jude. (Becker II)

Eine harte Gewaltkur war es, diese Waffenträgerschaft erlahmen zu machen. Umso erschrecklicher wollen dann die Berichte des Polizeiaufklärers Becker über die jüdischen Banden aufwühlen, *daß diesen Unmenschen kein Widerstand zu leisten seye, daß sie in einer großen Anzahl zu Pferde, bewaffnet mit Pistolen, erschienen, und die festesten Thoren stürmten und zersprengten, und daß man dabey nicht wußte, woher sie kamen und wohin sie zogen, daß der, der von ihnen zum Opfer einmahl bestimmt war, seinem Schicksale nicht entgehen konnte.*

Dieses dahinstreunende Bettelvölkchen, durchwoben von Vieh- und Galanterie-Handel, hat offensichtlich einige Erfahrungen aus Verfolgungen und Kriegshandwerk ziehen können. Becker muß Erstaunliches zugestehen:

Die niederländische Bande, die wir in der Paralelle in so abstechendem großen Lichte erblickt haben, bestand oder besteht noch größtentheils aus derjenigen Nation, die Schinderhannes zu hassen affectirt hat, aus (brabantischen und holländischen) Juden; aber gewiß nicht von der furchtsamen Classe dieses Volkes. Wir dürfen nur des einzigen Beyspiels erwähnen, daß mehrere den Säbel in der Hand sich dem französischen den Beraubten zu Hülfe eilenden Militaire widersetzt haben, und mit Wunden auf der Stirne und auf der Brust gefallen sind. Den Hauptzug im Charakter eines jeden großen Räubers, Verschlagenheit, seine undurchdringliche List besitzen die Niederländischen fast alle und zwar in nicht minderm Grade.

Zur Zeit der Mersischen Bande kommen drei Mitglieder derselben, Kaufmann, Salomon Raphael und Hirsch Spinnas nach Erkelenz. Sie geben sich als Lieferanten der Armee aus. Ein der Obrigkeit zugeneigter Bürger zeigt sie an, namentlich beim Juden Kaufmann finden sich Pistolen und Messer, auch sonst Knebelstricke und Wachsstöcke. Ihre Moralität war freilich vom Mersischen her völlig verbürgt und ihre Pässe in bester Ordnung. Selbst in Stätten von einiger Intimität verblieben die jüdischen Mitbürger nicht unbewaffnet. So brachten zwei Bordellnymphen zur Zeit der Neuwieder Bande dem Friedensrichter, Bürger Kramer, zwei Sackpistolen an, die sie unter den Kopfkissen ihrer beiden hebräischen Gäste entwendet hatten. Der Bürger Kramer ließ verhaften. In der Stuhlmüllerschen Liste findet sich der Serphes Joseph. Im Gesicht weist er Hiebnarben auf. Er hat ein Studium generale durchgemacht und ist in allen Gattungen zuhaus, als Chalf, Dorfdrucker, Schottenfeller, Schränker, und fühlt sich in allen Fraktionen der Profession heimisch; selbstverständlich polylingual und äußerst gefährlich. Aus jeder Verlegenheit holt er sich wieder heraus und ist vor allem in der Benutzung des Messers von Gewandheit. Wie viele dieser Weltmänner besitzt er eine einnehmende Galantheit. Der Tochter des alten Vorsängers zu Wallenstein, Bella mit Namen, hat er — nach einem Diebstahl von Muskatnüssen — einige dieser gesuchten Gewürzartikel geschenkt. Überhaupt wird sich der Leser wundern, wieviele der Juden als verwegen, gefährlich, gewalttätig, kräftig und kühn charakterisiert werden. Man wähnt dieses Völkchen hinter seinen Ghettomauern beim Beten und plötzlich sind in die Sättel Pistolen eingenäht, und die Stiefel und Gürtel stecken voller Dolche.

Jokof oder Jacob Waldmann, Jacob Lukas, auch Jarrisch genannt, derselbe giebt sich aber nach Umständen einen andern Namen. Wohnort: Soll im Röhr-Departement gebürtig seyn,

Überfall auf die Glashütte Nidda

und treibt sich unstät in Baiern, Würtemberg und Baden herum. Signalement: Alter, ohngefähr 54 Jahre. Größe, 5 Schuh, 10 Zoll. Statur, stark, dick und untersetzt, mit breiten Schultern. Haare, schwarzbraun und grau, auch kraus. Stirne breit. Augenbraunen, braun. Augen, grau. Nase, groß und stark. Mund, groß. Lippen, aufgeworfen. Bart und Backenbart, schwarzbraun und grau. Gesichtsform, groß voll und dick. Besondere Kennzeichen: Im Gesicht scheint es, als wenn er einmal mit Pulver geschossen, und die Körner ausgegraben wären, daher es aussieht, als wenn er Pockennarben hätte. Er hat einen sehr verwegenen Blick, spricht deutsch und französisch, und trägt eine Brille. Er soll auch bey einem Raube einen Schuß in den Schenkel bekommen haben, wovon ihm die Kugel noch im Fleische sitzen, und die Narbe sichtbar seyn soll. Gaunergewerb: Räuber 1. Classe, resp. Hauptmann.

Dieser ausserst kühne, verwegene, und in jeder Rücksicht höchst gefährliche, ergraute Räuber treibt sich leider auch in Baiern umher, besonders in den Oberdonau-Rezat- und Untermainkreisen.

Im Jahre 1810 wurde er mit Damian Hessel und frühern Raubgenossen zu 24jähriger Eisenstrafe verurtheilt, zu welcher Zeit er sich als Raubgenosse von Suskind Pokenheim in Würzburg aufhielt. Im Jahre 1811 wurde er von München aus als Komplice des Sekel Löb Süs, Maron Bär et Cons. mit Steckbriefen verfolgt, und seit dieser Zeit treibt er sich bald in Würtemberg, bald in Baiern, Hessischen und Badischen umher, und raubt, wo es etwas giebt.

In seiner Gesellschaft befinden sich gewöhnlich mehrere Personen, lauter geprüfte verwegene Kerls, auf die er sich verlassen kann, und darunter sind die vorzüglichsten Jekof Knubbel, Chaimche Stein, Joseph der Christ und Rachmühls Bärche und sein Stiefsohn Meyer Fuchs — kurz, geprüfte Räuber. Sie tragen zum Schränken Säcke auf bloßem Leib, und führen gewöhnlich Waffen bey sich, so wie Waldmann mit Pistolen und einem langen Messer bewaffnet zu seyn pflegt. Die wenigsten seiner Räubereyen sind bekannt. (Stuhlmüller, 1823)

Die Welt der Gauner hat sich gegen die Gewaltprozesse von Zivilisation und Herrschaft geformt. Sie ist somit durch und von Gewalt gekennzeichnet; sie ist aber auch — und dies ist eine weitere Bestimmung ihrer Subgeschichte — eine Populärkultur des Widerstandes. Diese Subgeschichte ist indessen nicht nur eine reaktive Geschichte des Opferstatus, sondern eine produzierte materielle Kultur von unten — sie ist Aktion, nicht nur Reaktion.

Mit dem Eindringen der Juden ins deutsche Bandenwesen setzt sich eine eigene Entwicklung militanter jüdischer Banden durch. "Schon die Beteiligung von Juden an deutschen Banden hatte ein Staunen der Umwelt hervorgerufen, denn sie stand so ganz im Gegensatz zu dem Bilde passiven Ertragens von Leiden, das der Jude sonst überall bot. Mit dem Auftauchen der selbständigen 'Judenbande' wandelte sich dieses Staunen in ein unheimliches Gefühl, in welchem nicht nur alte magische Vorstellungen vom Juden weiterwirkten, sondern auch eine dunkle Ahnung davon aufkam, daß die Welt der Subversiven sich strukturell geändert haben müsse." (Glanz)

Juden sind "überhaupt als eins der Grundelemente des deutschen Gauner- und Räuberwesens" zu betrachten; und der Chronist der "Fahrenden Leute", Th. Hampe, fügt hinzu, die "mittelalterlichen Christen haben es dazu gemacht". Kriminalberichte nehmen sich der jüdischen Gauner in einer Art mythischen Schreckens an, so

"Famose Mordthat welche der justificirte Hemperla und seine mordcameraden an dem Pfarrer Heinsius und desen Frau zu Dörßdorff im Gräffe Ittsteinischen ausgeübet haben"

J. J. Bierbrauers "Beschreibung Derer Berüchtigten Jüdischen Diebes-, Mörder- und Räuber-Banden, welche seither in geraumen Jahren hin und wieder im Reich viele gewaltsame Beraubungen, Mordthaten und Diebstähle begangen haben, vornehmlich hiesigen Hochfürstlichen, sodann auch denen umliegenden churfürstlichen, Fürstlichen, Gräflichen und Ritterschaftlichen Landen, desgleichen verschiedenen Reichs- und Hansen Städten, samt allen deren Criminal-Gerichten bey vorkommenden Fällen zum nützlichen Gebrauch" (1758), — denn ein "höchst-schädliches Geschmeiß" hat sich da herausgebildet, wie ein Heuschreckenschwarm vor der Pest! Die Polizeiwissenschaftler stehen vor Rätseln. Der Forscher Becker (1804) muß es "unendlich" bedauern, "daß ihm über die Art und Weise, wie sich Picard aus seinen Ketten losgemacht hat, noch zur Zeit nichts bekannt geworden ist. Späterhin, wenn von den Räubereyen der Mersischen und Neuwieder Bande nach dem Jahre 1796 gehandelt wird, erhalten wir erst wieder Gelegenheit und Stoff von diesem Räuberchef zu reden. Soviel ist gewiß, mit seiner Gefangennehmung schien die brabantische Bande völlig aufgelöst zu seyn." So hoffte der Chronist, und damit wäre die räuberische Judengeschichte ein episodisches Rätsel geblieben. Kriminaltheoretiker Avé-Lallement gibt noch Jahrzehnte später (1852) neue empirische Spuren unserer Subgeschichte bekannt, — die "historisch nachgewiesene Existenz von Gaunerbanden, die der Zahl nach überwiegend oder sogar ganz aus Juden sich zusammengefunden und gruppiert hatten".
Die Ambivalenz von Gewalt, Instanz von Herrschaftsausübung zu sein wie von den Unterdrückten selber auch getragen und zur moralischen Instanz gemacht, markiert eigene kulturelle Formen der Einheit von Anpassung und Widerstand zugleich. Das

Mordüberfall der Hemperla-Bande auf den Pfarrer Heinsius und dessen Frau

Gaunertum vereinigt die Übernahme von herrschaftlicher Gewalt, von unterdrückender Gewalt und Resistenz; es stellt eine Gegengewalt dar, welche die unterdrückende Gewalt inkarniert hat und sie als Widerstandsform anwendet. Das Gaunertum akzentuiert somit neben der Anpassung im Alltag die zweite Seite der subversiven Geschichte der unteren Klassen: Widerstand und Gegengewalt im Alltag. Beide Seiten, der jahrhundertelange gewaltmäßige Alltag der Einübung von Unterdrückung sowie das Aufbegehren im Alltag, können nicht getrennt behandelt werden. Freilich bleibt diese Resistenz kupiert, wenn sie nicht im Reproduktionsprozeß einer eigenen Kultur die Gewalt selber transzendiert.

Die Judenverfolgungen, die wie Naturkatastrophen die Gemeinden heimsuchten, schufen jahrhundertelanges Elend. Neben den wenigen reicheren Familien — deren Namen die offizielle jüdische Geschichte bestimmen — entstand die jüdische Armut, die aus dem bürgerlichen Leben der kleinen Restgemeinden ausgeschlossene Bettelschar. Zwar konnte die Versorgung der jüdischen Armen von den Gemeinden über lange Zeit aufrecht erhalten werden, doch vermochten es die durch Pogrome verarmten Gemeinden nicht, die herumziehenden Armen sich ansiedeln zu lassen. Einige konnten zeitweilig niedere Funktionen als Diener oder Vorsinger ausüben, die Mehrzahl war zum Vagieren gezwungen. Ihnen war auch das Recht auf Familiengründung untersagt. So entstehen die "Schalantjuden", die schalenzenden, faulenzenden Juden. Namentlich umfaßt dieser Begriff die wandernden jüdischen Scholaren. Durch die Integrationsinstanz des Ghettos und der sittlichen Ökonomie der Gemeinden konnte der betrügliche Bettel reduziert werden; als soziales Phänomen taucht er später auf als der christliche Bettel. Jüdische Vaganten benutzten nur vorübergehend die verschiedenen Formen des betrüglichen Bettels, die das Liber Vagatorum schildert. Hatten die nichtsteuerzahlenden Gemeindeangestellten wie Rabbiner, Lehrer, Schächter oder Schneider wenigstens noch den Status von ausgehaltenen "Brödlingen", so waren die namenlosen Fahrenden nahezu rechtlos — sie entrichteten keinen Judenschutzzoll.

In der großen Zeit des fahrenden Bettels bestand die Ökonomie der Armut vornehmlich in einer Extraktionswirtschaft; man zwackte denen ab, die mehr hatten. Dies galt auch noch für die patrizische Verfassung der Städte. In dieser Zeit überwiegen die Strafen auf körperliche Angriffe. Mit der zünftlerischen Verfassung macht sich ein Übergang bemerkbar: sie bedeutet die Transformation zur Warenwirtschaft. Überwogen in jener körperliche Injurien, so nehmen nunmehr Eigentumsdelikte zu. Sie werden schwer bestraft: Diebstahl mit Erhängen. Die Zunahme der Eigentumsdelikte spiegelt zugleich wieder, daß die paternalistische Ökonomie der patrizischen Verfassung nicht mehr ausreichte zur Reproduktion großer Bevölkerungsteile.

Im 18. Jahrhundert nahm die Armut ungeheuer zu. Die wandernden Juden bildeten eine Gefahr für die jüdischen Gemeinden; deshalb wurden die Judenherbergen außerhalb der Ghettotore gelegt. Auch innerhalb der Judengemeinde scheidet sich die akkomodierte Judenheit von den outcasts. Es gibt keinen Einstieg mehr in die festen Wirtschaftsnetze der Gemeinden wie ehemals nach Katastrophen. Die geschlossenen ökonomischen Verfassungen der Städte und Landgemeinden lassen keine Expansion mehr zu. Österreich versuchte schließlich, die Betteljuden in die Türkei zu schaffen (1785); die Judengemeinden unterstützten diese Aktion. Die Kommunen waren nicht fähig, die wachsende Zahl der Fahrenden und der städtischen Plebejer

Gauner sind Menschen, die Gewerb vom Rauben und Stehlen machen, und um dieses Handwerk mit Vortheil zu treiben, gewisse Gebräuche und eine eigene Sprache haben. Alle, die gleiche Grundsätze und Gebräuche beobachten, sind ihre Verbündete, und die Gauner-Sprache ist das Vehickel, durch das sie sich erkennen. (Grolman, 1813)

Unter dem Ausdruck Gauner, Spitzbuben, Gaudiebe versteht man bekanntlich Menschen, welche den Diebstahl als ein zunft- und handwerksmäßiges Gewerbe treiben und den Gesetzen aller Länder hohnsprechend, nur diejenigen Regeln befolgen, durch welche ihre, auf das Verderben des friedlichen Bürgers berechnete, Existenz bedingt ist. Hindeutend auf das Verhältniß, in welchem sie sich zu der übrigen Menschheit betrachten, nennen sie selbst sich Kochemer, d.i. Kluge, während sie alle, welche nicht ihren Diebesgrundsätzen huldigen, mit dem Namen Wittische, d.i. Dumme, bezeichnen. Ohne unter sich eine eigentlich geregelte Gesellschaft auszumachen, verbindet sie nichts destoweniger gleiche Lebensart, gleiche Sitten, gleiche Meinungen und eine eigene Gesellschaftssprache zu einem großen gemeinschaftlichen Ganzen. (Schwencken, 1820)

in den Reproduktionsprozeß einzubeziehen oder diesen Armen Versorgung zukommen zu lassen. Die wachsende Exklusivität der Zünfte und die Ausbildung diffiziler Aufnahmerituale sind in diesem Kontext zu verstehen. Umgekehrt, von unten gesehen, war mit Warenverkehr und Warenproduktion die simple Extraktionswirtschaft ein nur marginales Überlebensmittel geworden. Aus der Beute beginnt sich ein Warenverkehr zu konstituieren. Gewiß wird weiterhin gebettelt, vor allem in konsistenteren jüdischen Gemeinden; aber das Betteln wird ungleichzeitig, ökonomisch veraltet, — von oben gebrandmarkt. Am härtesten trifft dies die Betteljuden. In einem Edikt des Herzogs Anton Ulrich, Wolfenbüttel am 31. August 1712, heißt es:

Die Bettel-Juden ... zum ersten mahl mit harter Gefaengnis auf zehen bis vierzehen Tage beleget: in die aergsten Hund Loecher geworffen ... zum zweyten mahl mit Staupen-Schlaegen und einem Brandmahl beleget / zum dritten mahl aber mit dem Strange bestrafft werden. (In: Glanz)

Dieses Edikt spricht die Verkehrung des Prinzips einer allgemeinen moralischen Ökonomie der Armut aus, wie sie bis zum 13. und 14. Jahrhundert gegolten hatte. Mit der wachsenden Verstädterung, dem Warenverkehr und dem aufkommenden Bürgertum hatte sich Makel an die fahrenden Leute geheftet. Aus den Vagierenden wurden Vagabunden. Die Gesellschaft wurde seßhaft. Landfahrer gehörten alsdann zum Gesindel.

Löwge Wetzlar, oder Stutzohr, ist über etlich und sechzig Jahre alt, des Berige Wetzlars Vater, und Wolff Wetzlars Schwieger-Vater, ein kleines Männgen, welchem zu Wetzlar beyde Ohren abgeschnitten worden, so man aber, wegen derer starck darüber verwachsenen schwartzgrauen Haare, nicht sehen kan, hat einen starcken schwartzgrauen Bart, ist ein listiger Ertz-Dieb, und führet immer vor 3 oder 400 rthlr. Handelschafft bey sich. (Coburger Designation)
Salomon Guntzenhaussen, ist ohngefähr 38 Jahr alt, kurz-gesetzter Statur, hat ein frisches Angesicht, schwärze, krause Haar, dergleichen Bart, ein Brandmark auf dem Rücken und ist beweibet. (Bierbrauer)

Mit diesen Veränderungen der Formbestimmung der Armut war natürlich keineswegs der Armut selber abgeholfen. Den Restriktionen antwortet ein betrügliches und schließlich ein bewaffnetes Gaunertum. Die Form des Überlebens mußte sich auf den Warenverkehr einstellen, Waren selber mußten expropriiert werden. Der Formwandel des Gaunertums bedeutete einen Guerillakrieg gegen das Eigentum: bewaffnete Diebe und Räuber betreten das Terrain. Aus diesem Guerillakrieg geht die Bande hervor.

Polizei- und Justizmänner ergehen sich im Jargon des Bürgerkriegs, "ein stehendes Heer von vielen tausenden" erheischt außerordentliche obrigkeitliche Anstrengungen; denn diese "Auswürflinge", diese "schädliche Rotte" muß "von Grund aus vertilgt werden", meint Schöll (1793) in seiner Schwäbischen Liste. Ein solcher Kriegszug dient schließlich dem Ruhme des Vaterlandes, und Schöll wähnt heilige Pflicht, wenn er erwartet, daß "schwäbischer Patriotismus sich vereinigen werde", um "jener 'Landplage' ein Ende zu machen". Auch später bei Thiele errät der Leser, wie der Gaunerjäger am liebsten sogleich die preußische Armee mobilisieren möchte. Das Militär wurde in selbstverständlicher Weise eingesetzt, so gegen den Räuber-Chef Afrom May, der gerade nach Gelnhausen retirieren wollte. Die Armeen waren indirekte Steuereintreiber durch ihre Präsenz gegenüber den Bauern; da hatten sie mit den Räubern immer ein kleines Kriegsspiel in petto.

Von den Mersenern berichtet Becker aus dem Jahre 1797:

Am fünf und zwanzigsten April, also mehr nicht als vier Tage nach dem Mühlheimer Raube fiel jener zu Odenkirchen bey dem Küster Pauen vor. Jan der Brabänder und Jonas Lichtinger waren die Anführer. Generalchen, Adolph Weyers, Student, Falksmottchen, Selig, Raphael waren dabey zugegen. Hier wurde grade auf die nähmliche Art wie in Mühlheim manöuvrirt. Auch hier bemächtigte man sich der Nachtswächter, brachte sie an einen entlegene Ort, knebelte und bewachte sie, auch hier bestürmte man das Haus des Pauen mit einem Rennbaume, und besetzte nachher, als es ans Plündern gieng, alle Ein- und Ausgänge desselben. Pauen mit den Seinigen wurde gebunden und mißhandelt. Der Vicar Singer der sich zur Wehr setzte, wurde verwundet, und an baarem Geld, an Kirchengeräthe und Waaren des Werthes von 9000 Franc gestohlen. Einige Einwohner von Odenkirchen wollten ihren Nachbarn zu Hülfe kommen, aber die wachtstehenden Räuber hielten sie durch Pistolenschüsse zurück. Man wollte Sturm läuten, aber die Bande hatte vorher das Schlüssel-Loch der Kirche verstopft. Nach vollbrachtem Raube schlich sich der Theil der Räuber, der die Beute trug, durch den anschließenden Baumgarten davon. Hier erwartete ihn ein Karren, den ein kochemer Fuhrmann aus dem Jülicher Lande mitgebracht hatte, das Gestohlene aufzuladen. Der andere Theil der Räuber, vermuthlich um den Rückzug der übrigen zu decken, zog mitten durch den Ort unter lautem Lärmen und Absingen des Marseiller-Marsches, so kühn, so trotzend, als ob er nichts zu fürchten hätte, ab. Französische Cavalerie eilte von Wickerad herbey, aber die Bande war abmarschirt, und konnte nicht mehr erhascht werden.

Auch die Bande hat ihre ökonomischen Mucken, mit der sie auf die Zeitläufe reagiert, um sie umzumünzen, sie anzugehen. Ein neuer Name belegt die veränderte

Ökonomie der Bande, die "Chawrusse". Die Mersener hatten ihre Raubzüge — deshalb blieb die Mythologie der Bocksreuter so langlebig — in aller Stille vollzogen. Erst die Brabanter fingen mit Getöse an. Dies setzte sich fort ins Rechtsrheinische. Der Jakobinismus wurde umgemünzt auf die Minoritätsrevolution der Räuber.

Bey dem Anmarsche gegen das Haus, das man bestehlen will, erhebt die Bande gewöhnlich einen großen weitschallenden Lärmen. — Da während des Krieges dem Landmanne nichts schrecklicher war, als das Getöse herumziehender französischer Marodeurs, so ahmten die Räuber fast beständig in allen ihren Expeditionen dieses Getöse nach. Ein Theil schrie und tobte, der andre sang französische Lieder, der dritte ließ einen Strom französischer Flüche ertönen. — Und so wurden zum voraus die muthigsten Dorfbewohner, die vielleicht an eine Gegenwehre gedacht haben würden, entwaffnet, und ergaben sich willig in ihr Schicksal. (Becker II)

Namentlich kann bei dieser Innovation der Gebrüder Harting gedacht werden. Sie waren federführend bei der rechtsrheinischen Applikation der Niederländer — mit offener Gewalt vorzugehen und die bandenmäßige Organisation voranzutreiben. Bekannt wurden die rheinischen Banden durch ein auffälliges Diebsgerät, den Rammbock oder Rennbaum.

Es war in der Nacht vom 1. auf den 2. Februar. Die Räuber waren Johann Müller, Commandant, Fetzer, Schieman Engländer, Maschoker, Afrom May, Breslauer, Serves Döbele, Herz Schuster, Mausche Polak, Simon Ruben, Schlager, Anton Heize , Itzig Schnut, Sußkind, Etten, Michel Romich, Kur von Essen, Schmalnudel, Knirps von Cöln, Michel von Mükenhausen, Nicolas Chagre, ein Bäckersknecht aus Bonn, Sußkind Polak, sein Bruder, Meyer Fuchs, Johann Schnab von Essen, Mausche Weinjong von Amsterdam und Schuhmacher; also acht und zwanzig an der Zahl. Mit einem Rennbaume stürmten sie die hintere Hausthüre auf. Die erste Person, die ihnen entgegenkam, eine Magd, die noch nicht zu Bette gegangen war, banden sie an Händen und Füssen. Hierauf schlugen sie die Thüre an dem Schlafzimmer der Knechte voneinander, und knebelten zwey derselben nebst einem Schneidedr, der damahls bey diesen schlief. (Becker II)

Voran zog der Capitaine, der den Schocher (Brecheisen) als Kommandostab trug; dann folgten die Mannschaftsleute mit dem Rennbaum, es konnte auch ein Wegweiser sein oder ein Kreuz. Durch ihre oft fünfzehnjährige Erfahrung in dieser Form des Raubhandels entwickelten die Chefs eine besondere professionelle Kunstfertigkeit, die dann die Individualität der Bande prägte. Im Dorfe der Aktion angekommen, wurden die Nachtwächter gebunden und das Schlüsselloch der Kirche verstopft, damit niemand Sturm zu läuten vermochte. Dann ging die Schießerei los, die Marseillaise wurde gesungen und das Tor gesprengt:

Job Driteuden, der schon in den Jahren 1795 und 1796 bey der brabäntischen Bande figurirt hat, Anton Heinze, Kompelchen mit der Pey und die zwey Baldoverer Itzig Neckenich und

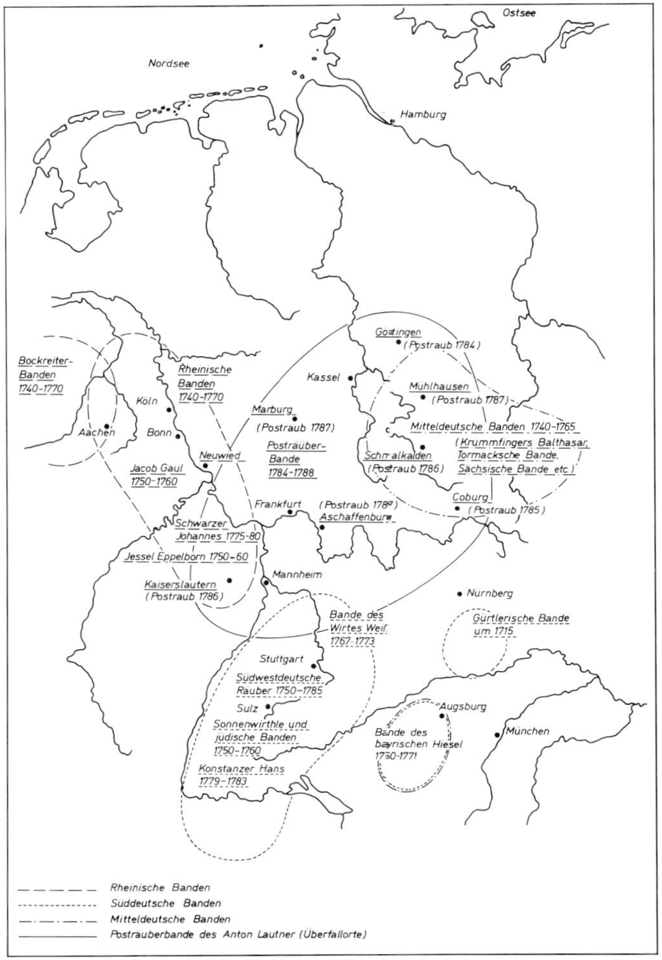
Ostsee
Nordsee
Hamburg
Bockreiter-Banden 1740-1770
Rheinische Banden 1740-1770
Köln
Aachen
Bonn
Neuwied
Jacob Gaul 1750-1760
Marburg (Postraub 1787)
Postrāuber-Bande 1784-1788
Kassel
Göttingen (Postraub 1784)
Mühlhausen (Postraub 1787)
Mitteldeutsche Banden 1740-1765
(Krummfingers Balthasar, Tormacksche Bande, Sächsische Bande etc.)
Schmalkalden (Postraub 1786)
Coburg (Postraub 1785)
Frankfurt
(Postraub 1789) Aschaffenburg
Schwarzer Johannes 1775-80
Jessel Eppelborn 1750-60
Mannheim
Kaiserslautern (Postraub 1786)
Nürnberg
Bande des Wirtes Weiß 1767-1773
Gürtlerische Bande um 1715
Stuttgart
Südwestdeutsche Räuber 1750-1785
Sulz
Sonnenwirthle und jüdische Banden 1750-1760
Konstanzer Hans 1779-1783
Augsburg
Bande des bayrischen Hiesel 1760-1771
München
Rheinische Banden
Süddeutsche Banden
Mitteldeutsche Banden
Postrāuberbande des Anton Lautner (Überfallorte)

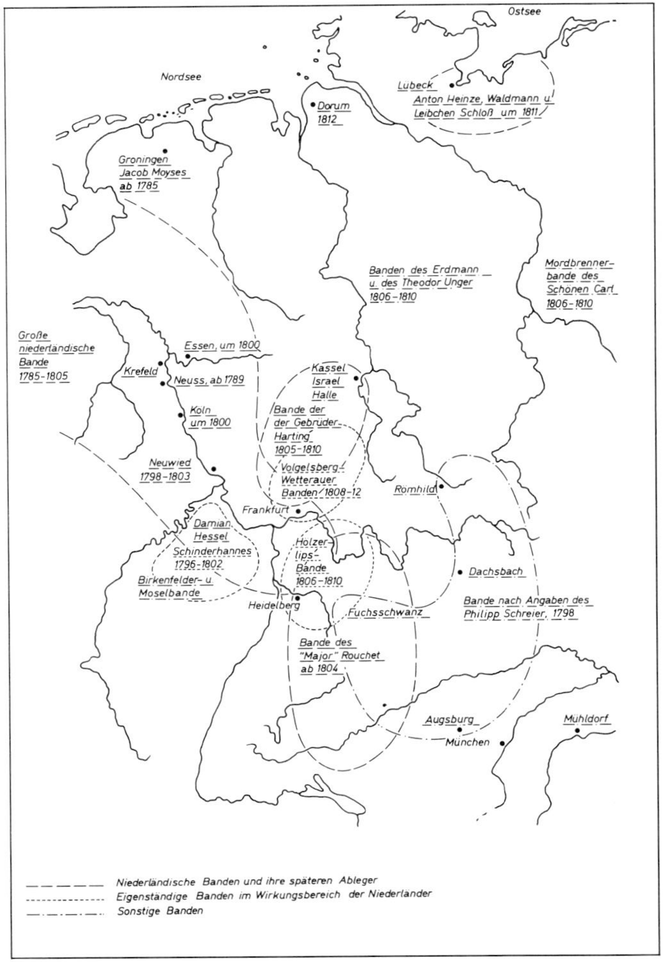
Ostsee
Nordsee
Lübeck
Anton Heinze, Waldmann u. Leibchen Schloß um 1811
Dorum 1812
Groningen Jacob Moyses ab 1785
Banden des Erdmann u. des Theodor Unger 1806-1810
Mordbrenner-bande des Schönen Carl 1806-1810
Große niederländische Bande 1785-1805
Essen um 1800
Krefeld
Neuss ab 1789
Köln um 1800
Kassel Israel Halle
Bande der der Gebrüder Harting 1805-1810
Vogelsberg-Wetterauer Banden 1808-12
Neuwied 1798-1803
Römhild
Frankfurt
Damian Hessel
Schinderhannes 1796-1802
Birkenfelder- u. Moselbande
Holzer-lips-Bande 1806-1810
Dachsbach
Heidelberg
Fuchsschwanz
Bande nach Angaben des Philipp Schreier, 1798
Bande des "Major" Rouchet ab 1804
Augsburg
München
Mühldorf
Niederländische Banden und ihre späteren Ableger
Eigenständige Banden im Wirkungsbereich der Niederländer
Sonstige Banden

Salmchen Neckenich, beyde von L...dorf waren Theilnehmer an dem Raube. Von Puderbach aus gieng der Zug in drohender feyerlicher Stille gegen das Haus des Viehhändlers. Unterwegs wurden große lange Hölzer aufgesucht und als Rennbäume mitgenommen. Bey der Ankunft vor dem Hause wurden die Wachen ausgestellt, die Lichter angezündet und nun gings ans Stürmen. Die Hausthüre that nicht lange Widerstand, desto schwerer aber hielt es die innere Zimmer-Thüre zu öffnen. Alle Arbeit, alle Mühe schien vergeblich zu seyn. (Becker II)

Die Chawrusse unterschied sich wesentlich von den deutschen Banden dadurch, daß sie eine Gegenkultur verkörperte. Hier herrschten die Regeln des jüdischen Lebens, die auch die Aktionsformen, die Tage der Brüche usw. bestimmten. Nach der geplanten und vollzogenen Aktion begaben sich die Gauner wieder zu ihren Familien ins Kochemerdorf, wie z.B. vertriebene Neuwieder nach Gelnhausen:

*Ein Theil der Bande war im August 1800 in Gelnhausen bey Sch** versammelt; ein Theil hielt sich in Eckederoth auf. Zu diesen stießen nun die aus Wesel flüchtig gewordenen Räuber, die nach dem Diebstahl in Sinzig länger nicht in der Gegend von Neuwied bleiben wollten. Overtüsch, Heckmann, Monsams und Fetzer waren in Gelnhausen, als sie durch Itzig Schnut einen Brief erhielten sogleich nach Eckederoth zu kommen. Im Hessenlande wäre was Großes zu handeln. Sie nahmen auf der Stelle eine Chaise und fuhren an den bestimmten Ort. Leyser Polak, den sie dort trafen, sagte ihnen: bey Parnes (Vorsänger in der Judenschule) seyen zwey Kochemer angekommen, die einen äußerst großen Diebstahl baldovern wollten, die Gebrüder Aron und Joseph Engländer. Die ganze Bande versammelte sich, hörte die Bothschaft der zwey Juden an, und entschloß sich den Raub auszuführen. Der gewöhnlichen Sitte nach wurden zwey aus der Bande, Serves Joseph und Meyer Gas nach Seelheim geschickt, um das Haus zu besehen und dessen Lage zu recognosciren. Um einen Vorwand zu haben in das Haus zu kommen, sollten sie mit dem Bewohner desselben sich in einen Pferdehandel einlassen. (Becker II)*

Der Leser wird sich an das legendäre Mersen erinnern, dann folgen Namen wie Neuwied, Elberfelde, Essen, Karlsberg oder Altleiningen in der Pfalz — vor allem aber, als die Neuwieder Bande gesprengt war, ein Eckchen fernab namens Eckardroth. Es war fünf Stunden über Gelnhausen gelegen und dreizehn Stunden von Frankfurt, Wald und Buschwerk umgab in Fülle dieses wirtliche Tälchen links abwärts von der Landstraße. Einige Gauner hatten sich seit geraumer Zeit hier angesiedelt wie der dicke Mathies und der alte Hannes mit Söhnen. Man kam dann nach. Große Namen findet man so in diesem Dörfchen mit einigen zehn Feuerstellen, Mentel Polack war angekommen, Süskind, Feist Hühnerhund. Vorübergehende Gastlichkeit fanden immer wieder Damian Hessel oder der große Picard. Ein derart verlorenes Nestchen weist auf eine bestimmte Gaunerwirtschaft hin, denn wer geht leichterdings dreizehn Stunden nach Frankfurt, um dort einen kleinen Coup zu lancieren. In Eckederoth, wie es sich auch schreibt, faßten sich somit weitverzweigte Unternehmungen zusammen, und Denker saßen dort, die in nationaler Größenordnung spekulierten. Dort reflektierten über die Jahre einige Generationen berühmter Gaunerstrategen. Der öffentliche Ankläger in Köln, Bürger Keil, hat folgendes Protokoll mit dem inkarzerierten Carl Heckmann aufgenommen:

Fr. Woher er wisse, daß der Amtmann von Eckederoth den Räubern Schutz und Aufenthalt gestatte?
*Antw. Ich weiß es aus meiner eigenen Erfahrung. Adolph Weyers weiß das nähmliche. Als ich mich aus Wesel losgebrochen, begab ich mich mit dem Overtüsch, Monsam und P. Tillenberg nach Gelnhausen, und logirte in der Burg bei Sch**. Dieser gieng mit mir zum Amtmann K** und verlangte Schutz für mich und meine Kameraden auf zwey Monate. K** fragte mich, ob ich einen Paß hätte, ich antwortete Ja; er erwiderte, es hätte nichts zu sagen, wenn ich auch keinen hätte, ich könnte einen von ihm bekommen. Hierauf rief Sch**, (der Kochem ist), den Amtmann heraus. Als sie beyde wieder hereinkamen, sagte der Amtmann, ich könnte dableiben, und meine drey oben genannten Kameraden auch, ich müßte aber für mich vier Kronenthaler zahlen, so wie diese auch. Damahls gab ich mir den Nahmen Johann Esch, Monsam sich den Nahmen Heinrichs.*
Als ich nachher in Cöln aus dem Gefängnisse entsprungen war, begab ich mich abermahls nach Eckederoth und begehrte Schutz. Man verlangte von mir 42 Gulden, ich hatte aber damahls nicht soviel und gab eine Karolin, wofür ich jedoch nur auf einen Monat Schutz erhielt. Da ich nach Verlauf eines Monats das übrige Schutzgeld nicht beybringen konnte, so gab man mir einen Paß für einen Kronenthaler; damahls nannte ich mich Johannes Töller.
*Zur Zeit als ich das letztemahl in Eckederoth war, schrieb die Frau des Overtüsch, die über mich erzürnt war, weil ich nicht mit ihr leben wollte, von Neuwied aus unter dem Nahmen Baums einen Brief an die Regierung in Hanau, in welchem gesagt wurde, daß zwey Räuber in Eckederoth angekommen wären, der eine wäre der Carl Heckmann, der in Wesel mit einer Bande von 15 ausgebrochen, in Cöln arretirt worden, und sich von dort geflüchtet hätte; der andere wäre der ebenfalls verurtheilte Adolph Weyers. Die Regierung von Hanau schickte diesen Brief an den Herrn von H**, der ihn dem Amtmann K** zuschickte, mit der Einladung, solches uns vorzuhalten. Nun ließ uns der Amtmann rufen, fragte uns, ob der Inhalt des Briefes wahr sey; wir antworteten Nein. Wenn dieß so wäre, nahm der Amtmann das Wort, so ist es besser in einem grünen Wald als in einem gezierten Kerker zu seyn, indessen habt ihr nichts zu fürchten, wenn nur keine Hessen kommen. Ich gab ihm einen Kronenthaler, Adolph Weyers aber eine Ducate. Vierzehn Tage darauf kam auf einmahl die Ordre von dem i ... B ... uns sogleich aus dem Gebiethe zu begeben, Ich fragte den Sohn des Bürgermeisters, was zu thun sey, um bleiben zu dürfen: er antwortete uns, der i ... B... braucht Geld, gebt ihm einige Kronen, so könnt ihr bleiben. Wir schickten ihm zwey Kronen und erhielten die schriftliche Erlaubniß, bis auf weitere Ordre zu bleiben.*
Damahls als das Posthaus zu Würges zwischen Limburg und Königstein von Picard, Müller und Schinderhannes gewaltsam beraubt worden, und überall strenge Untersuchungen geschahen, so ritt in der Nacht der Amtmann K... nach Eckederoth, um die Räuber, die er in Sicherheit genommen hatte, z.B. den dicken Mathies, den Anton Heinze und andere zu warnen; auch suchte er die hessischen Offiziere dahinzubringen, daß sie seine Schutzleute nicht in Verhaft zögen. Dieses hat mir der dicke Mathies, die Söhne des Hannes und der Wirth in Eckederoth erzählt.

Als einen fernern Beweis, wie gut es der Amtmann K... mit den Kochemern meinte, muß ich noch folgendes erzählen:
Wenn die Kochemer kein Geld mehr haben, so gehen sie zu dem Amtmanne, der ihnen vorstreckt oder auf Pfänder leiht, und ihnen sagt: "Wenn ihr einen guten Coup gemacht habt, so denkt auch an den Amtmann. Ein Jude wurde bey einem Diebstahle vor zwey Jahren durch einen Schuß stark verwundet, und kam nach Eckederoth, er bezahlte an den Amtmann acht Karoline und erhielt Schutz, ob er gleich durch Steckbriefe, die auch nach Eckederoth kamen, verfolgt wurde. Der Amtmann gab vor, der Jude sey nicht da!!!
Nach geschehener Vorlesung etc. etc. unterzeichnet Keil. — Carl Heckmann. (Becker II)

Der bedeutende Bandencapitaine Fetzer hat bei seiner Vernehmung vermerkt, nahezu alle Judenherbergen am Rhein seien kochem; diese Herbergen waren für die Niederländer und ihre späteren Nachfahren notwendige Unterschlupfstätten, doch reichten sie zur generalstabsmäßigen Vorbereitung für große Chawrussen nicht mehr hin. Die versteckten Mühlen von Schinderhannes nehmen sich gegenüber jenen Kochemerbasen geradezu lächerlich aus — die kleinbürgerlichen Beizen der christlichen Gaunerwelt sind ein Anachronismus. Die Hebräer dagegen haben die Realität der Warengesellschaft erkannt und entwickeln unter diesem Aspekt ihre Feldzüge. Allein, auch hierzu sind Ungleichzeitigkeiten vonnöten, geopolitische wie sittlich-ökonomische, um der sich durchsetzenden kapitalistischen Industrialisierung begegnen zu können. Hierfür ist Eckederoth Exempel. Dieser logistische Rückhalt, die Kochemersiedlung, gehört zur Politur des Zeitalters, das die Chawrusse hervorgebracht hat. Die Existenz der Kochemerdörfer belegt zugleich, daß mit Gaunern immer noch gute Geschäfte zu machen waren. Mit dem Recht auf Judenaufnahme ausgestattet, konnten adelige Gutsherren und Reichsritter den Hebräern die Ansiedlung gewähren.

Besonders seit die niederländischen und rheinländischen Banden zerstört und zersprengt wurden, zogen sich die geflüchteten jüdischen Verbrecher, stets schlauer als die christlichen, nach Deutschland mit ihren Familien, und siedelten sich allenthalben, und ins besondere auf adelichen Gütern als sogenannte Hintersassen an, wodurch sie in Deutschland Schutz erhielten, und neue Etablissements gründeten. Dazu gesellten sich noch jene Maßregeln der Staaten, wodurch mehr Regelmäßigkeit in die Heimathsverhältnisse der Vaganten gebracht wurde, und da eben die Vaganz manchen zufälligen Geburtsort eines Gauners in Deutschland zur Folge hatte; so kam es denn auch, daß die Nachkommen der größten Verbrecher aufgenommen werden mußten, ohne zu wissen, welch sauberes Mitglied die bürgerliche Gesellschaft gewann. (Stuhlmüller)

Wie der Kaiser mit seinen Kammerknechten die Ökonomie aufforsten konnte, so wiederum dessen edle Knechte, die Ritter, durch den Judenzoll, der ihnen irgendwann verpfändet war. Es gab noch ungefähr 350 reichsritterliche Familien, auf deren Gütern in Schwaben, Franken, im Hunsrück, Vogelsberg oder den Alpen rund 400.000 Menschen wohnten. Drei bedeutende Ritterkreise hatten sich erhalten, der schwäbische, der fränkische und der rheinische. Zur Zeit, als die Kochumerumfunktionierung ihrer Dorfflecken aufkam, kämpften sie bereits ums Überleben gegen die Königreiche. Der Volksmund sagte, man sieht es gleich dem Dorf an, wenn es ritterschaftlich ist. Denn die Aussaugungsmethoden gegenüber der Bevölkerung waren noch mit den mittelalterlichen Frohnden ausgestattet, die Herren führten ihr Patrimonialgericht, für Schulen wurde auch kein Geld ausgegeben. Zur besseren Besteuerungsmöglichkeit ihrer ausgelaugten Dörfer holten die Ritter namentlich Juden auf ihre Güter. Der Würzburger Archivar Stumpf meinte zu diesen reichsritterlichen Praktiken: "Viele Reichsritter suchen den Ertrag ihrer mageren Rittergüter dadurch zu verbessern, daß sie Judenkolonien, förmliche Judenkasernen anlegten und in Erteilung des Schutzes für vermögens- und oft heimatlose Kolonisten nicht sehr bedenklich waren."

So entstanden, namentlich in Hessen, Gaunersiedlungen. "Hier wohnen die Steigbettler, Zigeuner, Landsknechte, Betteljuden, Afterärzte und der Abschaum der Menschheit", beklagt ein Gewährsmann. Die Aktionen wurden in anderen Territorien durchgeführt, und so ging es — bestens besteuert — in der eigenen Siedlung in höchstem Frieden daher. Hessen bildete das Rückgrat für die Unternehmungen in ganz Deutschland. Die "Quarte", die Ecke zwischen Hessen, Thüringen und Eichfeld hieß unter den Juden der "Diebs-Thier-Garten".

In Eckederoth betrugen allein die Aufnahmegelder 100fl. Auch wenig weiter, bei Suchard in Gelnhausen auf der Burg, befand sich ein Unterschlupf. Wie Nicolaus Harting 1813 in seinem Verhör aussagt, war die ganze Burg kochem. Eckederoth bleibt freilich ein klassisches reichsritterliches Dörfchen, in dem die Gaunerwirtschaft vorankommen konnte. Harting berichtet weiter:

Zu E. hatte der Amtmann Kees und Parnes, der Judenvorsänger, regiert und durch deren Vermittelung habe sein Vater Schutz vom Hrn. v. H. erhalten, der ihm jedoch vieles Geld gekostet habe. — Sein Vater habe die Aufnahme zu E. als Handelsmann gehabt und sie mit 100 fl. an Hrn. v. H. bezahlt, ohne was es ihm bey dessen Beamten, dem Amtmann Kees, gekostet habe. — Nachher, als er, N. Harting, sich mit seiner jetzigen Frau dort verheyrathet habe, hätte er an Receptions- und Strafgeldern — seine Braut seye nemlich schwanger gewesen — gegen 60 fl. bezahlen mussen; der großte Theil von der bey dem Straßenraube ohnweit Homburg an der Höhe gemachten Beute seye dazu verwendet worden. (Schwencken, 1823)

Die Kochemerdörfer mögen zwar Waldschrate zu ihren Bewohnern gezählt haben, doch hat die kochemer Bevölkerung gerade deshalb sich hinter den Bergen ansiedeln können, weil sie urbane Handelsmänner hat hervorbringen müssen. Dies unterscheidet die Hebräer von der kochemer christlichen Unternehmenswelt, die kleine Streifbezirke durchstrich; der kochemer Hebräer operierte in ganz Deutschland und pflegte zugleich internationale Beziehungen.

Was der Galgen im Gedächtnis der Massen zu verwahren suchte: der Jude ist hündisch —, diese herrschaftliche Denunziation betraf gerade die bandenmäßig organisierten Gauner nicht mehr. Sie schlossen ihre Judensiedlungen zu unübersehbaren

Stephan oder Stephani, Jacob, aus Luxenburg, vulgo: der Luxenburger auch großer Baron. Signalement. Alter 30 Jahre ohngefähr, Größe: 5 Schuh 5 Zoll circa, Haare: braun, Gesicht: länglich, Statur: gesetzt. Trug sonst einen Schnurrbart und ist pockennarbig. Er führt ein Patent als Kunstgärtner und bettelt auf solches, es konnte aber nicht ermittelt werden, ob er wirklich ein Gärtner ist oder nicht. Er ist einer der ältesten Hochstappler und soll wegen Diebstahl eines seidenen Mantels über ein Jahr in Coblenz eingesessen haben. Er führt jetzt eine getaufte Jüdin aus Elberfeld mit sich, die Hannchen heißen, eine schöne Frau, circa 26 Jahre alt seyn und blondes Haar haben soll. (Pfeiffer)

Geheimnetzen zusammen, welche die Beuteökonomie der deutschen Banden in wirtschaftlicher Hinsicht weit übertraf. Die hebräischen Überlebensstrategen hatten einmal durch die Verfolgungen gelernt, Internationalisten zu werden; zu andern zwangen sie die diskriminierenden Verhältnisse, ihre Gewerbeeinrichtungen in höchster Ubiquität auszubilden.

Über die Personalunion von Bettel, Gaunerei und Handel wurde bei den Ausgängen der Kammerknechtsökonomie berichtet. Wenn also Avé-Lallement die Geschichte des Räubertums als Sittengeschichte des Bürgertums wie zugleich der Polizei pointiert, so hat das synthetische Glied des Bürgertums hierbei konstruktive Bedeutung — die Ware braucht den Bürger, denn dieser ist vornehmlich Zirkulationsagent, Händler. Diesen Händlerstatus legt die herrschende ökonomische Form der Ware in besonderer — gegengesellschaftlicher — Weise den Hebräern auf. Freilich gab es auch christliche Spezialisten, aber sie kamen selten in die Professionalität der Hebräer hinein.

Die Räuberurbanität der Hebräer hat vollendete Gauner und Bürger geschaffen. Beides. Diese Herren von Welt hatten sich zumeist auf gewaltsame Diebstähle ohne Gewalt an Personen verlegt.

Wo sie sich zeigten, geschah es nur in der role reicher Banquiers und Kaufleute; fein gekleidet, die Finger voll Ringe, goldene Uhren in den Taschen, mit Reitpeitsche und Sporen, so traten sie in den Städten auf; nicht minder dabei immer mit den besten Pässen versehen. (Thiele)

Rebmann führt in seiner Schrift über Damian Hessel eine allgemeine Charakteristik dieser Handelsmänner an:

Der Dieb selbst, der für einen ehrsamen Juwelier oder Kaufmann aus Paris oder Lyon galt, oft nach einem Diebstahl in den ersten Logen eines Schauspielhauses sich zeigte, oder als reicher Abentheurer reiste, kam nur von Zeit zu Zeit, herrlich geputzt, mit goldenen Repetiruhren und kostbaren Ringen versehen, um sich nach dem Befinden seiner Frau zu erkundigen, und wanderte in der Ferne unter anderem Namen und anderen Gewerben umher, um Streiche auszuführen.

Ein Verfechter dieses Gewerbes war der Arge Sindelsheim, ein Chalf (Geldwechselbetrüger) und Chasimenhändler (Juwelendieb):

"Johann Jacob Rehmann, welcher sich vorhero Johann Andreas Döring genannt, wie er sich für einen Galanterie-Händler ausgegeben."

"Johann Andreas Bamberg, welcher sich vorhero Johann Jacob Wichmann genannt. Wie er sich ebenso für einen Galanterie-Händler ausgegeben."

Arge Sindelsheim, eigentlich David Löb Herrmann, auch unter dem Namen Herrmann Hähnlein bekannt. Wohnort: Sindelsheim im Nassauischen. Signalement: Alter, einige und 30 Jahre. Größe, 6 Schuh 3 - 4 Zoll. Statur, stark und korpulent. Haare, schwarzbraun. Stirne, hoch und breit. Augenbraunen, braun. Augen, braun. Nase, groß und dick. Mund, weit. Lippen, etwas hoch. Zähne, gut. Kinn, oval. Bart, braun, etwas ins röthliche spielend. Backenbart, schwach. Gesichtsform, länglicht und breit. Gesichtsfarbe, gesund und schön. Besondere Kennzeichnen, ist stark pockennarbig, und gebrandmarkt, soll sich zwar das Brandmahl haben womöglich herausschneiden und herausätzen lassen, dasselbe aber doch sichtbar seyn, so wie die Narbe von Schneiden. Er führte gewöhnlich einen Pudelhund von brauner Farbe bey sich. Er spricht deutsch, englisch und französisch. Gaunergewerb: Vorzüglicher Chalf und Chasimenhändler. Dieser reißt als ein vornehmer Kaufmann, gewöhnlich unter dem Namen Herrmann Hähnlein, aus Hamburg gebürtig, ist äusserst elegant gekleidet, trägt Brillant-Ringe, Repetir-Uhren, goldene Ketten etc. etc. und hält ein eigenes Reitpferd. Er giebt auch an, aus Frankreich zu Hauße, und namentlich Bijouterie-Händler aus Lion zu seyn, und hat immer sehr gute Pässe. Sein Auesseres läßt keinen Gauner in ihm vermuthen, er ist aber vielleicht der erste Chalfe und Chasimenhändler in Deutschland, so wie er auch neppt, und mitunter Kittenschieben geht. Im Oberamte Oehringen saß er sehr lange (ob in einem Zuchthauße ist hier nicht bekannt) und wurde auch in Würtemberg gebrandmarkt, saß auch längere Zeit in österreichischen Staaten in Untersuchung, soll jedoch nichts eingestanden haben. Seine Eltern

"Johann Herrmann Hahn, welcher sich vorhero Johann Laubert genannt, wie er von seinen sieben-ten Jahre an in Lande Betteln herumgelauffen."

"Johann George Voigt, wie er als ein Buttenträger, mit ungarischen und andern gebrannten Waßern, in Lande und auf den Märckten herumgezogen."

sind unbekannt, aber er hat mehrere Brüder, von welchen einer Afrömche heißt. Seine Frau heißt Reesel, und hält sich jetzt zu Stetten bei Weickersheim im Taubergrund auf. Er ist ein sehr gefährlicher Kerl, der gewöhnlich Dolch und geladene Pistolen bey sich führt. (Stuhlmüller)

Die Urbanität dieses spezifisch bürgerlichen Gewerbes ist Ausdruck der Warenzirkulation; die gesellschaftlichen Pressionen ließen das Überleben ohne große Könnerschaft in jenem Metier gar nicht zu. Wie die Personalunion von Gauner und Händler sich um die Ware rankt, so auch die arbeitsteiligen Formationen innerhalb der hebräischen Gegengesellschaft. In der Coburger Designation wurde ein Diebstahl bei dem Herrn Kammerrat Jacob Heinrich Kühn zu Eisenach aufgedeckt. Löw Ascenas, Laus Löwge, Joseph Braunum, Meyer Sprengling, Selig Meschumer, der verbrannte David Kopp u. a. überstiegen die Stadtmauern und erbrachen gewaltsam Türen und Schlösser des Kammerrats. Dabei erbeuteten sie neues Augsburger Silbergeschirr. Dies wurde an Salomon Michel verkauft, der es dann in eine abstraktere Warenform ummünzte: er schmolz es ein. Damit war weitgehende Zirkulationsmöglichkeit und anonymer Warencharakter hergestellt. "Der Baldober war Rabbi Moyses, des hier inhaftirten Hirsch Halberstadt verstorbener Vater, damals Hof-Jude in Eisenach, wie auch Juden-Vorsteher in Hessen, und zu Reichensachßen bey Eschwege wohnhafft." Ein weiterer Sohn war Warenagent:

Raphael Moyses, oder Rebbi Raphol, sonst zu Reichensachßen, jetztund aber gefänglich in Cassel, des hier inhafftirten Hirschen Halberstadts Bruder, und ein Sohn des verstorbenen Rabbi Moyses, welcher zu Eisenach Hof-Jude gewesen, und den beschriebenen Diebstahl, als Baldober angewiesen. Dieser Raphol hat ebenfalls mit denen Dieben eingehalten, denenselben in Diebs-Angelegenheiten Brieffe geschrieben, und wissentlich geraubtes Kirchen-Guth abgehandelt. (Coburger Designation)

Die Geschäftsleute mögen als Juwelenhändler, Hofjuden, Assignatenfälscher — wie der alte Jacob Moyses, der Patriarch — Roßhändler, Zahnärzte, Vorsinger oder Schullehrer die Gaunerhantierung betrieben haben oder das bürgerliche Berufsleben; das Geheimnis dieser Personalunion ist die materielle Synthesis der bürgerlichen Gesellschaft: die Ware. Daß dieses Zusammentreffen von Gauner und Händler oder Räuber und Bürger überhaupt möglich ist, hat natürlich ein eigenes Geheimnis, das mit Beschiß im reinen Sinne nichts zu tun hat, da dieser zum ökonomischen System der Arbeit überhaupt gemacht wird, allüberall ist; folglich gleich null. Diese Vorgänge hängen mit der Herausbildung des Mehrwerts zusammen, also der kapitalistischen Form von Produkten, denen es eigen ist, gesellschaftliche unbezahlte Mehrarbeit zu verkörpern. Wir werden das Signalement des Mannes, der dieses Geheimnis, das hinter der bürgerlichen Produktionsform steht — aber weil es so allgemein und notwendig, leider unsichtbar ist —, gelüftet hat, dem Leser noch in Erinnerung rufen. Die bürgerliche Welt bleibt ohne sein Aufklärungsbuch, "Das Kapital", ein Geheimnis. Aber da wir seine Kenntnis voraussetzen, kommt auch Licht in die Gegengesellschaft der Gesellschaft und umgekehrt.Die Gegengesellschaft hat immerhin das eine Geheimnis, die Ware, das zur Entdeckung des anderen führt, des Mehrwerts, praktisch behandelt durch jene Einheit von Gauner oder Räuber mit Händler oder Bürger.

Das Geheimniß und die Ursache, warum ein Jude den andern selten zu bestehlen pflegt, ist derohalben hieraus so leicht zu ergründen, als weniger zu bewundern, daß sie den Diebstahl nur schlecht hin massematte i.e. Geschäft nennen, und die Zahl dieses dem Publico höchst-schädlichen Räuber-Gesindes, im Römischen Reich auf viele 100 heran gewachsen, auch dessen verdammte Raub-Begierde nur auf der Christen Vermögen gerichtet seye. (Bierbrauer)

Diese schöne Verkehrung kann man getrost als sinnliche Vorstufe zur Erkenntnis des Mehrwerts betrachten — jene Händler/Gauner als Vorkritiker dieser Gesellschaft, die den Mehrwert und damit die ganze kapitalistische Akkumulation nicht mehr los zu werden scheint und damit die ganze Fatalität, daß sich der Wert aus Gleichem und Ungleichem gleichermaßen zusammensetzt. Der Rheinische Hausfreund ist auch hier wieder ein guter Gewährsmann:

Gleiches mit Gleichem
Der geistliche Herr von Trudenbach stand eines Nachmittags am Fenster. Da ging mit seinem Zwerchsack der Jud von Brassenheim vorbei. "Nausel", rief ihm der geistliche Herr, "wenn

du mir zu meinem Roß einen guten Käufer weißt, 20 Dublonen ist es wert, so bekommst du." — "Na was bekomm ich?" — "Einen Sack Haber." — Es vergingen aber drei Wochen bis der Jud den rechten Liebhaber fand, der nämlich 6 Dublonen mehr dafür bezahlte als es wert war, und unterdessen stieg der Preis des Habers schnell auf das Doppelte, weil die Franzosen überall aufkauften, damals kauften sie noch. Also gab der geistliche Herr dem Juden statt eines ganzen Sacks voll einen halben. "Vielleicht bekehr ich ihn", dachte er, "wenn er sieht, daß wir auch gerecht sind in Handel und Wandel."

Das war nun zu nehmen, wie man wollte. Der Jud nahm's aber für recht und billig. "Wart nur, Gallech", dachte er, "du kommst mir wieder."

Nach Jahresfrist stand der geistliche Herr von Trudenbach am Fenster und der Jud von Brassenheim ging durch das Dorf. "Nausel", rief ihm der geistliche Herr, "wenn du mir zu meinen zwei fetten Ochsen" — "Na, was bekomm ich, wenn ich Euch einen guten Käufer schaffe?" — "Zwei Große Taler."

Jetzt ging der Jud zu einem verunglückten Metzger, der schon lange kein Messer mehr führt, weil alles guttut nur solange es mag, zum Beispiel das Schuldigbleiben. Endlich sagte er zu seinen zwei letzten Kunden: "Ich weiß nicht, ich bin seit einiger Zeit so weichmütig, daß ich gar kein Blut mehr sehen kann", und schloß die Metzig zu. Seitdem heißt er zum Übernamen, der Metzger Blutscheu, und nährte sich, wie der Zirkelschmied, von kleinen Künsten und Projekten, wie wirklich eins im Werk ist. Denn am ihm suchte und fand der Jud seinen Mann, und sagte ihm, was zu fangen sei, und auf welche Art. Nach zwei Tagen kamen die beiden zu dem geistlichen Herrn. Aber wie war der Metzger ausstaffiert? In einem halbneuen brauntüchenen Rock, in langen schön gestreiften Beinkleidern von Parchent, um den Leib eine leere Geldgurt, am Finger einen lotschweren silbernen Ring, ein dito Herz im Hemd unter dem scharlachenen Brusttuch, hinter sich her einen wohlgenährten Hund, alles auf des Juden Bürgschaft zusammengeborgt, nichts sein eigen, als das rote Gesicht. Die Ochsen wurden kunstmäßig umgangen, betastet, mit den Augen gewogen, und wie mit einer Klafterschnur gemessen. — "Na, wie jauker." — "Zwanzig Dublonen." — "Siebzehn!" — "Herr Adlerwirt", sagte der Jud, "macht neunzehn draus, Ihr verkauft Euch nicht." — "Die Ochsen sind brav", sagte der Blutscheu, "wenn ich's zwei Stunden früher gewußt hätte, als meine Gurt noch voll war, daß ich sie alsogleich fassen könnte, so wären sie mir ein paar Dublonen mehr wert. Aber am Freitag hol ich sie für achtzehn", und zog den ledernen Beutel aus, als wenn er etwas draufgeben wollte. Unterdessen flüsterte der Jude dem geistlichen Herrn etwas in das Ohr, und "wenn Ihr für die Jungfer Köchin zwei Große Taler in den Kauf geben wolltet", sprach er dem Metzger zu, "so könnt Ihr die Ochsen alsogleich mitnehmen für neunzehn. Ihr seid ein Ehrenmann, und der Herr Dechant ist auch so einer. Am Freitag bringt Ihr ihm das Geld." Der Kauf war richtig, zwei Große Taler gingen auf die Hand. "Herr Adlerwirt," sagte der Jud, "Ihr habt einen guten Handel gemacht."

Also trieb der Blutscheu die schöne fette Beute fort. Die meisten geneigten Leser aber werden bereits merken, daß der Herr Dechant sein Geld am Freitag noch nicht bekam. Eines Nachmittags nach vier Wochen, oder nach sechs stand der geistliche Herr von Trudenbach am Fenster und der Jud ging durch das Dorf. "Nausel", rief der geistliche Herr ihm zu: "Wo bleibt der Adlerwirt. Ich habe mein Geld noch nicht." — "Na wo wird er bleiben", sagte der Nausel. "Er wird warten, bis eine Dublone das Doppelte gilt, alsdann bringt er Euch statt neun-

Der Lehrjunge

Eines Tags wurde in Rheinfelden ein junger Mann wegen eines verübten Diebstahls an den Pranger gestellt, an das Halseisen, und ein fremder wohlgekleideter Mensch blieb die ganze Zeit unter den Zuschauern stehen und verwandte kein Auge von ihm. Als aber der Dieb nach einer Stunde herabgelassen wurde von seinem Ehrenposten, und zum Andenken noch 20 Prügel bekommen sollte, trat der Fremde zu dem Hatschier, drückte ihm einen Kleinen Taler in die Hand, und sagte: "Setzt ihm die Prügel ein wenig kräftig auf, Herr Haltunsfest! Gebt ihm die besten die Ihr aufbringen könnt"; und der Hatschier mochte schlagen, so stark er wollte, so rief der Fremde immer: "Besser! Noch besser!" und den jungen Menschen auf der Schranne fragte er bisweilen mit höhnischem Lachen: "Wie tut's Bürschlein? Wie schmeckt's?" Als aber der Dieb zur Stadt war hinausgejagt worden, ging ihm der Fremde von weitem nach, und als er ihn erreicht hatte auf dem Weg nach Degerfelden, sagte er zu ihm: "Kennst du mich noch

zehn, neun und eine halbe. Verliert Ihr etwas dabei? Hab ich vor einem Jahr an meinem Haber etwas verloren?"

Da ging dem Herrn Dechant ein Licht auf.

Das Artigste an dieser ganzen Geschichte ist die Wahrheit. Der Jud hat es nachgehends selber erzählt und gerühmt, wie ehrlich der Metzger an dem Scheideweg im Wald mit ihm geteilt habe. "Was er geton hat", sagte er, "den schönsten hat er für sich behalten, und mir den geringern gegiben." (Johann Peter Hebel, 1815)

Subjekt dieser Gaunerwirtschaft ist also die Ware, und da die Aneignung dieser spezifischen Form des bürgerlichen Reichtums eine geraume Zeit die bürgerliche Welt beherrscht, so auch die Gegengesellschaft. Wir begegnen deshalb einer spezifischen Händlersprache mit Fachausdrücken, die sich flugs ändern können, zugleich solchen, die mehr als ein Jahrhundert die gegengesellschaftliche Warenaquisition begleiten.

Einige kennt der Leser bereits aus den Listen der Diebessprachen. Die Diebeshändel hatten ihre Lehrjahre und professionelle Arbeitsteilung. Bei den jüdischen Gaunern ist die Profession ins Subtilste praktiziert. Die Coburger Designation führt gelegentlich des Kißlers Gumpel aus:

Gumpel, ein Kißler oder Beutelschneider welcher aber auch den Diebstahl zu Farenroda mit verüben helffen, ohngefehr 22 Jahr alt, übermittler Statur, breitschulterig, mit einem kurtzen Hals, schwartzen Angesichts, mit schwartzen langen Haaren, gehet ein wenig gebuckt, und wird öffters nicht vor einen Juden, sondern vor einen Bauern-Purschen angesehen.

Die Achproschen distinguiren sich gar sehr von denen Kißlern, weil diese nur auf Messen und Märckten der Mauserey nachgehen, denen Kauf-Leuten manchmahl ein oder etliche Stücke Waare, oder ein Stück Geld, und zuweilen denen Bauern, auf denen Viehe-Märckten und in denen Schencken, einen Beutel Geld, mit addresse und Geschwindigkeit, wegputzen. Die alten und erfahrnen Kißler, nehmen öffters einen, oder etliche kleine Jungen in die Lehre, welche ihre Lehr-Jahre ordentlich aushalten, und, gegen Kost und Kleidung, die erkißelten Sachen ihren Lehrmeistern richtig zutragen müssen, woher es auch kommt, daß alle Kißler fast einerley

Gutschick?" Der junge Mensch sagte: "Euch werde ich so bald nicht vergessen. Aber sagt mir doch, warum habt Ihr an meiner Schmach eine solche Schadenfreude gehabt, und an dem Paß, den mir der Hatschier mit dem Weidenstumpen geschrieben hat, so ich doch Euch nicht bestohlen, auch mein Leben lang sonst nicht beleidiget habe." Der Fremde sagte: "Zur Warnung, weil du deine Sache so einfältig angelegt hattest, daß es notwendig herauskommen mußte. Wer unser Metier treiben will, ich bin der Zundelfrieder", sagte er, und er war's auch — "wer unser Metier treiben will, der muß sein Geschäft mit List anfangen, und mit Vorsicht zu Ende bringen. Wenn du aber zu mir in die Lehre gehen willst, denn an Verstand scheint es dir nicht zu fehlen, und eine Warnung hast du jetzt, und so will ich mich deiner annehmen, und etwas Rechtes aus dir machen." Also nahm er den jungen Menschen als Lehrjungen an, und als es bald darauf unsicher am Rhein wurde nahm er ihn mit sich in die spanischen Niederlande. (Johann Peter Hebel, 1812)

List und Verschlagenheit besitzen, und sich in inquisitorischen Verhören, auf alle Fragen, recht wohlgefaßt negative verantworten können. Die Achproschen hingegen, rafiniren zwar ebenfalls auf ihre Streiche, beschäfftigen sich aber nicht mit Kleinigkeiten, sondern lauter desperaten, wichtigen und gefährlichen Entreprisen, und übertreffen jene an Verwegenheit und Bosheit, weswegen sie auch mit jenen sich nicht sonderlich gemein machen und vor diesen einen mercklichen Vorzug affectiren. Auch sind die Achproschen im gemeinen Umgang, Handel und Wandel, so geartet, daß wann man gleich einen, in einem Zimmer, wo Geld und Geldes werth befindlich, allein liesse, dennoch sich keiner daran vergreiffen würde, sondern sie beobachten nur die Gelegenheit, und holen sodann alles auf einmahl, mit Gewalt.

Gewöhnlich verläßt der Junge, der sich für das Händlerleben sozialisieren will, mit 12 oder 14 Jahren das Haus und geht als Viertelsjunge in die Lehre. Dort prägt er seine Talente aus, gibt seinen Teil an den Meister ab, beginnt schließlich das Nebenherspiel mit einigen Talern, bis er fähig ist, sich selbst über Wasser zu halten. Wenn er verschütt geht und trotzdem seinen Lehrmeister und die Handelsfreunde nicht verrät, ist er zum vollen Gewerbsmann herangebildet. Natürlich haben die Berufe ihre eigene Geschichte. Die "Schottenfeller" bei Bierbrauer "gehen in die Kram-Läden, unter dem Vorwand etwas zu kauffen, wehrendem Handel aber stecken sie einige Waaren in die auf der linken Seiten des Rock-Futters gemachte Oefnung dermaßen geschwind hinein, daß es niemand so leicht merken kann". Schließlich spezialisiert sich der Begriff auf Markt- und Messediebstähle. Ein Gewährsmann berichtet:

Ich will es gestehen, ich bin ein Schottenfeller. Auf alle von mir verübten Diebstähle kann ich mich aber, wegen der großen Anzahl derselben, nicht mehr besinnen. Ich habe bis nach Orleans und Paris geschottenfellt, und was ich in meinem Leben gestohlen habe, geht in diese Stube nicht hinein. (In: Thiele)

Dieser Handel wird auch von den Torfdruckern (Torf = Beute, drucken = ziehen) gepflegt, vornehmlich auf Pferdemärkten wegen der dicken Beutel. Hat ein Händler einen Freier ausbaldowert, so gibt er seinen Chawern einen Zink, die wiederum Vertuss machen, ein Gedränge, wobei Beutel oder Uhr gezogen wird, nach hinten weitergeht.

Schockgänger, werden die Markt-Diebe genannt, deren seynd gemeiniglich drey bey einander, der erste feilscht zum Schein mit dem Kaufmann über ein Stück Waar, der neben ihm stehende zweyte passet indessen die Gelegenheit ab, etwas aus der Krahm-Bude zu entwenden und solches dem hinter ihm laurenden dritten rückwärts ohnvermerkt zuzureichen, welcher sich sodann eilend fort-packet, wird er aber mit dem Corpore delicti ehe er solches in Sicherheit bringen können, atrappirt, so besteht dessen Rechtfertigung gemeiniglich darinnen, daß er ein Schnurr-Jude seye, welchem ein anderer ihm unbekannter Handels-Jude die Waare, gegen einen Batzen Trinkgeld ins Wirthshaus zu tragen, anvertrauet habe. (Bierbrauer)

Hier hat sich die diffiziler werdende Arbeitsteilung der bürgerlichen Gesellschaft durchgesetzt. Schärfenspieler, Ankäufer der Ware, ergänzen den Handel. Dieses Hehlergeschäft hat verschiedene Sparten.

Pottfenner, schiessen denen Gaudieben absonderlich Schrenckern und Boskennern, auf ihre vorhabende Massematte, mit dem Beding, Geld vor, daß sie ihnen hiernächst die gestohlene Waaren in desto wohlfeilern Preis überlassen sollen. (Bierbrauer)

Nach der Zerstreuung der rheinischen Banden um 1804 haben sich viele Räuber zurückgezogen und sich dem spekulativen Aspekt des Handels als Hehler überlassen. Rebmann merkt an:

Es ist mehr als wahrscheinlich, daß mehr als 30 der in der Keilschen Liste verzeichneten Juden, die der Guillotine, der Galeere, und der Reise nach Sibirien entgangen sind, sich unter anderen Namen an den Gränzen von Frankreich und Deutschland angesiedelt haben, und ihr Gewerbe, wenigstens als Hehler, fortsetzen. Bey einer Jagd, wie sie jetzt gemacht wird, gehen alle auf Reisen, und das pour cause.

Das Hehlergewerbe geht auf ein besonderes Hehlerprivileg zurück, das Heinrich IV. im Jahre 1090 den Judengemeinden von Speyer und Worms verliehen hatte. Wie das Wuchermonopol ein neuer Kniff, um die Exploitationsrate der Kammerknechte zu verbessern zugunsten der Kammer. Dieses Hehlerprivileg wiederum geht auf das jüdische Pfandrecht zurück, wonach die Rückgabe des Pfandes nur gegen das Entgelt erfolgt, das vom Pfandleiher bezahlt worden ist. Dadurch waren die Pfandleiher gegen Verlust abgesichert, Diebe wiederum konnten gefahrloser verkaufen, die Zirkulation der Waren wurde erhöht — und die Juden konnten höher besteuert werden. Dieses Hehlerprivileg war für die Juden selber ein höchst gefährliches Negativprivileg; denn für das Volk war dies unehrliche Geldmacherei zu seinen Lasten, und so konnte sich für die kaiserliche Kammer ein splendider Kreislauf ergeben, immer wieder der Zorn entladen, den dann die Herren, je nach ökonomischen Profitmöglichkeiten, neu durch begrenzte Privilegien schützten; und so ging die Geschichte von

Marschandiser, begeben sich zu Wechselern, Jubilirern, Uhrmachern und Goldschmieden, stellen sich an, als ob sie Geld verwechseln oder etwas kaufen wollten, und wann ihnen alsdann Baarschaften oder Pretiosa vorgelegt werden, so wissen sie durch allerhand mit denen Händen machende Grimassen, etwas zwischen die Finger oder in ihre darzu aptirte Rock-Ermel hinein zu practiciren.

Bierbrauer

vorne los. Das amphibienmäßige Dasein der Kammerknechte zwischen Kammer und Volk und später das Händlerdasein in der Einheit von Bürger und Gauner hat hier sein Substrat. Die Kochemer Professionen belegen diesen verkehrten Handel und damit die Formänderung von den Kammerknechten in die Gegengesellschaft der Chessen oder Kochumer.

Marschandiser, begeben sich zu Wechselern, Jubilirern, Uhrmachern und Goldschmieden, stellen sich an, als ob sie Geld verwechseln oder etwas kaufen wollten, und wann ihnen alsdann Baarschaften oder Pretiosa vorgelegt werden, so wissen sie durch allerhand mit den Händen machende Grimassen, etwas zwischen die Finger oder in ihre darzu aptirte Rock-Ermel hinein zu practiciren.
Boskenner, pflegen sich in Kleidern ziemlich propre aufzuführen, reisen gemeiniglich zu Pferde, kehren in die vornehmste Wirthshäuser ein und haben Diebes-Instrumente bey sich, mit welchen sie des Nachts alle Schlösser dermaßen geschickt zu eröffnen und wiederum zuzuschliessen wissen, daß es niemand hören noch gewahr werden kann; bestehet nun der Diebstahl in Waaren, Kleidern oder anderen schweyren Sachen, so werfen sie solche ihren vor denen Fenstern darauf laurenden Cameraden zu, gerathen ihnen aber baare Gelder oder Pretiosa in die Hände, so stecken sie solche zu sich, bezahlen des folgenden Morgens die Zeche und reisen getrost ab, nehmen jedoch eine ganz andere Route, als sie im Wirthshause angegeben; selbige gehören zwarn zu denen vorigen, jedoch mit dem Unterschd, daß alle Boskenner zugleich Schrencker seynd, die wenigste von diesen hingegen genugsames Ansehen und Geschicklichkeit haben, jener Diebes-Streiche zu bewerkstelligen. (Bierbrauer)

Die schon vorgestellten Schränker bilden die Elite, verfügen zugleich über diverse Fakultäten:

Untereinander kennen sie sich zwarn allesammt und führen die generale Praedicata Achproschen oder Cochummen, weilen sie sich selbsten vor kluge Leute halten, welche ihre rauberische Anschläge und andere darmit verknüpfte Uebelthaten, geschickt vollbringen können; sie

Boskenner, pflegen sich in Kleidern ziemlich propre aufzuführen, reisen gemeiniglich zu Pferde, kehren in die vornehmste Wirthshäuser ein und haben Diebes-Instrumente bey sich, mit welchen sie des Nachts alle Schlösser dermaßen geschickt zu eröffnen und wiederum zuzuschliessen wissen, daß es niemand hören noch gewahr werden kann;

Bierbrauer

theilen sich aber doch in nachfolgende durch besondere Namen distinguirte Classen, dergestallten ein, daß sie solche von unten herauf durchlaufen und endlich (wann sie der Justiz nicht zeitig in die Hände gerathen oder eines natürlichen Todes sterben) sich mehrentheils zur zahlreichen mithin gefährlichsten Schrencker-Gesellschaft qualificiren und begeben, bey dieser Haupt-Profession je dennoch keine bequeme Gelegenheit versäumen, auch andere geringere Diebstähle auszuführen.

Neben der diffizilen Arbeitsteilung innerhalb des Gewerbes findet sich noch die Arbeitsteilung zwischen Hebräern und Christen. Diese Jenischen hingen einem bescheidneren Regionalismus an, wie die Jackepritscher, welche die Hantierung mit Opferstöcken betreiben. Ein dünnes Fischbein, unten mit Vogelharz bestrichen, klaubt die Geldstücke aus dem Opferstock heraus. Das Fischbein trägt man im Hut. Das zieht den Handel freilich nicht ins Große. Dieser beschränktere Aktionismus läßt sich leicht anhand der Signalements feststellen. Gegenüber den vielerlei Gefechtsnarben der jüdischen Chawrussenmitglieder beschränken sich die Blessuren von Christengesichtern auf Blatternarbigkeit. Der Johannes Schäfer aus Heusenstamm — in den Schwenckenschen Listen — hat zudem noch die Narbe eines Schrotschusses am Hintern.
Der aufgeklärte Justizbeamte Rebmann faßt den Handelsablauf bündig zusammen:

Hat der Baldowerer oder Spion ausgekundschaftet, wo Geld zu holen ist; so giebt er einem Kochemer Nachricht. Dieser bestimmte den Ort, wo das Geld liegt, die Zeit, in welcher der Einbruch am füglichsten geschehen kann, die Entfernung der Kammer, wo Jemand schläft, die Stunden, wo die Familie zu Abend ißt, wo die Handelsbedienten ausgehen, die Gelegenheit, Hunde zum Schweigen zu bringen, oder zu vergiften etc. etc. Die Prozedur gegen die in Mainz einsitzenden Räuber, giebt leider! zur Schande der Menschheit Anzeigen, daß sogenannte Hausjuden, die das Vertrauen eines Eigenthümers im größten Grade besaßen, und Jahre lang ihr Brod in seinem Hause verdienten, nichtswürdig genug waren, ihre genaue Kenntniß seiner Wohnung und seiner Einrichtungen zu seinem Verderben anzuwenden. Der

von dem Baldower benachrichtigte Dieb, verschreibt nun in ein Kochemer Haus seine Gefährten zu einem Handel, der Plan wird überlegt und ausgeführt.
Ist in der Stadt selbst kein Kochemer Haus oder Beye; so halten sich die Diebe einige Stunden davon auf, und übersteigen oft mittelst mitgebrachter Leitern Stadtmauern, ja selbst Wälle von Festungen. So wußten sie in Verdun und Landau sich durch die Werke mit dem Raub davon zu schleichen. Die Beute wird im vertrauten Hause getheilt, und am andern Morgen schon haben sich die gut gekleideten Räuber mittelst der Diligence, auch wohl mit Extrapost, viele Stunden weit entfernt, und während die Polizey in der Nähe des Bestohlnen vergebliche Haussuchungen und Nachforschungen anstellt, sind sie schon dreysig bis vierzig Stunden vom Orte, wo man sie sucht, in Sicherheit.
Diebstähle an baarem Gelde und an Kostbarkeiten sind für diese Räuber die bequemsten und also auch die liebsten. Nur in Ermanglung der Gelegenheit dazu, stehlen sie Waaren. In diesem Falle halten Kochemer mit Wagen in der Nähe, welche noch in der Nacht, wo ein Diebstahl statt hat, die Beute mehrere Stunden weit fortführen, die dann nach Gelegenheit theilweise in Felsen, Hölen, unter Brücken versteckt, und nächtlicher Weise in die Beyes gebracht wird. Der gefällige Judenwirth schafft nun auch Scherfenspieler, d.h. solche Leute herbey, welche sie den Räubern, gewöhnlich um einen Spottpreis, abkaufen. Vermittelst einer Art von jesuitischem Rückhalt figuriren der Mäckler und Judenwirth, die Verkäufer und Käufer, die sich übrigens unter einander ganz genau kennen, nun als Handelsleute, und es wird nicht leicht der Umstände des Diebstahls erwähnt, damit man im Nothfalle vorgeben kann, die Räuber für ehrliche Krämer angesehen zu haben. Die einzige Frage der Käufer ist gewöhnlich nur die: Woher? damit man wisse, in welche Gegend man die Waare nicht verschicken darf.

Die Vorgehensweise ist — als Handel — ein genuiner Bestandteil der bürgerlichen Gesellschaft, denn er beschäftigt sich mit dem Austausch und der Zirkulation von Waren. Wenn der Leser sich nun fragt, wie gegengesellschaftlich ist diese Subgeschichte, so findet er den Nerv der Antwort genau in jener Eigentümlichkeit. Wir haben es mit der Zirkulationssphäre der Gesellschaft zu tun, nicht mit der Produktion, die ja dahinter steckt. Die Produktion, mit ihren bestimmten Arbeits- und Ausbeutungsformen, ist der substanzielle Träger natürlich auch unserer Gegengesellschaft. Das ist ihr Handicap, darüber kann sie — vorerst — noch nicht hinaus. Dies ist ihre ökonomische Beschränkung, die sie in eine Zwieschlächtigkeit in Permanenz hineinzwingt, — Formen der freiwilligen Knechtschaft, wie die Dominanz des bürgerlichen Warenverkehrs über den Massematten. Die Gegengesellschaft ist also immer noch Teil des Gesamtsystems, sie kann ohne dies nicht bestehen, und das wiederum beschränkt ihre Fähigkeit zur Alternative. Sie ist zugleich von den Malessen geplagt, welche die bürgerliche Gesellschaft mit ihrer Profitrationalität und ihrem Schellfischduft erzeugt. Die Heroizität steckt deshalb im Kleinen — hier wie da. Die Ambivalenzen sind einiger Betrachtungen wert, sie finden sich in den merkwürdigen Begebenheiten des gaunerwirtschaftlichen Alltags selber.
Gewiß hat die Gaunerkultur ihre eigenen Heimstätten hervorgebracht, die Kochemerherbergen. Waren diese Herbergen der erforderlichen Strategie nicht mehr adäquat, so wurden Kochumerdörfer eingerichtet. Als Carl Heckmann aus Neuwied

Daß diese Juden-Diebs-Rotte, wenn solche auf einen Diebstahl reitet oder gehet, und in der Nacht unter Weges Leuthe gewahr wird, (O schändlicher Mißbrauch dieses allerheiligsten Namens!) von JEsu Christo unter sich zu reden, und in Catholischen Orten die Leuthe mit dem Gruß: **Gelobt sey JEsus Christus!** anzuruffen pflege, und wenn sie bey einer gewaltsamen Diebs-Action, wie zu Schleußingen, Blanckenburg und Nieste, die Leuthe hart binden, schlagen und raiteln, so ruffte zuweilen ein Jüdischer **Dieb-Camerad mit lauter Stimme: HErr JEsus! HErr JEsus!**

Dieses geschiehet, nach des Hovums Anzeige, um deßwillen, damit kein Amhorez oder Verdacht auf Juden fallen könne.

Coburger Designation

floh, verbarg er sich in Bendorf bei einer jüdischen Witwe; überhaupt gab es in Bendorf viele kochemer Häuser; aber für größere Pläne galt es, nach Eckederoth zu ziehen. Diese Kochemerstätten boten den Rückhalt für die Gedankenarbeit, ebenso die Bordelle. Von der niederländischen, später Neuwieder Bande wird berichtet, daß sie dauernd in Hurenhäusern lag. Nach dem Langenfelder Raub 1799 retirierten Müller und Schieman nach Köln:

Bey ihrer Ankunft in Cöln begaben sie sich wie gewöhnlich in das Bordell der sogenannten Düwelsdrück, um im Arme der Freudenmädchen von ihren Strapazen auszuruhen. Noch am nähmlichen Morgen kam der in der Geschichte der brabantischen Räuber so berühmt gewordene Jude Maschoker, einst das Haupt der erwähnten Bande, der damahls sich nur noch wenig mit Räubereyen abgab, und sein Glüdk auf eine eben nicht sehr viel edlere Art nämlich durch Hazardspiel zu gründen versuchte, in das Bordell zu Müller und Schieman, die bey den Mädchen noch im Bette lagen. Der erstere hatte auf einem vor dem Bette stehenden Stuhle in seinem Schnupftuche etwa vierzig Louisd'or liegen. Maschoker war den Tag vorher auf der Deutzer Bank sehr unglücklich gewesen; er hatte sein baares Geld alle verspielt, war in Verzweiflung zu dem Juden Afrom gegangen, hatte ihm eine kostbare goldene Repetir-Uhr, Juwelen und andere Pretiosen versetzt, hatte das dafür empfangene Geld auf die Bank getragen, und wieder verspielt. Er klagte dem Müller und Schieman seinen Unfall. Jener mit einer unter gewöhnlichen Räubern ungewöhnlichen Großmuth gab freywillig das auf dem Stuhle liegende Geld, um seine versetzte Effekten wieder einzulösen. (Becker II)

Die Bordelle waren also Stätten strategischer Sammlung; ebenso einer Forcierung der Warenzirkulation, denn Rebmann überdenkt:

Es ist unglaublich, mit welcher Verwegenheit, Schlauigkeit und Schnelligkeit diese Diebe stahlen, und den Raub fast im Augenblick wieder verschwelgten.

Feist Banckert. Wohnort: Fürfeld, ist vom Oberamt Sinzen gebürtig. Signalement: Alter, 40 Jahre. Größe, 5 Schuh 8 Zoll. Statur, schlank und mager. Haare, schwarz gekräuselt. Stirne, hoch. Augenbraunen, schwarz. Augen, braun. Nase, etwas länglich. Bart und Backenbart, wenig, und trägt auch einen kleinen Schnurrbart. Gesichtsform, schmal. Gesichtsfarbe, bleich. Besondere Kennzeichen, ist lustigen Temperaments und trinkt stark Wein und Brandwein. Spricht auch gut französisch. Gaunergewerb: vorzüglicher Nepper.
Derselbe ist ein Gefährte des David Schlesinger und hat mit diesem mit dort erwähnten Gaunerstreiche verübt.
Er war lange unter den französischen Truppen, und hatte dort sehr viel Geld. Sein Haupt-Geschäft besteht in Neppen; er reist beständig, kommt auch öfters nach Leipzig und Frankfurt, wo er Geschäfte in Geld-Mäkeln macht. In letzterer Stadt wohnt auch seine Mutter. Seine Frau, welche sehr schön seyn soll, ist von Sommershaußen bey Würzburg, die Tochter eines dort wohnenden jüdischen Metzgers.
Er hat bedeutende Bekanntschaften bey großen Kaufleuten, welche ihm in seinen Gaunerstrichen sehr zu Statten kommen, und spielt sehr stark. (Stuhlmüller)

Die Freudenhäuser hatten zudem die Funktion bioenergetischer Kommunikationsstätten — die nachfolgenden Operationen konnten in voller Konzentration auf den Raub selbst durchgeführt werden. Dies erklärt die Eigentümlichkeit, daß bei den Expeditionen der Hebräer keine Notzucht vorkam. Jan Bosbeck dagegen, der Kapitän der Holländer, Christ, notzüchtigte in der Nacht vom 16. auf den 17. August 1798 im Hause des B. A. Dekkers ein junges Mädchen während des Plünderns. In den siebziger Jahren hatte der große Bayersepp, der als Edelmann oder Kaufmann in Schwaben herumzog, mit seinen Leuten ein Nonnenkloster im Fürstenbergischen sich vorgenommen. Es wurde ausgeplündert und einige Nonnen genotzüchtigt. Sie sollen vor Schrecken gestorben sein.
Besonders die Räuberfraktion unter den Gaunern entwickelte eine gewissen Gourmandise. Sie liebten den Trunk, "berauschen sich, bis sie sinnlos zu Boden stürzen" (Becker), "speisen gerne gebratene Hühner, oder Spek und Schinken, berauschen sich oft bis zum taumeln" (Schöll).
Allerdings führte diese Entfaltung der Sinne wiederum zu physischen Behinderungen; wütende Unpäßlichkeiten zeichneten ihre Körper. Als Adolph Weyers und Monsam der venerischen Krankheit wegen nicht aus Neuwied ausrücken konnten, erhielten sie trotzdem ihren Warenteil. Fetzer, Picard, Damian Hessel, sie alle trugen — letzterer an geheimem Ort — Spuren galanter Rekreationszeit. Die Polizei machte sich dies zunutze, durch einen plötzlichen Überfall auf die Kölner Bordelle gelang es ihr, den Raub des Postwagens auf dem Langefelde und den Raub von der Klinke aufzudecken.
Trotz allem waren diese Spekulationszentren dem bürgerlichen Handel unterworfen, was die Einheit von Bürger und Räuber oder Gauner und Handelsmann, Herbergswirt und Hehler, beförderte. Das bürgerliche System zwang dem Gauner auf — zumindest dem avancierten der Hebräer —, "ganz Deutschland", wie Rochlitz dieses Schreckensbild aussprach, "zu ihrem Markte zu machen"; dann aber wieder, die Zirkulationsebene selbst in sich zurückzunehmen, in die eigene materielle Kultur der Gaunerwirtschaft. Damit hatte es kuriose Bewandtnis.

Hirsch Gebager in Westerburg. Den Beinamen Gebager hat er daher, weil er in früherer Zeit Schullehrer war. Jetzt lebt er als Handelsmann in Westerburg, bereiset die Märkte und Messen, bis nach Ostfriesland, um zu gilfen; zum Schein führt er einen Kasten mit optischen Gläsern bey sich. Er hat dem Herz Runkel das Gilfen gelehrt. Zu Hadamar im Dillenburgischen war er vor 7 Jahren wegen Gilfen arretirt. Im Gilfen, sowohl mit der rechten als linken Hand, besitzt er große Fertigkeit. Er hat an der Heerstraße zu Westerburg ein eigenes Haus. Vor reichlich sieben Jahren war derselba in Cölln mit Michel bey einem Italiener, der mit Galanteriewaaren handelt, und in der Nähe des Doms wohnt, Hirsch Gebager fragte diesen, ob er nicht von ihm einige französische Laubthaler einwechseln könne. Der Italiener war dazu bereit und ließ 2 große Beutel mit dieser Münze gefüllt, auf den Tisch schütten. Hirsch gilfte ohngefähr für 45 Louisd'or an Werth. Wie sie sich entfernen wollten, sagte der Italiener, daß er seine Kunststücke mit Vergnügen angesehen und seine Fertigkeit darin bewundere. Er erklärte ihnen dabey, daß er selbst dieses Gewerbe betrieben, dadurch seine Reichthümer erworben habe, und sie vor ihm daher nicht zu fürchten brauchten. Hirsch gab ihm darauf sein Geld zurück. Bennde Bonn ist auf gleiche Weise von ihm angeführt worden. (Christensen)

Die Mannschaft des Schinderhannes hatte das Haus des Juden Herz Meyer baldowert, zu Allmet. Die Bande machte sich auf den Weg, stieß mit dem Rennbaum die Türe ein, verpaßte Stockschläge und erbeutete Gold und Silber. Dem beraubten Juden fehlten 7000 Franken. Schinderhannes verkaufte seinen Teil an einen Juden Gersen zu Großzimmern. Schinderhannes nahm es den Juden und verkaufte es an Juden.
Wir stoßen auf ein verwickeltes System von Austausch. Die Ware geht von Christen an Juden, die wiederum beklaut werden, usw. Dieses ökonomische Zirkelwesen der Zirkulation gibt aufs Schönste Auskunft über die gesellschaftliche Seite der Gegengesellschaft — auf die Eindämmungen und Bornierungen des alternativen Verkehrs. Die ganzen Händel sind ungemein verwoben, ökonomisch oft ein Inzest — gegenkulturell eine Fortsetzung der Kammerknechtschaft und der Pöbelwirtschaft.

Jacob Bär, Handels-Jude zu Merzheim, Cantons Meissenheim, war schon mehrere Mahle vom Schinderhannes bedroht worden. Dieser kam oft in dessen Haus, ließ sich gut auftischen und preßte dem Juden Geld ab. In der Nacht vom 8. auf den 9. Pluviose 9. J. klopfte es abermahls an der Thüre. Wer da? fragte der Jude. Aufgemacht, Hannes ist da! war die Antwort. Jacob Bär gab gute Worte und bat, ihn dieses Mahl zu verschonen. Als Bär uber alle seine Bitten fruchtlos sah, zog er sich mit seiner Familie in das oberste Stockwerk zurück. Ha! Ha! bist du da oben? ich werde dir gleich nachkommen! war die Antwort, und in dem nähmlichen Augenblicke ward der Laden am Fenster erbrochen. Zwey bewaffnete Räuber stiegen sogleich ein, andere hielten aussen Wache. (Becker)

Die Odenwälderbande beraubt zwei Juden, die von Frankfurt zurückkommen. Sie haben dort Kälber verkauft. Drei Geldgurte kamen in die Übergabe. Die Angelegenheit — die Odenwälderbande war vornehmlich christlich — blieb auf sich beruhen, da der eine Zeuge nicht auszuforschen war, der andere, Moses von Hainchen, mittlerweile im Zuchthaus zu Rockenberg einsaß. Dann zog mit der nämlichen Bande, Hölzerlips war dabei, Jacob Isac zum Einbruch in die Ziegelhütte zu Somborn.

Sonst diente dieser Hebräer der Bande als Schärfenspieler. Einige Odenwälder nahmen sich Schafe vor, 1810, es war gerade Kirmes in Lohrbach, schlachteten sie ab und verkauften die Felle an einen Juden in Strümpfelbronn. Sie hätten's lieber den Juden abgenommen. Notfalls mußten Christen herhalten wie beim Straßenraub bei Mergentheim. Es war im Mai 1804. Die Gesellen lagerten zwischen Gamburg und Mergentheim und lauerten der Juden, die vom Mergentheimer Viehmarkt zurückkamen. Es kam aber nur ein Christ. Der wurde unter Bedrohung von Halsabschneiden erleichtert. Der Leser wird die enge Zirkularform der christlichen Raubtätigkeit bemerken. Hölzerlips und der kleine Johann hatten zwei Juden unweit von Hainchen beraubt. Der eine konnte entkommen, der andere wurde jämmerlich zusammengehauen, weil der Jude früher den kleinen Johann verraten. Es gab also eine Art von Unterzirkulation. Aber selbst diese hatte noch eigene Finessen. Becker berichtet:

Im Sommer v. J. ward ein dem Br. Schlettweiler vom Neuenhof bey Wanderscheid zugehöriger Ochse entwendet, unterwegens aber wieder aufgefangen, und zu Haasborn untergestellt. Hier ward er in der folgenden Nacht wieder entwendet, und an Michel Kaufmann von Kinderbeuren verkauft. Bruttig und Nikolai.
Diebstahl des nähmlichen Ochsen aus dem Stalle des eben genannten Michel Kaufmann. Hans Bast Nikolai.
Der alte Dieb konnte das Lachen nicht verbeißen, wenn er auf diesen Ochsen im Vertrauen zu sprechen kam. Indessen hat er doch niemahls den eigentlichen Hergang recht von der Brust erzählen wollen. Er brach immer mit den Worten ab: es war alles nur Spaß, und trillerte dabey ein Liedchen nach seiner gewohnten Weise.

Dieses Zirkulationswesen hatte sein eigenes Bewußtsein hervorgebracht. Man durfte es — wie ehemals die Kammer — nicht zu weit treiben. Beim Straßenraub zwischen Wörth und Trennfurth hatten Andreas Petry, Bernhard Held und Heinrich Pfeiffer den Einbruch in Gumbertsberg versucht, einen Ochsentreiber beraubt, auch die Kirche in Breitenbiel besucht. Sie fingen danach gerade so richtig an, als zwei Juden des Wegs daherkamen. Mit der vorgehaltenen Pistole wurde übergeben. Die Juden beklagten sich, keinen Kreuzer mehr zu haben, und die Jungs gaben ihnen 22 kr. zurück. Ähnliche Sanftmütigkeit berichtet Pfister (1812), wieder waren der Hölzerlips und der kleine Johann an der Arbeit.

Der Jude reichte ihm sein Beutelchen, worin sich aber auch nur 9 bis 10 Batzen befanden. Nun kam auch der kleine Johann hinzu und fragte den Hölzerlips: ob er das Geld habe? Hölzerlips antwortete: "ja! es ist aber nicht der Mühe werth." Der kleine Johann fragte den Juden nach seiner Geldgurt; — Hölzerlips visitirte ihn wiederholt, fand aber keine Gurt. Darauf nahm der kleine Johann dem Hölzerlips das Beutelchen ab und stellte es dem Juden wieder zu, mit den Worten: "Trapp dich fort!"

In dieser Zirkularökonomie herrschen eigene Logiken, und die Sache kommt immer wieder auf den Grund der Gaunerwirtschaft: Selberausbeutung durch Extraktion innerhalb der Szene, wie Abkehr davon durch erweiterte Extraktionsökonomie. Es kommt aber auch vor, daß diese Innenextraktion in erweiteter Form praktiziert wird. So beim Straßenraub bei Hauswörz, mit Veit Krähmer, dem Hessen-Heinrich und einigen mehr. Pfister macht wieder den Report:

Die Räuber waren auf dem Henchenhahner Markte beisammen und von da ausgezogen, um den Gerßfelder Metzgern auf der Straße aufzulauern. Diese blieben etwas lange aus, inzwischen aber kamen (es war am 10ten May 1808) fünf Bauern und zwei Juden von jenem Markte zurück. Sie wurden sogleich von den Räubern, deren einer mit einer Flinte, zwei aber mit Pistolen bewaffnet waren, angefallen, sehr gemishandelt und beraubt. Einer der Juden war ein armer Makler, der nur wenige Gulden bei sich hatte, welche ihm auch abgenommen worden waren. Der Jude klagte laut seine Noth. Dieses rührte einen der Räuber und dieser befahl auch sogleich jenem seiner Kameraden, welcher diesem Juden sein Geld abgenommen hatte, es demselben sogleich wieder zurück zu geben. Der Räuber gehorchte, dem Scheine nach, und steckte selbst dem Juden sein Geld wieder in die Tasche, nahm es aber in demselben Augenblicke auch wieder heraus und die Tabackspfeife des Juden dazu.

Wieder hatte ein Hebräer dieses Zirkelwesen erkannt und nutzte seine Wissenschaft:

Der Hebräer in Ikstatt, in dessen Behausung die Waaren um verhandelt zu werden, gebracht wurden, war ein weit größerer und dabey kühnerer Betrüger, als seine Glaubensgenossen von Maynz und Sonnedorn. Nicht um einen doppelten und dreyfachen Profit war es ihm zu thun; nein, er wollte die Waaren um nichts, unentgeldlich wollte er sie haben: zu dem Ende begann er auf einmahl, sobald er sie nähmlich bey sich im Hause hatte, den Gewissenhaften zu spielen, schrie und lärmte, drohte dem Müller, ihn auf der Stelle arretiren zu lassen und fieng zum Scheine an, ein Stück Waare nach dem andern zum Fenster hinauszuwerfen. Müller verlor die Gegenwart des Geistes; er wußte nicht, wie er's eigentlich mit dem Juden hatte, machte sich aus dem Staube, und ließ die Beute im Stich. (Becker II)

Es war ein Kreuz, aber anders auch nicht weiter denkbar, daß das Zirkelwesen des Gegenhandels auch noch in sich verhandeln mußte. Und so kam es denn, daß die Zirkulationsagenten sich am Ende wieder trafen.

Den 12. Junius (23. Prairial) kam Schinderhannes in dem kaiserlichen Werbhaus zu Frankfurt an, den 14. wurde er in Begleitung von mehr als 20 Soldaten auf das Criminal-Amt gebracht, wo er seinen wahren Nahmen und einen großen Theil seiner Verbrechen sogleich eingestand, und nur bath, ihn nicht auf das linke Rheinufer auszuliefern. Allein der Frankfurter Magistrat übergab ihn den 16. Junius Morgens um 4 Uhr den französischen Gendarmen, die ihn nach Maynz transportirten. Mit Schinderhannes saßen auf dem nähmlichen Wagen seine Maitresse, der schwarze Christian, ein Jude von Rödelsheim Nahmens Amschel und der berüchtigte Räuber Fetzer. (Becker)

Neben jener Binnenstruktur des Zirkulationswesens hat die Gaunerwirtschaft natürlich die erweiterte Extraktionsökonomie betrieben. Sie mußte zumal — sonst ging die Zirkulation nicht mehr auf — den bürgerlichen Warenverkehr an Zentralstellen auffangen, überholen. Beispielsweise in einer Fabrik:

Bey dem hiesigen Fabriques-Diebstahl ist merckwürdig, daß ausser dem Berige Wetzlar, der mit dem Baldober Mendel Carbe den Anschlag dazu geschmiedet, und die Gelegenheit vorhero ausgesehen, nicht ein einiger von denen Dieben Zeit Lebens vorhero in der Stadt gewesen. Der Vorsatz diesen Diebstahl zu unternehmen und auszuführen, ware ohngefehr ein Jahr lang schon vorhero beschlossen, biß von dem Baldober der Tag dazu bestimmet werden kunte, und ist diese böse That folgender massen geschehen: Sonntags den 6. Decembris 1733, brachen die Diebe zu Pferd, mit Mantel-Säcken, worinnen sie ihre Brech-Eisen, Bohrer, Stricke, Lunten und Pistohlen führten, von Reichensachßen auf, und pernoctirten selbige Nacht in Herrnbreitungen, die folgende Nacht aber zum Theil in Themar und in Siegeritz. Am 8ten ejusdem ritten sie in zweyen verschiedenen Wegen biß 2. Stund vor der Stadt, wo des Baldobers Vetter, Mendel Levi, sie an dem zum Rendez vous bestimmten Platz auf freyem Felde, bey einem Birn-Baum, Abends um 7 Uhr rencontrirte. Weilen nun ein Dieb, Samuel Braunum, kein Pferd hatte, und als ein Fußgänger bey so stürmigen Wind- und Regen-Wetter, nicht weiter mit fortkommen kunte, so resolvirten die übrigen, denselben wieder zurück zu schicken und nichts desto weniger von der Theilung des hoffenden Raubes, wie auch würcklich geschehen, mit participiren zu lassen. Die übrigen, nemlich Meyer Sprengling, Mannes, Berige Wetzlar, Wolff Wetzlar, Hoyum und Mendel Levi, ritten hierauf mit einander, biß eine halbe viertel Stunde weit vor die Stadt, da sie von denen Pferden abstiegen und den Wolff Wetzlar, nebst dem Mendel Levi, ein wenig von der Haupt-Strasse entfernet, bey denen Pferden, welche inzwischen aus Säcken mit Haber gefüttert wurden, mit Pistohlen zurück liessen. Hierauff zogen die andern ihre Stiefel aus, giengen in Strümpffen bey der Stadt-Mauer weg, hinter das Bürglaß-Tor, nahmen aus einer ohnweit davon stehenden Scheune eine Leiter, stiegen damit über die äussere Mauer in einige Gärten, durch den Stadt-Graben und so weiter über die innere Mauer, welche zu allem Unglück daselbst eingerissen und noch nicht wieder repariret gewesen. Nach Mitternacht wurde die fatale Arbeit angegriffen, die hintere Thüre des Hauses erbrochen, wobey der hier inhafftirte Hoyum, als der stärckste, Schildwache halten muste, da inmittelst die übrigen 3. nicht nur die zwey sehr starck verwahrten Thüren mit ganz erstaunlicher Force aufbrachen, sondern auch alle verschlossene Kisten und Schubladen mit Gewalt eröffneten, und so viel sie kunten Beute machten. Dabey ist gar kein Wunder, daß von denen 6 Manns-Personen, welche selbige Nacht in dem Hauß gelegen, nicht ein einiger davon aufgewecket worden, sintemahlen Hoyum selbst gestehet, daß er von dem Brechen, ohnerachtet er sehr nahe dabey gestanden, wenig hören können, indem sothane Arbeit mit denen Brech-Eisen, eben so wenig Knallen und Krachen verursachte, als wann ein starcker Nagel, aus einer Wand mit einer Zange, heraus gezogen würde. Mittlerweile pernoctirte der Baldober Mendel Carbe im Gasthoff zur Schwane, und also 4 Häuser und über die Gassen weit von dem Ort des Einbruchs, damit er den Ausgang abwarten, und ob auf seine verschriebene Bande ein Verdacht fiele, wahrnehmen und solche zu rechter Zeit benachrichtigen könte. Nach vollbrachter bösen That setzte sich die Rotte ohngefehr um 3 Uhr wieder auf ihre Pferde, und ritte noch diesen Tag in Sturm- und Regen-Wetter 11 Meilen Weges, nemlich biß Mittags nach Wa-

sungen, und Abends auf ein Dorff ohnweit Marck-Suhl, und arrivirte des folgenden Tages den 10. dito Abends zu Reichensachßen, in des Meyer Sprenglings Quartier. Das baare Geld wurde daselbst so gleich getheilet, wiewohl Meyer, Mannes und Berige Wetzlar, vieles von Geld und Waaren unterschlagen und die übrigen hintergangen haben, auch erhielten Hoyum und der zurückgebliebene Samuel Braunum, ihre Abfindung vor die gestohlene Gold- und Silber-Waaren, sogleich an baaren Gelde. Der Baldober Mendel Carbe, welcher die folgende Woche darauf selbsten dahin kam, acceptirte ebenfalls, vor sich und seinen Vetter Mendel Levi, zwey Portiones, die er seiner Muhme, des Abraham Schwabens Eheweib zu Evelshaussen aufzuheben gegeben, da unmittelst 90 pf. Tressen an den hier ebenfalls inhafftirten Löwen Hirschen von Buchenau, und das übrige an die zu Cassel inhafftirte Zwey Juden, Salomon Micheln, damahls zu Abteroda, und Schmul Elekan, Juden-Vorsinger zu Cassel, verkaufft worden. Nun ist zwar wider den hier sitzenden Baldober Mendel Carde schon im vorigen Monat ein Urthel von Jena eingelauffen, nach welchem derselbe, als Director und Urheber dieses furti violenti & seditiosi mit dem Strang vom Leben zum Tode gebracht werden soll, es haben aber dessen Anverwandte um weitere Defension unterthänigst suppliciret, weswegen von dem Ausgang dieses Processus noch nichts gewisses zu melden stehet. Wegen des mit inhafftirten Hoyum aber, haben die Herren Urthels-Verfassere noch nicht vor gut befunden, eine Lebens-Straffe zu vollstrecken. (Coburger Designation)

Die Aktion zeigt außerordentliche Sensibilität für die materiellen Weltenläufe, deren Übergang zur kapitalistischen Produktion von Waren, namentlich die verwickelte Einheit von Produktion, Ware und Geld. Hier mußten Abstraktionsleistungen vollbracht werden, welche die praktisch vorsichgehenden auffingen; gerade angesichts der Veränderungen der Geldform, der Einführung des Papiergeldes mit der Französischen Revolution. Der Hauptchef der holländischen Banden, der alte Jacob Moyses, reagierte auf diesen Formwechsel des Geldes und warf sich auf die Herstellung falscher Assignaten von größeren Livresbeträgen. Freilich war dies eine zu fraktionierte Sparte der Gaunerwirtschaft und die Familie Jacob begann alsbald wieder, sich den hergebrachten Methoden zuzuwenden:

In der Gegend um Amund und Aurig war es, wo die Familie Jacob — damahls waren die Töchter noch nicht verheirathet — ihr schandliches Gewerb zu treiben begann, wo sie mit Hülfe des Simon Eys und David Dryne — zweyer Juden, die im Jahre 96 große Rollen bey der Pariser Räuberbande spielten — eine ungeheure Menge von Diebstählen, begleitet mit Grausamkeiten aller Art, verübte, und dadurch alle umliegende Landbewohner in Angst und Schrecken setzte. — Die Justiz ermannte sich, ergriff scharfe Maaßregeln, und die Folge war, daß der alte Böswicht Jacob Moyses, auf den das eine und das andere heraus kam, niedergesetzt wurde. Zweymahl wurde er in den Kerker geschleppt. Einmahl saß er zwanzig Wochen, das andere Mahl zwölf. Immer wußte er der Strafe zu entgehn, und sich seine Freyheit wieder zu verschaffen. Die öftere Gefangennehmung wirkte soviel auf ihn, daß er der Gegend nicht mehr traute, und nach Antwerpen zog, wo er noch nicht bekannt war. Hier gelang es ihm, die Diebesbande besser zu organisiren fester an sich zu ketten, und weiter auszubreiten. (Becker II)

Schloma Witsch auch Schlome Dierdorf, ob dieß die eigentlichen Namen, ist hierorts unbekannt. Wohnort: Dürdorf, Amts Düllenburg, Signalement: Alter, 36 Jahre. Größe, 5 Schuh 7 Zoll. Statur, stark und untersetzt. Haare, blond. Stirn, hoch. Augenbraunen, blond. Augen, grau. Nase, stumpf. Mund, weit. Lippen, die obere etwas aufgeworfen. Zähne, gesund. Kinn, breit. Bart, röthlich. Backenbart, klein. Gesichtsform, voll und glatt. Gesichtsfarbe, gesund. Besondere Kennzeichen, keines. Gaunergewerb: Chalk, Schottenfeller, Dorfdrucker, Makener und alle Arten von Diebstahl.
Er zieht in derselben Gesellschaft, wie Serphes Joseph umher, ist ein sehr gewandter und gefährlicher Dieb, indem er gewöhnlich einen Dolch, der mit Silber eingefaßt ist, bey sich führen soll, gleich stark und verwegen. Er reißt als Handelsmann. Ihm ist kein Kerker zu fest, und kein Gendarm zu stark. (Stuhlmüller)

Das bürgerliche Zeitalter zog ein, erforderte ökonomischen Weitblick und die großangelegte Kooperationsform der Chawrusse. Ihrem Aufbau widmete sich Jacob Moyses nunmehr.

Im 18. Jahrhundert hatten sich einige Chawrussen formiert und immerhin regionale Großhändel vollbracht. Die niederländische Bande dagegen stieß weiter vor. Drei Reiche, sagt Becker, waren ihr Tummelplatz. Ihre Taktik war neu. Sie hatten "vollendetes Räubergenie, ihre Pläne sind groß, weitaussehend."

Durch starken Polizeidruck vertrieben, sammelten sich namhafte Räuber wie Picard, Hampel hohl mich oder Damian Hessel auf dem rechtsrheinischen Kampfplatz, Neuwied wurde der Ort ausgedehnter Unternehmungen. Mit diesem Namen verbinden sich die klassischen Expeditionen der deutschen Gaunerwirtschaft, d.h. ihrer hebräischen Aktivisten. Der allmähliche Weg ostwärts ist bereits beschrieben. Nicht uninteressiert wird der Leser freilich der Frage zuneigen, wie denn diese Klassizität der Gaunerwirtschaft nur knapp ein Jahrzehnt hat einnehmen können. In der Tat hat es mit dieser Erwägung eine besondere Bewandtnis, militärtheoretisch, namentlich unter dem Aspekt der Antiguerillataktik.

Bei einem der ersten Neuwiedischen Unternehmen hoch ins Dillenburgische hatte die Bande zwanzig Mitglieder in die Hände der Preußischen Ordnungshüter verloren — eine beträchtliche Reduktion ihrer Kampfstärke. Gleichwohl gingen von den kochemer Bayes aus die Handelzüge weiter; übrigens hatten sich die Eingekerkerten bald wieder in Freiheit zu setzen gewußt. Ein nächtlicher Überfall, wie Schwencken zurückblickt, folgte dem andern, "alle mit Grausamkeit und teuflischer Bosheit vollbracht." Die Unternehmungen schlossen ein: Kleinseelheim bei Marburg, Hundsangen, Daisbach, Haingründen (im Isenburgischen), Ehringshausen, Breitau, Burghanne im Fuldischen, Vettelschloß bei Neuwied, Ernstkirchen bei Aschaffenburg, usw. Mit militärischen Schlachten und Gefangennahmen war in diesem Guerillakrieg nichts zu machen. Schließlich gründeten die Ordnungsmächte in den Preußisch-Westphälischen Provinzen 1801 eine Immediat Sicherheits-Commission zu Bochum. Diese Commission ersann ein wirksames, mittlerweile auch in Vietnam oder Mittelamerika erprobtes Mittel: die Zerstörung der Rückzugsgebiete. Rebmann hatte bemerkt, "daß hauptsächlich eine Menge von Judenhäusern, selbst solche deren Besitzer sehr wohlhabend und unverdächtig scheinen, mit diesen Dieben in den vertrautesten Verhältnissen stehen". Die essentielle Bedeutung der kochemer

"Reichstruppen belagern den Bayrischen Hiesel", 1771, Kupfer von J. M. Will, Nürnberg

Herbergen und Kochemerdörfer für Familienleben, Feste und Strategiebildung hing mit der Populärkultur der hebräischen Gegengesellschaft zusammen. Zuerst wurden die kochemer Häuser in Neuwied ausgehoben. dann die in Essen; schließlich wurde Eckederoth geschleift. Erst nach der Zerstörung der Kochemerbasen formierte sich der lange Marsch nach Osten, in den Spessart, von da nach Franken und Schwaben, dann nach Preußen und Pommern.

Über diesen Marsch nach Osten im ersten Jahrzehnt des Jahrhunderts finden sich nützliche Hinweise bei Gerichtsrat v. Grolman (1813) oder dem Kriminalbeamten Schwencken (1820, 1823). Von den rheinischen Banden hatten Leyser Polack, Süsmilch und Isaac Muck Versprengte um sich gesammelt; auch Mendel Polack hatte wieder einen Haufen organisiert. Grolman vermerkt das Herumspuken vieler verdächtiger Juden in der Mitte des Jahrzehnts im Oberhessischen. Er schildert den Raub zu Röden:

Er geschah in der Nacht vom 28. auf den 29. Nov. 1805, bei dem Kastenmeister Johannes Körber, der zugleich Schuhmacher und Krämer war. Die Hausthüre wurde, ob sie gleich wohl verwahrt war, mittelst eines einzigen Stoßes aufgerennt. Alle Hausbewohner erwachten, Körber und seine Frau sprangen aus dem Bette, und hielten die wohl verriegelte Stubenthüre fest zu; indessen ward sie mittelst des zweyten Stoßes in die Stube geworfen. Von den in der oberen Stube liegenden Gesellen schrie der eine zum Fenster hinaus "Feuer!" Sie wurden aber bald, so wie in der unteren Stube die Körberische Eheleute, überwältigt, mit neuen hanfenen Stricken an Händen und Füßen geknebelt, mit Betten zugedeckt und mißhandelt. Der hoch-

Einbruch und Diebstahl in der königlichen Hauptzollamtskasse zu Gransee. Nacht vom 17. zum 18. März 1828.

Als David Levin Kunstmann zu Anfang des Jahres 1828 von einem in Liegnitz verübten Diebstahle, wo er bei der Verhaftung seiner Gefährten entsprungen war, nach Betsche zurückkehrte, erhielt er von Selig Joel alias Levin die Mittheilung, daß ihm die Hauptzollamtskasse zu Gransee — von wem, ist durch die Untersuchung nicht ausgemittelt — baldowert worden sei. Zur Ausführung dieses Diebstahls vereinigten sich Selig Joel, David Levin Kunstmann, gen. Davidchen, dessen Vater Levin David Kunstmann, Michel Moses, gen. Schwarz Michel und Jacob Isaac Franke alias Jekof Fürth, und fuhren am 12. März 1828 auf einem, mit drei Pferden bespannten, Planwagen von Betsche ab. In dem Dorfe Hohenfinow bei Neustadt a. W. hielten sie Schabbes, fuhren am Sonntag Morgen nach Oranienburg zu weiter, übernachteten unweit dieser Stadt auf einem Dorfe, und lavirten am folgenden Tage in der Nähe von Gransee herum, bis sie gegen 9 Uhr Abends, ¼ Meile vor der Stadt, auf dem bestimmten Zinkplatz ankamen. Verabredetermaßen sollten hier Moses Levin Löwenthal und Hirsch Moses Hirschberg, gen. Brodbär, die früher schon einmal auf den Granseer Diebstahl ausgefahren waren, vorgefunden werden. Diese blieben jedoch aus, und daher wurde beschlossen, auch ohne sie, mit Verübung des Diebstahls vorzuschreiten. Der alte Kunstmann blieb mit dem Fuhrwerke auf dem Zinkplatze halten, die Uebrigen begaben sich, um 11 Uhr Abends, in die Stadt.

Das Geschäftslokal des Hauptzollamts befand sich im zweiten Stockwerke des dem Kirchhofe gegenüberliegenden Rathhauses. Unter diesem Geschäftslokale war ein leeres unbenutztes Zimmer,

schwangeren Frau, welche, so wie ihr Mann, bedeutende Quetschungen davon trug, wurde mit Erschießen gedroht, und auf den Gesellen Spar wurde wirklich eine Pistole abgedrückt, die aber abbrannte. Die Räuber hatten dünne Wachslichter, waren meistens in den Gesichtern geschwärzt, sprachen affectirtes teutsch-französisch, hatten militärisches Commando, und brachen mit Brecheisen die verschlossene Tisch-Schublade und Kasten auf. Entwendet wurde bei diesem Raub 60 fl. baar Geld, Kleidungsstücke, Wäsche, Bettzeug, etwas Kaffee, Zucker, schlesischer weiser Zwirn, und ein meerschaumener Pfeiffenkopf mit Silber beschlagen. Ferner, an der Kirche zuständigen, in des Kastenmeisters Verwahrung befindlichen Sachen, ein silberner übergoldeter Becher, dessen Stangel viereckig, und mit den Buchstaben J. E. S. U. bezeichnet war; ein roth seidenes Altartuch mit goldner Borte, durch "1704 und D. B." bezeichnet; endlich ein kleineres Tuch von rother Seide und silbernen Borten, etwa eine Elle im Quadrat. Die Beute soll großentheils an den bekannten Juden in Hatzbach gekommen seyn. Die meisten Räuber trugen Stiefel und blaue Kleider; einer hatte einen grünen Rock, grünliche manchesterne Beinkleider, einen rundlichen Huth und Stiefel an. Er war ohngefähr 5 Fuß 7 Zoll groß, 45 - 46 Jahre alt, schmahlen langen Gesichts, blonder Haare, vorgedrungener dicker Augen, und einer kleinen nicht gebogenen Nase. Dieser hatte einige Tage vorher ein Loth gebrannten Kaffee bei dem Körber gehohlt, und sich ½ Laubthaler wechseln lassen. Sämtliche Räuber übrigens hatten ein jüdisches Ansehen. Des Tags nach dem Raub fand man das Schlüsselloch der Kirchenthüre verstopft, und in des Körbers Haus zwey zurückgelassene große Rennbäume, wovon einer die Stütze eines Obstbaums nach Troh zu, gewesen war.

Jener Exodus war der geopolitische — neben dem ökonomischen — Grund des Übergangs vom gewaltmäßigen Raub zum kunstfertigen Diebstahl, — jene bedeutende Formänderung in der hebräischen Gaunerwirtschaft nach ihrer klassischen Epoche.

dessen Fenster, 5½ Fuß von der Erde, gleichfalls nach dem Kirchhofe hinausführte. Auf dem Kirchhofe, wo David Kunstmann zur Wache ausgestellt ward, ließen die Diebe ihre Stiefel, Pelze und Mäntel zurück, zogen Socken an, und begaben sich sodann vor das Rathhaus. Durch Eindrücken einer Fensterscheibe gelangten Franke und Selig Joel in das erwähnte, frey stehende, Parterre-Zimmer; durch Oeffnung einer Thür, mittelst Nachschlüssels, auf den Hausflur und von dort, bei der Wohnung des Amtsdieners vorbei, auf den Hof. Hier öffneten sie den, von Innen verriegelten, Thorweg, und ließen den, mit dem Krummkopfe draußen wartenden, Michel Moses herein. Alle Drei begaben sich darauf eine Treppe hoch, wo, vom Flure aus, eine Thür in das Geschäftszimmer des Hauptzollamtes führt. Diese wurde von Franke durch Nachschlüssel geöffnet. Hinter dem Geschäftszimmer liegt das eigentliche Kassenzimmer, wozu der Eingang durch zwei Thüren verschlossen war. Die äußere, von starkem Holze, war, außer dem gewöhnlichen Verschlusse, mit einem eisernen Vorgelege verwahrt, das, in eine eingemauerte Kramme schließend, an dieser vermittelst eines eisernen Vorhängeschlosses befestigt war. Diese Kramme wurde von den Dieben mit dem Brecheisen aus der Mauer herausgerissen, darauf mit dem Stemmeisen ein Loch in die Thürfuge gestemmt, in dasselbe das Brecheisen gesteckt, und so das, von Innen befestigte, Thürschloß dergestalt gewaltsam abgesprengt, daß man nachher Schließhaken und Nägel zerbrochen umherliegen fand. Durch Abbrechung des Schließhakens erfolgte darauf auch die Oeffnung der zweiten eisernen Thür.
In dem Kassenzimmer stand der Geldkasten, von starkem Eichenholz, in- und auswendig mit Eisenblech beschlagen, außerdem mit eisernen Bändern umlegt und mit einem gewöhnlichen und zwei Vor-

Manche der Räuber, namentlich die Capitaines, hatten die größten Fertigkeiten bei der Einbruchstechnik erworben. Vor allem das Knacken von Schlössern verfeinerte sich schließlich mit ruhigeren Zeiten. Der Schocher wurde ersetzt durch Nachschlüssel und Feilen und es gab Könner, die mit einem Nagel oder einer Uhrfeder jedes Schloß aufbekamen. Auch in den Handwerksmitteln zeigt sich der Übergang von der lauten, gewaltsamen Form zur lautlosen, technisch gediegeneren an. Dieser Formwechsel in Methode und Werkzeug ist Ausdruck einer soziologischen Einsicht der Gaunerökonomen: mit den ruhigeren Zeiten nach den napoleonischen Kriegen ist die Gesellschaft gewaltloser geworden, die Kriege und marodierende Truppen gehörten nicht mehr zum Alltag — an die Stelle der Gewalt rückte wieder der bürgerliche Handel als das eigentlich synthetisierende Element der frühkapitalistischen Ära. Der Handel der Gaunerwirtschaft wird profan, das Reitpferd durch den langweiligeren Wagen ersetzt. Ihm gilt das Augenmerk Thieles:

Denn der Handel, der Vorwand, damit Messen und Märkte zu beziehen, liefert dem Gauner auch nur allein einen haltbaren Grund, um sich Pferd und Wagen anzuschaffen. Er würde ihm gänzlich fehlen, ohne dieses Scheingewerbe, und er müßte von selbst wegfallen, sobald seine Qualität, als Handelsmann, nicht mehr die bisherige gesetzliche Anerkennung fände. Schon hierdurch würde aber für die öffentliche Sicherheit unendlich viel gewonnen sein. Denn ein fahrender Dieb ist dreimal gefährlicher als ein anderer, und dreimal gefährlicher erscheinen also auch schon in dieser Hinsicht die jüdischen Gauner, weil nur sie es sind, welche sich des Fuhrwerks zur Förderung ihrer diebischen Zwecke bedienen. Wozu ihnen das Fuhrwerk nützt, wie sie es nur gebrauchen, um ihre Verbrechen bequemer auszuführen, ihre Beute schneller in Sicherheit, sich selbst aber außer Gefahr zu bringen, das habe ich schon ausführlich angedeutet. Nirgend mag sich dies mehr bethätigt haben, als bei der hiesigen Untersu-

legeschlössern verschlossen. Das eine dieser Vorlegeschlösser wurde durch Losbrechung der Kramme beseitigt, das andere aber, vermittelst Durchsteckung des Brecheisens, gewürgt und am folgenden Morgen ganz zerrissen vorgefunden. Indem die Diebe darauf das Brecheisen in die Fuge zwischen Deckel und Kasten trieben, wurde der Schließhaken des dritten Schlosses gewaltsam abgesprengt, und so der Kasten geöffnet. Mit dem darin gefundenen Gelde, das sie in die mitgenommenen Säcke packten, kehrten die Gauner durch den Thorweg nach dem Kirchhofe, und als sie den, von einem Vorübergehenden verscheuchten, Kunstmann dort nicht mehr vorfanden, nach ihrem Fuhrwerke zurück, mit welchem sie nach Cüstrin fuhren. Dort kehrten sie in einem Gasthause ein, ließen sich ein besonderes Zimmer geben und schritten zur Theilung der Beute, welche nicht weniger als 3714 Thaler, in Gold, Courant und Kassenanweisungen bestehend, betrug.
Die Beträchtlichkeit und Gewaltsamkeit dieses Diebstahls machte um so größeres Aufsehen, als jede Spur der verwegenen Diebe fehlte; und die königl. Regierung zu Potsdam setzte eine Belohnung von 200 Thalern auf die Entdeckung der Thäter und Wiederherbeischaffung des gestohlenen Gutes. Der Judenälteste und berüchtigte Gauner Samuel Pinkus zu Betsche, darüber piquirt, daß die Diebe ihn hatten leer ausgehen lassen, zeigte diese dem damaligen Bürgermeister von Betsche an, welchem es gelang, gegen sie so viele Verdachtsgründe zu ermitteln, daß sie der Gerichtsbehörde zur Untersuchung überliefert wurden. (Thiele)

chung. Alle darin verwickelten Gauner waren im Besitze von Fuhrwerken, zogen nur fahrend auf ihre Diebstähle aus, und diesem Beispiele sind ihre herangewachsenen Kinder gefolgt. Je zwei und drei ziehen sie auf einem Fuhrwerke im Lande herum. Eine neue Taktik befolgend, lassen diese jungen Diebesgeschlechter auf den kleinstädtischen Jahrmärkten ihre Waaren, statt sie zu verkaufen, ausspielen, und finden doppelt ihre Rechnung dabei. Denn während Einer das betrügliche Glücksspiel dirigirt, leeren seine Genossen den herandrängenden Gewinnlustigen die Taschen aus.

Die Gewaltformen werden abstrakter, eingehüllt durch bürgerliche Gesetze, aber auch der Handel selbst. Die Aktien kommen auf und die Versicherungskassen. Für die Gaunerwirtschaft bedeuten diese gesellschaftlichen Abstraktionsprozesse den Übergang von der Ware zum Geld. Die Avantgarde der Gaunerwirtschaft hat sich diesen Erkenntnisprozeß angeeignet und wendet sich der Visitation öffentlicher Kassen zu. Für den Formwechsel in der Gaunerwirtschaft heißt dies freilich zugleich einen Übergang von der Landexpedition mit ihren Pfarrhäusern oder Viehhändlerkassen in die Großstadt. Die gaunerwirtschaftlichen Zentren, wie Eckederoth, werden durch das Milieu der Stadt ersetzt. Aus dem Warenhandel des Räubers formt sich der Geldhandel des Spitzbubengewerbs. Die orthodoxen Gewerbszweige wurden durch diesen Formwandel der Gaunerwirtschaft keineswegs hinfällig. War ein Objekt für eine Chawrusse baldowert, und der Notgroschen reichte nicht aus zum Erhalt der Bande während der Reise zum Massematten, wurden gegen entsprechende spätere Vergütung Chilfer oder Chalfs (bei Geldwechseln stehlen), Chasimenhändler (Juwelendiebstahl durch Kästchentrick), Torfdrucker (Taschendiebe) oder Schottenfeller (Ladendiebe), angeheuert.

Bernhardt Samuel vulgo Bärle Dörzbach, auch Bärle Benfurth. Wohnort: Dörzbach, Oberamts Künzelsau. Signalement: Alter, 32 Jahre. Größe, 6 Schuh rhl. Maas. Statur, korpulent.

Überfall im Höllental, um 1840

Haare, schwarz. Stirn, gewöhnlich. Augenbraunen, braun. Augen, grau. Nase, lang. Mund, mittelmäsigen. Lippen, etwas hoch. Zähne, gesund. Kinn, spitzig. Bart, wenig. Gesichtsform, oval. Gesichtsfarbe, gesund. Besondere Kennzeichen, ist pockennarbig, führt einen hoffärtigen Gang, und spricht hochdeutsch. Gaunergewerb: alle Arten von Diebstählen, ist aber besonders ein großer Chalf und Chasimenhändler.
Dieser ist ein abgefeimter Spitzbube. Er geht äußerst elegant, gekleidet in den feinsten Tüchern, und trägt goldene Repetir-Uhren mit goldenen Ketten und Bouclen, auch eine goldene Umhängkette, und Ringe mit Brillanten fast an einem jeden Finger, so daß niemand in seiner Person einen so abgefeimten Gauner ahndet, welches Aeussere ihm bey jeder Gelegenheit, und besonders zum Chasimen-Handel sehr zu Statten kommt. Er gehört zu den gefährlichsten Gaunern und trägt immer einen Dolch bey sich. (Stuhlmüller)

Es wurden weiterhin Produktionsmittel benötigt, nicht unerheblich in der Anschaffung, wie Werkzeuge oder Kutschen. Diese fixen Kosten wurden auf die Chawern umgelegt. Die Chawrusse geht über zur Kommanditgesellschaft. Der Alltag der Gegengesellschaft muß sich in die engen Konvenienzen der polizierten Welt einschmiegen, dem bürgerlichen Handelsverkehrs anpassen. Zurück bleibt das Milieu und seine Sprache.

Während der großen Ketzerbewegung im 12. und 13. Jahrhundert als Kampf gegen das Hörigendasein stellten die Frauen die Extremisten dieser sozialen Bewegung dar: als Frauen und als Hexen. Die führende Rolle der Unterdrückten, der Bettler und Vaganten in der sozialen Bewegung der armen Klassen übernahm schließlich die Gaunerwelt — die jüdischen Gauner wurden deren Extremisten. Wie läßt sich diese herausragende Rolle im Leben der unteren Klassen erklären, woher diese Energie für eine tausendjahrealte Resistenz?
Die Mehrzahl der jüdischen Bevölkerung konnte nur existieren vermöge einer praktischen Kritik an der Warengesellschaft; dies verleiht ihr die ungebrochene Vormachtstellung — bis zur jüdischen Hauptmannschaft über deutsche Banden. Die Identität jener Gauner hat auch den Kriminalhistoriker Avé-Lallement beeindruckt, denn er berichtet von "einzelnen Koryphäen, die unter der Maske schlichter Bürgerlichkeit als Hüter der Gaunerkunst und als Zentralpunkte des Räubertums erschienen". Besonders hat er es auf den schon erwähnten Jakob Moyses abgesehen:

Ein solcher gaunerischer Stammhalter und Altmeister war der in den achtziger Jahren des achtzehnten Jahrhunderts in Winoshoot bei Grönningen, später Antwerpen, Gent, Brüssel und Countray lebende Jakob Moyses, der ... durch intellektuelle Urheberschaft fast der gesamten Räubertätigkeit der niederländischen Banden, als ihr Patriarch angesehen werden muß.

Nun war das Gaunerleben nicht eben ungefährlich, einige blaßten früh dahin an Ungemach, Streß oder Galgen. Sieht man sich die Gaunerlisten durch, so fällt allerdings auf, daß die Hebräer gegenüber den christlichen Fahrensleuten ein stattliches Alter erreichen. Hans Bast Nikolai war Planmacher und Regent der Moselbande.

Vor seiner Hinrichtung bemühte man sich, ihn zum Geständnisse zu bringen, aber umsonst. Er ward im rothen Hemde zum Richtplatz geführt, und starb mit der eines großen Räubers würdigen Kälte. Sein Weib besuchte ihn zwey Tage vor der Hinrichtung. Am Tage derselben erklärte der 65jährige Greis, wenn sie nach neun Monaten niederkommen sollte, so sey er, und kein anderer für den Vater zu halten. (Becker)

Ein solches christliches Alter war damals noch selten. Anders bei den Hebräern. Ein bedeutender Familienvater war Joseph Löb; Stuhlmüller (1823) hat die Stammtafel zusammengestellt:

Stammtafel der Familie von Joseph Löb
Joseph Löb, 72 Jahre alt, stammt von den Niederländer Räuberbanden ab, nebst dessen Frau Rachel.
1. Maschuche Afrömche, eigentlich Abraham Joseph, von den Niederländer Banden abstam-

mend, ist verheurathet mit Sara Lazarus, ohne Kinder, sitzt schon seit 21 Jahren im Zuchthause, und soll toll seyn. Seine Frau ist jetzt die Zuhälterin des Dusche Felheimer.
2. David, verheyrathet mit Chaia, unbekannt von welcher Gaunerfamilie. Hat 4 Kinder, nämlich 2 Söhne und 2 Töchter. Die Söhne chilfen schon. Es ist unbekannt, wie sie heißen.
3. Baer, verheyrathet an Langmottches Eisig mit 7 Kindern: 1) Rachul oder Fulche, 23 Jahre alt, ein Hauptspitzbube. 2) Jekofgen 19 - 20 Jahre alt, Hauptdorfdrucker. 3) Brändel, ledig, 18 Jahre alt. 4) Joseph Löb, 14 - 15 Jahre alt, er chilft. 5) Mergem, 12 - 13 Jahre alt. 6) Frommele, 10 - 11 Jahre alt, chilft, spielt Zitter, und stiehlt schon gewandt. 7) unbekannt.
4. Itzkok, verheyrathet mit Täubchen Bärchens Tochter, hat 3 Kinder, 1) Löb, 15 Jahre alt, Dorfdrucker, und 2 Töchter, unbekannt wie sie heißen, und noch sehr jung.
5. Jekosche, verheyrathet mit Esther Chaia, Tochter von Falkmottchen. Er solı 3 Kinder haben, 2 Knaben und 1 Mädchen. Namen, unbekannt wie sie heißen.
6. Rühl verheyrathet an Nathan Krummbach hat keine Kinder.
7. Brendel, verheyrathet an Wolfche Hohenems, welcher auf 5 Jahre zur Zuchthausstrafe verurtheilt seyn soll. Sie haben 5 Kinder, deren Namen unbekannt sind, und wovon der älteste Sohn ein vorzüglicher Kittenschieber und Chalfe seyn soll.
In Summa 58 Personen, welche alle blos vom Diebstahl leben, ohne die vielen Seitenverwandten, welche alle zu Gaunern gehören.

In der Bierbrauerschen Liste von Schrenkern und Boskennern — immerhin der gefährlichsten Lebensweise — findet sich ein weiterer Patriarch:

Alte Abraham, ist über 80 Jahr alt, mittelmäßiger Statur, hat ein völliges Angesicht, graue, krause Haar, auch dergleichen Bart, zu Wittlage im Hochstift Oßnabrück die Tortur ausgestanden und sich berühmt, daß er 36 Jahr nach einander gestohlen, ohne jemahlen in Haften zu kommen; dessen unten gemeldter Sohn Levi Abraham ist zu Münster justificiret worden.

Die Langlebigkeit ist bemerkenswert und der Leser kann dies weiterhin in der Thieleschen Sammlung — zwischen diesem und Bierbrauer liegen immerhin 100 Jahre — belegt finden, bei einer Figur "historischen Interesses":

Moses Isaac, gen. Schocher, d. i. Schwarzer Mausche.
Dieser höchst renommirte Gauner, wenn er noch lebt, müßte an die 90 Jahre alt sein. Er ist nur 5 Fuß groß, vom Alter gebeugt, hat nur noch spärliches graues Haupt- und Barthaar und stellt das Bild des ergrauten Verbrechers dar. Für die öffentliche Sicherheit und für die Zwecke dieses Buches hat er nur noch ein historisches Interesse, vorzüglich deßhalb, weil er Stammvater einer der berüchtigsten Gaunerfamilien ist.
Schon der Allgemeine Anzeiger der Deutschen brachte im Jahre 1808 eine Notiz über ihn, worin er als ein gefährlicher Spitzbube geschildert ward. Gleiche Anzeigen über ihn machten im Jahre 1813 der zu Kiel verhaftete Räuber Herz Michel und im Jahre 1818 der damals zu Bützow in Mecklenburg einsitzende Gauner David Isaac Wallach. Seine Lebensverhältnisse sind fast ganz in Dunkel gehüllt. Er soll zu Gnesen geboren und der Sohn eines ehrlichen Juden sein. In Leipzig soll man ihn vor langer Zeit einmal wegen Einbruchs zu 4jähriger Strafe ver-

urtheilt haben. Er war zweimal verheirathet und hat 6 Söhne erzeugt, welche, bis auf einen, den jüngsten, den bürgerlichen Namen Sachs angenommen haben. Fünf von ihnen sind in der Gaunerwelt bekannt.
1. Isaac Moses Sachs, zuletzt in Bismark wohnhaft, starb, mehrerer gewaltsamer Diebstähle angeschuldigt, zu Berlin im Gefängnis. Derselbe hinterließ 3 Söhne:
a) Herrmann Moses Sachs; welcher sich im Kriminalarreste zu Berlin entleibte. Trotz seiner 20 Jahre war er der großartigste Schottenfeller, den es vielleicht je gegeben hat.
b) Meyer Sachs und
c) Abraham Levi Sachs, beide seit ihrem 8ten Lebensjahre geübte Torfdrucker.
2. Meyer Moses Sachs, zu Werben wohnhaft,
3. Samuel Moses Sachs, ein Schränker, in der Löwenthalschen Sache mit Steckbriefen verfolgt.
4. Hirsch Sachs, Kittenschieber.
5. Marcus Moritz zu Magdeburg, welcher wieder zwei Söhne hat, von denen Isidor Moritz als Gauner bekannt ist.
Von diesen Söhnen und Enkeln wird späterhin noch besonders die Rede sein. — Schocher Mausche wohnte früher lange in Betsche, in der letztern Zeit aber hielt er sich bei seinem Sohn Meyer Moses Sachs in Werben auf.

Der Leser wird sich erinnern, daß wir keinen blindwütigen Geschichtsmaterialismus im Sinne seiner sozialdemokratischen Verdürftigung — "vom Urschleim bis Scheidemann" — betreiben, sondern unsere Vaganten, Bettler und Gauner als Produzenten ihres Lebens begreifen, das sie in einer bestimmten materiellen Kultur — gelegentlich der Sprache haben wir dies exemplifiziert — vollziehen.

Nur der jüdische Gauner kann 70 - 80 Jahre alt werden, ohne mehr als höchstens einige davon in Gefängnissen und Zuchthäusern verlebt zu haben. In den Personal-Notizen wird man merkwürdige Beläge dazu finden, und ich brauche wohl nur auf den 90jährigen Jakob Joseph Schweriner aufmerksam zu machen, der, seit länger als 60 Jahren nur vom Diebstahle lebend, doch während dieser ganzen Zeit nur dreimal verhaftet war, und nur zweimal, zusammen zu anderthalbjährigem Zuchthause, condemnirt wurde, bis ihn endlich im Jahre 1831, wie viele Andere, die Remesis ereilte. Wie bedeutungslos und stümperhaft erscheint neben solchen Genien der nichtjüdische Verbrecher, den sein Schicksal, wenn man sich so ausdrücken will, vielleicht erst zum Bettler und dann zum Diebe machte! (Thiele)

Weniger die religiöse Glaubenswelt war für die außerordentliche Bedeutung der jüdischen Kultur in der Vaganten- und Gaunerwelt maßgebend; vielmehr die tradierte und reproduzierte jüdische Lebensweise. Sie stiftete die Identität der Subkultur und war für die christlichen Hobos und Banditen Einheit von Alltag und Widerstand. Dies war das gelebte Geheimnis des Widerstandes namentlich des jüdischen Teils der unteren Klassen. Das Gaunertum hat insgesamt durch seine Organisation des Gegenalltags Individuen für den Widerstand hervorgebracht. Die Individuen erhielten durch diese Assoziation die Befähigung zum Weiterleben und Aufbegehren. Die

Isaak Abraham, vulgo Itzig Stumpnase Itzig Radog oder Radauge auch der lange Abraham genannt.

Er ist gegen 70 Jahre alt, 5 Fuß 4 - 5 Zoll groß von robuster Statur, hat hellbraune Haare, braune Augen, an dem bedeutend größeren linken Auge hängt das untere Augenlied dergestalt herab, daß das rohe Fleisch zwischen dem Augapfel und dem Augenliede sichtbar ist; hat eine, in der Nasenwurzel sehr breite, im Obertheil gespitzte, augenscheinlich ehemals stark beschädigte Nase, worin der ganze Nasenknochen fehlt, einen breiten Mund, mit einer großen aufgeworfenen Oberlippe und in der rechten Wange eine starke Vertiefung. An der linken Brust, gegen den Arm zu, hat er einige längliche, beinahe 2 Zoll lange, tiefe Hiebnarbe, auf dem linken Oberarm 2 Quernarben von resp. 1 und ½ Zoll Länge, auf der linken Hand eine über 3 Zoll lange Narbe, an den Gelenken beider Hände sind verwischte Spuren ehemals getragener Fesseln sichtbar und auf dem ganzen Rücken entlang finden sich Merkmale von erlittenen scharfen Züchtigungen vor. Er saß 1806 bei dem Amte Hagenow in Mecklenburg, wurde mit dem erlittenen Arrest bestraft, und über die Grenze transportirt, 1816 saß er wegen Diebstahls in Posen und wurde zur Zuchthausstrafe verurtheilt. 1825 war er mit Abraham Lübeck, Joseph Leopold Adam und Joachim Pappert wegen Postraubes zu Baruth in Haft, und erhielt mehrjährige Zuchthausstrafe nach Luckau. Er war früher Mitglied der rheinischen Banden, und befand sich wegen mehrerer Räubereien vor Jahren als Galeerensträfling zu Breest in Frankreich, wo die noch jetzt sichtbaren Schwielen an den Hand- und Fußknöcheln herrühren. Auch die Verunstaltung seines Gesichts soll sich von dieser Zeit herschreiben, und durch die ihm im Handgemenge mit einem andern Galeerensträfling versetzten Hiebe mit den Eisenschienen veranlaßt worden sein. Nach einem Entspringen von der Galeere, in den ersten Jahren des gegenwärtigen Jahrhunderts, ging er nach Ungarn, wo er irgendwo verhaftet gewesen sein soll. Später begab er sich nach dem Großherzogthum Posen, wo er seine Niederlage in Betsche und Rostarczewo hatte.

Jetzt hält er sich wieder in Ungarn auf. (Thiele)

Banden haben die Menschen lebensfähig gemacht, Identität gestiftet, auch die Sittlichkeitsformen des Widerstandes. Die kulturelle und materielle Identität der Juden war der Grund dafür, daß sie länger lebten als ihre christlichen Genossen.

Zur Tradierung des jüdischen Alltags gehört die Familie. Der Herr nimmt weg die Sitten der Alten (Hiob 12, 20); doch die Verwandtschaftsverzweigungen haben dies aufgehalten. In einem "Rundschreiben an die Kurfürstlichen Kreisstädte und Fürstl. Rotenburgischen Beamten der Provinz Niederhessen" beklagt der Regierungsrat F. G. Pfeiffer, "daß in dem wilden Naturzustande, in welchem sie (die Gauner, H. R.) sich befanden, und bei dem häufigen Wechsel der Frauen und Zuhälterinnen ihre Familien-Verhältnisse wirklich oft sehr verworren sind ...". Dies gilt keineswegs für die Hebräer; hier bedenken die Polizeisoziologen die Familie stets mit, wie Stuhlmüller:

Man erwäge nur, daß in Deutschland zum Mindesten zwey Tausend jüdische Gauner von Profession existiren, welche mit ihren Familien blos vom Raube, Diebstahl, oder Betruge leben, und durch welche auch wieder die Diebshehler, Beherberger, Spieler (Frey-Schupper) leben.

Fast alle jüdischen Gauner sind verheiratet, und bringen durch ihren Handel ihre Familien durch. Als David Selig (Schnurr-Seligs, Davidche, Chalafufs, Abraham Selig, auch Haron Selig genannt), ein Torfdrucker, der aber auch Schränken ging in Tübingen, hörte, daß seine Frau in Heigerloch im Sigmaringschen niederkäme, verließ er seine Gesellschaft und begab sich zu seiner Frau. Diese Eigentümlichkeit der jüdischen Familienstruktur blieb auch den Untersuchungsbeamten nicht verborgen und im Falle von Joseph Hirschberg, 1842 inquiriert, versuchten sie, die "innige Anhänglichkeit, welche Hirschberg ... für seine Familie kund gab, gewandt zu benutzen"; sie erweckten Hoffnungen, der Familie das Duldungsrecht in Galingen zu verschaffen. Thiele zitiert ein Schreiben Hirschbergs:

Ich sehe ein, daß ich wieder Hoffnung schöpfen darf, ein ehrlicher Mann werden zu können, und gewiß werde ich mich so halten, daß es keine Behörde gereuen wird, Menschlichkeit an mir geübt zu haben. Die Anhänglichkeit an Frau und Kinder hat mich in diese unglückliche Lage gebracht; sowie sie mich in Zukunft zum rechtlichen Mann machen wird, so würde sie mich unter veränderten Umständen auch wieder der gefährliche Gauner werden lassen, der ich war. — Weiß ich meine Kinder an einem Orte, wo sie eine gute Schule besuchen dürfen, so wollte ich lieber hungern, als durch neue Vergehen sie dieses Glücks berauben. — Man wird mir auch verzeihen, wenn ich, der Strenge der badischen Gesetze bewußt, bis dahin zweifelte, daß meiner Familie je wieder in dortigen Landen Aufenthalt gestattet werde. Dieses Mißtrauens wegen habe ich noch Einiges verschwiegen, um mir das Elsaß als Zufluchtsstätte offen zu behalten. Ich werfe mich nun voll Hoffnung meiner hohen Regierung zu Füßen und will von dieser Stunde an in keinem Punkte mehr zurückhaltend sein. Dann bitte ich aber Sie, Herr Untersuchungsrichter, bei der hohen bad. Regierung mein innigstes Anliegen auch auf jede Weise dringend zu empfehlen.

Bereits die Coburger Designation, als der Bettelstrich noch nicht vom Gaunertum an Bedeutung überholt war, belegt die hohe Zahl der Verehelichten:

Victor Ger, des Mortie Polak Schwieger-Vater 60 Jahr alt, hat sich eine Zeitlang im Grunde zu Reichensachsen aufgehalten, grosser starcker Statur, rothen Angesichts, mit einem Goldgelben Bart, worunter etwas graue Haare, hat gelbe etwas wenig aufgelauffene Haare und eine Blatte auf dem Kopff, auch eine blinde Frau und einen Sohn von 13 bis 14 Jahren; welcher stammelt, hält auch eine Magd, welche die blinde Frau führet. Nathan Maintzer, Hirschle Boger und Victor Ger haben drey Schwestern zur Ehe.
Leder Wolff, so sich sonst zu Reichensachsen aufgehalten, ist 6 bis 37 Jahre alt, mittler Statur, längliche schwartz-bräunlichen Angesichts, mit einem schwartzen Bart, hat schwartze lange glatte Haare, auch ein Weib und Kind männlichen Geschlechts, ohngefehr 2 Jahr alt.
Samvill oder Samuel Braunum, mit seinem rechten Namen Samuel Schmul, von Seylburg bey Homburg ohnweit Franckfurt bürthig, ohngefehr 36 Jahre alt, des hier inhafftirten Josephs Bruder, über mittler Statur, im Gesicht hager und blond, hat schwartzbraune Haare, der Bart aber ist etwas heller, redet nach dem Franckfurther Dialecto, hat ein Weib, welche Sara heisset, von Sprenglingen bey Franckfurt, aber kein Kind.
Jacob Geiß, vulgo Geiß Jecof, wiewol er seinen Namen zu Haßfurth und Würtzburg, wo er im vorigen Jahre eine Zeitlang innen gelegen, nicht angegeben, ist ohngefehr etliche viertzig Jahre, zu Würtzburg torquiret, gebranntmarcket und ausgepeitschet worden, mittler untersetzter Statur, schwartzbraun runden Angesichts mit einer langen spitzigen Nasen, hat schwartzkrause Haare, einen schwartzen mit etwas grauen Haaren untermengten Bart, hellbraune Augen,

und gehet ein wenig bucklich, hat ein Weib und Kind.
Schmul Bauer, aus Pohlen bürtig, ohngefehr 5 bis 36 Jahre alt, sehr grosser Statur mit breiten Schultern, hat schwartze krause Haare, ein dick rundes Angesicht, ein klein schwartz spitziges Bärtgen, redet eine Pragische Sprache, und hat ein kleines Weib und kein Kind, soll auch gebranntmarcket seyn, wovon er sich aber heilen lassen.

Zugleich wird die Solidarität der Gegengesellschaft dadurch gestärkt, daß die hebräischen Gauner untereinander heiraten. So kommt es zu weiten Verbindungen, zu Ortschaften, die völlig Chäß sind, also kochem.
Allein durch die Familienverbindung deduzieren die Polizeirechercheure den Gaunerstatus. Joseph Levi, eigentlich Israel Hecht, ein Nepper und Chalf, operiert hauptsächlich im Obermainkreise. Er hat eine Tochter von Eisig Furth, namens Krönl, geheiratet und ist damit Mitglied dieser Gaunerfamilie. Er handelt mit optischen Gläsern und Galanteriewaren und hält sich an den jüdischen Feiertagen bei seinen Schwiegereltern in Fürth auf. "Allein wegen seiner gefährlichen Familien-Verbindung", kombiniert Stuhlmüller, "ist er wohl unter die Gauner zu zählen, und daher der strengen polizeylichen Aufsicht zu empfehlen".
Die intakte Familie ist noch wichtig, auch die Mutter, ebenso der spirituelle Springpunkt dieser materiellen Kultur, der Gottesmann. Deshalb weiß Schwarz-Mendelchen wohin er gehen kann:

Schwarz-Mendelchen. Führt den Beynamen Schwarz, weil er eine schwarzbraune Gesichtsfarbe hat. Ist 26 Jahr alt, Sohn von dem bereits gestorbenen berüchtigten Räuber Koschmann, mittlerer Statur, hat pechschwarze Haare, die ihm in krausen Locken bis auf die Nase hangen, schwarze Augen, eine gewöhnliche Nase, einen schwarzen Bart, jedoch wenig Backenbart, geht gut gekleidet und giebt sich für einen Handelsmann aus. Ist sehr lustigen Temperaments und tritt gewöhnlich singend in die Gaststube. Ist mit dem Herz Michel, Jacob Zitterspieler, Schumann Israel und Mendel Rotzer auf einen Versuch zum zierlichen Diebstahl in Hünefeldt gewesen. Nachher hatte er mit den übrigen den Diebstahl in Mittel-Calwig ausgeübt. Eine Stunde von Schoffheim hat er mit seinen beyden Schwägern Jacob Zitterspieler und Schmuel Israel einen großen Diebstahl begangen. Er hat seine Mutter Jüdel bey sich. Bey Mausche in Bayerstoff, und bey Kail in Fürth hat er lange logirt und soll auch dort noch leben und große Reisen nach Bayern machen. Ist Schottenfeller (Marktdieb), Schränker (gewaltsamer Dieb), Kittenschieber (Hauseinschleicher), kurz er besitzt alle Eigenschaften eines vollendeten Räubers und Diebes. Vor 7 Jahren stahl er mit Herz Michel in Weiersch, 1½ Meile von Fulda, während die Leute im Felde waren (auf Scheinkusen) in einem Bauernhause einen Beutel mit Geld, wobey sie zwey Kisten erbrachen. In dem Hause wurden sie von den Bauern umringt. Schwarz Mendelchen verbarg sich anfangs unter dem Bett. Herz Runkel sprang zuerst aus dem Fenster, wurde jedoch verfolgt und eingeholt, und erhielt heftige Schläge. Mendelchen bekam ebenfalls so derbe Schläge, daß sein Rock in lauter Fetzen herunterhing. Dieser ging zu seiner Mutter nach Skirblitz bey dem Rabbiner Aaron und ließ sich dort heilen. (Christensen)

Die Polizeiorgane können davon ausgehen, daß die Hebräer während des Sabbats sich bei ihren Frauen einfinden, wenn ihre Geschäfte sie nicht zu größeren Expeditionen angetrieben haben.

Haussuchungen in verdächtigen Judenhäusern müssen, wenn sie gelingen sollen, am Freytag nach Eingange des Sabbaths geschehen. Dann liegen alle wandernde Juden still. (Rebmann)

Im Jahre 1795 hat Fetzer, damals Matador der Krefelder Bande, sich des jüdischen Ritus in eigener Weise angenommen. Es geschah in Düsseldorf im zweiten Stocke des Hauses eines Juden. Dieser betete — es war Sabbat — in seinem unteren Zimmer, während Fetzer mittels einer Leiter oben eingestiegen war und ausräumte. Die Waren reichte er seinen Gesellen hinab.
Fetzer, mehr der Muskelkraft als dem Geiste zugeneigt, kannte sich gleichwohl vorzüglich aus im philosophischen Denken der Hebräer. Er war zu Breisich gewesen, im November 1800, als unter Fetzers Kommando der Bürger Pleid um seine Pretiosen gebracht wurde. Fetzer reiste danach mit einigen Gefährten in die Frankfurter Bordelle. Es stellten sich allerdings zeitliche Limitierungen ein, da die Juwelen — ein Teil der Beute — falsch waren. Hinzu kamen intime Krankheiten, die den Rest des zusammengeschrumpften Erwerbs verschlangen. Wie also wieder nach Neuwied kommen? Fetzer und Gesellen, mit dem Geiste des jüdischen Ritus durch unzählige Gaunerhantierungen aufs engste vertraut, schlugen den gelehrten Weg ein. Sie gaben sich als Katechumenen des Judentums aus und wanderten so, von mildtätigen Hebräern unterstützt, zurück nach Neuwied.
Die Polizeisoziologen ahnen zumindest, daß jene Sonntäglichkeit im Leben der Hebräer mit dem Überlebensalltag der Gegengesellschaft zusammenhängt. Aber selbst Rebmann mit seinem Citoyenblick bleibt bei einer subjektiven Affektenlehre hängen und schiebt alles aufs Fromme ab:

Was die Verworfenheit dieser Räubergenossen vollendet, ist die verruchte Frömmeley, wenn ich mich dieses Ausdrucks bedienen darf, die sie bey ihrem schändlichen Gewerbe beobachten. Bis die Sterne am Freytag am Horizont funkeln, bereitet der Baldowerer mit List und Beharrlichkeit den Streich vor, welcher seinen Nachbar, der ihm unüberlegtes Vertrauen schenkte, zum armen Manne machen soll, aber nun tritt der Sabbath ein, und dieser muß gefeyert werden. An diesem Tage öffnet der gewissenhafte Mann nicht einmal gern sein Haus, um den Raub anzunehmen, er deutet höchstens mit dem Finger auf das Gemach, wo er sicher verwahrt seyn möchte. Selbst der jüdische Räuber auf der Flucht hält zwischen Verbrechen und Verbrechen einen Tag frey, und, ob er gleich nicht das geringste Bedenken trägt, allenfalls am Freytag Nachmittag, oder am Sonnabend nach Mitternacht ein Kind oder einen Greis mit Brand und Qualen zur Anzeige seines versteckten Geldes zu zwingen, so versäumt er doch um keinen Preis die geringste Zeremonie seines Gottesdienstes.

Thiele, durch seinen Antisemitismus besonders geschädigt, schwätzt nach, kann es aber nicht lassen, die Einfältigkeit seines theoretischen Vermögens noch pathetisch zu polieren:

Was übrigens dem Juden, wenn er zum Verbrecher wird, und was daher auch dem jüdischen Gauner noch über alles den Stempel der niedrigsten Verächtlichkeit und Schlechtigkeit aufdrückt, das ist seine empörende Frömmelei. Hat auch der Atheismus der neuern Zeit vielleicht schon bei Einigen soweit Eingang gefunden, daß sie das Stehlen am Sabbath nicht mehr geradezu für eine Sünde halten, so ist dies doch eben nur bei Einigen der Fall, die bei der großen Mehrzahl der orthodoxen Uebrigen kaum in Betracht kommen können. Sechs Tage in der Woche fürchten sie sich nicht des Frevels gegen göttliche und menschliche Gesetze, indem sie ihre Hand nach fremdem Eigenthum ausstrecken, und sie würden auch am siebenten keinen Gewissensscrupel dabei finden, wenn nicht rabbinische Dogmen ihnen am Sabbath jede Art von Geschäften untersagten. Ihr Geschäft aber ist der Diebstahl, welcher sie nährt, und nur weil er ihr Geschäft, nicht weil er ein Verbrechen ist, halten sie ihn am Sonnabend für unerlaubt, glauben nur an diesem Tage damit die Gottheit und die Heiligkeit des Sabbaths zu beleidigen. Noch ehe die Sterne am Freitag am Horizont funkeln, unterbricht der reisende Dieb seine Tour und beeilt sich, eine Herberge zu erreichen, wo er den Schabbes feiern kann, an welchem ihm ja das Reisen verboten ist! Mit dem Anzünden der Sabbathkerze verschließt der Schärfenspieler sein Haus, das die ganze Woche dem Verbrechen geöffnet war, worin vielleicht noch vor wenigen Stunden der Raub der vorigen Nacht getheilt worden ist. Ehrsamen Schrittes und andachtsvollen Angesichts geht er in die Synagoge, um dort in dem Gebete Schmone-Essre, den Gott Israels um Segen in seinen Geschäften anzurufen! O, über diese Menschenklasse, die das Genießen eines Stückchen gesäuerten Brodes, das Schreiben ihres Namens am Sabbath für eine größere Sünde, als das, nach Systemen und mit kalter Berechnung herbeigeführte, Verderben ihres Mitmenschen hält!

Um den Leser wieder in die Stimmung zu versetzen, den ruhigen Gang der Gaunerökonomie zu verfolgen, sei noch erwähnt, daß mit dem Rückgang des allgemeinen Bettelstrichs und den Ansiedlungen in Gemeinden das Konkubinat sich eindämmte und den christlichen Kollegen überlassen blieb; Kebsweiber wurden herabwürdigend Chonte (Hure) genannt. Übrigens hat Stobbe in seinem klassischen rechtsgeschichtlichen Werk hervorgehoben, daß es jüdische Huren wohl durch die Jahrhunderte nur in geringer Zahl gegeben hat, was unsere obige Interpretation schön bestätigt. Freilich, es gab die Marie A.s — von Brecht besungen — und es wäre schließlich verdammungswürdig, die Hurerei auf die Krämerschale zu legen und nach christlichen und jüdischen Pfunden abzuwägen. Jedenfalls war die Judesandel, zumal mit einer gefühlvollen Tätowierung geziert, eine unzweifelhafte Gefährtin der gaunerischen Populärkultur:

Melzer, Susanna, von Alzey, vulgo: die Judesandel (eine Jüdin). Signalement. Alter: 27 Jahre, Größe: 4 Schuh 4½ Zoll, Haare dunkelbraun, Stirn: niedrig, Augenbrauen: dunkelbraun, Augen: graublau, Nase: spitz, Mund: gewöhnlich, Kinn: rund, Gesicht: oval, Gesichtsfarbe: frisch, besondere Zeichen: etwas weniges Schnurrbart und auf dem rechten Vorderarm roth geätzt: ein brennendes Herz mit einer 3 und S. M. darunter.
Als eine erzliederliche Dirne treibt sie sich schon lange Zeit in den Rhein- und Maingegenden umher und ernährt sich auf der Hurerei. Oefters war sie zu Frankfurt und zu Mainz arretirt

und in ihre Heimath wurde sie verschiedenemalen auf dem Schub gebracht. An dem allgemeinen Gaunerunfug (1826) nahm sie gleichfalls Theil und trieb sich namentlich mit dem Jacob Herrmann aus Dill, vulgo: der lange Preuße, oder der lange Schuhmacher einige Zeit umher, wo sie allhier arretirt und mit zu der damals anhängigen großen Untersuchung gezogen wurde. Wegen verbotener Rückkehr wurde sie mit zweimonatlichem Arrest bestraft, sodann auf dem Schub dem Zuchtpolizeigericht zu Mainz zugeführt, welches dieselbe wegen Landstreicherei und Gaunerei zu einer sechsmonatlichen Gefängnißstrafe verurtheilte. (Pfeiffer)

Insgesamt bleibt jedoch — mit Sabbat, der überwiegenden Nichtverehelichung mit Wittischen (Nicht-Chessen) — die Verletzlichkeit des familialen Netzes eine dauernde Möglichkeit unter dem christlichen Primat des allgemeinen Alltags. Die Reaktionsformen der Gegengesellschaft haben deshalb nur geringe Liberalität. Als der schwarze Peter der Schinderhannes-Bande Kindtaufe feierte, zogen die Festgäste im Bezirk von Seibersbach durch den Sohnwald. Iltis Jacob hatte seine schöne Frau dabei, die nämliche, deretwegen der Schnallen Peter — er hatte mit ihr geschäkert — in einer Wirtschaft in Lindenscheid auf dem Platze geblieben war. Der schwarze Peter verlangsamte mit dieser den Schritt und kauerte sich alsbald mit ihr, wie es heißt, auf einer saftigen Wiese. Nun kommt ein Jude aus Seibersbach des Wegs daher, mit seinen eingerichteten Familienverhältnissen, und läßt den Iltis Jacob von diesem Stelldichein wissen. Dieser rennt zurück, trifft beide, wie er später aussagt, in fleischlicher Umarmung und erwürgt sie aufs Erbärmlichste.
Die Solidarität der Hebräer untereinander war aufnehmenswert für die Obrigkeitsprotokolle. Keine Nation stützt sich so, warnt Stuhlmüller, "als die Juden einander". Es war zwar nicht immer so, aber die Regel. Einer, der es wissen mußte, hat sich der althergebrachten materiellen Kultur der Gaunerwirtschaft besonnen. Jainkof Hirsch, auch Lazarus Hirsch, ein Schränker und Räuber, war in Pforzheim — wo es die Produzenten mittlerweile selber machen — bei einem Juwelencoup beteiligt, hat dann einen Handel in Kitzingen vorgenommen mit Emanuel Rothschild, Israel Schumann, Löbche Pollack und Eisig May. Durch einen Schuß wurde er dabei niedergestreckt. Ein Jahr Untersuchung — er hat gut geleugnet und kam raus. Danach hat er der Judenschule in Pechofen — drei Jahre vorher hatte er dort die Ostertage gefeiert — einen kostbaren Proches vermacht. Eine Huldigung an jene materielle Kultur mit ihren Familienfesten, die hinter ihm gestanden hatte.
Diese Geste ist ein ästhetischer Akt, denn er verschönert die Rückzugsbasis der Hebräer. Ein Kronzeuge der anderen Seite — der bürgerlichen Gesellschaft —, der Hegelschüler Karl Rosenkranz, ist es wert, hier zitiert zu werden, denn er treibt die Ästhetik in den Meuchelmord der höheren Klassen. Er schreibt in der "Ästhetik des Hässlichen", 1853:

Gehen wir aus der Sphäre der bürgerlichen Gesellschaft heraus, so wird das Verbrechen wiederum ästhetischer durch Motive, welche den höhern Gebieten des Staates oder der Religion entnommen sind, denn mit solcher Begründung wird der Einzelne aus dem beschränkten Kreise kleinlich egoistischer Antriebe und untergeordneter Zufälligkeit herausgerissen. Die Ver-

Schinderhannes († 1803)

Julie Blasius († 1851), seine Geliebte und sein Sohn Franz Wilhelms (✱ 1802)

brechen, die begangen werden, sind materiell dieselben, wie in der bürgerlichen Sphäre, Verrath, Ehebruch, Gewaltthat, Mord. Allein indem sie ihren Ursprung aus allgemeineren Verhältnissen entnehmen, erwerben sie sich das Recht einer gewissen Nothwendigkeit, und indem mit dem Leben hervorragender, insbesondere fürstlicher Persönlichkeiten, unmittelbar große Veränderungen des Staats und der Gesellschaft unmittelbar verknüpft sind, steigert sich unsere Teilnahme.

Es ist schon ein Jammerbild, wenn Herrschaft und Macht auch noch in eine Ästhetik hineingeknäult werden. Der kostbare Proches des Jainkof Hirsch hat mit dieser Ästhetik der Macht nichts gemein. Ein Gran hätte Karl Rosenkranz auch noch Schiller abziehen können, denn dessen "Räuber" haben einen adeligen Erbzwist zum Grunde. Die Gauner-Scene war Schiller sicherlich nicht ganz ungeläufig, neben Spiegelberg, dem Hebräer, taucht noch sein Freund Roller auf — der Leser wird sich des Ausdrucks aus dem Bierbrauerschen Dictionär erinnern. Gewiß konnte Schiller von Hause aus — in Schwaben — jaunerisch schreiben; vielleicht wäre es ihm allerdings besser bekommen, selber in die Böhmischen Wälder zu ziehen, als sentimentalisch zu werden in seinen dichterischen Reflexionen. So wurde er ein Garant für Oberlehrer und mit Frauen hatte er auch noch Pech. Es verlohnt sich nicht, die Gaunerszene in die höheren Klassen zu treiben. Unsere Ästhetik bleibt im Detail des Alltags der Gegengesellschaft, da braucht es fraternitätischer Gestalten, so klein und bescholten sie auch sein mögen. Der "Frachtbrief vom Juden Mendel", den Jean Paul aufgezeichnet hat, stimmt dieser Verfahrensweise umstandslos zu.

Wahrhaftig, wer zusieht, wie ein armer Gelehrter seinen Sessel aussitzt und sich darauf abmergelt, um nur ein oder ein paar Pfund gut stilisierter Bücher zu schreiben, der preiset Handel und Wandel, es sei nun mit Schnittwaren oder mit Vieh.

Deshalb bedenkt dieser mikrologische Beobachter auch, daß nur ein kleiner Teil unseres Lebens mit "Alpen — Revolutionen — Rheinfällen — Wormser Reichstagen — und Kriegen mit Xerxes" ausgefüllt ist. "Und es ist so fürs Ganze auch besser". Denn die mikroskopierte Subgeschichte zeigt, daß ein "Tropfe Burgunder eigentlich ein rotes Meer" ist, "der Schmetterlingsstaub Pfauengefieder, der Schimmel ein blühendes Feld und der Sand ein Juwelenhaufe". In diesem Sandhaufen ist die Ästhetik wünschlicher angesiedelt — wie das Märchen sagt; die kleinen Leute sind mit ihrer Gaunerwirtschaft noch lange nicht fertig. So ist jene Merkwürdigkeit zu schätzen, die in der Gaunerwirtschaft zur Fortexistenz sich heimisch gemacht hatte: daß die christlichen Gangster im Konkubinat lebten, während stabile Familiensettings als ökonomische Zellen die Voraussetzung zur Weitergabe der Tradition, des jüdischen Alltagsritus waren. Schwencken (1820) hält fest:

Ganz vorzüglich gute Dienste leisten den Gaunern auch deren Weiber und Beyschläferinnen. Sie unterstützen dieselben nicht allein gleich den übrigen Vertrauten bei ihren Diebesunternehmungen, sondern — und dies ist ihre Hauptbestimmung — sie wirken auch dahin, ihren gefangenen Ehemännern und Zuhältern die Freiheit wieder zu verschaffen. Um diesen Entzweck zu erreichen, lassen sie kein Mittel unversucht; sie bestürmen die Richter mit Sollicitationen, suchen falsche Zeugen anzuwerben, den Gefangenen sachdienliche Nachrichten zuzubringen, die Kerkermeister zu bestechen und Instrumente zum Ausbrechen in das Gefängniß zu schaffen. Viele kochemer Weiber gehen auch als Schottenfellerinnen, oder Torfdruckerinnen mit vielem Erfolge selbst auf den Diebstahl aus.

Magdalena Salomon ist eine derart gewitzigte Gefährtin:

Von diesem zwischen dem 31. Januarii und 1. Febr. 1729 zu Essen im Cöllnischen, bey Herrn Wilhelm Heinrich Barenhorst, verübten sehr importanten Diebstahl, sind einige von dem zu Cassel inhafftirten Löwen Ascenas, an einen Juden Moyses Salomon zu Menden, unter der Chur-Cöllnischen Regierung zu Arnsberg, verkauffte gestohlne Stücke, wieder zum Vorschein gekommen, und dem Eigenthümer ausgehändiget worden. Als nun bemeldten Abkauffers Eheweib, Magdalena, deswillen, und wegen eines bey ihrem Mann gesehenen Meßgewandtes, in der Inquisition befragt wurde, hat sie gleichsam zur grossen Betheuerung geantwortet: Weiß ich es, so weiß es ein Goy! (i.e. Christ) welches vermuthlich, im Jüdischen Sensu, einen bösen Menschen bedeuten muß. Forro interrogata: Ob sie niemahls in einer Catholischen Kirche gewesen und kein Meßgewand gesehen? Respondebar: Da sollte sie GOtt der HErr dafür behüten! (Coburger Designation)

Die Familie lebte in der Gaunerwirtschaft und war in diesem Kriege der Kochemer gegen die Wittischen ökonomisch auf die Verschworenheit der hebräischen Gauner untereinander angewiesen. Zur gegengesellschaftlichen Verkehrung gehört auch, daß alle Händel der jüdischen Öffentlichkeit bekannt sind. Die Coburger Designation befaßt sich mit dieser Eigentümlichkeit:

Wie zum Exempel unter Christen kein Handwercks-Pursch sein Handwerck zu profitiren, sich scheuen darff, also hat unter denen Juden keiner Ursach, sein Diebs-Handwerck, daß er ein Chochum, Achprosch, Ganf, Kissler, Schottenfeller, Skoker, Aufftthuer sey, zu dissimuliren, sondern er darff es allen Juden, bekannten und unbekannten, wo er hinkommt, ohne alles Bedencken wissen lassen, und kan deswegen doch versichert seyn, es werde ihn unter solcher Nation niemand vermassern, (i.e. verrathen) sondern vielmehr jedermann allen ersinnlichen Vorschub leisten. Aus allem dem aber folget ganz unwidersprechlich so viel, und bezeuget es allenthalben die Acten kündige Erfahrung, daß kein Kirchen-Raub oder Diebstahl von denen Diebs-Juden geschehen kan, der nicht sogleich allen, in umliegender Nachbarschafft wohnenden, Juden bekannt werden sollte, und wird wohl in einer solchen Gegend nicht ein einziger Jude mit guten Gewissen, auf die Coscher Sepher Thora schweren können, daß er nicht wisse, wer dergleichen in seiner Nachbarschafft geschehenen Diebstahl ausgeübet? wie die Diebe heissen? und wo sie sich hingewendet oder aufhalten? immassen die im gantzen Römischen Reich, zu jedermans Spectacul in grosser Menge herum streichende Schnurr-Juden, welche mit allen Dieben gantz genau bekannt sind, von deren Auffenthalt und übrigen Thun und Lassen, alle Tage neue Zeitungen erfahren, und unter ihrer Race herum zu tragen pflegen.

Wie publik jeder Handel auch war, er durfte nicht verraten werden. Die Gaunerwirtschaft mußte sich gegen Molsamer schützen, die mittlerweile Slichener heißen. Lieber Speck und Blaukohl (den Staupbesen), als slichenen. Wer vermaßert, hat bis auf die Galeere die Rache der Gaunerwelt zu fürchten. Die Hartnäckigkeit im Leugnen ist immer wieder Gegenstand der Inquisitionsschriftsteller:

Die Kinder von Gaunern werden schon sehr frühe in die Mysterien ihrer Eltern eingeweiht, und entweder von diesen selbst oder von andern renomirten Spitzbuben, bei denen sie sich förmlich in die Lehre geben (Vortelsjungen) zu der sauberen Kunst der Gaunerei angeleitet. Der Unterricht, den man ihnen ertheilt, beschränkt sich aber nicht blos auf die Art und Weise, wie dieser oder jener Diebstahl kunstgemäß auszuführen seye, er umfaßt auch alle die Maßregeln, welche darauf abzwecken, die nachtheiligen Folgen eines begangenen Verbrechens von dem Thäter abzuwenden. Denn hierin besteht eigentlich die Tendenz der Kunst. Stehlen, sagen sie, kann ein jeder, aber stehlen und der Strafe entledigt zu bleiben, dies ist die große Aufgabe, welche nur der kunsterfahrene Gauner zu lösen vermag. Der Lehrling muß daher vor allen Dingen wissen, was er sowohl vor und bei, als nach jeder besondern Art von Diebstahl, zu beobachten habe, um allen Verdacht von sich entfernt zu halten; er muß sich die Kunstgriffe zu eigen machen, wodurch er die Bemühungen der Obrigkeit vereitelt, wenn sie ihm demohngeachtet auf die Spur kommen sollte und sich ganz besonders die Regeln auf das genaueste einprägen, nach denen er sein Benehmen vor Gericht abzumessen hat. Unter diesen Regeln steht oben an; daß er sich in keinem Falle und unter keiner Bedingung zum Schlichenen d.h. zur Ablegung eines Bekenntnisses verleiten lassen dürfe. Si fecisti, nega! Dies ist das Grund-

princip, um das sich die Vertheidigungsmethode eines jeden ächten Gauners drehet. Die schimpflichste Strafe, weit entfernt ihn bei seinen Genossen zum Vorwurf zu gereichen, stellt ihn vielmehr als ein bemitleidenswerthes Opfes des ungünstigen Schicksals dar; aber vor Gericht ein Geständniß abzulegen, oder gar andere Diebesgenossen zu verrathen, dies ist in ihren Augen die schimpflichste aller Handlungen, und wer diese sich zu Schulden kommen ließ, der darf ihrer aller Verachtung, ihrer wüthendsten Verfolgung gewiß seyn. (Schwencken, 1820)

Bereits der Magister Hosmann hat das Leugnen seiner jüdischen Bekennungsopfer als besondere Frechheit aufgefaßt. Nickel List, der die jüdische Sprache verstand, war mit den Hebräern antransportiert worden. Auf dem Wagen hatten sie unter Vorhaltung ihrer Bücher laut gebetet. Nickel verriet allerdings, daß es sich nicht um Gebete handelte, sondern um gegenseitige Anfeuerungen, auf der Folter nicht zu gestehen.
Auch die Coburger Designation unterstreicht diese schwierige "Inquisitions-Arbeit", "einen hartnäckig-verstockten Juden zur Bekänntnis seiner bösen Thaten zu bringen, da zumahln fast die ganze Judenschafft vor einen Mann zu stehen pfleget, und vor ein gutes Werck achtet, einen solchen Bösewicht zu verbergen, fortzuhelffen, und den Lauff der Gerechtigkeit zu hemmen". Der Räuber Hoyum hat diese Merkwürdigkeit mit analytischem Blick aufgeklärt:

Ubrigens wiederleget Inquisit Hoyum das allgemeine Vor-Urtheil, daß diese Juden-Rotte, ohne Beyhülffe anderer Diebs-Gehülffen, von Christlicher Religion, dergleichen gewaltsame Diebereyen ohnmöglich hätten ausüben können, durch folgende Argumenta:
Erstlich behauptet er, daß Jüdische Diebe um deßwillen mit andern, so keine Juden wären, sich nicht gerne einliessen, weilen diese durch ihre Aufführung sich bald verdächtig machten, und leichtlich in Inquisition gezogen würden; dahingegen jene, ohne Verdacht, der Dieberey nachgehen, und von andern Handels-Juden, dem äusserlichen Ansehen nach, nicht distinguiret werden könnten.
Zweytens, wann ein Christ in Verhafft käme, so wäre leicht wieder denselben zu inquiriren, aber bey Juden-Inquisitionibus ermanglete es gemeiniglich an Indiciis, weilen kein Jude, und wenn es auch der allerehrlichste wäre, einen Diebs-Juden bey Obrigkeit angeben, und vielweniger durch Zeugschafft die Wahrheit eröffnen, sondern viel lieber einen Meineyd begehen würde.
Drittens, hätte bey denen Nikel Listisch und Lipß Tullianischen Inquisitionibus die Erfahrung gelehret, daß Christen gar leicht zur Bekänntniß und Entdeckung ihrer Cameraden zu bringen wären, und in dem Fall die Jüdischen Complices gemeiniglich vor allen andern verrathen hätten, weswegen die Jüdischen Diebe von der Zeit an, denen Christlichen sich nicht vertraueten. Hingegen wären die Jüdischen Diebe so geartet, daß sie die Tortur ausstünden, und doch nicht confessirten, oder wenn sie auch gleich bekenneten, und sich selbst nicht mehr helffen könten, so würden sie doch meistentheils ihre Diebs-Consorten bis in den Todt verschweigen. Uberdem und vierdtens, hätten die Diebs-Juden, (Achproschim) welche unter der gantzen Judenschafft, Chochumen, das ist, kluge und gescheute genennet würden, nicht nöthig von einem Christen Instruction oder Anweisung zu nehmen, weilen sie unter sich selbsten viel vor-

"Schauerliche Hinrichtung von drei jüdischen Dieben in Wien, nach einem Flugblatt vom Jahre 1642"

sichtiger, stärcker und erfahrner wären, aller Orten unter dem Vorwand ihrer Handelschafft, Gelegenheit zum stehlen ausfündig machen, und unter ihrer Nation das gestohlene Gut gantz sicher unterbringen können.
Hiernächst pflegten die Diebe allezeit denen Abkäuffern, den Ort, wo die Waaren gestohlen worden, anzuzeigen, damit sich diese im Verkauff behutsam darnach achten könten, und nichts in solche Orte, wo man das gestohlene Gut kennen möchte, bringen dürfften, wie denn überhaupt, zwischen denen Gnoven, Achproschen, oder Dieben, Baldobern, Rädelsführern oder Anweisern, Sassern oder Unterhändlern, und Konim oder Abkäuffeln, ein Bund und solche Vertraulichkeit wäre, daß keiner den andern verrathen, sondern lieber alles über sich ergehen lassen würde. (Coburger Designation)

Bierbrauer verweist ebenso in seiner Beschreibung der jüdischen Diebes-, Mörder- und Räuberbanden auf den Kontext von materieller Kultur der Hebräer zu Moser oder Slichener.

Unter sich selbsten halten zwarn die Cochumen ihre begangene Diebstähle so wenig geheim, daß sie sich deren vielmehr als lob-würdiger Thaten gegen ihre Cammeraden und die herum vagirende Schnurr-Juden berühmen, welche letztere ihnen dann zu dem erhaltenen Seegen gratuliren, sich darvon einiges Geschenke ausbitten und solches gemeiniglich erhalten. Jene hingegen bey der christlichen Obrigkeit zu vermasern oder zu verrathen, halten sie nach der Rabinen-Lehre, nicht allein vor eine des Bannes und der Verdammnüß würdige Sünde, sondern sie kommen auch dardurch bey der ganzen Judenschaft in Verachtung und werden mit dem ihnen verhaßten Namen Moser belegt, weilen sie einen Ben Israels zum Galgen befördert haben; Es ist derowegen kein Deliquent schwehrer zu überführen oder zur Bekänntniß zu vermögen, als ein diebischer Jude, dann dieser entleibet sich lieber selbst oder lässet sich zu tode martern (wie mehrere unten vorkommende Exempeln bestärken werden) ehe er seine begangene Verbrechen dem Kehr oder christlichen Richter gestehen.

Samson Maintzer, ist 5 bis 36 Jahr alt, grosser, schmahler Statur, hat lange, braune Haare und bereits etlichemahl die Tortur dergestalten ausgestanden, daß solches an Händen und Füssen leicht zu erkennen ist. (Bierbrauer)

Mannes, Manasse, Manache Jacob, sonsten zu Reichensachßen wohnhafft, ohngefehr über 30 Jahr alt, mittlerer Statur und dabey magern Leibes, hat aber viele force, ingleichen hellbraune Haare, ein länglich weisses Angesicht mit einem kleinen gelben Spitzbärtgen, hat ein junges Weib mit drey kleinen Kindern, redet nach dem Schlesischen Dialecto, hat an jedweden obern Arm drey aufgelauffene Leisten von Schnüren, und auf beyden Seiten hinter denen Brüsten unter denen Armen zwey Flecken eines halben Bogen Papiers groß, vom brennen, welches er zu Breßlau seinem Vorgeben nach auf der Tortur bekommen, hat auch an einer Hand einen Schnitt vom kleinen bis zum mittlern Finger. (Coburger Designation)

Schwartze Feistgen, ist über 50 Jahre alt, langer Statur, hat ein schwarz-länglichtes Angesicht, schwarze Haar und mit seiner Frau eine einzige Tochter; bey dem ad Nr. 65 angemerkten Uhren-Diebstahl ist er mit gewesen, zu Stolzenau aus dem Gefängniß gebrochen und hat zu Oldenburg die Tortur ausgestanden. (Bierbrauer)

Gumbel Runcke, ist ohngefehr 43 Jahr alt, mittelmäßiger Statur, doch magern Leibes, hat keinen Bart, dünne, starck-braune Kopf-Haar und einen Diebstahl im Gärtners-Haus ohnweit Hannover ausführen helfen, solchen aber auf der Tortur hartnäckigt verableugnet, folglich seine Erlassung aus der Gefangenschaft erhalten. (Bierbrauer)

Mendel Schmalkalden, ohngefehr über 40 Jahre, mittler Statur, hat ein kupferiges Angesicht, redet Hochteutsch, verstehet Frantzösisch und ist als Schreiber oder Buchhalter in Handlungen gewesen, ist bald Jude bald Christ, hat einen unheilbaren Schaden von ausgestandener Tortur an einen Arm, weßwegen sein Hemde imer blutig ist, hat ein noch junges Weib, und im vorigen Jahre zu Wilmers im Würtzburgischen gewohnet. Dieser hat schon zu Würtzburg, Geißmar und Anspach gefangen gesessen, und ist nach Aussage derer vor drey Jahren zu Anspach justificirten Diebs-Juden, der gröste Autor und Folio-Dieb im Römischen Reich. (Coburger Designation)

Allerdings hat die Hartnäckigkeit der Inquisition gegenüber eine Schattenseite, und zwar aus dem nämlichen Grunde. Der Molsamer, Moser oder Slichener war der Geächtete, dies erheischte die Gaunerwirtschaft. Seine Ächtung stellte die Identität der Gegengesellschaft wieder her. Gleichwohl brachte der Slichener die Identität durcheinander. Dies fanden die Inquisitoren heraus und benutzten den Moser — statt der Tortur. Bei jener oben geschilderten Vernehmung in Celle um Nickel List hatte beispielsweise der Räuber Hoscheneck gestanden, — nicht auf der Tortur, sondern bei Konfrontation mit Torquierten. Die Verräter brachen das Leugnen der ehemaligen Kampfgefährten, was die Tortur nicht schaffte. Bei der Aushebung jener großen Chawrusse von über 500 Mitgliedern in Berlin — Thiele schildert mit Genugtuung die Vorgehensweise — hat man sich dieses Prinzips bedient. Es war die 1831 in Berlin eröffnete Untersuchung gegen Löwenthal und Genossen. Dieser, gefangengenommen, wollte seine Haut retten und gestand. Durch Löwenthals Geständnis kam Hirsch Salomon Wohlauer in Untersuchung. Er versuchte, wie ersterer davonzukommen und verriet eine weitere wichtige Gestalt der Chawrusse, Joseph Adolph Rosenthal.

Am 17. November 1831 wurde Rosenthal zum Verhöre aus dem Gefängnisse vorgeführt, dem Wohlauer gegenübergestellt, und ihm gleichzeitig, mit herzlichen Worten der Ermahnung, sein gegen ihn zeugender Brief vorgelegt. Der Erfolg war entscheidend. Um alle Erfahrungen

seines 60jährigen bewegten Lebens betrogen, von dem Unerhörten des Ereignisses riesenhaft erschüttert, sank er lautlos auf einen Stuhl nieder. Unfähig, ein Wort hervorzubringen, machte endlich ein Strom Thränen seinem Herzen Luft, und dem Inquirenten die Hand reichend, versprach er, nunmehr ein offenes Bekenntnis über Alles abzulegen, was er je in seinem Leben begangen habe. Sowie die Geständnisse Seitens der Inquisiten Wohlauer und Rosenthal erfolgt waren, wurde beschlossen, zuvörderst bei einigen der bereits verhafteten, leugnenden, Complicen, die weniger Hartnäckigkeit vermuthen ließen, den Versuch mit der Confrontation zu machen. Das Resultat war über alle Erwartungen günstig. Denn daß zwei so erfahrene Verbrecher, deren Gewandtheit und Festigkeit im Leugnen unter ihren Genossen als Vorbild und Muster galt, daß diese gestanden, oder, wie die Gauner es nennen, gesslichnet hatten, das war für die Uebrigen so ohne Beispiel, so überraschend, traf sie so unvorbereitet, daß ein Bekenntniß recht eigentlich die Folge ihrer ersten Bestürzung wurde. Als die Commissionsreise nach dem Großherzogthum Posen vor sich ging, hatte man auf diese Weise schon von 6 Inquisiten sehr ausführliche Geständnisse erlangt, woraus viele direkte Bezüchtigungen gegen die noch zu verhaftenden Individuen sich ergaben.
Als nun vollends die Geständigen immer mehr wurden, als man dem Vater den Sohn, dem Bruder den Bruder ins Gesicht stellen, als man Jedem, von vorn herein, die Ueberzeugung verschaffen konnte, daß er, trotz seines Leugnens, doch zur Strafe überführt sei, da hielt es kaum noch schwer, von den neueingelieferten Inculpaten Bekenntnisse zu erlangen, die sich denn nicht etwa auf einzelne, sondern immer gleich auf ein ganzes Maaß von Verbrechen erstreckten. Eine förmliche Geständnißwuth (sit venia verbo) war, seit dem Ausgange des Jahres 1831 bis zum Anfange des Jahres 1833, unter den hier eingelieferten Gaunern eingerissen, weil jeder glaubte, nur durch ein recht offenes Bekenntniß sein Loos noch mildern zu können. Immer neuerdings ließen sie sich aus dem Gefängnisse zum Verhöre melden, und zeigten freiwillig Delicte an, die sonst wahrscheinlich nie zur Cognition des Gerichts gekommen wären; bauten so mit eigener Hand immer höher das Gebäude ihrer Strafbarkeit (Thiele)

So erzeugte ein Slichener mehrere — der individuelle Gauner konnte damit nicht umgehen; nur das System, das auf gegengesellschaftliche Autonomie gestützt war, konnte ausschließen. Daher erklären sich jene Ausnahmen durch Konfrontation; zumal die beklagte Erfolglosigkeit der Inquisition. Die Tortur brachte die christlichen Gauner zum Geständnis; die Hebräer trotzten dieser notwendigen Etappe ihrer Lebensgeschichte.

Nach allen gemachten Erfahrungen sind die jüdischen Gauner weit verschmitzter, weit ränkevoller, weit verstockter, mithin für die allgemeine Sicherheit weit gefährlicher, als die christlichen. (Schwencken, 1820)

Nickel List beispielsweise wurde zum Schluß wie Schinderhannes erbaulich. Er las in seiner wittenbergischen Bibel und im Trostbüchlein; sein Beichtvater gesteht ihm zu, in der Wissenschaft der nötigen Dinge bedürfte er keines Unterrichts mehr. Anders die Hebräer. Sie benutzten die Heilige Sprache für das Leugnen, gegen die Folter. Sie bereiten sich gar, wie Bierbrauer berichtet, auf die Tortur vor:

Falls nun durch diese und andere aus des Inquisiten Antworten weiter zu formirende Quästiones, keine richtige Geständniß heraus gebracht werden könnte, so erlanget man doch genugsame Materie, von dessen Leben und Wandel, auch ob die ad Art. Inq. abgelegte Responsiones Grund haben? nähere Erkundigung vermittelst abzulassender Requisitorialium einzuziehen; kommet es dann aber endlich so weit, daß er zur Tortur genugsam qualificiret ist, so wird er doch dadurch schwerlich, hingegen per remedia extraordinaria veritatis eruendae, absonderlich durch die Knothen-Peitsche auf der hiesigen Bank, oder durch dünne Hassel-Stöcke auf der Coburger Bank, viel leichter zur Confession gebracht, dann ein Jude kann dergleichen ohnerwarteten dolorem praefentem & vehementem von heftigen Streichen, deren Dauer und Wiederholung ihme unbekannt ist, nicht ausstehen, auf die Inne oder Folter aber worvon er weiß, daß sie nur eine Stunde währet, hat sich dieses schädliche Räuber-Geschmeiß schon vorhin gefaßt gemacht und wie unter ihnen zu weilen geschiehet, durch würkliche Anlegung derer Tortural-Instrumenten präpariret.

Magister Hosmann, dieser theologische Wahrheitssucher, begreift die Welt nicht mehr bei der Inquisition des Hebräers Jonas Meyer: "Der Kaukasus wäre eher zu Wachs und der Leoparde zu einem Lamm worden, ehe denn der Jude erweicht wäre."
Obwohl man Jonas in der "unterirdischen Werkstatt der Wahrheit" traktierte, war das Ergebnis mager. Jonas gestand zwar. Doch die "Tröpflein der Wahrheit, die aus diesen harten Trauben gepresset wurden", nämlich mittels der Beinstöcke, waren fragmentarisch. Ein Bild über das Ganze konnte Jonas nicht ausgequetscht werden.
Ob der Bürger Keil, Wahrheitsforscher über die rheinischen Banden, die Konfrontationsmethoden seiner Vorgänger angewandt hat, ist nicht aus den Quellen ersichtlich; jedenfalls hat er sich geschickte sozialtherapeutische Methoden einfallen lassen:

Einen ganz andern Weg hat Br. Keil eingeschlagen, und es ist ihm geglückt Räuber von eben nicht offenem freyen, sondern rückhaltendem finstern Karakter zum Geständniße zu bringen. Ganze Abende hat er mit ihnen zugebracht, sie in schöne heitere Zimmer führen, dort sich niedersitzen lassen, hat ihnen Wein in die Fülle gegeben, mit ihnen gelacht und gescherzt, ihre Kochemer Sprache gesprochen, und so von verwildeten Menschen aus freyen Stücken, aus eigenem Antrieb, die durch Erzählung ihrer Abentheuer dem freundlich sie behandelnden Manne danken wollten, die wichtigsten Aufschlüsse erhalten. (Becker II)

Becker resümiert:

Wir haben drey berüchtigte und sehr verschmitzte Räuber der niederländischen Bande Mathias Weber, Adolph Weyers und Carl Heckmann bloß dadurch zum Geständnisse beynahe aller ihrer Verbrechen gebracht, daß wir in unsere Unterredung mit ihnen einige ausgezeichnete Ausdrücke der Diebessprache mischten, von ihren Thaten so wie von kühn unternommenen und glücklich gewonnenen Schlachten sprachen, ihr Räubertalent bewunderten, und herzlich

mit ihnen über die bey ihren Unternehmungen vorgefallenen komischen Auftritte lachten. — M. Weber, als er uns die Plünderungsgeschichte des Postkarren zu Langefeld erzählte, sprach mit der Selbstgefälligkeit, die man an den alten Kriegern bemerkt, wenn sie von ruhmvollen Siegen reden, an denen sie Theil genommen haben. — Ebenderselbe, nachdem er uns mit Enthousiasmus des alten Hannes außerordentliche Geschicklichkeit bey Einbrüchen geschildert hatte, brach in folgende Worte aus: "Wenn dieser und ich in Freyheit wären, so würden wir noch manche That vollführen, über welche die Welt staunen sollte."

Die GaUneridentität wird hier scheinbar ernst genommen. Die bürgerlichen Wahrheitssucher brechen die Subjekte nicht mehr vermöge Gewalt, sondern durch Anerkennung — eine klassische Vorgehensweise, die sich besonders in der Dritten Welt und in der Produktion metropoler Bevölkerungen als therapeutischer Trick bewähren wird. Die Interrogation bestärkt die Subjektivität des Gauners, d.h. seine gegengesellschaftliche Identität. Im Pathos des Gauners offenbart sich, daß eine andere materielle Kultur von Sprache und Reproduktion hinter ihm steht, mit der er sich identifiziert. Bürger Rebmann gibt dieser letzten Seite Gewicht, indem er sich der Einsicht bedient, daß das Gaunergewerbe "con amore" betrieben wird:

Auch Hessel, listig genug um sich nicht leicht zu verrathen, und oft in düsterer Schwermuth versunken, spricht mit einer Art von Schwärmerey von seinen Unternehmungen, und wenn der untersuchende Richter seine Kühnheit und Verschlagenheit zu bewundern scheint, oder Zweifel an der Möglichkeit der Ausführung eines Diebstahles äussert, so vergißt er seine Fes-

seln und seine Schwermuth, und findet eine Art Genuß in der Erzählung seiner Thaten, ja nicht selten erfährt der Beamte in solchen Augenblicken Dinge, wonach er oft und lange vergeblich fragte. Selbst der Dieb gilt nicht gern für einen Stümper in seinem Fache.

Christensen wiederum (1814) hebt die zweite Seite hervor, den Gebrauch der jenischen Sprache; man läßt sich ein auf die Gegenkultur als Alltagsleben, erkennt sie hierdurch an und der Inquirierte expliziert sich als gegenkultureller Held.
Dagegen sind die Methoden, die Pfeiffer (1828) vorschlägt — er hatte zumeist mit den christlichen Waldschrats um Darmstadt und Gießen zu tun — "bei Gaunern ist eine gehörige Portion Prügel immer mit ersprießlichem Nutzen gegen alle Rückfälle angewendet worden", den Hebräern gegenüber lächerlich.
Als Rabbi Meir ben Baruch im Jahre 1293 in Ensisheim in Haft saß — die Geschichte dieser kammerknechtsökonomischen Praxis wurde oben geschildert — hat er, nach I. Berliner, zu Bedenken gegeben: "So einer den festen Entschluß gefaßt hat, in seiner Glaubenstreue standhaft zu bleiben und im nötigen Falle für dieselbe als Märtyrer zu bluten, empfindet er nichts von den Qualen der Tortur. Möge man ihn steinigen oder brennen, lebendig vergraben oder hängen — er bleibt empfindungslos, kein Wehruf entfährt seinen Lippen. Es ist überliefert, daß hierauf die Worte des Weisen (Sprüche 23, 25) sich beziehen. 'Sie schlugen mich, es schmerzt mich nicht! Sie hieben mich, ich weiß es nicht!'" Im Kampf der Kammerknechte gegen Pöbel und Kreuzfahrer mag diese religiöse Identität die Funktion gehabt haben, die der Rabbi Meir schildert, am eigenen Leibe erwiesen hat. Für die Überlebensstrategen der hebräischen Gaunerwelt dagegen bedurfte es keiner Märtyrer mehr — der Guerillakrieg der Kochemer gegen die Wittischen war nicht eine Frage der Religion, sondern des Alltags. Die Religionsfrage hatte sich in das Erfordernis des gegengesellschaftlichen — und das hieß gaunerischen — Überlebens hineinmaterialisiert.

Jüdische Räuber, wie Afrom May und Pamuel Singhofen hatten in ihren Zehn Geboten, die beym Gebet um den Kopf und um die Arme gewickelt werden, Uhrfedern verborgen. Sie wählen diese Art des Verbergens am liebsten, weil sie hoffen können, einen nicht zu argwöhnischen Richter zu bewegen, daß ihnen diese zu ihrer Religionsübung unentbehrlichen und unverdächtig scheinenden Sachen im Gefängnisse gelassen werden. (Christensen)

Es ist nicht nur die glückliche Hand, die jenen Kerzenstummel zurückdrückt — wie in der Blochschen Legende. Die heilige Sprache ist profan geworden; und damit die Religion. Sie stiften Identität. Der Messias ist noch unter dem Galgen präsent — als Gemeinde, für welche die Gaunerwirtschaft das Überleben organisiert. Und die Sprache bringt vielleicht nicht mehr die unmittelbare Errettung; aber sie beschützt die gesamte Ökonomie. In den Gesten des Gebets lesen sich die Hebräer aus den heiligen Texten vor auf dem Wege zum Galgen; aber sie bestärken sich im Leugnen — gegen die Tortur. Religion und Sprache sind in der materiellen Kultur der Gegengesellschaft aufgehoben. Die glückliche Hand ist nicht die des Rabbis, es muß die der gesamten Gaunerwelt sein.

"Hinrichtung des bayrischen Hiesel durch das Rad"

Ein erstaunliches Phänomen begafften immer wieder die Zuschauer beim Spektakel des Hängens: die Juden überstanden die Tortur besser als ihre christlichen Gefährten; auch in der Zeit der bewaffneten Banden gilt dies und erregt Bewunderung, selbst bei der Polizei erhebt sich Erstaunen. Für die jüdischen Gauner galt also die historisch sozialisierte Furchtsamkeit nicht. Die Akkomodation der Juden an die bürgerliche Gesellschaft liquidierte dieses Element möglichen Widerstands. Ähnlich wäre dieses Phänomen zu behandeln wie Freuds Einsicht, daß eine "geheilte" Neurose auch einen Verlust darstellt. Die "Neurose", die subversive Lebensweise der Gauner, macht sie stabiler. Diese Erinnerung an psychische und physische Stabilität hat die Herrschaftsgeschichte dem Gedächtnis nehmen müssen, dieses Bewußtsein mußte den Juden, aber auch den christlichen Fahrenden, den Vaganten, Kunden und Landstreichern ausgetrieben werden. Die Entwürdigung des Bewußtseins war Vorbedingung der Vernichtung. Und trotz dieser pauperisierten Geschichte und der Wegnahme historischer Identität haben die Menschen noch zu kämpfen vermocht. Die Faschisten, in den alten Kunstfertigkeiten der Unterdrückung aufs Rapideste bewandert gemacht, konnten es nicht fassen, daß die Untermenschen im Warschauer Ghetto es noch wagten, sich mit der Waffe in der Hand zu wehren. Dies brachte die Gewohnheiten der Sieger durcheinander.

In unserer Subgeschichte waren den christlichen Gaunern Leben und Widerstandsfähigkeit ihrer jüdischen Kompatrioten Vorbild. Sie nehmen jüdische Alltagsgewohnheiten an. Avé-Lallement räumt ein, daß "doch ein sehr bedeutender Einfluß der jüdischen religiösen Kultusweise auf das christliche Gaunertum sich geltend machte, so daß, wenn irgendeine Kultusform an dem gesamten deutschen Gaunertum hervorsticht, diese Form die jüdische ist". Es kommt somit zu den merkwürdigsten Begebenheiten, daß Damian Hessel, Räuberhauptmann diesseits und jenseits des Rheins, katholisch und ehemals zum Priesterstande bestimmt, auf dem Schafott einen Rabbiner verlangte, um als Jude zu sterben; oder — wie bei der Berliner Gaunervernehmung 1831 — christliche Häftlinge dem jüdischen Gottesdienst beiwohnen wollten. Abraham Moses, das getaufte Jüdchen von der Vogelsberger Bande ist nach seiner Versicherung nie — nach jüdischem Ritus — getauft worden. Dennoch hält er an den jüdischen Gebräuchen im Kerker fest und verlangt die Zubereitung seiner Speisen durch eine Juden-Köchin. Zugleich räumt er ein, der jüdische Glauben sei ihm ebenso fremd, wie jeder andere. Andere Gauner ließen sich beschneiden; Hessels Gefährte Streitmatter, der ebenso wie jener als Jude gelebt hatte, ließ seinen Sohn beschneiden. Der Major (Laroche), Anführer der versprengten Schwäbischen Fraktion der alten Neuwieder, kehrt — wie auch die anderen Christen der Bande — in Judenherbergen ein. Er spricht einiges Hebräisch und hat sich auf seiner Schreibtafel das jüdische Tischgebet mit lateinischen Buchstaben notiert. Für Thiele sind dies peinliche Unerklärlichkeiten, er behilft sich deshalb mit einer erweiterten Definition:

Unter der Bezeichnung: jüdische Gauner versteht man nicht sowohl Juden, als auch solche professionirte christliche Spitzbuben, die mit jenen in Verbindung stehen, gemeinschaftlich mit ihnen ihre Verbrechen vollführen und dadurch, was ihren Charakter, ihre Gesellschaftssprache, ihre Gewohnheiten und ihre Diebstahlsmaximen anbetrifft, gewissermaßen einen jüdischen Anstrich gewinnen. Kein Jude, kommt er mit christlichen Dieben in Berührung, wird nach deren Sitten sich bequemen, nach diesen Sitten seine Grundsätze modeln; entgegengesetzt aber ist stets auch das Gegentheil der Fall. Eine Menge von Erfahrungen hat dazu staunenswerthe Beläge geliefert. Viele gingen in die Synagoge, und machten das jüdische Rituale mit, und noch während der letzten hier geführten Untersuchung gegen eine jüdische Räuberbande suchten mehrere der darin verwickelten christlichen Spitzbuben, bei Gelegenheit des Versöhnungsfestes, um die Erlaubniß nach, den ihren jüdischen Genossen gestatteten gemeinschaftlichen Betübungen beiwohnen zu dürfen.

Aber nicht nur christliche Gauner überließen sich dem chessen Einfluß der Hebräer. Zur Zeit des Kaiser Ludwig sollen hebräische Schriften die Intellektuellen angezogen haben; manche Geistliche traten zum Judentum über, so der Diakon Bodo, ein Günstling des Kaisers. In Spanien ließ er sich beschneiden und einen Bart wachsen, nannte sich Eliezer, heiratete eine Jüdin und soll im Dienste eines arabischen Fürsten Haß gegen die Christenheit geschürt haben.
Der Verfolgung der Juden in Mainz 1012 mag ebenso eine Bekehrung zugrunde gelegen haben. Ein Geistlicher namens Weselin, Kaplan des Herzogs Conrad, war zum Judentum übergetreten. Conrad wiederum war ein Verwandter des Kaisers Heinrich II. Dieser befahl den Juden, die Stadt zu verlassen.
Den Leser mag noch eine merkwürdige Begebenheit aus Mexiko interessieren. Die

dortigen Juden leiten ihre Herkunft von jenen hundert Marannen-Familien ab, die Luis Carbajal — jener Portugiese, den Philipp II. nach Neu-Spanien geschickt hatte, um in den aufständischen Küstengebieten Ruhe herzustellen — nach Mexiko gebracht hatte. Die Verehrung gilt besonders dessen Neffen, Carbajal el Mozo, der in den Kammern der Inquisition mit Mutter und Geschwistern gefoltert wurde, gleichwohl sich nicht vom Glauben abbringen ließ. Er starb am 5. Dezember 1596 mit 45 Juden auf dem Scheiterhaufen. Mit ihm starb ein Deutscher, der als Lutheraner in die Hände der Inquisition gefallen war. Er verbrannte jedoch nicht als Lutheraner, sondern als Jude; Luis Carbajal el Mozo hatte ihn im Kerker zum Judentum bekehrt.
Andrerseits tauchen immer wieder getaufte Juden auf:

Mathies der Dicke, alt an die 50, nicht groß aber sehr dick von Körper, schwarzen Bart, schwarze Augenbraunen, runde Haare, frisches Angesicht, dunkelfarbige Augen. Er führt gewöhnlich einen Hund bey sich; hat vor 4 bis 6 Jahren in Amsterdam gesessen, entwich aber. Er hielt sich lange mit Bosbeck und Picard in Mersen auf. Seine Frau heist Catharine und ist aus Hinsbek; sie ist so dick wie ihr Mann. Mathies ist ein getaufter Jude. Seine Heimath soll das Schaumburgische seyn. (Becker II)

Weimann, David, vulgo der getaufte Jude. Signalement. Er ist 46 - 50 Jahr alt, 5 Fuß 7 Zoll groß, untergesetzter Statur, hat dunkele Haare, ein glattes Gesicht. Spricht im sächsischen Dialecte und ist dem Trunke ergeben. Soll von einem Schnitte, den er im Jahre 1810 zu Eisenach im Wirthshause zum Stern erhalten, eine Narbe in der Hand haben. Seine Frau heißt Christiane; sie gab sich sonst damit ab, Granaten einzureihen und solche zu verkaufen. Er war mit bey einem Raube zu Battenberg (im Oktober 1807). (Schwencken)

Es gibt Christenmädchen, die mit Hebräern ziehen und sich der jüdischen Kultur anpassen, wie Lytromad, die Zuhälterin von Mathes oder Matz, oder die schöne Hanna:

Mathes oder Matz. Geburtsort: Polzenheim im Elsaß. Signalement: Alter, einige und 30 Jahre. Statur, mehr groß als mittel, und schlank. Haare, schwarz. Stirne, etwas hoch. Augenbraunen, braun. Augen, grau, groß und hervorstehend. Nase, etwas lang und gebogen. Mund, gewöhnlich. Lippen, desgleichen. Zähne, gesund. Kinn, mehr schmal als breit. Bart und Backenbart, wenig und von dunkler Farbe, doch etwas ins Lichte fallend. Gesichtsform, lang und mager, die Wangen eingefallen, jedoch gut gebildet. Gesichtsfarbe, ziemlich gesund. Besondere Kennzeichen, hat die Elsasser Sprache. Gaunergewerb: Erzschränker und Räuber, exerzirt auch alle andere Arten von Gaunerstreichen. Dessen Zuhälterin ist Lytromad. Alter, einige und 40 Jahre. Größe, 5 Fuß 6 Zoll. Statur, dick und stark. Haare, trägt solche wie die Judenweiber, verdeckt. Stirne, breit, etwas hoch. Augenbraunen, schwarz. Augen, groß und braun, etwas tiefliegend. Nase, spitzig. Mund, weit, mit aufgeworfenen Lippen. Zähne, gesund. Kinn, rund. Brüste, stark. Wangen, eingefallen. Gesichtsfarbe, schwärzlich, jedoch gesund. Gesichtsform, breit.

Matz befindet sich gewöhnlich in Gesellschaft der größten Schränker, und gehört zu den gefährlichsten Gaunern.
Er ist auch Chalf und Dorfdrucker, und treibt überhaupt alle Gaunerstreiche, zieht übrigens mit seiner Zuhälterin Lytromad, welche früher in gleicher Eigenschaft seinem Bruder, dem schon lange in Straßburg oder Kolmar sitzenden Schmul Polzener zugethan war, vorzüglich in Würtemberg und Baden umher.

Johanna Ottilie Griebelin, auch Johanna Hirschin, die schöne Hanna, Hanna Abraham Joseph, und Hanna Joseph genannt, Zuhälterin des Jos. Hirsch. Wohnort: allenthalben. Geburtsort ist Birr im Großherzoglich Sächsischen Amte Kaltennordheim. Signalement: Alter, 37 - 38 Jahre. Größe, 5 Schuh 5 ½ Zoll. Statur, schlank und mittel. Haare, schwarz. Stirne, nieder. Augenbraunen, schwarz. Augen, braun. Nase, breit. Mund, klein. Zähne, gelblich. Kinn, rund. Gesichtsform, rund. Gesichtsfarbe, gesund. Besondere Kennzeichen, viele Pockennarben im Gesicht, geht äusserst elegant, wie eine Dame vom Rang, gekleidet, und spricht den Magdeburger Dialect. Gaunergewerb: Schottenfellen.
Diese im höchsten Grad verschmitzte, abgefeimte, im Läugnen sehr hartnäckige, gewandte Diebin, ist als eine der größten Schottenfellerinnen bey den meisten Policeybehörden bekannt. Sie lebt vom Markt- und Kaufladen-Diebstählen. Mit ihrer gleich qualificirten Diebs-Gehülfin wurde sie im Juny 1820 zu Nürnberg wegen Schottenfellens verurtheilt.
Sie ist angeblich an den jüdischen Gauner Joseph Hirsch verheyrathet, und will im Jahre 1807 zur jüdischen Religion übergetreten und zu Frankfurt an der Oder von einem polnischen Rabiner in dieselbe insgeheim eingeweiht worden seyn. (Stuhlmüller)

Weiter gehen christliche Gauner mit Judenmädchen, wie Peter Stibiz von der Schinderhannesbande, Juden-Peter genannt, weil er mit einer Hebräerin von Seibersbach lebte.
In diesem Zirkulationsverkehr der Gaunerwirtschaft gab es alle Möglichkeiten. Bei den brabantischen Räuberhäuptlingen hatte Moyses Ocker (Maschoker) eine Christin geheiratet, wurde selbst Christ und nannte sich Carl Granus. Franz Bosbeck wiederum, ebenso bei den Brabantern, hatte eine Jüdin geheiratet, Helena oder Rebekka, die Tochter des Altmeisters Jacob Moyses; er nahm den Namen Jehu an. Einige halten sich die Wahl offen. So heißt es schließlich über jenen Moyses Ocker:

Maschoker (Moyses Ocker, Granus) bald Jude, bald Christ, von Frankfurt zu Hause, alt 44 Jahre; nicht groß, blonde Haare und Bart, länglich von Angesicht, helle Augenbraunen, etwas lange Nase. Er ist mit der Tochter eines Goldschmides aus Brüssel verheirathet; spricht schön französisch und deutsch. (BeckerII)

Wie immer sich die Gauner angesichts von Liebeshändeln oder ökonomischen Erfordernissen entscheiden, am Ende bleibt es doch bei der hebräischen Tradition und dem verbürgten Alltag der Gegengesellschaft. Der uns aus der Coburger Designation bekannte Räuber Hoyum Moyses war von einem Jesuiten bekehrt worden. Später wurde er wieder Jude wie Selig Holländer:

Selig Meschumet oder Selig Holländer, so sich vor diesem in Leipzig tauffen lassen, hernach aber wider ein Jude geworden, ist ohngefehr 30 Jahr alt, weisen Angesichts mit rothen Backen, hat einen gelblichten Juden-Bart, hellbraune Haare, trägt aber eine Peruque, ist mittler Statur und præsentiret eine feine Person, ist breitschulterig, soll gebranntmarcket seyn, wovon er aber das Kennzeichen wieder ausheilen lassen, daß davon nichts zu sehen wäre. Hat seine Schwieger-Mutter eine Jüdin bey sich und ein kleines Kind, sein Schwieger-Vater hat Schwartz Selig geheissen, ist zu Fürstenburg gehangen und vom Galgen wieder herab gestohlen worden. Dieser Selig hat zu Jeßnitz im Dessauischen gewohnet und Handlung getrieben, wird aber nunmehro flüchtig seyn. (Coburger Designation)

Liebmann Darbach, ist etlich und 20 Jahr alt, kleiner Statur, hat ein ziemlich frisches Angesicht, braune Haar, zu Philipsburg gesessen, sich allda tauffen lassen und die Bertelvogts-Stelle einige Zeit vertretten, ist aber wiederum échapiret und ein Jud worden. (Bierbrauer)

Dieses Phänomen der Rückbekehrung läßt sich auch gelegentlich der Inquisition in Spanien und Portugal feststellen. Die Sephardim, die iberischen Juden, wurden 1492 und 1498 ausgetrieben; einige wechselten den Glauben. Diese Neuchristen oder Marranen folgten den Sephardim und suchten wieder Anschluß an das sephardische Judentum. Der Portugieser Jude Diego Teixeira, der sich als Kaufmann in Antwerpen niederließ, schließlich Konsul wurde, trat im Alter wieder zum Judentum über. Allerdings bedarf die hebräische Gaunerwirtschaft einer abgeschlosseneren Identität, als es der — christliche — bürgerliche Handel und Wandel erfordert. Deshalb besitzt hier der jüdische Alltag eine besondere Priorität als materielle Kultur, die der Gegengesellschaft das Gepräge gibt, innerhalb dessen auch die christlichen Räuber sich bewegen.
Die Einrichtung der großen Industrie, der Eisenbahn und des Straßenbaus zwangsrekrutierte schließlich auch die fahrende Bevölkerung. In den ungleichzeitigeren Gebieten des Ostens, in den Ghettos der großen Städte und den elenden Lehmdörfern der Juden setzten sich die Traditionen fort, in der Sprache — aber auch in den Revoltformen. Die Juden mußten dort unter dem Existenzminimum vegetieren. Die proletarischen Kämpfe verflochten sich mit den subproletarischen. Innerhalb des Klassenkampfes fochten nun die jüdischen Banditen in den großen Ghettos die alte Revolte. Der jüdische Revolutionär Hersch Mendel berichtet von der anarchistischen Gruppe "Rote Hand" aus dem Warschauer Ghetto (1912):

Sie ging so vor: zuerst schrieb sie einem Kaufmann oder einem Handwerker einen Brief, daß er an einem bestimmten Platz kommen und so und soviel Geld mitbringen solle, zugleich teilten sie mit, daß er zum Tode verurteilt sei, wenn er nicht käme. Zum festgelegten Zeitpunkt kundschaftete die Gruppe aus, ob der Angeschriebene kam oder ob er nicht etwa die Polizei mitbrachte. Viele hatten tatsächlich Angst und bezahlten, aber andere, die nicht zahlen wollten, wurden erschossen.

Indessen verfochten diese urbanen jüdischen Banden eine vergangene Überlebenswelt; deshalb lieferten sich jüdische Unterwelt und jüdische Revolutionäre erbitterte Schlachten. Und dennoch ist diese geschäftsmäßige Unterwelt der Gewalt nur eine — kapitalistische — Seite der alten Gaunerwelt. Deren sittlich-kulturelle Traditionen existierten immer noch. Hersch Mendel erzählt von der Begegnung mit einem alten Gauner im Gefängnis:

Hier offenbarte sich mir eine ganz neue Welt. Die Unterwelt, die ich bis dahin kennengelernt hatte, hatte weder in der Kleidung noch im Benehmen mit dem Judentum etwas zu tun. Hier aber traf ich Kriminelle eines neuen Typus, Juden mit langen Bärten, jüdischen Hüten und langen Röcken. Zuerst dachte ich, sie seien unschuldige Menschen, die die Antisemiten zu Unrecht verurteilt hätten. Aber als ich mich mit ihnen unterhielt, stellte sich heraus, daß sie wirklich Schmuggler und Diebe waren. Für mich war es äußerst seltsam, wenn ein Jude mit langem Bart und jüdischem Hut, der eben gerade innigst gebetet hatte, mir in echtem Rotwelsch von seinen Diebstählen erzählte. Klar, daß ich mich mit dem Anarchisten anfreundete.

Nach der bisherigen Subgeschichte wird niemand sagen können, es ginge alles eindeutig daher in der Gegengesellschaft, identische Heroen erarbeiteten sich ihre Nischen und Retirierungsgebiete, produzieren Kultur und eigene Sitten. Das ist zwar eine Seite; ihr aber gehört jene zweite an: der Gegenalltag ist bestimmt durch die offizielle Gesellschaft, beherrscht von ihren Formen; er ist affiziert von ihr, muß immer wieder durch sie hindurch. Die Alternative ist ein wünschliches Unternehmen, manchmal auf Augennähe herangerückt, dennoch mit dem offiziellen Trott verwirtschaftet und verzwängt. Die Subgeschichte des Gegenalltags reagiert und produziert sich in Ambivalenzen. Es ist eine doppelbödige Welt, die wir betreten; die Theorie muß ihre Mikrologien verschränken können mit dem Ganzen, die Nichtidentitäten herauslösen, wie aus einen Spiegelbilde, das sich in sich selber reflektiert.
Für Polizeisoziologen und Justizaufklärer stimmte das Weltbild wieder, wenn Hofjuden, Rabbiner oder reiche jüdische Handelsleute als Spitzbuben entlarvt werden konnten.

*In Hellwingen eine Stunde von Windecken bey dem Juden Rabbiner G**n. Dieser hat eine blinde Tochter, Namens T**e, die, ihrer Blindheit ohngeachtet, alle Geschäfte im Hause verrichtet. Die Räuber haben dort ihre Versammlung und gehen von da aus auf den Raub. Die Pistolen und Stricke werden dort in Ordnung gebracht. Die blinde Tochter giebt ihnen große Unterstützung. Sie besorgt die Stricke und drgl. Arrestat Herz Michel hat dort, und mit ihm Lang Leyser, Schmey Nathan, Salomon Haag und gestoppelte Salmchen logirt. (Christensen)*

Mit den Doppelschlächtigkeiten der Gesellschaft, mit den Identitäten und Nichtidentitäten des Gegenalltags vermochten sie wenig anzufangen; übrig blieb ihnen der heillose Antisemitismus. Mit ähnlich grobschwengeligem Rassismus werden auch heute noch die wenigen Jenischen bedacht, etwa bei einem Vagantenautor namens Arnold, der den schwäbischen Jenischen nachweist, daß sie unproduktive Typen seien und untauglich, mit dem Kraftfahrzeug im Straßenverkehr zu passieren. Freilich gibt es auch den umgekehrten Mahlstrom — nicht den nach unten, in die unausweichliche Verdammnis der Carceri des Bösen; vielmehr nach oben, in die Identität der anerkannten Welt, in die Akkomodation. Ein Grund übrigens, warum die Juden sich die hebräische Gaunergeschichte auch selber ausgetrieben haben. In dieser Austreibung ihrer Subgeschichte haben sich Familiengenealogien aufs Wendigste kupiert. In einem Kasseler Privatdruck von Rudolf Hallo (Geschichte der Familie Hallo, 1930) ist das Unvorstellbare nicht mehr gänzlich wegzuradieren:

Und doch ist gerade aus dieser Ehe der Verwandten, die den Namen als ein Panier ins neue Jahrhundert hinüberführte — derjenige hervorgegangen, in dem die Familie der Hofjuden und großen Händler am tiefsten sank.... Samuel Michael Israel Hallen der Trödler (1775 - 1837; H.R.) vermochte sich, wie die Nachrichten noch erkennen lassen, in dem aufreibenden

Verfall und Abstieg seiner Generation nicht mehr unsträflich rein zu halten; er strauchelte schwer und mußte seine Schande restlos büßen.

Samuel Hallen befand sich als Trödler natürlich schon mit einem Bein in der Gaunerwirtschaft; er strauchelte aber vollends hinein. Eine kryptische Fußnote hält das Unaussprechliche fest:

Nach Schw...n hätte Samuel Israel um 1801 Elkel aus Neuenhagen geheiratet, wäre einige Jahre umhergewandert und 1806 in Kassel als Händler seßhaft geworden. Der Zusammenbruch erfolgte 1816.

Der Leser wird erraten haben, daß sich der Nachfahre auf die Schwenckensche Liste jüdischer Gauner stützt. Dort findet sich tatsächlich folgender Vermerk:

Samuel Israel, mit dem neu angenommenen Namen Halle, ist aus Cassel gebürtig, etwa 44 Jahre alt, 5 Fuß 6 Zoll groß, schlanker Statur, hat schwarz-braune Haare, eine breite Stirn, braune Augenbraunen, blaue Augen, eine mittelmäßige Nase, gute Zähne, rundes Kinn, schwarzbraunen Bart, längliches Gesicht.
Nachdem er eine Reihe von Jahren ohne Wohnort umhergestreift war, ließ er sich um das Jahr 1806 in Cassel nieder, trieb daselbst anfänglich einen Trödelhandel, übernahm aber nachher das einträglichere Geschäft eines Gaunervertrauten, wurde deshalb im Jahr 1816 zur Untersuchung gezogen und im August 1819 auf 6 Jahre zu den Eisen verurtheilt.
Er ist seit etwa 18 Jahren verheirathet mit Elkel, der Tochter eines Juden aus Neuenhayn (Kurhessen) und der Schwester von der Ehefrau des Heinemann Emanuel Alka. Dieselbe ist ebenfalls im August 1819 wegen Begünstigung von Gaunern zu einer 2jährigen Zuchthausstrafe verurtheilt worden.

Schwencken ehrt diesen Paria der Familie, indem er ihn in seiner Einleitung hervorhebt:

Mit der Frühjahrsmesse 1816 kam endlich die Zeit, wo sich das Dunkel, in welches sich die wahren Thäter bisher zu verbergen gewußt hatten, aufhellen sollte. Es ward nämlich am 19ten März von der Polizei die Entdeckung gemacht, daß sich eine Anzahl verdächtiger Juden bei Samuel Israel Halle und Seligmann Fränkel, beides Juden, welche in Cassel als Trödler lebten, ganz ins Geheim aufhielten, und daß sogar einer der Polizei-Agenten zwei solcher fremder Juden des Nachts heimlich bei sich beherberge. Alle diese Personen, Gäste sowohl als Wirthe, wurden daher unversehens zur gefänglichen Haft gebracht und gleichzeitig eine andere Gesellschaft verdächtiger Juden, die sich in Grebenstein, einem 4 Stunden von Cassel entfernten Städtchen, einquartirt hatten, aufgehoben und nach Cassel gebracht.
Die Fremden, alle mit vollgültigen Pässen versehen, waren ihrer Versicherung nach, sämmtlich ehrliche und brave Handelsleute, welche hieher gekommen waren, um auf der Messe Handelsgeschäfte zu treiben. Ganz anders aber lautete die Erklärung, welche von Michel Cramer aus Derenburg bei Halberstadt, der sich ebenfalls unter den Verhafteten befand, abgegeben

Seligmann Joseph, mit dem neu angenommenen Namen Fraenkel, ist aus Witzenhausen (Kurhessen) gebürtig aber in Bettenhausen bei Cassel, wo sein Vater Vorsteher des jüdischen Hospitals war, erzogen worden. Er ist 38 Jahr alt, 5 Fuß 6 Zoll groß, schlanker Statur, hat braune Haare, eine bedeckte Stirn, braune Augenbraunen, blaue Augen, mittelmäßige Nase und Mund, rundes Kinn, braunen Bart. In früherer Zeit ist er heimathlos umher gezogen und hat den Diebstahl als Chalfen exercirt. Im Jahr 1807 fixirte er sich als Trödler in Cassel, gab sich späterhin in Verbindung mit Samuel Israel Halle, mit Beherbergung des Gaunergesindels ab, ward deshalb im März 1816 eingezogen und im August 1819 auf zwei Jahre zu den Eisen verurtheilt.
Er hat mit seiner Frau, der Tochter eines Juden aus Ebelsbach 5 Kinder. (Schwencken, 1820)

wurde. "Er seye, sagte er, von der Polizei in Halberstadt beauftragt worden, einen gewissen Mayer Jacob Laube, welcher Diebstahls halber von Magdeburg aus verfolgt werde, aufzusuchen, und wo er ihn fände, verhaften zu lassen. Da ihm nun bekannt gewesen seye, daß sich zur Zeit der Messe viele Gauner und professionirte Diebe dahier einfinden würden und er deshalb hätte vermuthen können, daß alsdenn auch M. J. Laube hier anzutreffen seyn werde, so hätte er sich mit Vorwissen der Polizei in Halberstadt hierher verfügt und sich bei Samuel Israel Halle, der ihm schon seit längerer Zeit als ein Cochemer Beyser (Beherberger von Gaunern) bekannt seye, einlogirt. Bei diesem hätten sich nun nach und nach die übrigen Arrestaten und unter diesen auch der besagte Laube eingefunden, welche, sämmtlich professionirte Gauner, in der Absicht, Masematten zu handeln (zu stehlen) hierher gekommen wären, auch schon unter Anleitung des Israel Halle Pläne zu verschiedenenen Diebstählen verabredet hätten." (Schwencken, 1820)

Diese gaunerwirtschaftliche Existenz des Ahnen fiel dem Purgatorium der Hofjudengeschichte anheim — drei Jahre vor '33.
Die Hofjuden waren Überreste der Kammerknechtsökonomie, damit zugleich Vorboten des jüdischen Bürgertums; die Kammerknechtsökonomie ließ die Hebräer zur Herrschaft sich strecken — jene Überanpassung, die später im Adelsbrief und Leutnantspatent Würdigung fand —, denn von unten drohte der Pöbel. Erst die Gaunerwirtschaft hat sich aus diesem Schraubstock herausgewunden, Widerstandsnester und Kulturöffentlichkeiten angeeignet. Doch war der Händler oft Räuber, der Rabbi Hehler oder der Hofjude Baldower. So schoben sich die Ambivalenzen auch in Personen zusammen, die der Gegengesellschaft so ganz nicht angehören mußten. Für die Hofjuden galt, wie das Sprichwort festhält, "Schlägst du meinen Juden, schlag ich deinen"; die Akkomodation zahlte sich nicht immer aus, der Fall war allgegenwärtig. Ein in Hamburg bestohlener Herr Helbig erhielt einen vom 15. Oktober 1734 datierten Brief eines Räubers, der einiges Licht auf den Dessauischen Hofjuden Calmer Isaac wirft.

Mein lieber Herr Factor.
Ich kan nicht enthalten, wie hertzl. es mir leid ist, daß ich Sie habe so mit quelen müssen, und Sie ihr Gelt mit abhelffen nemmen, ich habe zwar nur auf meinen Theil nicht mer als 100 rthlr. bekommen, und wann ich solche noch hätte, so wolte Sie das Gelt wieder schicken, weil ich

mich will von das liederliche Leben abgeben, ich kan aber nicht enthalten, daß der Hoff-Jud von Dessau Calmer Isac, von sein gestohlnen Gelt 100 rthlr. bekommen, weil er anfenglich von dem Diebstal gewost, unt weil er einige Jar her von uns Nacht-Schwermer fast so viel, als wie der Diebstal belauffet, bekommen, so kennen Sie sich an Ihm erholen. Hamburg den 15. Oct. 1734. (Coburger Designation)

Die Hofjuden saßen auf zwei Stühlen. Die Gauner ebenso — zugleich Händler, Schullehrer oder Zitterspieler —, aber sie vollbrachten trotzdem das Kunststück, jene Ambivalenz nocheinmal zu vexieren; sie zogen sie zurück in die Gaunerwirtschaft selber. Die Essendische Bande hatte einen Handel ausbaldowert; Lang Leiser hatte alles in die Hand genommen, die Crevelder sollten mitmachen. Als Picard, Fetzer und Ruben Simon angereist kamen, waren die Essendischen schon aufgebrochen. Die Crevelder machten sich ans Heimzahlen und beschlossen, ihnen einen Streich zu spielen, der mit dem Galgen hätte enden können. Sie wollten in der Nachbarschaft stehlen, so daß die Essendischen beim Rückzug den Ordnungskräften sollten in die Arme fallen. Deren Weiber verrieten aber alles und der Spieß hätte sich fast umgekehrt:

Die zurückgebliebenen Weiber des Serves Josephs und des Josephs mit der Warze (met de wrat) erfuhren den Anschlag des Picards und Fetzers, und waren auch ihrer Seite nicht unthätig. Sie suchten Gleiches mit Gleichem zu vergelten, giengen in den Ort, den Fetzer, Picard und Gesellen bestehlen wollten, und benachrichtigten die Einwohner von deren Vorhaben. Picard und die Seinigen wußten von allem dem nichts, und zogen des Nachts auf die etwa drey Viertel Stunde von Essen liegende Bauernhäuser, denen ihr Besuch bestimmt war, los. Etwa eine Viertel Stunde von diesen stießen sie plötzlich auf vier mit Flinten versehene Bauern, die auf dem Fußpfade lauerten. Weit entfernt, sich dadurch abschrecken zu lassen, fielen sie über die armseligen Wächter her, entwaffneten sie, banden sie aneinander, und trieben sie vor sich her in ein nahe gelegenes Wäldchen, legten sie auf den Boden, und ließen sie durch einige von ihnen bewachen. Picard und Fetzer hingegen schlichen in die Nähe des Hauses, das sie berauben wollten, um nähere Kunde einzuziehen. Ganz nahe an dem Hause stand abermahls ein Bauer, mit einer Pistole unter dem Arme, Schildwache. In einem Hui war er entwaffnet, und zu den andern in den Wald getrieben. Itzt schlichen Picard und Fetzer zum andern Mahle an das Haus, legten sich dort auf den Boden, und horchten. Sie wurden bald gewahr, daß in der Scheune viele Leute versammelt waren, und ganz leise zueinander sprachen. Sie kehrten in den Wald zurück, führten die gefangenen Bauern in das freye Feld, hielten ihnen Pistolen auf die Brust, und erklärten ihnen, daß sie sterben müßten, wenn sie nicht bekennen würden, was das alles zu bedeuten habe, ja sie nöthigten sie, auf die Erde zu knieen, und sich zum Tode zu bereiten. Der zuletzt Eingefangene gestand endlich, daß sie Schildwache gestanden, weil sie gewarnt worden, daß ein Diebstahl vor sich gehen sollte. Die Räuber sahen nunmehr auf das deutlichste ein, daß sie verrathen worden. (Becker II)

Hier trägt sich wieder einmal die gesellschaftliche Gewalt nach innen. Daß Schinderhannes oder die Odenwaldbande vornehmlich Juden beraubten, dann mit Hebräern den Hehl betrieben, ist noch aus den Niederungen der Kammerknechtsökonomie erklärlich. Ein eigentümlicher Mutualismus bildet sich allerdings in der Gaunerwirtschaft heraus — ein Zirkularwesen innerhalb der Extraktionswirtschaft. Diese in sich reflektierte Extraktion von Waren weist wieder einige Spezifikationen auf. Die rechtsrheinischen Banden bestanden meist aus Hebräern, Capitaine waren oft Christen, wie Fetzer von den Creveldern. Diese leiteten die Banden zu Händeln bei Juden an; wie auch Carl Heckmann von den Neuwiedern.

Carl Heckmann, Adolph Weyers, Afrom May, Monsam und andere Mitglieder der Neuwieder Bande befanden sich im Hornung des Jahrs 1801 in Deutz, als ihnen von einem Musikanten dieses Ortes entdeckt wurde, der Jude Nathan Hirsch zu Bergheim an der Sieg, habe viel Geld und Silberwerk. Sogleich beschlossen sie einen Raub bey ihm vorzunehmen. Sie erschienen in Bergheim, verstopften das Loch der Kirchthüre, stellten Schildwachen aus, stürmten das Haus des Juden, knebelten alle Bewohner desselben. (Becker II)

Die Neuwieder haben sich vor dieser Zirkulation nicht gescheut:

Kaum war die Beute verzehrt — und dazu brauchte es in den Aachner Bordellen eben nicht sehr viel Zeit —, so entwarfen Damian Hessel, Holländer, Mathias Huth, Clemens von Cöln, Selig, Raphael, Salomon Mannsbach und Waldmann einen neuen Raub, und zwar bey einem Juden in Kreutznach. (Becker II)

Eine weitere Variante ist die einfache Zirkulation der Herbräer untereinander wie im Falle Süskind Buckenheim:

Ein Sohn von ihm Namens Löb Hirsch ist sein treuer Gefährte, und beide haben vor 8 - 9 Jahren bey einem Juden zu Pforzheim, mit Rachmühl, dessen Sohn Bärle, Anschel Joseph und mehrern andern berüchtigten Gaunern einen Einbruch verübt, wobey sie sehr viel erbeutet haben sollen. (Stuhlmüller)

Diese Version ist dem Leser hinlänglich bekannt, sie geht zurück bis in die Anfänge des hebräischen Vagierens. Meister Franz hat hier eingegriffen (1590):

Den 24. Sept. Mosch Judt, von Ottensoß, ietzt zu Ermreuth wohnendt, ein dieb, und Nürnbergischer Kundtschaffter, so den heroldt wirth zu Rüthersdorff drey in vier unterschiedlichen mahlen erbrochen, und eingestigen, gestolen, erstlichen einen kessel, auch einen Karrenman einen Sack mit flachs, bey 40 Pfd schwer, und einen Lakeyen fl. 5 ½ zum einen, andern ein Fuhrman der im Stall geschlaffen, fl. 20 den Wirth alda 22 Stuk Zins zum dritten einen Kerner so in der Kammer geschlaffen fl. 16, auch fl. 20 aus seiner taschen gestolen, zu Bruk bey dem Barthel wirth erstlich in sein hauß gestiegen, viel gestolen und dem Stretzen Fuhrman von Bamberg, so in der Kammer geschlaffen fl 100 den Beutel mit den geldt gestolen, aber er nur fl. 40 angezeigt, denselben Stretzen zum andern mal wider fl. 18 gestohlen, widerumb ein Fuhrman 14 Pfd und der haus Magdt all Ihr dünglich und sonsten wo er bey den Juden etwas erschnappen können, alles gestohlen, aus sondern gnaden alhie auser halb des gerichts an die Spitzen strangulirt. Ist eben 54 Jahr, das man auch einen gericht, dieser Jud ist bey gemelten herolt erwischt, gefangen und herein geführt worden.

Hieran schließt sich die erweiterte Zirkulation mittels Einschub eines Zirkulationsagenten, also Hebräer mittels Hebräer (Baldower) gegen Hebräer an.

Mayer Remmbach. Wohnort: Remmbach im Odenwald, nach andern auch Heidelstamm. Signalement: Alter, einige und 40 Jahre. Größe, 5 Fuß 5-6 Zoll rheinl. Statur, ziemlich stark. Haare, schwarz. Gaunergewerb: Makener, vorzüglich aber Chalf.
Dieser ist der Bruder des Socher Remmbach.
Im Jahr 1814 wurde er mit seinem Bruder Socher Remmbach wegen Diebstahls in Bonn verhaftet, aber bald wieder entlassen. Er hat auch einen Diebstahl baldovert, den Feibel Bockes vor mehrern Jahren einem Juden in Frankfurt am Main zufügte, wodurch dieser sein ganzes Vermögen verlor. (Stuhlmüller)

Diese Form erfährt wiederum eine Besonderung dadurch, daß sich das Mittelglied aus Sicherheitsgründen ins Schlußglied einreiht, sich hiermit jedoch einer zusätzlichen einfachen Zirkulation aussetzt; beispielsweise ist dies bei Angriff und versuchter Beraubung zweier Bauernwagen bei Frankfurt durch die Odenwälder Bande nach dem Bericht von Pfister geschehen:

Theilnehmer:
1.) Veit Krähmer.
2.) Andreas Petri.
3.) Heinrich Pfeiffer.
4.) Stephan Heußner, vulgo langbeiniger Steffen.
5.) Johannes Bauer, vulgo Schefflenzer Bub.
6.) Der rothe Christian.
7.) Joseph Jacobi, (einer der Frankfurter Carlsbuben.)
8.) Georg Philipp Lang, vulgo Hölzerlips.
9.) Barthel Bartsch.
Am 3ten December 1810 war es, als die vorgenannten Räuber diesen Angriff unternahmen. Ein Jude von Hereshausen hatte ihnen entdeckt gehabt, daß an diesem Tage zwei Wagen von Frankfurt zurückkommen würden, auf welchen sich mehrere Juden befänden, welche bei 10.000 fl. Geld bei sich führten. Er selbst werde sich unter diesen Juden befinden und auch wohl ungefähr 500 fl. bei sich haben; es verstehe sich aber von selbst, daß sie ihm diese nicht nehmen dürften. Sie könnten ihn wohl, zum Scheine, mit den übrigen binden, aber das Geld müßten sie ihm lassen. Die Räuber folgten dem Winke, hatten aber, wie sie selbst angaben, fest beschlossen gehabt, jenem schlechten Kerl, dem Angeber, sein Geld zuerst zu nehmen.

Die Dreierkonstellation läßt sich nach Maßgabe von Syllogismustafeln weiter behandeln. Hier sei nur noch eine theologische Variante angefügt:

Böhmisch Meyer. Aus Böhmen gebürtig, 28 Jahr alt, lang und schmal von Statur, hat schwarze abgeschnittene Haare, schwarze Augen, eine lange, etwas gebogene Nase, weiß gelbe Farbe, ein längliches Gesicht, spricht gewöhnlich das Judendeutsch im Böhmischen dialect, ist unverheirathet. Geht bald als Schullehrer, bald als Handelsmann, bald als Knecht. War mit bey dem Raube zu Bobenhausen und als Salomon Haag von Wilhelm zu Homburg an der Höhe in den Arm geschossen wurde. Die damals anwesenden Räuber, mit Ausnahme des Salomon Haag und Herz Runkel sind auf den in Vorschlag gebrachten Raub bey Idstein ausgewesen, der jedoch nicht vollführt worden. Im Odenwalde bey Michelstadt in der Grafschaft Erbach hat derselbe einen Polnischen Juden auf der Landstraße beraubt, und ihm dabey 16 bis 20 Ducaten, nebst mehrern Zehngeboten, womit derselbe handelte, abgenommen. Die Zehngebote sah Herz Runkel in der Wohnung des Juden Juda zu Homburg an der Höhe bey ihm, woselbst er auch vier von ihm kaufte. Meyer hat ihm diese Geschichte selbst erzählt. Lebt in der Gegend von Fürth. (Christensen)

Damit sind aber die Formunterschiede in der Handelszirkulation der Gaunerwirtschaft und damit die Ambivalenz innerhalb der Gegengesellschaft noch keineswegs erschöpft. Eine besondere Figur schließt sich an, der Polizeiinformant: der Vigilant. Er ist der verkehrte Hofjude. Wie dessen Beziehungen nach unten nicht ans Licht dürfen, so die des Vigilanten nicht nach oben. Die Ambivalenzen sind hier aufs Schönste herausgebildet. Thiele berichtet von herausragenden Mitarbeitern der Berliner Chawrusse:

Nach Bewandniß der Umstände wurden ihre Talente von der Polizeibehörde zum öffentlichen Besten, d.h. zur Ermittelung von Verbrechen und Verbrechern, benutzt.
Der Eine dieser Diebesfänger, wie sie in einigen Gegenden Deutschlands sehr richtig genannt werden, war der, vor dem Beginn der Löwenthal'schen Untersuchung verstorbene, Jude Samuel Jonas. Aus Rendsburg im Holstein'schen gebürtig, hatte er im Auslande eine Reihe von Verbrechen verübt, dafür verschiedene Strafen erlitten, und sich endlich, etwa im Jahre 1816, in Berlin eingeschmuggelt, wo er, durch mehrere wichtige sicherheitspolizeiliche Dienstleistungen, sich das Vertrauen der Behörde erwarb, und die Erlaubniß erhielt, in Berlin Wohnsitz zu fassen. Aus seiner fruchtbaren Ehe, mit einer Frauensperson von gleichem Blute, entsprossen 8 Kinder, für deren künftiges moralisches Wohl die bestehenden Verhältnisse nicht eben verheißend waren. Zwei derselben gehörten denn auch in der That, als bereits sehr thätige Mitglieder, der berliner Chawrusse an.
Der Andere war ein gewisser Joseph Adolph Rosenthal. Er war im Jahre 1820, mit vielen andern Dieben des Großherzogthums Posen, wegen mehrerer Deposital-Kassendiebstähle in Frankfurt a. O. verhaftet gewesen. Der Erste, welcher von freien Stücken ein Geständniß ablegte, hatte er sich nicht nur, durch Ueberführung seiner Complicen, bei jener Untersuchung selbst mancherlei Ansprüche auf billige Reconnaissancen erworben, sondern auch ganz besonders bei Gelegenheit einer, im Gefolge jener Untersuchung damals nach dem Großherzogthum Posen gesandten Sicherheits-Commission, einen so unermüdlichen redlichen Eifer, verbunden mit überzeugenden Proben moralischer Besserung, an den Tag gelegt, daß seine Begnadigung als ein verdienter Lohn erschien. Seitdem hatte er gleichfalls seinen Wohnsitz in

Berlin genommen, bis zum Jahre 1823 hin außerordentlich gute Dienste in sicherheitspolizeilicher Hinsicht geleistet, hatte aber dann, von einem Extreme zum andern übergehend, die Verbindung mit seinen früheren Diebesgenossen wieder angeknüpft, zuerst seine Verschwiegenheit erkaufen lassen, und endlich sogar selbst an ihren Verbrechen wieder thätigen Antheil genommen. Eine, mit Bezug auf seine polizeiliche Thätigkeit, zu seiner beständigen Legitimation bei den Behörden, ihm ertheilte offene Ordre trug, begreiflicherweise, nicht wenig dazu bei, ihn und seine jedesmaligen Complicen meistentheils immer außer Verdacht zu stellen.

So betrieben die Vigilanten ein Geschäft mit äußersten Sorgfaltspflichen; sie handelten mit beiden Seiten und waren damit Wegbereiter eines extremen Reformismus zwischen unteren Klassen und Staat, freilich nicht aus dem Hofjudenaspekt Lassalles, sondern in der Formbestimmung der Spitzbubenwirtschaft. Die Vigilanten Joseph Adolph Rosenthal aus Berlin und Löbel Philipp aus Breslau waren tatkräftig bei den Händeln beteiligt; Samuel Jonas aus Berlin unterhielt eine Liebesherberge und Marcus S. aus Frankfurt a. O. war im Geschäft mit einer Speisewirtschaft und Hinterzimmern zur Warenaufteilung.
Zu den Ambivalenzen in der Gaunerwirtschaft hatten die gegenseitigen Bekehrungen gehört, der Leser wird sich an die getauften Jüdinnen des Bettelstrichs erinnern oder an Franz Bosbecks angenommenen Namen Jehuda. Bei dem Vigilanten Rosenthal kam es zu einer gedoppelten Bekehrungsanstrengung. Er hatte sich in die Provinz nach Schwerin abgesetzt und kam in die Bekanntschaft des bekannten Diebes Wilhelm, eines Christen. Mit dessen Stief-Tochter hub er eine Liaison an; Marie Elisabeth trat zum Judentum über und die Trauung fand nach jüdischem Ritus statt. Während der Zeit der Bekehrungsaktivitäten von gut einem Jahr hatten die Geschäftsfreunde Rosenthals aus Christen bestanden. In Berlin wiederum verkehrte Rosenthal in der hebräischen Spitzbubenwelt der Chawrusse und trat gleichwohl — vielleicht aus gesamtwirtschaftlichen Überlegungen, das Vigilantentum betreffend — zum christlichen Glauben über. Hier war eine Koryphäe am Werk, die Taufen hatten einen prägnanten populärkulturellen und geschäftlichen Sinn. Dagegen verblassen die Bekehrungen für einen gelegentlichen Freitisch als vergangene Praktiken des Bettlerstrichs.

Jacob Doppelkopf, ist ohngefehr 58 Jahr alt, mittelmäßiger Statur, hat graue Haar, dergleichen Bart, eine Frau und sich schon einmal in Trier, das zweytemal aber anderswo tauffen lassen. (Bierbrauer)

Diese Ambivalenzen, die kenntlicher werden, je mehr unsere Geschichte sich ihrem Ende zuneigt, waren der Gegengesellschaft stets eigen. Die Populärkultur verlor mit der Verbürgerlichung und Disziplinierung der Gesamtgesellschaft an sittlich-ökonomischer Resistenzkraft. Rebmann hatte in seinem Damian-Hessel-Buch die Gaunerwirtschaft als ästhetisches Problem erwogen, die "echte Wiederholung der niedrigen Thaten eines Räubers wird langweilig", räsoniert er. Es ist aber nicht der Trauerspielautor, sondern die bürgerliche Gesellschaft selber, die in ihrem kapitalistischen

Fortgang in die Langeweile hineinsteuert. Durch die Zerstörung der Populärkultur der Gegengesellschaft ziehen sich die Fäden und Ketten enger, welche die unteren Klassen an die Herrschaft gefesselt hatten. Die Substanz der Gegengesellschaft verändert sich — sie hebt sich in den Vorstellungen und Kämpfen für eine neue Gesellschaft auf, die nicht mehr sich mit Autonomieresiduen begnügen, vielmehr das Ganze umschmeißen wollen. Dies ist ein Kapitel kollektiver Überlebenskämpfe; es setzt ein mit der Subsumtion der Arbeit unter das Kapital — als die Gauner und Räuber den artigen Abenteurern des Imperialismus gewichen waren. Damit ändern sich die Formen der Ambivalenzen von Herrschaft und Widerstand; und doch bleiben bis zu einer völligen Verkehrung der gesellschaftlichen Totalität Herrschafts- und Knechtschaftsformen bedeutsam, die zwar aufgehoben werden — nicht abgelöst — in das Verhältnis von Lohnarbeit und Kapital, gleichwohl die Geschichte der Gaunerwirtschaft von Anbeginn begleitet haben.

In "Vom Ursprung der Henkersmahlzeit" stößt Hans von Hentig auf die Merkwürdigkeit, daß die Namen Dallinger, Demmer, Dollmann, Kaffer und Talien für Henker eine jüdische Sprachwurzel haben. Ob Subjekte oder Objekte der Exekution die Bezeichnung geprägt haben, meint er, sei schwer auszumachen. Nicht ganz. Die unehrlichen Leute dieser Profession waren gläubige Christen. Aus der Genealogie des Rotwelsch ist ersichtlich — dies war für H. v. Hentig verwirrend —, daß die Dominanz der Hebräer der Unehrlichkeit die Nomenklatur gegeben hat. Schließlich ist die Subjekt-Objekt-Produktion ja der Kern unserer Subgeschichte. Und da macht der Henker ästhetisch keine schlechte Figur.

Der Henker ist Exekutor der Gewalt- und Herrschaftsverhältnisse; zugleich mit rotwelschem Namen versehen — als Person der Gegengesellschaft ausgewiesen — was schließlich seinem unehrlichen Handwerk entspricht. An ihm wird die Ambivalenz von Herrschaft und Knechtschaft persönlich vollstreckt. Er figuriert eine eigene Doppelschlächtigkeit: Verstoßener der Gegengesellschaft, der er angehört, und zugleich gesellschaftlich Ausgestoßener. Am Rande unserer Subgeschichte plaziert, steht er für deren Verhängnis — sie selbst verkörpert die gesellschaftlichen Gewaltverhältnisse; sie sind ihr eingeschrieben. Aber sie transportiert und reproduziert die Gewalt, die ihr angetan wird. Diese Selbstbornierung verhindert, daß die Gegengesellschaft die Gesamtgesellschaft zu transzendieren vermag. Der Henker ist deshalb eine klassische Gestalt der Subgeschichte: er repräsentiert, weshalb sie unten bleibt. Dieser Subjekt-Objekt-Status ist der Subgeschichte der Bettler, Gauner und Vaganten eigentümlich. Er kennzeichnet ihre Widerstands- und Revoltformen, selbst noch die von Revolutionen, in denen ein bewußt kämpfendes Subjekt die gesellschaftliche Verkehrung praktiziert.

Gewalt hat vorab diese herrschaftliche Geschichte strukturiert. Das gesellschaftliche Mehrprodukt wurde nach der Auflösung der germanischen Markgenossenschaft — mit der karolingischen Verordnung der bäuerlichen Hörigkeit — nach Maßgabe des Gewaltmonopols verzehrt. Wer dieses innehatte, bestimmte die Ökonomie des Alltags. Manchmal wurden mehr Menschen gebraucht, um größere Gütermengen für den herrschaftlichen Verzehr zu produzieren; dann wiederum weniger, damit mehr

Schlechter Gewinn
Ein junger Kerl tat vor einem Juden gewaltig groß, was er für einen sichern Hieb in der Hand führe, und wie er eine Stecknadel der Länge nach spalten könne mit einem Zug. "Ja gewiß, Mauschel Abraham", sagte er, "es soll einen Siebzehner gelten, ich haue Dir in freier Luft das Schwarze vom Nagel weg auf ein Haar und ohne Blut." Die Wette galt, denn der Jude hielt so etwas nicht für möglich, und das Geld wurde ausgesetzt auf den Tisch. Der junge Kerl zog sein Messer und hieb, und verlor's, denn er hieb dem armen Juden in der Ungeschicklichkeit das Schwarze vom Nagel und das Weiße vom Nagel und das vordere Gelenk mit einem Zug rein von dem Finger weg. Da tat der Jude einen lauten Schrei, nahm das Geld, und sagte: "Au weih, ich hab's gewonnen!" An diesen Juden soll jeder denken, wenn er versucht wird, mehr auf einen Gewinn zu wagen, als derselbe wert ist. Wie mancher Prozeßkrämer hat auch schon so sagen können! Ein General meldete einmal seinem Monarchen den Sieg mit folgenden Worten: "Wenn ich noch einmal so siege, komme ich allein heim." Das heißt mit andern Worten auch: O weih, ich hab's gewonnen!
(Johann Peter Hebel, 1808)

zu konsumieren war. Zu der Naturgeschichte der Arbeit gehört somit Fronen, Verstümmeln und Totschlagen. Diese Formen direkter Ausbeutung und Gewalt wurden schließlich im kapitalistischen Produktionsprozeß entsinnlicht. Die persönliche Herrschaft konnte in den Hintergrund treten. Bis auf die Überbleibsel direkter Gewalt in Kriegen und paternalistischer Ausbeutung konnten gewaltmäßige Verstümmelungen dem Arbeitsprozeß selbst angelastet werden. Der Alltag wurde auf der Oberfläche zivilisiert.

Dennoch besorgte dieser zivilisatorische Prozeß und seine ökonomische Form weiterhin eine Naturgeschichte von Gewalt. Wie im Mittelalter das Gewaltmonopol des Feudalherren Pogrome gegen Juden einrichtete, um sich die Kassen zu füllen, Schuldscheine zu verbrennen oder neue Schutzzölle den Juden aufzuerlegen, so richtete sich das faschistische Gewaltmonopol im abgewirtschafteten Kapitalismus ebenfalls vorerst gegen die Juden. Die ökonomische Aussaugung der Juden schuf einen Gewaltapparat, der selbst ökonomisch nicht mehr erklärbar ist. Aus der Ökonomie allein, zumal der kapitalistischen, lassen sich nicht notwendigerweise Massenmorde ableiten.

Nach dem Faschismus hat der kapitalistische Alltag sich wieder in zivilisiertere Formen gehüllt. Die Gewalt ist unsichtbarer geworden. Sie ist in alle Poren gedrungen, hat sich in die Psychen gesetzt und in die vorläufigen Formen von Freiheit und Glück eingenistet. Von den großen Völkerschlachten — Faschismus, Vietnam — über den Arbeitsprozeß bis in die Reproduktionszeit, in "freie" Zeit und Ferien, sedimentiert sich Geschichte gleichwohl als Massaker. Während einer Feriensaison gibt es mehr Tote, als zu einer anständigen Schlacht im Mittelalter gehörten. Die großen Kriege selber scheinen anachronistisch geworden; sie werden in die Peripherie abgeschoben, wo sich Völkerschaften in einer exotischen Ästhetik gegenseitig umbringen dürfen. Dennoch sind sie präsent; sie haben sich totalisiert, in den Alltag hineinverlängert und das Getümmel unhörbar und unsichtbar werden lassen. Die Leiber sind dabei ebenso traktiert wie die Seelen. Nur in den Randzonen der Metropolen öffnen sich die Ritzen, und die modernen Schlachtopfer werden in den Rinnstein gespült, Junkies, die Opfer psychiatrischer Kuren, die Vereinzelten der Ar-

Joseph, genannt Stark Joseph, aus Pohlen gebürtig und 37 Jahr alt, kurz von Statur, hat schwarzbraune Haare, eben solche Augen, ein ovales Gesicht, an der rechten Backe eine Narbe von einem Schnitt, die linke Backe ist von Pulver verbrannt, und einen starken Backenbart, welcher die Narbe bedeckt. An den Füßen fehlen ihm die mehrsten Zehen; sie sind ihm beym Ausbruch zu Cassel erfroren. Von da ist er vor etwa 10 Jahren ausgebrochen und mußte wegen der bey dieser Flucht erfrornen Füße 2 Jahre auf Krücken gehen. Vor etwa 5 bis 6 Jahren logirte derselbe mit Herz Michel bey dem Leinweber Dihl in Derenburg bey Halberstadt. Gehört zu den Niederländischen Räubern und war vor vier Jahren mit Afrom May, Leibchen Schloß, Jacob Zitterspieler, Mendelchen Korbe und Süskind Pockenheim in Coxheim bey der Beschneidung des Sohns vom Arrestaten Michel. Von dort aus machten sie den Versuch bey dem Viehhändler von Schweinfurt. Er ist ein sehr schlauer Kerl. Lebt gewöhnlich bey Suhl in Hildburghausen. Hat die Schneiderprofeßion gelernt; geht aber als Handelsmann. Er ist unverheirathet. (Christensen)

beitslosen- und Wohlfahrtskultur — das abgewirtschaftete "Menschenmaterial" der großen Städte.

Die Geschichte läßt sich ökonomischen Formen subsumieren, die das jeweilige gesellschaftliche Mehrprodukt bestimmt haben. Sie läßt sich auch als Phänomen von Gewalt nachzeichnen, deren Formen jenen korrespondieren. Wie die sinnlichen Vorformen des Kapitals — Ware und Geld — mit der Kapitalform nicht verschwunden sind, sie vielmehr tragen und von ihr neu produziert werden, so sind auch die konkreten Formen der Gewalt mit dem abstrakteren kapitalistischen Arbeits- und Reproduktionsprozeß nicht erloschen: sie werden auf jeweils neuer Stufe wieder erzeugt.

Eine Genealogie der Gewalt müßte den abstrakter werdenden Formen von Gewalt ebenso nachgehen wie der Übernahme und Neuproduktion der konkreten. Im Namen des Fortschritts ist diese Formengeschichte den Menschen schlecht überliefert: sie sollen vergessen, wie präsent die Vergangenheit noch ist, damit die Gegenwart umso reibungsloser avanciert. Daher die bemerkenswerte Verwunderung Rebmanns, der doch als Justizmann und Literat hätte wissen müssen, wie es überall krachte. "Es ist eine sonderbare Erscheinung, daß Raubsucht sogar die natürliche Furchtsamkeit vieler Juden so weit besiegt hat, daß Einzelne sich mit auf gefahrvolle Streifzüge wagen, wie denn z.B. bey dem zu Mainz versuchten Postraube, zwei Juden durch Schüsse verwundet wurden."

Norbert Elias erzählt uns die Geschichte als Zivilisationsprozeß, der die Gewalt verdrängte. Aber dieser ist nur eine rissige, dünne Oberschicht, Schein, der das gewaltmäßige Substrat keineswegs ablöst oder eindämmt. Herrschaftsgeschichte vollzog sich in der Exekution von Gewalt. Ihre ökonomisch-kulturellen Spezifikationsformen konstituieren zumal jene besungenen Grade von Freiheit, deren sich die Gattungsgeschichte trotz alledem zurückerinnert, — oder besser: deren Erinnerung sie als moralischen Gebrauchswert immer wieder produziert. Welche Libertät aber ist dies? Außer präadamitischen Rekursen bleibt viel nicht mehr übrig, es sei denn, man nimmt zwei Jahrtausende in Kauf, wie Jakob Venedey, 1834 nach Paris exiliert: "Es gab eine Zeit, wo man stolz sein durfte, ein Deutscher zu sein; es gab eine

Schimme (Simon) Filmer, weil er aus Filmer gebürtig ist, 28 Jahr alt, schmal von Gesicht, hat schwarze kurz abgeschnittene krause Haare, eine etwas eingebogene mittelmäßige Nase, ist mittlerer schmaler Statur. Trägt in beyden Ohren Ohrringe. Ein Hauptkennzeichen ist, daß die Nägel an beyden Händen kurz abgebissen sind, und er beständig daran käut. Sitzt er in Gedanken, so dreht er im Haupthaar einzelne Locken. Er hat eine Frau, Namens Mathe aus Seeligenstadt und 2 Kinder, die sich bey dem Schwiegervater Salomon Hirsch in Seeligenstadt aufhalten. Geht als Kaufmann mit Galanteriewaaren und Perspectiven, gut gekleidet. Er war bey dem Raube zu Sossenheim mit Herz Michel zugegen. Mit Herz Michel allein bestahl er in Stein am Kochar, ohnweit Heilbronn, den Judenrabbiner. Hält sich allem Vermuthen nach, an der Bayerschen Grenze auf. (Christensen)

Zeit, wo der Name Deutschland mit Ehrfurcht genannt wurde. Die Geschichte erzählt von dieser Zeit, Knaben lesen davon in den Geschichtsbüchern Roms."
Angesichts der Genealogie von Gewalt ist der Prozeß der Zivilisation eine vornehme Tünche, die hie und da zudeckt, aber immer wieder abblättert und rauhere Stellen hervorbringt, die umso dicker übertüncht werden müssen. Zur Fortführung von Ausbeutung bedurfte die Geschichte eines bestimmten Antlitzes; sie mußte kupiert weitergereicht werden. Geschichte wurde an zwei Punkten geschleift: der Alltag von Gewalt mußte kaschiert und das Aufleuchten von Widerstand mußte beschattet werden. Gewalt läßt auf Gegengewalt schließen; der gewaltmäßige Alltag dufte nur dosiert tradiert werden, sonst wird die Vergangenheit zur Gefahr für die gegenwärtigen Herrschaftsformen. Deshalb fristen die jüdischen Räuber dieses jämmerliche Dasein in Archiven.

In der Einübung von Gewalt und Knechtschaft haben die wechselnden Herrschaften die Oberhand behalten — die Revolutionen waren immer zu schwach, um sich der Unterdrückung zu entledigen, sie erfaßten nie die Wurzeln, die freiwillige Knechtschaft; die Gewalt im Alltag blieb erhalten, nur die Form änderte sich. Die Genealogie der Gewalt in der Geschichte der Bauern, Plebejer oder Proletarier gibt einige Erklärungen für das Ausbleiben der Revolte und Revolution durch Selbstbehinderung. Für die Herrschenden war die Einübung von Gewalt und die freiwillige Knechtschaft der Objekte eine selbstverständliche Bedingung der Ausbeutung. Die Obrigkeit stempelte sich die Sozialcharaktere der Individuen nach ihrem Bilde und prägte so den Moralkodex der Unterdrückten.

Diese von der Herrschaft projizierte Moral war siegreich: den unteren Klassen wurde durch Jahrhunderte hindurch die Fähigkeit ausgebläut, sich auf ihre Stärke besinnen zu können — selbst die Einsicht in die Macht ihrer gesellschaftlichen Subjektivität, die produktive Arbeit, wurde ihr erfolgreich ausgetrieben. Selberunterdrückung schafft Passivität, eine geknebelte Sinnlichkeit. Die Freiheit hat noch keine gefiederten Schwingen, sie trägt die Bleisohlen ihrer Unterdrückung mit sich herum. So waren die unteren Klassen immer gelähmt, sie wurden gelähmt und haben sich selber gelähmt. "Kein Stück Vieh, kein Schwein, kein Hund haust jämmerlicher als in Waldenburg der Mensch", so berichtet Graf Stenbock-Fermor in "Deutschland von unten" aus Schlesien Ende der zwanziger Jahre. "Aber die Not formte aus den Arbeitern keine Rebellen. Das jahrhundertelange Elend, die jahrhundertelange Ausbeutung sitzen in den Knochen, machen den Menschen mürbe

"Am Wege sitzende Bettler", Holzschnitt aus: Johannes Damascenus, Chronik von Josaphat und Baarlam, Augsburg 1477

und zerbrechen den Widerstand. Der niederschlesische Proletarier ist klein und geduckt. Er ist schwatzhaft, mißtrauisch und unaufrichtig. Vor dem 'Vorgesetzten' kriecht er, der Haß wird auf den Nachbarn gelenkt, der ebenso ein armer Teufel ist."

Im Gegensatz zu den unteren Klassen hatte der Staat in der frühbürgerlichen oder faschistischen Form nie Legitimationsprobleme. Sehr wohl die Unterdrückten, die meinten, sie müßten die bürgerliche Moralität besser ausweisen als die Bourgeoisie. Ohne die Reproduktion der Unterdrückung in den Reihen der Unterdrückten selber hätte es die Niederlage in der Schlacht bei Frankenhausen zum Ende des Bauernkrieges nicht gegeben, als einige tausend Bauern mit Gebeten auf den Lippen sich von einer Handvoll Soldateska niedermachen ließen. Warum haben sie nicht ihre eigene Stärke gezählt?

Die Communarden eigneten sich das Geld der Pariser Bank ebensowenig an wie die Revolutionäre von 1918/19 das der Berliner Banken, obwohl Hilferding in "Das Finanzkapital" den Sozialdemokraten geradezu ein Handbuch über die wenigen Herren und ihre Banken geschrieben hatte. Die Möglichkeit der Revolution wurde ängstlich verhindert, die Maschinenparks beließ man weiterhin in den Händen der

Schimme Offenbach. Ist tief in die 40 Jahre, mittlerer Statur, hat schwarzbraune Haare; oben auf dem Scheitel eine Glatze, braune Augen, ein schmales länglichtes Gesicht mit eingefallenen Backen, eine etwas lange nicht gebogene Nase. Hat die Gewohnheit sich selbst mit dem Messer zu stechen, und heißt daher auch unter den Räubern: ich soll stechen und muß stechen. In Darmstadt saß er vor 4 Jahren wegen einer gestohlnen goldenen Uhr; er hat sich damals wahnsinnig gestellt und ist dadurch losgekommen. Im Fuldaischen zu Addehausen war er bey Mendel Rotzer und hat mit diesem dem Juden Joel seinen Kramladen bestohlen. Hat ein Frauenzimmer aus Offenbach bey sich. Mit Leyser Polack war er lange Cammerad. Er hält sich beständig im Fuldaischen und Würzburgischen auf. In Sommerich-Eschich hat er bey dem Rabbiner Nathan seine Hauptniederlage. (Christensen)

Kriegstreiber, die Offiziere wählte man vorsichtshalber in die Soldatenräte und den Feudalherren sprach man ihre Wälder, Mühlen und Fabriken wieder zu, damit alles in seiner Ordnung blieb. Das Herz vieler Sozialdemokraten hatte kaiserlich geschlagen, später hindenburgisch und Millionen von Arbeitern hatten dann einen Führer. Trotz der relativ geringen Zahl überzeugter Faschisten entwickelten die linken Parteien keine Gegengewalt, es konnte ja schlimmer nicht mehr werden. Das Ende vom Lied war die Zerschlagung von sozialdemokratischen und kommunistischen Organisationen in wenigen Tagen. Mit den Phrasen von der Richtigkeit und dem Primat der Parteilinie versus Spontaneität fanden sie sich alle wieder in den Konzentrationslagern.

Max Horkheimer hat den Faschismus als die Wahrheit der modernen Gesellschaft bezeichnet, da er die extremen Unterschiede heraustreibt, die das Wertgesetz reproduziert. Der Faschismus ist aber nur eine Wahrheit des Kapitalismus, wenn auch eine der enthüllendsten. Er hat zwar die Wirtschaftsordnung gerettet; dies heißt aber nicht, daß seine Besonderheit allein in einer rigiden Sicherung der Verfügungsmacht über die Produktionsmittel für eine Minderheit bestünde. Dann hätte es keines Antisemitismus bedurft. Der Faschismus hat den gesamten Alltag strukturiert — andrerseits gab ein historisch tradierter Alltag erst die Form, innerhalb deren er sich hat entfalten können.

Dies ist die lange Geschichte der Einübung freiwilliger Knechtschaft und Entwürdigung. Die Anwendung übernommener Gewalt und Unterdrückung untereinander und gegeneinander hatte die Unterdrückten unfähig gemacht, den Kapitalisten, SS-Mann oder Ritter auch als Einzelperson sehen zu können und sein Syndikat als Minorität. Ohne die terroristische Entwürdigung der Juden wären die Vernichtungslager nicht möglich gewesen. Die Juden glaubten sich nicht gestraft, sagt Hegel, wenn sie der Christ die Treppe hinunterwirft. Die meisten Christen glaubten sich beim Hinunterwurf ebenso wenig gestraft, da sie bei den Juden noch nachhelfen durften. So verebbte auch die während der zwölf Jahre vorgestellte Abrechnung mit den Faschisten im Sande.

Freiwillige Knechtschaft, Übernahme von Gewalt und jene Sittlichkeit der Unterdrückten gehören zusammen. Die gewaltmäßige Aufbereitung des Alltags war für die unteren Klassen Überlebenschance; sie mußten sich das Fell selber gerben, damit sie die Stockschläge von oben aushalten konnten.

"Bettler, der sein Weib im Schubkarren fährt", Kupfer ca. 1470

Die Rockmusik schlägt mit ihrem harten Beat nicht nur Befreiung in die Luft. Sie wappnet auch für das Stakkato des Fließbandes. KZ-Häftlinge ahmten die Schlagrituale ihrer Schergen nach — um zu überleben. Die Praktiken der Gewalt wurden den Unteren eingehämmert, aber sie wurden von diesen auch akzeptiert. So brandmarkte man die Indianer schließlich als Skalpabhäuter, obwohl fromme Pietisten für Hautgeld — Frauen- und Kinderskalps waren gesucht — diesen Sport vorher gepflegt hatten; aber auch sie wiederum haben diese Exerzitien nicht erfunden, sie kommen von oben. Bereits in Burchards Hofrecht für die Wormser Leute vom frühen elften Jahrhundert ist das Abziehen der Kopfhaut bei kleineren Vergehen Usus. Die Ambivalenz von Gewalt muß herausgestellt werden: unterdrückende Gewalt wie eigene Unterdrückung, um jene aushalten zu können.

Die Juden gewöhnten sich daran, in den Herrschaften ihre Herren zu sehen; die Quellen preisen die Freundschaft und Huld, die sie ihren Kaisern entgegenbrachten. Noch die späten Geschichtsschreiber belobigen das alte Verhältnis. Freilich lassen sie die jüdischen Räuberbanden aus und deren praktische Kritik am Knechtsdasein. Mit der französischen Revolution kommt ein neuer Wind auf, aber nur die Form der freiwilligen Knechtschaft ändert sich, die Ambivalenzen bleiben. Im Jahre 1792 kamen in Frankfurt Gerüchte auf über ein angebliches Attentat der Juden, im Verein mit fremden Handwerksburschen, auf die Truppen des Generals Custine. Die Frankfurter Judenschaft fürchtete schreckliche Rache wegen dieser Verleumdungen. Die Vorsteher übergaben dem Rat eine Bittschrift, unterzeichnet von 80 der angesehendsten Juden. Es ist eine Bittschrift wie alle andern, doch — die Bittsteller unterzeichnen nicht mehr als "arme, elende Hintersassen", sondern als Frankfurter Juden. Aber auch mit diesem Fortschreiten des Selbstbewußtseins geht die Ambivalenz einher, die Freiheit löst die Identität der Unfreiheit auf. Börne bemerkt diesen Vorgang bei der Öffnung des Ghettos, der Übersiedlung in christliche Wohngebiete:

Wenn die Judenschaft ihre Gasse als einen großen Familiensaal zu betrachten pflegte, worin sie alles das tun und unterlassen durfte, was man in seinem Hause zu verrichten und zu unterlassen gewohnt ist, so konnte der äußere Anstand unmöglich dabei gewinnen. Am Sabbat sah man die Herrn in Schlafrock und Pantoffel, die Damen in ihren Nachthauben herumspazieren. Die jungen Frauenzimmer zeigten sich in Negligés, als wären sie in ihren Schlafstuben. Sie saßen auf Bänken vor ihren Häusern und deklamierten Schillers Gedichte. Sie nahmen daselbst ganz ungeniert die Besuche ihrer Liebhaber an. Man trank auf der Straße seinen Kaffee, man rauchte, man zankte, man küßte sich; kurz, man tat wie zu Hause. Dieser Unfug mußte natürlich aufhören, sobald die Wohnungen der Juden zerstreut wurden. Wenn auch schon früher mancher Aufgeklärte das lästige ungereimte Zeremoniell des jüdischen Kultus hätte hintenansetzen mögen, so mußte er doch, durch Verhältnisse gebunden, den Späherblick der Nachbarn fürchten; aber diese Fessel fiel weg, sobald er unter Christen wohnte. Wenn viele, nicht bloß aus Bigotterie, sondern mehr aus Gewohnheit sich scheuten, irgendeine Ritualvorschrift des Talmuds zu übertreten; wenn sie von ihren unendlichen Morgen-, Abend- und Tischgebeten kein Jota fallen ließen, so mußten sie jetzt, um ihre christlichen Nachbarn nicht zu stören, ihre Psalmen doch leiser singen, und darauf folgte gar bald die gänzliche Beiseitsetzung derselben. Wegen der größern Entfernung der Wohnungen wurde der Umgang der Juden unter sich selbst seltener gemacht. Man gewöhnte sich den jüdischen Dialekt ab, man entsagte der orientalischen Sitte, immer mit bedecktem Haupte umherzugehen. Es war nun unbequem, die Kinder ferner die Schulen der Judengasse besuchen zu lassen, man fand sich daher bewogen, sie in christliche Schulen zu schicken. Dieses gab Veranlassung zur Errichtung neuer jüdischer Schulen, die nicht des Kontrastes mit den ältern Anstalten bedürfen, um vortrefflich befunden zu werden. Unzählige Vorteile waren es, die aus der Einäscherung der Judengasse hervorgingen. Man hätte nun erwarten sollen, daß hierdurch der Haß der Bürgerschaft gegen die Juden würde zerstört werden. Denn man sah, daß die jüdischen Bewohner die Christenheit weder verpestet noch die Sitten ihrer Nachbarn verderbt hatten. Kein Feuer fiel vom Himmel, kein Erdbeben ward vernommen, kein furchtbarer glühender Komet drohte die ruchlose Stadt zu zerstören, wo Juden mitten unter ehrlichen Leuten wohnen. Man sah, daß der Jude kein so schlimmes Tier sei, das man wohl zu verwahren habe. Aber eben durch die Erkenntnis dieses blieb der Haß nicht bloß ungeschwächt, sondern er wurde immer mehr gestärkt. Denn wie es die Bosheit sonst bequem fand, die Juden verachten zu dürfen, um ihre Verfolgung damit zu rechtfertigen, so mußte ihr Herz ergrimmen, daß ihr diese Rechtfertigung entzogen ward. Denn die Lächerlichkeiten der Juden verminderten sich täglich. Es war nicht mehr der Moses, dem der ekle Geifer von dem Barte träufelte, der mit schlotternden Beinen und gesenktem Haupte über den Markt schlich. Die Jungens hüpften froh umher, und ihre Röcke waren nach der neuesten Mode. Man hörte seltener den jüdischen Dialekt, man sprach Deutsch wie Adelung, und gar mancher konnte guten Morgen sagen in verschiedenen Sprachen. Ja, hatte doch Esther die Kühnheit, sich Elwire zu nennen, und es war ihr unter dieser Maske gelungen, sich

Feist Hünerhund, ein altes Mitglied der Niederländer Bande, wurde im Jahr 1805 in der Gegend von Cassel unter dem Namen Feibes Moses zur Haft gebracht und sollte von dort aus nach Weilburg ausgeliefert werden, entleibte sich aber den Tag vor seiner Abführung, indem er sich mit einem Stück Glase, das er aus dem Fenster seines Gefängnisses gebrochen hatte, die Luftröhre durchschnitt. (Schwencken, 1820)

"Lips Tullian im Gefängnis", nach einem Kupferstich in der Dresdener Königlichen Bibliothek

auf dem Sandhof unter christliche Tänzerinnen zu mischen und als Jüdin unentdeckt zu bleiben. "O ihr Götter, habt ihr keine Blitze?" Aber Zeus lächelte und schwieg. (Ludwig Börne, 1808)

Die wohltemperierte Beherrschung der Opfer, wie die Selbstbeherrschung im Gegenalltag bilden das Geheimnis der Einübung von freiwilliger Knechtschaft. Diese Kunst besteht immer wieder darin, daß die Beherrschten nicht nur sich zu Objekten machen lassen, sondern ihren Objektstatus selber mußten glauben wollen. Diesem besonderen Feinsinn verdankt namentlich die deutsche Geschichte ihre außergewöhnliche Prägung. Die Sittlichkeit der Subjekte wurde zu einer von Opfern umgemünzt, die Alltagsmoralität der Hörigen, Plebejer, Hebräer und Bauern zu ihrer eigenen Lähmung genutzt. Das Naturrecht auf Freiheit wurde gegen diese selber gewendet.

Selbst Fetzer, der furchtbare Dreinschläger und Räuberhauptmann glaubt schließlich an den Schwindel; das macht seinen Tod ästhetisch langweilig.

Bekanntlich findet sich vor dem Beile ein schmales Brett, das bestimmt ist, den Anblick des tödtenden Werkzeugs den Augen der Unglücklichen zu verbergen. Fetzer blickte scharf auf die Maschine hin, und — ein Zug, der gewiß seine Unerschrockenheit im vollsten Lichte mahlt — und rief den Henkersknechten: Zieht doch das Brett weg, daß ich das Beil sehen kann! P. Asterius hatte Mühe, ihn von dem seltsamen Wunsche ab und zu sich selbst zu richten. Fetzer trat nun vor, und sprach zu dem Publicum. Ich habe den Tod verdient, meine Freunde! so sprach er, hundert Tod für einen. Ihr, die ihr auf bösem Wege seyd, spiegelt euch an meinem

Abraham Moses angeblich aus Frankfurt; sonst bekannt unter dem Namen Gottschlich oder Gottschalk Raphael aus Hungen, vulgo das getaufte Jüdchen. Eingebracht den 30ten December 1811.
Signalement.
Er ist ein kleiner breitschulteriger gesetzter Kerl, von nicht mehr als 4 Fuß 9 Zoll 3 Strich, etwa 30 Jahre alt, hat etwas unförmliche stracke Beine, ein längliches gelbliches Gesicht; schwarze Haare, schwarzbraune Augen, um welche er die Haut beim Lachen Fächerartig in Falten zieht, lange beschmahle, in den Ecken der Nasenlöcher breite, vornen aber spitze, stark herunterhängende Nase, und ziemlich großen, dicken, besonders am Obertheil vorragenden Mund. Er hat starke etwas vorstehende Backenknochen. Eben so sind die Knochen an der unteren Kinnlade, nach den Ohren zu, stark und breit. Von diesen aber lauft das Gesicht schmahl und spitz zu nach dem kleinen rundlichen Kinn. Seine Sprache ist etwas heischer.
Schicksal.
Nach seiner dermaligen Angabe ist er ein Findelkind, gebohren zu Frankfurt von einer dort dienenden Jüdin aus Hungen. Wie er behauptet, wurde er als Kind in dem Frankfurter Waisenhaus auf öffentliche Kosten erzogen. Dann nahmen ihn jüdische Puppenspieler zu sich. Sie zogen mit ihm umher und gewöhnten ihn zuerst an das vagirende Leben. Später verließ er solche, und wurde ein Gauner. Von 1805 bis Anfang 1807 trieb er sich so in Ober- und Nieder-Hessen herum. Damals führte er den Namen Gottschalk oder Gottschlich Raphael von Hungen. Unter diesem Namen saß er in der Zwischenzeit zu Marburg wegen Diebstahls (Er hatte mehrere Gartenhäuser erbrochen und beraubt.). Seine Strafe bestand in Anrechnung seines neunmonatlichen Arrestes, Ausstellung an den Schandpfahl, Stockprügeln und Verweisung des Landes. Bald darauf wurde er aus gleicher Ursache von dem Amte Hungen hierher geschickt. Die ihm damals zur Last gelegte Diebstähle konnten theils nicht erwiesen werden, theils waren sie schon bestraft. Er wurde daher den 21ten April 1807 auf Verordnung Großherzogl. Hofgerichtes losgelassen, und — da er vorgegeben, aus Hungen gebürtig zu seyn, unter Special-Aufsicht des dortigen Amtes gesetzt. Einige Zeit nach diesem Vorfall verließ er die hiesige Gegend, und gieng, (wie er

Ende! Junge Leute! flieht, o flieht die verdächtigen Häuser, sie waren die Ursache meines Verderbens. Eltern! erzieht eure Kinder in Religion. Denkt an Gott. Möchte mein Blut das letzte seyn, das so vergossen wird. Nun in Gottesnahmen! — Nach diesen Worten wurde er auf das Brett gebunden und unter die Guillotine geschoben. Der Geistliche sprach ihm zu, er antwortete. Sein letztes Wort war, Vater in deine Hände — das Beil fiel und er war dahin. (Becker II)

Eine Genealogie des Alltags, welche diese Doppelschlächtigkeit von Gewalt unterschlägt, die sich unter den Opfern einnistet, zugleich aber auch Subjektivität gegen die Herrschaft richten und mobilisieren kann, bleibt Herrschaftsgeschichte. Der Alltag der Beherrschten war beides: Knechtschaft und Widerstand. Dies ist kein Gegensatz, ihre Einheit konstituiert die Subgeschichte.
Beide Seiten können nicht getrennt behandelt werden. Da gab es den Bauernkrieg, der habe nichts werden können, die Bedingungen wären noch unreif gewesen; auch die jüdische Geschichte soll keinen großartigen Heroismus seit einigen tausend Jahren mehr gezeigt haben; da gab es den Aufstand der Makkabäer, der Zeloten, des Bar Kochbar und schließlich zweitausend Jahre später den Aufstand im Warschauer Ghetto. Dieses Podest der Geschichtsbetrachtung verschweigt den jahrhundertelangen gewaltmäßigen Alltag der Einübung von Unterdrückung, und es verhehlt ebenso das Aufbegehren im Alltag; selbst das Sicheinrichten im Alltag implizierte Formen des Widerstandes. Diese gedoppelte Tradition bestimmt immer noch die Aktualität der Geschichte; sie macht bewußt, daß Widerstands- und Gewaltformen zum Alltag der unteren Klassen in Deutschland gehört haben.

sagte, um Dienste zu suchen,) nach Holland und in das Herzogenthum Westphalen. In dieser Provinz diente er angeblich bei einem gewissen Abraham Moses. Er nahm in der Folge dessen Namen an. Als Ursache dieser Namensverwechselung giebt er an, Abraham Moses habe ihm gesagt, dieser Name sey der rechte, der ihm in seiner Kindheit zu Frankfurt beigelegt worden.
Wahrscheinlicher, als diese Angabe, ist: Inquisit gab sich in Holland, Westphalen und Niedersachsen mit jüdischen Räubern ab; besonders lassen gewisse Gründe vermuthen, daß er mit dem berüchtigten Herings-Schmuhl im Hildesheimischen in Verbindung stand, und an dessen Händeln und Diebstählen subordinirten Antheil nahm. Den Namen verwechselte er wahrscheinlich blos um deswillen, weil er unter seinem vorigen als Dieb, wenigstens in der hiesigen Gegend, bekannt war. Diese besuchte er jetzt von neuem. Er zog mit christlichen Beischläferinnen umher, ließ seine Kinder taufen, stahl und bettelte. Der beiden ersten Umstände willen wurde er sowohl bey der Bande, wie von dem Landvolk, "das getaufte Jüdchen" genannt. Vielleicht gab er sich auch selbst für getauft aus, weil er christliche Beischläferinnen liebte, und die Gauner der Vogelsberger und Wetterauer Banden nicht leicht Juden, als eigentliche Kameraden, unter sich duldeten. Dem sey wie ihm wolle, nach seiner hiesigen Versicherung ist er seines Wissens nie getauft worden. Er hält sich auch darinn zu den jüdischen Gebräuchen, daß er die Zubereitung seiner Speisen durch die Juden-Köchin begehrt hat. Dagegen gesteht er selbst, der jüdische Glaube sey ihm beinahe eben so fremd, wie jeder andere. Inquisit, durch keine besondere Familien-Verhältnisse an irgend eine Gegend gefesselt, und der hiesigen, wo er mehrmals gefänglich eingezogen worden, nicht mehr recht trauend, — scheint sich weniger als Andere an irgend eine bestimmte Bande gehalten zu haben. Als ein weitumherschweifender Vagabund gieng er vielmehr über von einer zu der andern. Offenbar stand er mit den Gaunern hiesiger Gegend in Verhältnissen. Aber diese waren, wie es scheint, nicht so fest geknüpft, als es sonst unter Kameraden gewöhnlich ist. Die Räuber von den Vogelsberger und Wetterauer Banden, besonders die ersteren, duldeten, wie wir wissen, nicht gerne unter sich Juden. (Grolman)

Angesichts der Allgewalt der Herrschaftsverhältnisse ist jedes Aufbegehren ein Durchbrechen der Geschichtskontinuums. Die verschütteten Spuren der Geschichte weisen jedes Argument zurück, daß es für Gegengewalt zur Aufhebung von Gewalt zu früh sei. Gegengewalt heißt Abwerfen der Selbstunterdrückung und Produktion einer Alltagssittlichkeit von Freiheit. Das Gaunertum gehört in diese Genealogie eines sittlichen Gegenalltags. Gleichzeitig charakterisiert es auch die Schwierigkeit, das Kontinuum der Geschichte zu durchbrechen. Wer aber sagt, daß die Sieger siegen werden?

Zur selben Zeit, als in Berlin die große Untersuchung gegen Löwenthal und die Chawrusse stattfand, 1831, kam es zu Aufständen in Lyon (Börne berichtete darüber). Hier wurden erstmals proletarische Forderungen erhoben gegen die kapitalistische Ausbeutung. Die Repression in Deutschland wurde schlimmer. Zogen ehemals die praktischen Gesellschaftstheoretiker ostwärts — über den Rhein —, so nunmehr zurück — westwärts Richtung Paris, dann London.
Die Mairevolution in Paris 1839 unter Federführung des großen Blanqui — eine Gestalt für Revolutionäre, wie ehemals Abraham Moyses für die niederländischen Räuber — hatte bereits einen internationalen Charakter; unter anderen Deutschen wurde Schapper verhaftet, der 1840 in London den Arbeiterbildungsverein gründet. Zwanzig Jahre später — man dächte, die Kapitalisten mit ihren Krisen hätten das den Arbeitern ausgetrieben — gab es in London Massenversammlungen im Hyde Park. Namentlich tat sich der Arbeiter Cremer hervor und erklärte den damaligen Streik der Bauarbeiter als Initiationskonflikt zwischen der Ökonomie der Arbeit und der Ökonomie des Kapitals. Das waren treffende Einsichten. Allein, der Ökonomie der Arbeit fehlten die subgeschichtlichen Identitäten und Malefizischkeiten der alten Gegengesellschaft. Darin hatte die Ökonomie der Arbeit die Gaunerwirtschaft nicht wieder eingeholt. Im Gegenteil, die Jungens versuchten sich in Kant, und die Frauen blieben bei Bebel und dessen Erleuchtungen über die Frau und den Sozialismus. Kein Rotwelsch mehr, keine Creole im Ohr. Versprengte Genossen wie Harro Harring schliefen noch nicht ohne den Dolch im Gürtel ein. Die Fadheit der bürgerlichen Ökonomie legte sich auf die Möglichkeit einer Fortsetzung der Gegengesellschaft. Und doch hat der Arbeiter Cremer den Finger auf eine bestimmte Beerbbarkeit der alten Gegengesellschaft gelegt: auf die Produktion einer materiellen Kultur der Arbeit, auf die praktische Bewegung als Subjekt. Diese praktische Bewegung ist die saure Mühe der Erkenntnis, Arbeit zu ihrer Abschaffung. Die materielle Kultur der Arbeit hat mit der Gegengesellschaft gemein, daß sie abzuschaffen sei. Das ist überhaupt der ganze Sinn der proletarischen Frage: die Schwierigkeit, sich selbst abzuschaffen. Jedem Nachschlüsselhändler und Arbeiter war klar: durch Diebstahl stiehlt sich's nicht reich und durch Arbeit wird man nur arm gestohlen. Aber das Selberabschaffen hat eine verzwistete Verworrenheit; es ist überhaupt die höchste Schwierigkeit der eingefleischten Geschichte. Denn die Verschuftung ist sachlicher geworden und die Herrschaften tun so, als machten die Menschen und die Natur sich selber kaputt. Das trübt den Blick, zumal wenn man selbst sich eingehäust hat. Also ein Problem höchster weltgeschichtlicher Importanz. Der Arbeiter Cremer haut allerdings eine kleine Kerbe in diese historische Möglichkeit der Rettung der Subgeschichte, im Verein mit weiteren Alltagstheoretikern, denn auf seinem Wege liegen Namen von ungeheurer Sagazität. Mit ihnen zusammen hätte der Arbeiter Cremer seine Ökonomie der Arbeit bestechender unter dem Aspekt ihrer Negation zu einer neuen, der Gesellschaft adäquaten Wissenschaft setzen können,

"Fechter mit Dolchen", Kupfer von Franz Brun, 1559

nämlich einer Ökonomie der Nichtarbeit.
Im Mittelalter gab es eine sonderbare Vereinigung. Diese bestanden aus Haudegen, die sich für Duelle verdingten oder bei öffentlichen Gladiatorenspielen einsetzen ließen. Sie hatten sich in Fechtbruderschaften organisiert und hießen je nach Patron Luxbrüder — diese hatten den Lucas verehrt — oder Marxbrüder nach dem St. Marco. Die Federfechter hatten sich den heiligen Veit als Helfershelfer ausgesucht. Sie machten ihr Geld mit dem Schlagen und Hauen und gehören zu den Fraktionen unserer Gegengesellschaft — unehrliche Personalitäten waren diese Markus- oder Marx-Brüder. Das Gewerbe zog sich lange hin, der Name blieb auch bestehen — mit einer subgeschichtlichen Genealogie von höchster Merkwürdigkeit. Am bedeutendsten unter allen Fechtbrüdern treten die Marxbrüder auf den Plan, die Meister des langen Schwertes.
Allein, nicht immer winkte den Genossen ein schätzbares Duell, und so übte man sich nicht nur in der Schwertkunst, sondern auch in der Fertigkeit, sich den Kopf blutig, aber nicht sehr, zu schlagen, um hierdurch den Zuschauern den Beutel zu leeren. Alsbald machten Feuerwaffen dem löblichen Gewerbe ernsthaften Schaden.Hinzu kamen die bürgerlichen Verkehrsmodalitäten, anstelle von Frauen als Duellgegenstand gab es Quängeleien um Gewürze und Kattun, die wurden mit Wechseln beglichen. Die Herren brauchten Geldverleiher und keine Schwertfechter als Vertreter ihrer Sache. Eine Zeit der Schmach setzt an für die Genossen der Marxbruderschaft. Mit dem öffentlichen Ansehen geht es bergab, namentlich bei Frauen. Stoffel Weber, der Marxbruder, wußte sich nicht mehr zu helfen. Im Jahre 1588 zechte er mit zwei Bauern im Wirtshaus. Es kam über ihn, er ließ die beiden fortfahren, stieg von der Zecherei auf, ging zu des Bauern Weib — er war von Herspruch und es war Nacht —, legte sich zu ihr ins Bett und trieb Unzucht. Als er sein Gängelein getan hatte, stieg er auf und ging fort. Die Frau erkennt beim Hinterhersehen, es war nicht ihr Mann. Wegen einiger hinzukommender Räubereien hat Meister Franz den Stoffel Weber 1592 gerichtet.

Ebenso kam Steffan Reutter aus Nürnberg durch Mißgunst in Verbindung mit anhaltender Passion im Jahre 1598 zu Fall. Meister Franz berichtet:

Den 19. Mart. Steffan Reutter, von Nberg. ein zimmermann, sonst der blau genandt, ein Marxbruder, und Freyfechter, wegen das er bey den Prandt herrn ein und ausgangen, die tochter zu fahl gebracht, und geschwängert, auch die Ehe verheisen, letzlich als sie 10 oder 12 wochen auff der Maynung gewesen, ihr gerathen etwas zu gebrauchen, und ein zunehmen, zu vertreiben, deswegen sie ihm einen Segelbaum fürgeschlagen, und ihm 2 Patzen darzugegeben, denselben ihr zuwegen gebracht, denselben neben der Mutter helffen sieden, und ihr offt zugeredt, und gefragt, ob sie davon eingenommen, letzlichen da es nicht wirken wollen, gesagt, es sey vergeblich, sie soll nichts mehr einnehmen so sie den kindt schaden zu fuegete, so wolle er es offenbahren, auch sich in Wildtbadt zum 4 mal neben der Mutter in ihr Beth gelegt, in hemmet, die tochter und wartterin dabey liegen lassen, deswegen alhie mit Ruthen ausgestrichen.

Die Marx-Brüder konnten von ihrem Gewerbe nicht mehr leben; schließlich gab es immer wieder Kriege, und die stahlen ihnen die Show auf dem Marktplatz. Es kommt, wie es kommen muß — es bleibt die ursprüngliche Reproduktion auf dem Bettelstrich: das Gewerbe geht, der Name bleibt. In der Coburger Designation findet sich ein Kompatriot aus dem hessischen Ebelshausen, dem heutigen Eibelshausen.

Modliche, Mortie oder Marx Ebelshausen, wohnet zu Ebelshausen in Hessen, ein alter 70 Jähriger Dieb, übermittler Statur, mit gantz grauen Haaren, und dergleichen Bart, redet eine grobe geschwinde Sprache und gehet zuweilen schnurren, i.e. betteln, hat Weib und Kinder, wovon zwey Söhne zu Stadtlengsfeldt wohnen.

Ein Katarakt in der verbleichenden Lineage der Marx-Brüder? Keinesfalls. Etwas sammelt sich um diesen Namen und gibt schließlich, in Verbindung mit den ökonomischen Vorstellungen des Arbeiter Cremer, der Gegengesellschaft eine neue Wissenschaft als Überlebenskunst.

Hierzu bedarf es eines flüchtigen Blickes auf die Genealogie jener staunenswerten Geschlechter, in die sich unsere Subgeschichte zuspitzt. Im Jahre 1319 läßt sich urkundlich ein Ritter zu Straßburg namens Hetzelo nachweisen, dito Markus, zusammengezogen Marx.

In Waiblingen findet sich im Jahre 1300 ein Marx der Mesiner. Die ältesten Marxens gehen in diesem Falle auf die Kurzform Mark von Markwart zurück. Aus der latinisierten Form Markus leitet sich dann der Marx ab. Dies ist die eine Seite, die akkomodierte und wohlgefällige. Da wir uns aber mit der Subgeschichte befassen, sind die sinistren Vorkommnisse und die Extremitäten zum herrschaftlichen gesellschaftlichen Ganzen der Wahrheit näher. Aus den aktenkundlichen Berichten über hebräische Gauner läßt sich einiges Licht in diese Wahrheit bringen, auf dem Hintergrunde der Marxbrüder, Freifechter von der Feder, Fechtmeister von St. Marco und Lö-

"Fechter mit Schwertern", Kupfer von Franz Brun, 1559

wenberg, und angelobte Meister des langen Schwerts von Greifenfels. Der Gewährsmann Schwencken vergaß nicht den Hinweis zu geben, daß Marcus sich in Mordgen oder Mottgen finde. Und diese Namen ziehen sich wieder in die Marxens zusammen. Etwas Gespenstisches beginnt umzugehen in Europa und bald in der ganzen Welt.

Der Rabbinersohn Joseph Marx — er kommt aus dem Elsässischen — hat sich als Schränker und Dorfmakener hervorgetan; während der Schwenckenschen Aufzeichnungen sitzt er im Zuchthause zu Mannheim ein. Als Kompagnon von Damian Hessel hat sich Marx Nathan, vulgo klein Mondgen, ausgewiesen; das brachte ihm eine sechzehnjährige Eisenstrafe. Übrigens hat seine Frau Merle das alte Extremistengewerbe der Weiber fortgeführt und sich mit der Heilung des Erbgrindes beschäftigt. Als herausragender Mackener handelte Marx Schmay, vulgo Pelzkäppchen oder Mortgen. Alleine in Frankfurt hatte er von 1798 bis 1805 sechsmal in Untersuchung gesessen, war dann in Hamburg tätig. Beim Ausbruch in Mainz brach er sich Arm und Bein, arbeitete dann in mehreren Großstädten, saß hier und dort ein, geriet schließlich im Jahre 1816 in eine zehnjährige Eisenhaft, entsprang aber aus der Marburger Strafanstalt. Schwencken wähnt ihn in München. Mittels seiner Frau Sara ist er mit der berühmten Gaunerfamilie der Engelländer verbunden. Durch seine Expeditionen im Bayernland kam ihm Stuhlmüller auf die Spur:

Mordchen, genannt die Pelzkappe, eigentlich Marcus Schmeye oder Marx Schmay, Wohnort: Sindelsheim auch Alzenau im Großherzogthum Hessen. Signalement: Alter, einige und 40 Jahre. Statur, mittel. Haare, schwarz. Stirne, nieder und gewölbt. Augenbraunen, schwarz. Augen, grau. Nase, kurz, breit, und nach der rechten Seite schief. Mund, gewöhnlich. Kinn, spitzig mit einem Grüb'chen. Bart, schwarz. Gesichtsform, schmal. Gesichtsfarbe, blaß. Besondere Kennzeichen, hat auf dem Kopfe einen großen kahlen Flecken, und hinkt mit dem rechten Beine. Gaunergewerb: vorzüglicher Makener und Schränker.

In der hier geführten polizeilichen Untersuchung über jüdische Gauner kommt derselbe eben-

falls vor, und namentlich ist er nach seiner eigenen Erzählung in Dörzbach, beschuldiget, Mitausführer eines bedeutenden Einbruches durch Nachschlüssel bey einem Jouwelier zu Stuttgardt gewesen zu seyn, wobey noch Joseph der Christ und Susmann Joseph Schweizer waren, und sie wohl gegen 8 - 10000 fl. im Werthe erbeutet haben sollen.
In frühern Zeiten soll er auch an Räubereyen Theil genommen haben, und namentlich ist er der Theilnahme eines Einbruchs in der Gegend jenseits des Rheins mit Joseph dem Christen beschuldiget, weshalb die beiden andern Komplicen Bijomen Wölfchens Nattche und Löbche auf 8 Jahre zur Galeerenstrafe verurtheilt worden sind, bey denen man die gestohlnen Waaren gefunden hat. Er entsprang einmal aus der Strafanstalt zu Marburg, wohin er von Kassel aus auf 16 Jahre verurtheilt gewesen, und bey einem frühern Versuch, auf dem Transporte von Frankfurth nach Mainz zu entweichen, brach er Arm und Bein. Auch soll er vor 3 Jahren mit mehrern Gaunern in Neckarsulm arretirt worden seyn, wo einige davon ausgerissen, und die andern nach Stuttgardt transportirt wurden. Er ist ein äusserst gefährlicher Mensch, gehört zu den größten Spitzbuben.
Seine Frau, Namens Sara, ist eine Schwester von Joseph Engelländer und den Weibern des Itzig und Aaron Engelländer, weshalb nur diese Familien allein eine eigene Kette von Gaunern bilden, ohne der vielen Verbindungen, in denen sie mit andern ihres Gelichters stehen.

Ebenso in Bayern operiert Marx Kahn; er geht mit optischen Gläsern. Schwencken hält ihn für den nämlichen, der sich bei der Saalfeldischen Justiz als Marx Benedict ausgegeben hatte und anderweitig den Namen Schwarz Mordgen führt. Er führt Frau und vier Kinder mit sich, die schon früh — wie Stuhlmüller nahelegt — in die Selbständigkeit hineinsozialisiert wurden.

Marx Kahn, gewöhnlich Schwarz Mottche, auch Markus Levi genannt. Wohnort: Felheim bey Memmingen, angeblich Schloß Besenbach bey Aschaffenburg als Geburtsort. Signalement: Alter, 43 Jahre. Größe, 5 Schuh 9 Zoll 1 ½ Linien. Statur, untersetzt und stark. Haare, schwarz. Stirne, nieder, jedoch wegen seiner starken Glatze hoch scheinend. Augenbraunen, schwarz. Augen, braun. Nase, etwas blatt gedrückt, mit breiten Nasenlöchern. Mund, proportionirt. Lippen, die untere ist etwas stärker als die obere. Zähne, gelb angelaufen. Kinn, rund. Bart, schwarz und stark. Backenbart, kurz, von gleicher Farbe wie der Bart. Gesichtsform, länglicht, jedoch ziemlich voll. Gesichtsfarbe, gesund. Besondere Kennzeichen: ober dem linken Auge, auf den Wimpern eine kleine Warze. Auf den Vordertheil des Kopfes hat derselbe gar keine Haare mehr, und der hintere Theil ist gekraußt. In der Gegend der Rippen an der rechten Seite hat er eine merkbare lange Narbe, welche von einem Riße herzurühren scheint. Gaunergewerb: vorzüglicher Kittenschieber, Nepper, Chalfe, Schottenfeller, auch Schränker.
Dieser abgefeimte jüdische Gauner lebt blos vom Betrug und Diebstahl, und ist einer der allergefährlichsten Spitzbuben. Er soll einmal am Rhein, wann und wo ist unbekannt, in Untersuchung gesessen, dann vor ohngefähr 5 Jahren in Ulm wegen Kittenschiebens verhaftet, lange gesessen, und nach Gotteszell auf ½ Jahr ins Zuchthaus verurtheilt worden seyn. Er gestand damals nichts ein, und gab falsche Namen und Verhältnisse an. Nach seiner Entlassung soll er sogleich wieder mehrere Effekten vom Werthe in Günzburg durch Kittenschieben erbeutet ha-

ben. Vor seiner Arretirung in Ulm hat er auf eben diese Art in der Gegend von Schwäbisch-Gmünd eine goldene Uhr und andere Sachen gestohlen.
Gegen diesen Gauner, der unter den vorzüglichsten Spitzbuben unstreitig eine der ersten Stellen einnimmt, und eine ganz eigene Hartnäckigkeit im Läugnen zeigt, liegen von den dahier Detinirten seines Gelichters und seiner Gesellschaft viele übereinstimmende Anzeigen von Verbrechen vor, die hier vorgetragen werden:
Marx Kahn ist verheyrathet mit Helena, einer Tochter des Daniel Moses in Felheim, welcher einst die Gauner-Herberge daselbst hatte, gewöhnlich der Mieringen genannt wird, und einen Sohn hat, der unter dem Namen Levi Mieringer oder auch Levi Daniel Moses bekannt, und wahrscheinlich der in Schwencken beschriebene Levi Moses ist.
Marx hat 5 Kinder, wovon das älteste ein Sohn, Namens Benedict Kahn 15 - 16 Jahre alt, und wahrscheinlich auch schon ein Chalfe ist; denn Chilfen ist der Eingang ins Gaunerleben, und schon mit 10 Jahren machen die Knaben ächter Gauner ihre Versuche der Art, und müssen sich auf solche Weise schon selbst ernähren. (1823)

Als vorzüglicher Dorfdrucker, Makener und Schottenfeller hat sich Kiefe Marx, auch Lang Mottchens- oder Stammlers-Kiefe ausgewiesen.
Er hat weitreichende Familienverbindungen und trägt Hieb- und Schnittnarben im Gesicht. Marx Eisig Kiebe oder Eisig Marx, auch Marx Itzig oder Itzig Marx, ist sein Bruder:

Derselbe macht seine vorzüglichsten Geschäfte auf den Märkten in Baiern, Würtemberg und Baden als tüchtiger Dorfdrucker.
Ohngefähr im Jahr 1817 oder 1818 wurde er in Härten im Badischen wegen Dorfdrucken mit mehrern andern Gaunern verhaftet, und soll mit seinem Sohn Fulche ¾ Jahre lang gesessen seyn, welch letzterer auch wegen Marktdiebstahls in Gießen saß.
Auf einem Markte zu Schwäbisch Hall wollte er auch einem Schulzen eine große Summe Geldes aus der Tasche stehlen, allein der Geldbeutel war angebunden, und so wurde er erwischt und von den Bauern tüchtig ausgeprügelt, worauf sie ihn laufen ließen.
Vor ohngefähr 5 Jahren stahl er mit mehrern Gehülfen auf der Ansbacher Messe einem Bauern eine mit Geld gefüllte Blase. Die vollkommene Ausführung aber mißglückte, und er wurde zur Haft gebracht, wo er Namen, Wohn- und Geburtsort falsch angegeben, und die That geläugnet haben soll. Die weitern Resultate der Untersuchung sind hierorts nicht bekannt. Auch zu St. Gallen, Bruchsal und Haßlach soll er schon inngelegen seyn, und in den Schweizer Signalement-Büchern vorkommen. Er ist mit einer Tochter von dem alten berüchtigten Gauner Joseph Löb, Namens Bäs verheyrathet, und gehört also jener ausgebreiteten Gauner-Familie an.
Zwey seiner Kinder, Jekofche, eigentlich Jacob Eisig, und Brendl ziehen mit der Zitter umher, und stehlen bei dieser Gelegenheit ganz außerordentlich, da sie hierdurch viele Gelegenheit finden, inzwischen sollen sie in Stuttgard einmal erwischt und tüchtig ausgepeitscht worden seyn.
Er reißt mit Paß, wahrscheinlich aus dem Würtembergischen, und führt gewöhnlich ein großes Messer bey sich. (Stuhlmüller)

Dieser Marx hat seinen Sohn, Lang Mottchens Eisig Fulche, genannt das Brunzerschen, zur gehörigen Wissenschaft im Dorfdrucken, Kittenschieben und Makenen herangebildet. Ein anderer Namensvetter, Johannes Marx aus Diedorff, hat sich mit Straßenraub abgegeben und dabei zehn Jahre Eisen geholt. Thiele erwähnt einen Marx Leopold als gefährlichen Dieb und Nepper. Bedenkt man die weitverzweigten Familienverbindungen dieses Namens, zudem die bei diesen Indiviuen vorkommende besondere Pflege der Wissenschaften, dann ist leicht ersichtlich, daß sich hier Großes zusammenzieht. Marx Mayer, vulgo Mottche Buchbinder, ist einer jener Gestalten, die in der Einheit von Makener- und Buchbinderprofession die alte Handelstradition weiterführen. Stuhlmüller räumt ein, daß die Gelehrsamkeit unter den Juden der niederen Klassen noch nicht so verbreitet sei, um mit dem Buchbindergewerbe alleine sich zu ernähren. Umgekehrt. Der Drive zur Wissenschaft unter den niederen Klassen ist derart mobilisiert, daß Marx Mayer neben dem Makenergewerbe an der Buchbinderprofession trotz aller ökonomischen Unbill festhält.
Namentlich das Buchbinderhandwerk hatte einen hohen Ruf und internationale Bruderverbände. Der Internationalismus begann sich überhaupt in der Zeit der Stuhlmüllerschen und Thieleschen Aufzeichnungen Bahn zu brechen und es wundert keineswegs, wenn gerade dem Namen Marx alsbald europäische Bedeutung zukommt. Denn schon kurz nach Thieles warnendem Report über die Umtriebe hebräischer Chawrussen (1842), fertigt die Pariser Polizei im September 1844 ein Signalement über einen Charles Marx für die preußische Polizei an:

Geboren in Trier / Alter 27 Jahre / Größe 5 Fuß, 5 Zoll / Haare schwarz / Augenbraunen schwarz / Stirn gerade / Augen braun / Nase dick / Mund mittelmäßig / Bart schwarz / Kinn rund / Gesicht oval / Teint klar / Beruf Doktor der Philosophie / Besondere Kennzeichen: —.

Dieser Charles Marx gibt sich als Doktor der Philosophie aus, hat, wie Joseph Marx, der Schränker, eine Rabbinerfamilie als Hintergrund und zieht zudem, wie ehemals Nickel List, mit einer Adligen, namens Jenny von Westphal herum. Ob ihn allerdings namentliche Verbindungen in den Kreis um Nickel deduzieren lassen, ist nicht ganz auszuweisen. Immerhin stand Nickel List in engstem geschäftlichen Verhältnis mit dem Hebräer Assur Marx zu Halle, der sich in der Hehlerei betätigte. Nickel war mit ihm nach jeder Operation in Mittelsachsen in Benehmen gewesen. Jedenfalls verfertigte die Polizei mehrerer Länder Signalements von jenem Charles. In einem Spitzelbericht des Jahres 1852 wird ihm bescheinigt, er rasiere seinen Bart nicht, und im übrigen eine Gaunerindividualität festgehalten, wie sie auch Thiele bei Mitgliedern der Berliner Chawrusse immer wieder hatte einräumen müssen; "sein großes, durchdringend feuriges Auge hat etwas dämonisch Unheimliches; man sieht ihm übrigens auf den ersten Blick den Mann von Genie und Energie an; seine Geistesüberlegenheit übt eine unwiderstehliche Gewalt auf seine Umgebung aus". In dem Signalement des Polizei-Handbuchs von Wermuth/Stieber wird ihm eine gewisse Blödigkeit zugeschrieben im Verein mit umstürzlerischer Betriebsamkeit und schlauer Kälte (1854).

Diese Eigenschaften international gesetzt gewannen in der Tat etwas Gespenstisches für die Bourgeoisie.

Marx, Carl, Dr., aus Trier, geboren am 2. Mai 1818, in Theil I. Seite 61, 66, 69, 70, 71, 74, 88, 111, 112, 116, 117, 267, 268, 269, 270, 276, 277, 279 und 307 vorkommend, ist ein Sohn des im Jahre 1838 in Trier verstorbenen Ober-Bergraths Marx. Nach in Bonn 1839 oder 1840 vollendeten Studien lebte er als Privatmann einige Jahre in Trier, verheirathete sich im Jahre 1843 mit Jenni von Westphalen aus Trier, ging bald darauf nach Paris, gab dort mit dem bekannten Arnold Ruge die "deutsch-französischen Jahrbücher" und mit H. Heine, Börnstein und Ruge das Blatt "Vorwärts" heraus, wurde 1844 aus Frankreich ausgewiesen, begab sich mit seiner obgedachten Frau nach Brüssel, ließ sich am 1. Dezember 1845 Entlassung aus dem preußischen Unterthanenverbande behufs Auswanderung nach Amerika geben, wurde am 2. März 1848 aus Belgien ausgewiesen, weil er sein am 22. März 1845 schriftlich und auf sein Ehrenwort gegebenes Versprechen, in Belgien nichts über Politik zu schreiben, gebrochen und weil sich überdieß bei einer in Brüssel gegen ihn verhängten Haussuchung Belege in Menge über sein extremstes revolutionaires Treiben fanden. Er stand namentlich an der Spitze der Central-Behörde des Communistenbundes zu Brüssel, brachte den bekannten Beschluß vom 3. März 1848 zu Stande und begab sich darauf nach Paris, kam nach Ausbruch der Unruhen in Deutschland nach Cöln, wurde dort 1848 und 1849 drei Mal wegen schwerer Preßvergehen angeklagt, indeß jedes Mal freigesprochen, darauf um Mai 1849 als nunmehriger Nichtpreuße ausgewiesen, ging dann nach Frankreich, wurde dort in ein inneres Departement verwiesen, siedelte indeß bald nach London über, wo er sich noch jetzt befindet, die Fortsetzung der in Monatsheften erscheinenden Neuen Rheinischen Zeitung, politisch-ökonomischen Revue, herausgiebt und für den Communistenbund wirkt, nach der am 17. September 1850 entstandenen Spaltung an der Spitze der sogenannten cölner Fraktion steht. Marx wird von Trier aus als einer der gefährlichsten und talentvollsten Mitglieder der europäischen Umsturzpartei, dabei als schlau, kalt und entschlossen, bei seiner Parthei hoch angesehen, geschildert.
Personal-Beschreibung des Carl Marx. Alter: 35 Jahre. Größe: 5 Fuß 10 - 11 Zoll hannöversch Maaß. Statur: untersetzt. Haare: schwarz, gelockt. Stirn: oval. Augenbrauen: schwarz. Augen: dunkelbraun, etwas blöde. Nase: dick. Mund: mittel. Bart: schwarz. Kinn: rund. Gesicht: ziemlich rund. Gesichtsfarbe: gesund. Spricht deutsch im rheinischen Dialect und französisch. Besondere Kennzeichen: a) erinnert in Sprache und Aeußerm etwas an seine jüdische Abkunft, b) ist schlau, kalt und entschlossen.

Zudem schien dieser Marx in aller Welt Anhänger vorweisen zu können, namentlich in jener Bewegung, die der oben erwähnte Arbeiter Cremer gelegentlich Londoner Arbeitermanifestationen adressierte. Diese Bewegung hinter Marx machte ihn ausnehmend gefährlich und zeigt zugleich die bedeutende Formwandlung an, die nach dem Niedergang der Berliner Chawrusse von hebräischen Gaunerökonomen vollzogen wurde: die Banden gewinnen internationale Bedeutung, der gesellschaftliche Umsturz wird auf die Tagesordnung gesetzt: die Weltrevolution. In der Arbeitsteiligkeit dieser Bewegung war jenem Karl Marx zugewiesen, zugleich mit dem praktischen Umsturz die Erledigung der bürgerlichen Wissenschaften zu besorgen. So ent-

stand die "Kritik der politischen Ökonomie", ein voluminöser Vernichtungszug gegen die Ökonomie der Bourgeoisie. Die drei Bände nennen sich schlicht "Das Kapital" und greifen unter diesem Titel das Höchste an, was die bürgerliche Gesellschaft in ihrem Schoße zu Wege gebracht hatte.
Marxens Problem bestand darin, die Widersprüchlichkeiten der bürgerlichen Welt mittels einer Sprache aufzuzeigen, welche das Kapital angriff, seine Naturerscheinungen verflüssigte, und zugleich die kapitalistische Wirklichkeit adäquat wiedergab. Eine Formwandlungsgeneologie wie vom Rotwelsch zum Jenischen, dann zur Kochemersprache, konnte nicht weitergeführt werden, da die Autonomie der Populärkultur die bürgerlichen Wissenschaften — erfreulicherweise — nicht auch noch hatte kritisieren wollen. Für Marxens Unternehmen war somit eine Sprache erforderlich, die ein für alle Mal die bürgerliche Ökonomie, die heilige Seinslehre der Bourgeoisie, zum letzten Atemhauch brachte. Er kannte den bürgerlichen Logiker Hegel in und auswendig und was lag näher, als diesen Klassiker der bürgerlichen Gesellschaft für deren Aufhebung zu benutzen. In einem in den Marx-Ausgaben noch nicht zugänglichen Text (Seyn und Wesen) aus den Notizbüchern zu Beginn der sechziger Jahre geht er Hegels Anfang der "Logik" aus der "Enzyklopädie der Philosophischen Wissenschaften" nach. Natürlich war Sein und Wesen der bürgerlichen Gesellschaft zu ihrer revolutionären Kritik von höchstem Belang. Der geneigte Leser möge deshalb mit zwei Passagen des vierseitigen Texts sich anfreunden:

I) Seyn.
Unmittelbarkeit. Begriff an sich. Alle Bestimmungen seiende, in ihrem Unterschiede Andre gegen einander; ihre Bestimmtheit gegen einander Uebergehn in Andres. (Die Beziehung d. Bestimmungen od. Unterschiede zu einander nicht an ihnen selbst gesetzt ...)
A.) Qualität.
1) Seyn. Seyn. Nichts. Sein-Nichts: Vergehn. Nichts-Sein: Entstehn. — Werden. (...)
Etwas wird ein Andres; d. Andre selbst ein Etwas, wird wieder ein Andres. Progress in infinitum. Schlechte Unendlichkeit. Wiederholung d. Widerspruchs, daß d. Endliche sowohl Etwas als sein Andres ist; perennirendes Fortsetzen d. Wechsels dieser Bestimmung.
Etwas wird Andres, d. Andre zu Andrem. Etwas ist ein Andres gegen d. Andre, wozu es wird. Etwas im Uebergehn in Andres geht mit sich selbst zusammen; Wahrhafte Unendlichkeit.
Was verändert wird, ist d. Andere; es wird d. Andere d. Anderen. Sein, aber als Negation d. Negation wieder hergestellt, Fürsichsein.
3) Fürsichsein.
Fürsichseiendes. Beziehung d. Negativen auf sich selbst. Das in sich Unterschiedslose, damit d. Andere aus sich Ausschliessende — Eins. Enthält den Unterschied in sich als aufgehobne Bestimmtheit.
Beziehung d. Negativen auf sich negative Beziehung, Unterscheidung d. Eins v. sich selbst, die Repulsion d. Eins, d.i. Setzen vieler Eins. Viele Seiende. Ihre Repulsion gegeneinander als Vorhandener od. gegenseitiges Ausschliessen. Eins-Viele Eins. Repulsion d. Eins zugleich ihre Beziehung aufeinander als dasselbe. Attraction. Das ausschliessende Eins od. d. Fürsichsein hebt sich auf.

II. Wesen. (Standpunkt d. reflectirenden Verstands.)
Im Wesen statt d. Uebergehns d. Bestimmungen ihre Beziehung. D. Uebergehn d. Wesens zugleich kein Uebergehn; denn beim Uebergehn des Verschiednen in Verschiednes verschwindet d. Verschiedne nicht, (wie wenn Etwas ein Andres wird), sondern d. Verschiedenen bleiben in ihrer Beziehung. Im Sein ist alles unmittelbar; im Wesen alles relativ. (Charles Marx, vulgo Mohr)

Der Leser wird unschwer erfahren haben, wie sich in diesem Text des Staatsfeindes Marx die Rotwelschgenealogie ins Deutsch-Philosophische hinübersetzt. Der Internationalist und Landesflüchtling betreibt hierdurch keine idealistische Grillenfängerei, sondern drückt die materielle Kultur der Gegengesellschaft vermöge einer Sprache aus, die den negativen, zu verändernden Zustand der Welt darstellt und zugleich deren Negation in sich begreift. Ein neues Deutsch-Kochum ist somit entstanden, das vom Jenischen und Kochumer als Guerillasprache im Kampf gegen das Eigentum sich unterscheidet durch eine weitgespannte Intention: es will die Abschaffung bestimmter politisch-ökonomischer Formen des Eigentums, Ware und Kapital, in sich fassen und damit die begrifflichen Bedingungen bereitstellen, die bürgerliche Welt insgesamt abzuschaffen und gleich mit die Gegengesellschaft selber, nämlich das Proletariat und die bisherige Gaunerwelt. Denn wenn die proletarische Klasse nicht lernt, sich selbst beim Geschäft der Gesamtveränderung noch mit abzuschaffen, geht die Geschichte mit den üblichen Lumpereien von Macht und Herrschaft weiter.
Bei seinem sprachlichen Unternehmen hatte jener Marx mit der Aneignung und Veränderung der hegelschen Sprache eine glückliche Hand, denn dessen derbe Kraft wiederum verdankt sich einem weiteren knorrigen Spitzbuben diesseits des Rheins, Jakob Böhme, Schuhmacher. Dieser Denker für die niederen Klassen hatte einen prächtigen Donner in der Sprache. Die Verquickung von Böhme und Hegel in der eigenwilligen Marxschen Kritik der politischen Ökonomie hat somit aufs Schönste die Anbiederungen Luthers mit seinem Rotwelschbüchlein überholt und die Sprache wieder mit negativer Kraft vergoren. Für den Umsturz selber, die aufs Ganze gehende revolutionäre Tat, stand die Familiengenealogie der Marx-Brüder, die Unterwelt der Populärkultur mit ihren Alltagstheoretikern. Alles dies zusammengenommen verändert und verlängert die Gaunerwirtschaft in neue Szenen hinein, neue Kulturproduktionen und Autonomien.
Marx selber hatte wenig Glück mit der Veränderung. Er versucht, wie viele Marx-Brothers, in die Nordamerikanischen Staaten sich überzuschiffen. Der Regierungspräsident in Trier gibt in einem Schreiben an den Innenminister in Berlin zu bedenken, daß der hier gebürtige Dr. Carl Marx "durch seine verbrecherischen literarischen Bestrebungen in Paris keineswegs die Absicht Kund gegeben hat, jemals in sein Vaterland zurückzukehren". Eine Entlassungs-Urkunde wäre also abzulehnen. Zweckmäßiger erschiene es allerdings, "diesen formellen Versagungsgrund zu ignorieren und von der sich darbietenden günstigen Gelegenheit, dem des versuchten Hochverraths und des MajestätsVerbrechens schuldigen Literaten Marx die Rück-

kehr in die diesseitigen Staaten gänzlich und für immer abzuschneiden, Gebrauch zu machen". (Landeshauptarchiv Koblenz, zit. in: Das andere Amerika, Berlin 1983) Doch Marx, vulgo Mohr, bleibt auf halben Wege stecken, in London. Er bildet dort eine revolutionäre Zelle mit Arbeitern, namentlich dem Tuchhändler und Dichter Friedrich Engels, vulgo General. Beide ziehen dort die Umsturztheorie ins Große, Marx durch die erwähnten Werke über das "Kapital". Engels besonders durch sinnliche Kontributionen; er war vorzüglicher Kenner der Weinanbaugebiete in den französischen Westprovinzen, versessen auf Chateau Magaux 1848 und betrieb als Ergänzung zur Kritik an der politischen Ökonomie die Kriegswissenschaften. Beide erfuhren nie das Glück, tätig einzugreifen. Als die Pariser Commune die Wende anzugeben schien, war sie auch schon wieder von der deutschen und französischen Reaktion zusammengeschlagen; beide blieben in London. Als dann die gegengesellschaftlichen Arbeiter in die sozialdemokratischen Parteien sich hineinakkomodierten, wurde es ruhig um die revolutionäre Zelle. Einige Spuren deuten immerhin an, daß der stille Tod dieses Nucleus für eine neue Populärkultur eine vereinte Erfindung der Bourgeoisie, der sozialdemokratischen und kommunistischen Parteien ist. Im Nachlaß des armen John Most, Marx-Exeget und Dynamitero, in der Lower East Side New Yorks finden sich einige flüchtige Blätter, von schütterer Hand gotisch beschriftet:

Stürmisch brauste der Wind, tobend wie empörte Meereswogen, über den Nacken der hohen Apenninen, schüttelte die Wipfel hundertjähriger Eichen und beugte das schwankende Gesträuch der Flamme des Feuers zu, an welchem nahe bei einer steilen Felsenwand, in einem kleinen Tale, Mohr und General saßen. Die Nacht war dunkel, dichte Wolken verschleierten den Mond, und kein lächelnder Stern funkelt am Himmel.
General: Ist das doch eine Sturmnacht, wie ich kaum noch eine erlebt habe! — Mohr! schläfst du?
Mohr: Ich sollte schlafen! — Ich habe das Wetter gern so wie es jetzt ist. — O! es stürmt hier und dort, um uns, neben uns, in mir, und überall.
General: Hauptmann, du bist nicht mehr der, der du warst.
Mohr: Wohl wahr! — Einst war ich ein unschuldiger Knabe, und jetzt —
General: Bist du verliebt?
Mohr: Bin ich ein Räuberhauptmann?
General: Hat dir das deine Jenny angesehen? — Wer hält dich nicht, wenn du dich in großen Städten zeigst, für den reichsten Marchese aus dem edelsten Hause?
Mohr: Und dennoch setzt man Preise auf meinen Kopf.
General: Wer will sie verdienen?
Mohr: Vielleicht selbst einer der Unsrigen.
General: Pfui! So handeln die nicht, die dir den Eid der Treue geschworen haben.

Gewiß eine praktische Absage an die organisierte Arbeiterbewegung, die sich dem kapitalistischen Alltag gebeugt hatte. Zugleich machen diese Blätter — eigentümlicherweise von der nagenden Kritik der Mäuse verschont — deutlich, daß unsere

Illustrationen zu C. A. Vulpius' Roman "Rinaldo Rinaldini"

Subgeschichte keineswegs abgeschlossen ist. Selbst die Natur greift ein — das Zeichen einer furchtbaren Allianz.

Tobend heulte die entfesselte Schar der Winde, donnernd brachen sich die empörten Wellen am Felsengestade, flammende Blitze durchschnitten die finstre Wolkennacht: Himmel und Erde waren in Aufruhr. Mohr küßte ihr schweigend die Hand und führte sie an sein klopfendes Herz. Ihre Blicke flogen beredt einander entgegen. Ihre Lippen begegneten sich. Hier hatten sich ihre Gefühle verkettet. Kein Laut entfloh den gepreßten Lippen. Da flog mit einem lauten Knall der Pfropf von einer Champagnerbouteille an die Decke. Sie fuhren zusammen, lächelten und lagen einander in den Armen .... (unleserlich, H. R.)

In des Waldes finstern Gründen / Und in Höhlen tief versteckt / Ruht der Räuber allerkühnster, / Bis ihn seine Rosa weckt. / Mohrchen — ruft sie schmeichelnd: / "Mohrchen! wache auf! / Deine Leute sind schon munter, / Längst ging schon die Sonne auf." / Und er öffnet seine Augen, / Lächelt ihr den Morgengruß, / Sie sinkt sanft in seine Arme, / Sie erwidert seinen Kuß. / Draußen bellen laut die Hunde, / Alles flutet hin und her, / Jeder rüstet sich zu Streite, / Ladet doppelt sein Gewehr.

Abenteuerliche Verquerungen, eine Gegengesellschaft wie ein Handel in Schilda, hin und her gewendet und überzwerch, hinter sich, für sich, über sich, unter sich, in die Breite, in die Länge, auch krumm und gerade, eben und uneben und so weiter und so weiter

Actenmäßiger Bericht von einer zu Kiel im Umbschleg 1725 ertappten Diebes-Rotte und was es mit derselben für einen Ausgang genommen..., 1727

Actenmäßige Designation derer von einer diebischen Judenbande verübten Kirchendiebereien, Frankfurt 1736

Actenmäßige Designation Derer von einer Diebischen Juden-Bande verübten Kirchen-Raubereyen und gewaltsamen mörderischen Einbrüche samt Angefügter Beschreibung Derer Meisten Jüdischen Ertz-Diebe, Wie solche in der Anno 1734 & 1735 Allhier in Coburg geführten Inquisition

Actenmässige Nachricht von einer ... Diebsbande, welche von einem in Hildburghausen in gefänglicher Haft sitzenden mitschuldigen jungen Dieb entdeckt worden ..., Hildburghausen 1753

Avé-Lallement, Friedrich Chr. Benedict, Das deutsche Gaunertum in seiner sozialpolitischen, literarischen und linguistischen Ausbildung zu seinem heutigen Bestande, 1852-1862. Reprint der bearbeiteten und gekürzten Ausgabe von 1914, Wiesbaden (Verlag R. Suchier)

Becker, B., Actenmäßige Geschichte der Räuberbanden an den beyden Ufern des Rheins, 2 Bde., Cöln 1804. Reprint: Berlin, (Rixdorfer Verlagsanstalt)

Bierbrauer, J. J., Beschreibung Derer Berüchtigten Jüdischen Diebes-, Mörder- und Rauberbanden ..., Cassel 1758

Brill, C. P., Actenmäßige Nachrichten von dem Raubgesindel in den Maingegenden, dem Odenwald und den angrenzenden Ländern, Darmstadt 1814

Christensen, C. D., Alphabetisches Verzeichnis einer Anzahl von Räubern, Dieben und Vagabonden, mit hinzugefügten Signalements ihrer Person und Angabe einiger Diebesherbergen, Hamburg 1814

Einert, P. N., Entdecker Jüdischer Baldober, Oder Sachsen-Coburgische Acta Criminalia wider eine Jüdische Diebs- und Rauberbande etc., 2. Aufl., Coburg 1758

Grolman, Friedrich Ludwig Adolf von, Actenmäßige Geschichte der Vogelsberger und Wetterauer Räuberbanden und mehrerer mit ihnen in Verbindung gestandener Verbrecher. Nebst Personal-Beschreibung vieler in alle Lande teutscher Mundart dermalen versprengter Diebe und Räuber, Gießen 1813

Jauner-Liste. Nach Angabe der sich in Mannheim in Untersuchung befindenden Jauner und Strohmer: Sebastian Amende, Adam Keller, Peter Talmond, Tobias Lautenbach und Jacob Stein, Karlsruhe und Baden 1827

Pfeiffer, G. W., Actenmäßige Nachrichten über das Gaunergesindel am Rhein und Main und in den an diese Gegenden grenzenden Ländern, Frankfurt/Main 1828

Pfister, L., Actenmäßige Geschichte der Räuberbanden an den beiden Ufern des Mains, im Spessart und im Odenwalde, Heidelberg 1812. Reprint: Frankfurt .... (Verlag im Leseladen)

Rebmann, A. G. Fr., Damian Hessel und seine Raubgenossen, Mainz 1810

Rochlitz, Chr., Das Wesen und Treiben der Gauner, Diebe und Betrüger Deutschlands nebst Angabe von Maaßregeln, sich gegen Raub, Diebstahl und Betrug zu schützen, und einem Wörterbuche der Diebessprache, Leipzig 1846

Schöll, Johann Ulrich, Abriß des Jauner und Bettelwesens in Schwaben nach Akten und andern sichern Quellen von dem Verfasser des Konstanzer Hanß, Stuttgart 1793

Schwencken, C. P. T., Aktenmäßige Nachrichten von dem Gauner- und Vagabunden-Gesindel, sowie von einzelnen professionirten Dieben, in den Ländern zwischen dem Rhein und der Elbe, nebst genauer Beschreibung ihrer Person, Cassel 1822

Schwenken, C. P. T., Notizen über die berüchtigtsen jüdischen Gauner und Spitzbuben, welche sich gegenwärtig in Deutschland und an dessen Gränzen umhertreiben, nebst genauer Beschreibung ihrer Person, Marburg und Cassel 1820

Stuhlmüller, K., Vollständige Nachrichten über ei-

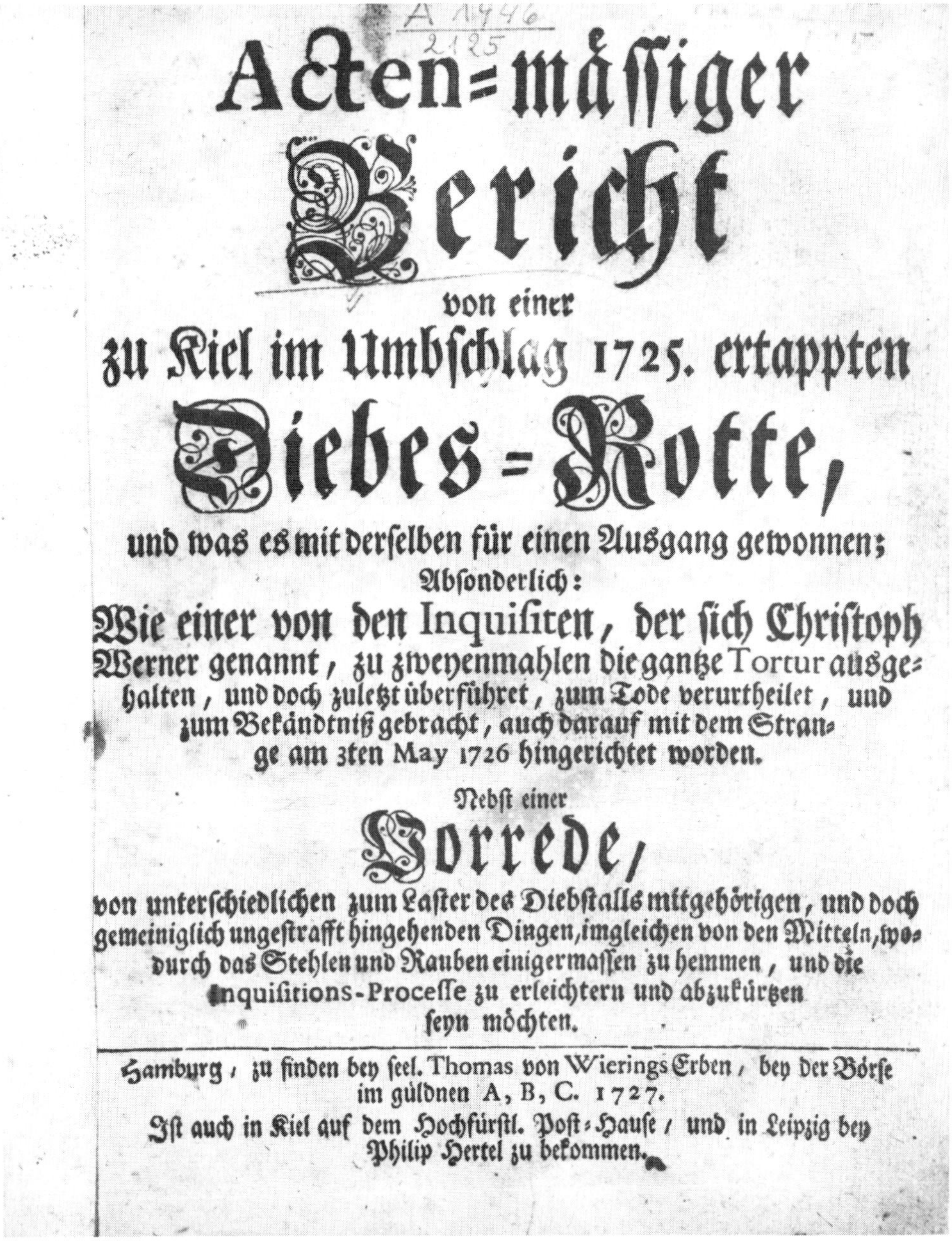

Acten=mässiger
Bericht
von einer
zu Kiel im Umbschlag 1725. ertappten
Diebes=Rotte,
und was es mit derselben für einen Ausgang gewonnen;
Absonderlich:
Wie einer von den Inquisiten, der sich Christoph
Werner genannt, zu zweyenmahlen die gantze Tortur ausge=
halten, und doch zuletzt überführet, zum Tode verurtheilet, und
zum Bekändtniß gebracht, auch darauf mit dem Stran=
ge am 3ten May 1726 hingerichtet worden.
Nebst einer
Vorrede,
von unterschiedlichen zum Laster des Diebstalls mitgehörigen, und doch
gemeiniglich ungestrafft hingehenden Dingen, imgleichen von den Mitteln, wo=
durch das Stehlen und Rauben einigermassen zu hemmen, und die
Inquisitions-Processe zu erleichtern und abzukürtzen
seyn möchten.

Hamburg, zu finden bey seel. Thomas von Wierings Erben, bey der Börse
im güldnen A, B, C. 1727.
Ist auch in Kiel auf dem Hochfürstl. Post=Hause, und in Leipzig bey
Philip Hertel zu bekommen.

ne polizeiliche Untersuchung gegen jüdische durch ganz Deutschland und dessen Nachbarstaaten verbreiteten Gaunerbanden, Plassenburg 1823

Thiele, A. F., Die jüdischen Gauner in Deutschland, ihre Taktik, ihre Eigenthümlichkeiten und ihre Sprache, nebst ausführlichen Nachrichten über die in Deutschland und an dessen Grenzen sich aufhaltenden berüchtigsten jüdischen Gauner, 2 Bde., Berlin 1840, 1842

Arnorld, Hermann, Von den Juden in der Pfalz, Speyer 1967

Arnold, Hermann, Fahrendes Volk, Pfälzische Verlagsanstalt 1980

Avé-Lallement, Friedrich Christian Benedict, Die Mersener Bockreiter des 18. und 19. Jahrhunderts. Ergänzender Beitrag zur Geschichte des deutschen Gaunertums, 1880

Baader, Joseph, Nürnberger Polizeiordnungen aus dem XIII. und XIV. Jahrhundert, 1861

Beneke, Otto, Von unehrlichen Leuten, Berlin 1889

Berliner, Abraham, Aus dem Leben der deutschen Juden im Mittelalter, Berlin 1900

Berliner, Abraham, Aus dem Leben der Juden Deutschlands im Mittelalter, Berlin 1937

Bischoff, Die Kocheme Waldiwerei in der Reußischen Märtine, oder die Gauner und Gaunerarten im Reußischen Voigtlande und der Umgegend; ihre Taktik, ihre Aufenthaltsorte und ihre Sprache, Neustadt 1822

Bloch, Ernst, Spuren, Frankfurt/Main 1969

Brant, Sebastian, Das Narrenschiff, Stuttgart 1966

Conrad, Heinrich (Hrsg.), Das Juden-Buch des Magister Hosmann, Stuttgart 1919

Ditfurth, Fr. W. Freiherr von (Hrsg.), Historische Volkslieder. Aus fliegenden Blättern, handschriftlichen Quellen und dem Volksmund gesammelt und herausgegeben von ..., 2 Bde., Berlin 1871-1872

Ditfurth, Fr. W. Freiherr von, Die historischen Volkslieder von 1763-1812, Berlin 1872

Eisenmenger, Johann Andreas, Entdecktes Judentum, 1700

Finkelstein, Louis, Jewish Self-Government in the Middle-Ages, New York 1964

Fraenger, Wilhelm, Altdeutsches Bilderbuch. Hans Weiditz und Sebastian Brant, Leipzig 1930

Das Tagebuch des Meister Franz, 1801, (Reprint: Dortmund 1980)

Fuchs, Eduard, Die Juden in der Karikatur, München 1921

Gierlichs, Wilhelm, De geschiedenis der Bokkerijders in ... Hertogenrode, Roermond 1940

Glanz, Rudolf, Geschichte des niederen jüdischen Volkes in Deutschland. Eine Studie über historisches Gaunertum, Bettelwesen und Vagantentum, New York 1968

Graetz, H., Aktenstücke zur Konfiscation der jüdischen Schrift in Frankfurt a.M. unter Kaiser Maximilian durch Pfefferkorns Angeberei, Breslau 1875

Graetz, H., Geschichte der Juden, 11 Bde., 3. Auflage, Leipzig 1911

Grau, W., Antisemitismus im späten Mittelalter, München / Leipzig 1934

Grolman, F. L. A von, Wörterbuch der in Teutschland üblichen Spitzbuben-Sprache, Gießen 1822

Grupp, G., Kulturgeschichte des Mittelalters, 2 Bde., Paderborn 1923

Günther, L., Recht und Sprache, Berlin 1898

Günther, L., Das Rotwelsch des deutschen Gauners, Straßburg 1905

Günther, L., Die deutsche Gaunersprache und verwandte Geheim- und Berufssprachen, Leipzig 1919

Hallo, Rudolf, Geschichte der Familie Hallo, Kassel (Privatdruck) 1930

Hallo, Rudolf, Jüdische Volkskunst, Kassel 1928

Hampe, Th., Fahrende Leute in der deutschen Vergangenheit, Leipzig 1902

Des bey 40. Jahr von der Judenschafft mit Arrest bestrickt gewesene,
nunmehro aber
Durch Autorität eines Hohen Reichs-Vicariats
relaxirte

Johann Andreä Eisenmengers,

Professoris der Orientalischen Sprachen
bey der Universität Heydelberg,

Entdecktes Judenthum,

Oder:

Gründlicher und Wahrhaffter Bericht,

Welchergestalt die verstockte Juden
Die Hochheilige Dreyeinigkeit, GOtt Vater, Sohn und Heiligen Geist,
erschrecklicher Weise lästern und verunehren, die Heil. Mutter Christi verschmähen,
das Neue Testament, die Evangelisten und Aposteln, die Christliche Religion spöttlich durchziehen,
und die gantze Christenheit auf das äusserste verachten und verfluchen;
Dabey noch viele andere, bishero unter den Christen entweder gar nicht,
oder nur
Zum Theil bekant-gewesene Dinge
und
Grosse Irrthüme der Jüdischen Religion und Theologie,
wie auch
Viel lächerliche und kurtzweilige Fabeln und andere ungereimte Sachen
an den Tag kommen;
Alles aus ihren eigenen, und zwar sehr vielen, mit grosser Mühe und unverdrossenem Fleiß
durchlesenen Büchern, mit Anziehung der Hebräischen Worte, und deren treuen Ubersetzung
in die Teutsche Sprach, kräfftiglich erwiesen,
Und
In Zweyen Theilen
verfasset,
Deren jeder seine behörige allemal von einer gewissen Materie ausführlich handelnde Capitel enthält.
Allen Christen zur treuhertzigen Nachricht verfertiget,
Und
Mit vollkommenen Registern versehen.

Gedruckt im Jahr nach Christi Gebuhrt 1700.

Hebel, Johann Peter, Poetische Werke, Darmstadt 1967

Hentig, Hans von, Vom Ursprung der Henkersmahlzeit, Tübingen 1958

Was hoffen, Kassel 1831

Horn, Paul, Die deutsche Soldatensprache, Gießen 1905

Hosmann, M. Sigismund, Fürtreffliches Denck-Mahl der göttlichen Regierung, Braunschweig und Hamburg 1700

Hüllmann, Karl Dietrich, Staedtewesen des Mittelalters, Bonn 1825-1829

Isaak, Joseph, Unmaßgebliche Gedanken über Betteljuden und ihre bessere und zweckmäßigere Versorgung menschenfreundlichen Regenten und Vorstehern zur weiteren Prüfung vorgelegt, Nürnberg 1791

Joesten, Dr., Zur Geschichte der Hexen und Juden in Bonn, Bonn 1900

Karl Landgraf von Hessen, Renovirte Ordnung ... wie es in unsern Fürstenthumen, Landen u. Herrschaft mit den Juden gehalten werden soll, Cassel 1679

Kellenbenz, Hermann, Sephardim an der unteren Elbe, Wiesbaden 1958

Kluge, Friedrich, Rotwelsch. Quellen und Wortschatz der Gaunersprache und der verwandten Geheimsprachen, Straßburg 1901

Kohut, Adolph, Geschichte der deutschen Juden, Berlin 1898

Kracauer, Isidor, Urkundenbuch zur Geschichte der Juden in Frankfurt a.M., Teil I, Frankfurt 1911

Kracauer, Isidor, Geschichte der Frankfurter Juden im Mittelalter, 2 Bde., Frankfurt 1925/1927

Kracauer, Isidor, Geschichte der Juden in Frankfurt am Main, 1150-1824, 2 Bde., Frankfurt 1925

Kraucauer, Isidor, Die Juden Frankfurts im Fettmilch'schen Aufstand 1612-1618, Frankfurt, o.J.

Liber Vagatorum, 1510

Liebe, Georg, Der Soldat in der deutschen Vergangenheit, Jena 1915

Liebe, Georg, Das Judentum in der deutschen Vergangenheit, Jena 1924

Liliencron, R. v., Die historischen Volkslieder der Deutschen vom 13. bis 16. Jahrhundert, 4 Bde., Leipzig 1865-1869

Limburger Chronik, Jena 1922

Luther, Martin, Von der falschen Bettlerbüberey, 1528

Margaritha, Antonius, Der gantz jüdisch glaub, Leipzig 1531

Meyer, Herbert, Entwertung und Eigentum im deutschen Fahrnisrecht, Jena 1902

Moscherosch, H. M., Geschichte Philanders von Sittewald, Berlin und Stuttgart 1883

Müller, Heimrich, Der letzte Kampf der Reichsritterschaft um ihre Selbständigkeit (1790-1815), Berlin

Münz, I., Jüdisches Leben im Mittelalter, Leipzig 1930

Neubauer, A. / Stern, M., Hebräische Berichte über die Judenverfolgungen während der Kreuzzüge, Berlin 1892

Ostwald, Hans, Das Zuhältertum in Berlin, o.J.

Polzer, Wilhelm, Gauner-Wörterbuch für den Kriminalpraktiker, Wien 1922

Radbruch, G. / Gwinner, H., Geschichte des Verbrechens, Stuttgart 1951

Roblik, Eliam Liborium, Jüdische Augen-Gläser, Brünn 1743

Rothschild, Leopold, Die Judengemeinden zu Mainz, Speyer und Worms von 1349-1430, Berlin 1904

Rotwelsch-Grammatic, 1583

Der Sachsenspiegel, In der Heidelberger Bilderhandschrift, hrsg. von Walter Koschorreck, Frankfurt/M. 1977

Schäffer, G. J., Wahrhafte Entdeckung der Gauner- oder Jenischen Sprache, Sulz am Neckar 1791

Schudt, J. J., Jüdische Merkwürdigkeiten, 1714/1718

Schudt, J. J., Jüdisches Franckfurter + Prager Freuden-Fest, 1716

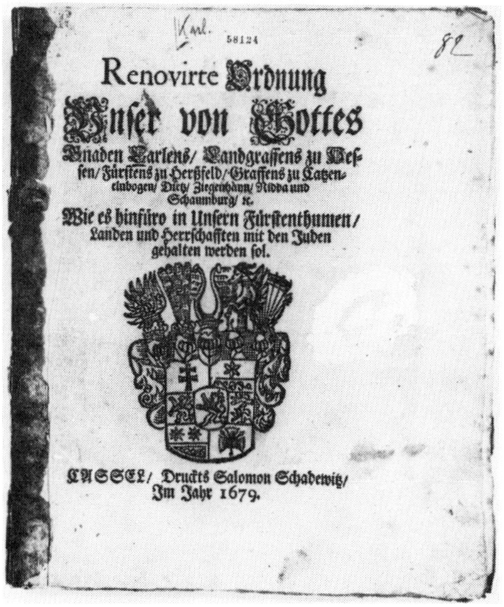

58124

Renovirte Ordnung Unser von Gottes Gnaden Carlens/ Landgraffens zu Hessen/ Fürstens zu Herßfeld/ Graffens zu Catzenelnbogen/ Dietz/ Ziegenhayn/ Nidda und Schaumburg/ rc.

Wie es hinfüro in Unsern Fürstenthumen/ Landen und Herrschafften mit den Juden gehalten werden sol.

CASSEL/ Druckts Salomon Schadewitz/ Im Jahr 1679.

(3)

VOn GOttes Gnaden Wir CARL/ Landgraff zu Hessen/ Fürst zu Hersfeld / Graff zu Catzenelnbogen / Dietz/ Ziegenhayn / Nidda und Schaumburg/ rc. Thun kund männiglichen: Als seither angetrettener Unserer Regierung sowol/ als vorhin unterschiedliche Klagten über die unter Unserm Schutz und in Unsern Landen sich auffhaltende Juden vorkommen / deme Wir tragenden hohen Obrigkeitlichen Ampts / auch Christlichen Gewissens halber also nicht nachsehen können. Daß Wir demnach zu Vorkommung solchen geklagten der Juden ärgerlichen Lebens und Wandels / und daraus entspringenden hochschäd- und Landverderblichen übels Die von weyland Unserer Groß-Frau Mutter Gn. in Año 1646. bey Dero Vormündlichen Regierung in offenen Druck gegebene/ obwolen einiger Verhinderung halber nicht publicirte Juden-Ordnung wieder vornehmen/ dieselbe revidiren/ renoviren/ und der Zeiten Beschaffenheit nach verbessern/ auch/ wo es nöhtig befunden/ ändern lassen. Und ist Unser gnädigster Will und Meynung/ auch ernster Befehl/ daß hierüber von Unsern Ober- und Nieder-Beampten und Adelichen Landsassen steiff gehalten/ und keinem einigsinns durch die Finger gesehen werden sol.

A 2   1. Und

Schudt, J. J., Franckfurter Jüdische Kleider-Ordnung, 1716

Scopp, Johann Georg, Additiones zu des Herrn Johann Christoph Frölichs von Frölichsburg Commentarium in Kayser Carl des Fünften Peinliche Halsgerichts-Ordnung, Ulm 1759

Singermann, Felix, Die Kennzeichnung der Juden im Mittelalter, Berlin 1915

Sombart, Werner (Hrsg.), Judentaufen, München 1912

Sombart, Werner, Die Juden und das Wirtschaftsleben, München 1911

Somogyi, Tamar, Die Schejnen und die Prosten, Berlin 1982

Sulzbach, A., Bilder aus der jüdischen Vergangenheit, Frankfurt 1914

Stern, Moritz, Analekten zur Geschichte der Juden, Braunschweig 1887

Stobbe, Otto, Geschichte der deutschen Rechtsquellen, 2 Bde., Braunschweig 1860

Stobbe, Otto, Die Juden in Deutschland während des Mittelalters, Braunschweig 1866

Straus, Raphael, Die Judengemeinde Regensburg im ausgehenden Mittelalter, Heidelberg 1932

Weihus, W., Bordell-Juden und Mädchenhandel, Berlin 1892

Wermuth / Stieber, Die Communisten-Verschwörungen des neunzehnten Jahrhunderts, Berlin 1853

Wiener, M., Zur Geschichte der Juden in Deutschland während des Mittelalters, Hannover 1862

Wolf, Albert, Fahrende Leute bei den Juden, Leipzig 1909

Wolf, Albert, Fahrende Leute bei den Juden, in: Mitteilungen zur jüdischen Volkskunde, Heft XXVII, 1908

Zimmermann, A., Eine verschollene Literatur, in: Der Weltkampf, 1934

Zimmermann, A., Jüdisches Bandentum im 17. und 18. Jahrhundert, in: Fritsch, Handbuch der Judenfrage, Leipzig 1934

Armanski, Gerhard / Hebold-Heitz, Wolfgang, Züge aus der Vergangenheit. Die Berliner S-Bahn. 240 Seiten, 99 Abbildungen, 2. Auflage
Die S-Bahn entstand, wuchs und schrumpfte mit dem preußisch-deutschen Reich, dessen Namen sie bis heute trägt. Sie hat Arbeiter, Ausflügler und Armeen transportiert, auf märkischem Sand, auf Viadukten und unter der Erde. Noch in den Resten, eingezwängt zwischen Ost und West, lebt ihr alter Glanz. Der Streik vom Herbst 1980 hat die Szene verändert: viele Beschäftigte sind gegangen, der größte Streckenteil ist stillgelegt. Nur mit neuen Ideen läßt sich die S-Bahn wieder beleben ...

Armanski, Gerhard, Das gewöhnliche Auge der Macht. Sozialgeschichte der Beamten. 192 Seiten
Dieses Buch erzählt erstmals die bewegte Geschichte des deutschen Beamten, vom Fürstendiener zum staatlichen Lohnarbeiter. Spannend dokumentiert, mit drei Exkursen zur Rolle der Beamten in den deutschen Revolutionen, zur langen Geschichte der politischen Disziplinierung und zum Binnenleben der Bürokratie ...

Fröba, Gudrun / Nitsche, Rainer, Ein bißchen Radau. Arbeitslose machen Gechichte. 136 Seiten, 17 Abbildungen
Wilde Haufen Arbeitsloser ziehen umher, werfen Gendarmen ins Wasser, liefern sich heiße Straßenschlachten mit der Polizei und plündern nicht etwa nur Bäckereien, sondern Schnaps- und Tabakläden, um ihre Versammlungen zu beflügeln. Die halten sie lautstark in konspirativen Lokalen ab, die Anarchisten streiten sich mit den Gewerkschaftsfunktionären, diese mit ihren Mitgliedern und alle miteinander fluchen auf die Sozialdemokraten, die sich von dem "Pöbel" eiligst distanzieren. Berlin in den Jahren 1892-94. Ihre spontanen Nachfahren sind heute die Verfasser des "Manifestes der bewußt arbeitsscheuen Elemente", die seit 1978 einen so unerbittlichen wie phantasievollen Kampf gegen die Vermittlungspraktiken der Arbeitsämter führen ...

Kremser, Waltraud, Landeinwärts. Alltag abseits von Gorleben. 150 Seiten, 100 Photos
Auf dem Metallschild mit Klingelknopf steht, daß hier die Brennelemente Gorleben GmbH zu Hause ist. Rechts vom Eingang ist ein großes "Schaufenster", dabei gleicht dieses Fenster eher der Rahmengestaltung eines modernen Kunstobjekts: die große Glasfläche ist harmonisch in das sanierte und gestrichene Fachwerk eingepaßt, die Ecken abgerundet und, auf solche Weise geschützt und präsentiert, wird das eigentliche Objekt sichtbar: es besteht aus blitzendem Stahl, eine große, spiegelglatte Metallplatte ...

Nienhaus, Ursula, Berufsstand weiblich. Die ersten weiblichen Angestellten. 184 Seiten, 33 Photos
Frauen akzeptieren einige der Bedingungen ihrer Unterwerfung, und manchmal verteidigen sie sie sogar, gewöhnlich, um sich vor schlimmeren Sanktionen zu schützen. Gleichzeitig widersetzen sie sich nicht nur, sondern es gelingt ihnen auch, die Bedingungen ihrer Unterwerfung dauern zu beeinflussen, sie grundsätzlich zu ändern ...

Nitsche, Rainer, Häuserkämpfe. 1872 / 1920 / 1945 / 1982. 272 Seiten, 55 Photos
Der Staat sagt: "HALT!" Doch wir geh'n weiter ...

Nitsche, Rainer / Fröba, Gudrun, Durchfall in Zabern. Eine Militärdemontage. 128 Seiten, 25 Abbildungen
Wahrscheinlich hatte der Leutnant von Forstner beim Manöver in Zabern im Elsaß zuviel Wein getrunken. Möglicherweise lag es auch am frischen Pflaumenkuchen, den es Anfang November 1913 reichlich gab. Jedenfalls hatte von Forstner die Hose voll, als er am Morgen danach erwachte. "Aus des Leutnants Bett", so meldete kurz darauf eine Zeitung, "erhob sich ein Sturm, der um die Fundamente von Recht, Gesetz und Ordnung tobte." Ein vergilbter Zeitungsausschnitt fiel jetzt, fast 70 Jahre nach der Affäre, den beiden Autoren auf. Aus Neugierde fuhren die beiden nach Saverne, wie Zabern heute heißt, und begannen, ein bißchen zu fragen ...

Polster, Bernd, Tankstellen. Die Benzingeschichte. 216 Seiten, 100 Photos
Die ersten Benzinkanisterdepots liefern mit Pferdefuhrwerken aus, die ersten Tankhäuser ähneln Mausoleen, exotische Ungetüme. Um Lastwagen zu betanken, müssen die Tankwarte auf ein Podest kraxeln, sonst könnten sie die meterhohen Säulen nicht bedienen; als Berufsstand sind sie noch gar nicht erfunden. Die 'Benzingeschichte' erzählt 100 Jahre Industriegeschichte in Deutschland ...